邊界的故事

邊界如何決定我們的地景、記憶、身分與命運

James Crawford
詹姆斯·克洛福——著
江鈺婷——譯

THE EDGE OF THE PLAIN

獻給威廉、瑪格麗特、伊莎貝拉與詹姆斯

專文推薦

圍城：空間與心靈的邊界

陳思賢

不只人有邊界，動物也有邊界，動物建立邊界比人更早。準確地說，人建立邊界的習慣應該是人的動物性所留下的痕跡，只不過是型態上更多元，意涵上更豐富而已。所以這一切恐怕都源於人本是動物中的一種，躍居萬物之靈後，得以把「邊界」的概念與現象表現得淋漓盡致。

要討論「邊界」作為概念與現象，大抵上要將其與整個人類歷史相結合，也就是它的脈絡背景可能是上千、上萬年。但是我們不妨先簡化問題：就動物性而言，邊界是什麼？答案：它就是「生存空間」（living space，德國人稱之為 *Lebensraum*，也就是納粹發動戰爭的原初動機）的畫定。所以我們現在知道，邊界與「生命」、「生之欲望」、「生之恐懼」息息相關：生命的力量與生命的氣息都來自於邊界所畫定的空間；邊界內供給「生」，出了邊界就是「風險」或「死」。邊界的出現來自於「自然法則」，邊界屬於自然法。所以，最簡要的初始結論：邊界是自然法。

但人類不同於動物，人類從來都是「玩弄」自然法於掌上。人類有「實訂法」，也就是

「人造的法律」，它詮釋自然法，有時也悖離自然法。但總之，實訂法呈現出或反映出人類文明的內容。現在，邊界概念就充滿了人類的文明：人類如何把各種「生之欲望」表現在文明與法律中。這本書就是用邊界來穿透人類的歷史與文明。

人類在漫長歷史中，由欲望、野心與恐懼等驅使，不斷地畫定邊界、築起高牆，以保護自身或是展現支配權力。只有在少數幾種情況下，人類是沒有邊界的：

第一是帝國。universal empire就是「普世帝國」的概念，「溥天之下莫非王土，率土之濱莫非王臣」，在此邊界不存在，猶如權力無止境。亞歷山大大帝曾說：「當你征服四處到無可征服時，就開始失落……」帝國何時開始沒落？就是「無可擴張」（closing of the frontiers）時。羅馬衰頹從此起，而有人也說美國拓荒精神與個人主義的高潮從一八九〇年代後戛然而止（因為向西的拓展已到太平洋，無法再前進了）。因此，帝國這個概念永遠深深吸引人類靈魂，人類自知為邊界所苦，也憧憬沒有邊界（即是empire）的意興風發景況，而外星人與幽浮不也如此？

第二是當宗教與美學占據心靈之片刻。全世界伊斯蘭朝覲者（二〇一二年有三百多萬人）聚集在麥加聖地的時候，沒有邊界；天主教教宗透過轉播在聖伯多祿廣場行耶誕文告與新年祈福的時候，沒有邊界；某支流行音樂曲目與若干商業電影風靡全球人心時，沒有邊界；當然約翰・藍儂（John Lennon）的歌曲〈Imagine〉也指向沒有邊界的嚮往。

第三就是人類面臨災難時。科技無疑帶來文明改變：氣候變遷與剛發生在我們身上的瘟疫肆虐這兩件事讓我們不知有邊界；大規模戰爭或甚至核戰，讓我們不知有邊界（反而地球村有時並未讓我們沒有邊界，在它之內的國際政治經濟體系有可能導致邊界對邊界、主權對主權的剝削壓榨，邊界產生移工現象，移工現象產生民族主義與文化多元主義間的拉鋸）。最新的科技事件，也就是人工智慧（AI），它的衝擊，也不會有邊界，萬一帶來災難，也無人倖免。氣候變遷、瘟疫與科技衝擊，這些原本是邊界的產物——邊界內政治經濟現象的產品，現在變成模糊邊界、衝破邊界的例證，人世間事物果然是辯證發展的。

由上可知，其實邊界乃是反映了人類內心的構成狀態。人性是什麼？最簡單的比喻乃是：人性的地圖就是邊界的地圖——邊界的使用、意涵與遷移記載了人心的軌跡，反映出人類離開動物階層而發展文明後的一切心思與世故。然而人畢竟是高等生物，打破邊界的念頭與實際嘗試，歷史中未曾斷絕，從世界城邦到烏托邦到「全世界無產階級聯合起來」到「世界公民」到「大綠牆」等，人類一直在與內心的幽暗意識作戰，希望能跨界拆牆。所以我們看見了兩股力量的持續對立，一邊是以自我為中心的一切價值觀與體制的展布，另一邊則是放棄自我中心這個執念之努力。這兩股力量的互為起伏其實曾是一切哲學、宗教與政治思想的主題，但是晦澀的文字並沒有能引起一般人的深思，倒是現在用「邊界」與「牆」非常能傳達「人面臨的境況」（human condition），也就是「圍城」的困境。

哲學家莊子告訴我們，身體雖然受拘限被圍，但是心智有可能超脫。哲學家告訴我們心智如何超脫，政治學家研究我們的身體如何可以在群居生活中更「自由」。對於個人來說，

「平原的邊際」存在與否，可能只在於一念之間的醒悟；但對於群體而言，「平原無邊無際」唯一的出路或許有賴於人類「存有意識」（德國哲學家稱之為*Dasein*）的「重生」，對於自身「圍城」歷史的痛切反省。鑑於人性從古到今似乎沒有變過，我們實也不知如何可以樂觀？但是，問題意識的出現已是黑暗中的燭火，象徵希望。

本文作者為台灣大學政治系教授

引言

在阿爾卑斯山上，奧地利與義大利之間的分水嶺處，有一條邊界正在融化並緩緩地流下山。在美國中部，有三個開著白色賓士Sprinter廂型車的人，又重新將一條有如幽靈般存在的邊界描繪出來。在非洲疏林草原與撒哈拉沙漠交界處塵土飛揚的邊際地帶，有一條由樹木與作物組成的綠色邊界，正奮力地向下扎根、往上生長。深藏在大英博物館地下儲藏室的一個架子上，有一堵邊界正在沉睡中，它曾經消失數千年之久，不知道自己對世界的形塑究竟有何影響。

我的桌上也躺著一塊邊界，它很小、小到足以握在我的掌心之中，它很輕，輕到我常常為之感到驚訝。它的形狀大致上是個立方體，其中有五個面是灰色的，質地粗糙、凹凸不平，但有一面很光滑，潑滿了黃色和橘色塗料。我是十年前在eBay上購入這塊「邊界」的，它應該要是柏林圍牆的一個碎塊，但實際上很有可能不是，八成只是從某個工地撿來的混凝土塊，再隨便塗上一些顏色。我是覺得，這種不確定性還算可以接受。

柏林圍牆於一九八九年十一月倒下，當時我十一歲，還記得在新聞裡看到柏林人在圍牆上跳舞。這一大塊長方形牆面倒塌落地的新聞畫面，一而再、再而三地不斷放映。而在事發後的好幾天、好幾週，甚至好幾個月內，人們從世界各地湧入，希望能搶下一些圍牆碎塊。德文裡稱這些人為「Mauerspechte」——圍牆啄木鳥——他們會花個幾塊德國馬克租一小支鎚子去敲鑿牆壁。

當然，大家都想要搶到牆的西側；事實上，人們在「啄」圍牆時有所謂的啄序，因為西側布滿了經典的塗鴉藝術，而東側的碎塊就只是一些單調的灰色平面，毫無特色。擁有生意頭腦的東柏林人，過沒多久就展開雙臂擁抱他們進入資本主義經濟的新途徑——在他們那一側的「正版」碎塊上噴漆，好讓這些「贗品」看起來更逼真——希望我的那塊是來自這一批貨。

如今，柏林圍牆是世上最多人造訪的邊界，在六大洲都能找到它的某些部分，可能被放在博物館和藝廊裡作為展品，也可能矗立於某處街角。拉斯維加斯的一間賭場，甚至把其中一面拿來當作小便斗的背景。有些人會覺得，柏林圍牆散落四方的事實，應該是所有邊界終結的起點，甚至是歷史的終點。但歷史仍不斷在前進。事實上，歷史早已加速駛離圍牆倒下的那一刻，而邊界也再度強勢回歸——又或者，邊界其實從未真正消失過。

二〇一八年十一月中的某個星期一早上，紐約一家連鎖速食餐廳寄給我一封電子郵件，標題寫著「酪梨短缺」。他們在郵件裡解釋道，由於進口價格出現爭議，「過去這三週沒有任何酪梨跨過美墨邊界」，而與其「提供冷凍庫存酪梨、犧牲品質與風味」，他們索性將酪梨

「從菜單上移除」。他們還向我保證，如果情況有所變動，會馬上「通知」我。我甚至不知道自己怎麼會在他們的郵寄名單上，更不用說我可是住在英國蘇格蘭的愛丁堡。

兩天後，美國總統川普（Donald Trump）在美國的南方邊界部署了七千支部隊，並授權他們使用「致命武力」，對抗他所謂的移民者「入侵」。當時有一行超過一萬人的步行移民隊伍從宏都拉斯、瓜地馬拉及薩爾瓦多出發，最早的一批四百人才剛抵達墨西哥下加利福尼亞州的提華納（Tijuana）。

另有報導在同一星期指出，北韓和南韓於過去七十年區隔兩國的高度軍事防備區，撤除前線監視哨站，這是雙方邁向國界完全「去軍事化」的暫訂協議的第一步。

而當週的星期四，印度政府與巴基斯坦政府達成協議，同意設立一條跨越國界的廊道，讓朝聖者能夠前往巴基斯坦，造訪錫克教創始人那納克大師（Guru Nanak）最終安息的聖廟。同一天在中東，加薩走廊則被爭鬥場面吞噬：成千上萬名巴勒斯坦抗爭者與以色列軍人發生衝突，催淚瓦斯、石頭、子彈，以及燃燒輪胎產生的濃煙瀰漫空中，形成八公尺高的明確「隔離牆」（separation barrier）。

那個星期由英國首相泰瑞莎・梅伊（Theresa May）收尾：她從布魯塞爾回國，對大眾宣布她已經跟歐洲協商脫歐，即將「永久終止一切自由移動」[1]。

酪梨、「入侵」、靈性廊道、移民隊伍、隔離牆、致命武力，以及英國首相頌揚終結自由的舉動……以上這些都是在十一月的短短七天之內發生的事。

事後回頭來看，就邊界議題而言，我不覺得那個星期有什麼特別的地方，但卻讓我的好奇心一天比一天稍加執著，想要搞清楚邊界究竟源自何方。它們是什麼時候出現的？它們如何演化、如何生根？它們如何成長為這一片由實體與虛擬線條構成的巨大網絡，遍及整個地球？還有，為什麼它們現在看起來似乎是全球政治與社會衝突最不穩定的引爆點？這單純只是因某種問題而起的現象嗎？或者，邊界本身即為造成問題的原因？

邊界是個非常簡單的概念。不論你看不看得到它，只要你跨過這條線，你就會到另一個地方。雖然周遭地景可能看起來一模一樣，或只有微乎其微的差異，但你反正就是在另一個地方、另一個國家了。搞不好那裡的人說著另一種語言，他們的文化、習俗、法律和思想可能跟你的截然不同。又或許你也會變得完全不一樣——那個地方可能會接受你的身分、你的生活方式，也可能不會。邊界的這一端可能應諾著富裕，但另一端卻是必然的貧窮。你或許能夠自由選擇所讀之書、所愛之人，又或者會招致入獄懲處，甚至死亡。

這意味著，這些線條、藩籬、圍牆或檢哨站，以及它們占據的空間，具有非常巨大的權力。沒有任何事物不同，但一切事物皆不同——這正是作家艾米塔·葛旭（Amitav Ghosh）對於印巴分治的描述：「線條的魔力」（enchantment of lines）。[2]而這項魔法可能既荒謬又致命，我想要進一步探究魔力的起源，回到那個時候——不管那個時候究竟是何時——一路追蹤至今。

我認為，每一個人都有屬於自己的私人邊界故事。以下是我的。

一九〇八年六月十二日，三名乘客威廉、瑪姬與內莉搭上冠達郵輪公司（Cunard）的蒸汽渦輪遠洋郵輪卡曼尼亞號（*Carmania*）離開利物浦的港口。這艘船當時的船齡僅有三年，由約翰・布朗公司（John Brown & Company）於克萊德班克（Clydebank）建造，為該公司所有體積最大、速度最快的船型，重達兩萬公噸、長達六百五十英尺，最高速可達十八節，此外，其三大塊甲板從頭等艙至最低票價艙位，總共供有兩千六百五十張床鋪。

那年，威廉三十一歲、瑪姬二十三歲，而內莉二十八。他們離開蘇格蘭邊境霍伊克（Hawick）的一處牧區；威廉原本在那裡有份看顧動物的工作。現在，他們搭著船準備橫跨大西洋，前往美國。

他們於六月十八日抵達艾利斯島（Ellis Island），踏入夏季紐約那令人窒息的悶熱與濕氣；當年，紐約破了最高溫紀錄。該航班的旅客名單只提供最簡略的身分紀錄：年齡、國籍（「蘇格蘭人」）；威廉和瑪姬的淺色頭髮、藍色眼睛與「清晰」輪廓；內莉的深色頭髮與棕色眼睛；威廉五・九英尺高、瑪姬五・六、內莉五・七。還有，威廉跟瑪姬是夫妻，內莉是威廉的妹妹。

卡曼尼亞號的指揮官簽署了一份聲明書，保證所有乘客皆已接受船上外科醫師的體檢及口試。這表示威廉、瑪姬和內莉都已經過確認，沒有「弱智」、「低能」或「瘋癲」的狀況，也未染上結核病或所謂「噁心危險的傳染性疾病」；他們沒有重婚，不是娼妓，過去也未曾犯下「道德墮落」的罪行；他們不是無政府主義者。

在第一次世界大戰之前的那十年間，艾利斯島經常在一年內就經手超過一百萬名移民。一開始的那十二個月，是這座島史上最繁忙的時期。威廉、瑪姬與內莉排在一列數千人的隊伍之中，經過數小時的等待，終於通過醫療及法律審查，可以進入美國了。他們從紐約搭上火車往西前進，駛過一千六百英里進入美洲內陸，抵達科羅拉多州西部。他們已經取得當地一座養牛場的工作，位於洛磯山脈偏遠的高地草原上：威廉負責照顧馬匹，瑪姬和內莉負責照顧人員。

六年前，這塊地隸屬墨西哥。二十世紀以前的那數十年間，美洲原住民族猶特部落（Ute）被驅離洛磯山脈，隨後更被徹底趕出科羅拉多州，而他們原本居住的土地引進了大量德州長角牛——牠們也是從北方過度放牧的草原被趕往南方的。這是座開放牧場式的養牛場，牛隻冬天時會在沒有下雪的山谷之間進行長途來回遷徙，夏天時則是在各處高地之間。在那裡，方圓一百英里內沒有任何城鎮或聚落，甚至也沒有其他牧場，就只有威廉、瑪姬、內莉與一隊牛仔。他們大多為沒有家室的年輕男子，瑪姬覺得他們很不友善、沉默寡言，而且很快就開始嫌棄她準備的每日伙食。

他們奮力撐過兩個冬天，但牧場生活意味著大量——或許甚至過量——空間，瑪姬漸漸無法承受這種與世隔絕的狀態。不久後，他們便踏上另一趟旅程。這次，他們向東，往回跨過北美大平原與密西西比州，再經過亞利加尼山脈（Allegheny Mountains）回到紐約的港口。

當時，每一天仍然有成千上萬名移民湧入美國，但對威廉、瑪姬和內莉而言，美國夢依舊是未竟之夢。他們並沒有在這個新世界裡找到他們想要尋找的東西，於是決定與眾人逆向而行，訂了遠洋航班的船位，再度跨過大西洋回去。一九一一年時，他們在自營農場上工作，那塊地橫跨蘇格蘭與英格蘭的邊界，靠近羅沃敦（Roweltown）村莊。隔年，瑪姬生下一個兒子——約翰・達爾格雷希・肖特（John Dalgleish Short），我的外祖父。

十多年後，一位名叫詹姆斯的十七歲男孩由加拿大啟程，跨過邊界，進入底特律。當天，一九二三年九月二十九日，美國移民服務局的初步檢查文件記錄他的身高是五．三英尺，擁有紅頭髮和藍眼睛。他前一年離開位於蘇格蘭東北部的港口小鎮弗雷澤堡（Fraserburgh），獨自遷至格拉斯哥，再搭船前往魁北克市住在遠親家中一段時間。他的父親約翰是位漁夫，就跟他的祖父一樣。但詹姆斯懷抱著其他志向，當他一抵達美國，被問及職業時，他回答：「技師。」他來對地方了。

當時的整個底特律全是工業，不太像一座都市，反而比較像是工人永遠供不應求的工廠中心。二十世紀初，其人口只有二十五萬多，到一九二〇年代時，已然成長至一百二十五萬。

詹姆斯被亨利・福特（Henry Ford）的汽車公司錄取，開始在當時世界規模最大的製造廠高地公園工廠（Highland Park Plant）工作。這塊占地一百英畝的廠區，包含了辦公室、多棟工廠、鑄造廠，甚至還有自營的發電廠。詹姆斯的崗位就在史上第一條的工業生產線上。

地面輸送帶將汽車底盤運過一百五十英尺的距離，而每條生產線上皆有數百名工人，負責執行總計八十四個步驟的其中一步，齊力將福特T型車的三千個零件組裝完成。一九二七年，也就是詹姆斯抵達底特律的短短四年後，第一千五百萬台汽車從高地公園生產線誕生。

一九二六年夏天，詹姆斯認識了伊莎貝拉，她幾個月前才剛離開蘇格蘭福庫克（*Falkirk*）的家人和故鄉，獨自從格拉斯哥搭上蒸汽船雅典娜號（*SS Athenia*）前往蒙特婁，最後於五月初抵達底特律。伊莎貝拉與詹姆斯在差不多一年後的一九二七年五月九日，於西北浸信會教堂結婚。當時他二十歲、她二十三歲，他們的兒子於十二月出生——再過三天就是耶誕節了。

他們住在底特律中城西漢考克街的分租房屋裡，月租為三十三塊美金。一九三〇年初，伊莎貝拉生了一個女兒，名叫瑪格麗特，但這時候，底特律這座龐大的生產機器已經開始搖搖欲墜了。一九二九年的華爾街股災引發了經濟大蕭條；福特汽車原先是設計給美國一般民眾，定價人人皆能負擔，卻也在幾乎在一夜之間搖身變為奢侈品。從一九二九年至一九三〇年，汽車產量直接減半，到了一九三一年年底，又再度縮減三倍。上萬名工人因此成為冗員，整座廠區被迫關閉。經濟大蕭條最慘烈時，全美國的失業率幾乎攀升至百分之二十五；底特律的失業率甚至更高，超過三分之一的人口都沒有工作。

詹姆斯保住了他的工作，但為因應這場前所未有的經濟低迷，他的年薪也縮水一半以上。接近一九三三年年底的某一天，詹姆斯與伊莎貝拉坐在西漢考克街家中的餐桌邊；詹姆斯手中拿著一角銀幣。事實上，他們這幾個月以來不斷討論著將來規畫、下一步該怎麼做，卻討論不出任何結果，理智也消耗殆盡，終於決定相信命運：擲硬幣。如果擲到背面，他們就留下來；如果是人頭像，他們便會離開。留在這個他們成家生子的城市？留在這個已然瓦解、據說每天皆有上百人因飢餓或無家可歸而垂死的城市？或是離開？收拾他們的家當，帶約翰和瑪格莉特回去蘇格蘭？回到他們的家人身邊，回到他們的過去，回到他們以為已經拋諸腦後的人生？

詹姆斯將硬幣拋向空中，看著它在空中旋轉、再落回餐桌上，他用手掌將它蓋住。接著，他舉起手，代表自由的人頭像向上盯著他們。答案揭曉了：**離開**。

他們於一九三四年初離開底特律——詹姆斯、伊莎貝拉、瑪格麗特及約翰・克洛福，也就是我的曾祖父母、我的姑婆和我的祖父。

我常常想起他們拋擲的那枚硬幣。在生命歷程中，當然會有數不清的這種時刻，將我們導向完全不同的路，但不管怎樣，擲硬幣這件事具有如此饒富趣味的二元性，沒有其他解釋的可能性、沒有任何些微的差異，就只有人頭像或背面、離開或留下。假如那枚硬幣落下時背面朝上，那我就不會存在了。當硬幣在底特律的那間廚房空中旋轉時，兩條主要的可能命運線就這樣交替閃爍著。

這個故事在我們家裡還有另一種說法：他們早就決定好要離開了，擲硬幣只是在決定要去**哪裡**。回到詹姆斯出生的弗雷澤堡？或是伊莎貝拉出生的福庫克？但說不定他們拋了兩次硬幣？如果你打算要仰賴機率來做決定，那丟兩次又有什麼差別？我從來沒有機會問我的曾祖父母——伊莎貝拉於一九九〇年辭世，詹姆斯也在兩年後去世。他們的故事已經變得模糊，經過二手轉述、錯植記憶等過程，多了家族神話的修飾。

不論如何，我祖父母曾經移民到美國的事實——而且兩邊的曾祖父母都是——仍讓我感到十分驚訝。還有他們的冒險，那種縱身躍入未知的舉動，不管是因為什麼原因而以失敗作收，也令我相當吃驚。詹姆斯和伊莎貝拉·克洛福，以及威廉和瑪姬·肖特，他們越過一片大海和一條邊界，最終又搬回原處。

但至少，我的曾祖父母當時擁有選擇。如今，去留對許多人而言是個未知數，他們只有一個選擇：移動。正因如此，邊界已經不再只是一條可能的命運線，而是**唯一**的一條；至於剩下的，全都處於曖昧不明的狀態。這條命運線上也包含未來——不管未來究竟為何種樣貌皆然。為了抵達這條線，你只需要邁出腳步並跨越它。

在現今的世界裡，「坐而言」很容易，但「起而行」卻很複雜。一方面，我們得要面對科技與全球化的力量，它們無視於邊界，甚至是徹底消除了它們。現今的世界正在縮小——這是一種隱喻說法，但由於氣候變遷，它其實在某種程度上也是事實。而為了加以因應，邊界反倒正在鞏固、強化，甚至增生。今日，世界上的邊界數量，比人類歷史中的任何時刻都來得更多，國族主義的論述有增無減，而界線在畫定上也壓得更死、拉得更緊；在此同時，葛旭所形容的那股「魔力」、那份迫在眉睫的生存威脅，也一直無可避免。

事實上，我們所有人現在全都站在一條邊界上。不論我們朝這條邊界之內或之外望去，都會面臨全球不平等的問題，其規模與程度更是前所未有地巨大。把我們區隔開來的那些界線，儼然成為散播仇恨與希望的終極載體，其中有些人渴望掉頭「築牆」、「中止交流」，這種作法只會使邊界之間的吸力加劇。如今，邊界已經成為這個世界的試金石，也是人類所有自由進步或退步的證據：社會自由、政治自由、文化自由、經濟自由及藝術自由皆然。如同諾曼．梅勒（Norman Mailer）所說的：「我們只有不斷地筆直前行，直到不得不停下來的那一刻，才能知道我們有能耐走多遠。」而《邊界的故事》就是我的旅程，直到我不得不停下來為止。

在撰寫這本書的過程中，我四處旅行，追尋各種新舊邊界。我去了希臘的山區，尋找古代的邊界記號與一座邊境戰場亂葬崗；我在蘇格蘭的一個夏日黃昏，走入荒廢的羅馬帝國偏遠前哨基地；我在北極圈北方兩百英里處遇到一位藝術家，他將畢生志業投注於移除邊界的工作，並努力收復祖傳文化的語言與被人分割的土地；我在飽受衝突拉扯、對於邊界過度偏執的約旦河西岸的伯利恆，待在一間擁有「世界最糟景觀」的旅館；我在奧茨塔爾阿爾卑斯山脈（Ötztal Alps）爬進一座邊界冰川正在消融的世界。

然後，到了二〇二〇年初的那幾個月，我哪裡也去不了。三月十二日星期四，我從特羅姆瑟（Tromsø）飛回愛丁堡，途中在奧斯陸一座棄置機場轉機。當天，挪威關閉邊境，禁止所有外籍人士進入。新型冠狀病毒疫情急速使世界停擺，而邊界——邊界的通透性、邊界的**堅固度與柔軟度**——不斷登上新聞頭條。隨著隔離與封城一週又一週、一月又一月地延長，旅行變得不可能，我開始想辦法接觸世界各個角落，與那些生命以某種方式受到邊界消磨的人談話。如同西班牙攝影記者卡洛斯．斯伯托爾諾（Carlos Spotorno）向我描述的，這些在邊際、在外緣之地生活與工作的人，「正在界線上遊走」。

我的想法是利用這些旅行、對話，以及現在與過去的故事，來瞭解邊界究竟為何：它們如何形成？為什麼會不斷變動？還有它們為什麼愈來愈扭曲、破碎？不管你轉向何處，邊境的緊繃界線似乎都會跟全球事件互相共振，或甚至主動引發事件。它們的未來跟我們自身的未來密切相關，控制著我們的地景、我們的記憶、我們的身分，以及我們的命運。

注釋

1 譯注：自由移動為歐盟會員國內的一大原則，包含貨物、人員、服務及資本等項目。

2 A. Ghosh, *The Shadow Lines* (John Murray, 2011).

一個人為什麼會去恨某個國家，或是愛某個國家？……我不懂箇中奧祕。我認識人群，我熟悉城鎮、農地、山丘與河流與石頭，我知道秋天的夕陽會落在山丘上某塊耕地的一端。但為這一切畫定界線、為之命名，並在那個名字不再使用的地方停止愛它，是什麼概念？愛「家國」是什麼意思？是恨「非家國」的意思嗎？

——娥蘇拉．勒瑰恩（Ursula K. Le Guin），《黑暗的左手》（*The Left Hand of Darkness*）

這個世界沒有名字，他說。丘陵和山脊和沙漠的名字僅存在地圖上。我們為它們命名是為了避免迷路，但那是因為我們已經迷失去向，所以才創造出那些名字。世界不會迷失，我們才是迷失的人。而那是因為這些名字和方位是我們自己命名的，所以它們也救不了我們。

——戈馬克．麥卡錫（Cormac McCarthy），《橫渡》（*The Crossing*）

專文推薦　圍城：空間與心靈的邊界　陳思賢　3

引言　7

我認為，每一個人都有屬於自己的私人邊界故事。在我的故事裡，我的曾祖父母擁有選擇去留的可能。如今，去留對許多人而言是個未知數，他們只有一個選擇：移動。正因如此，邊界已經不再只是一條可能的命運線，而是唯一的一條。

前言　平原的邊際　27

當人們於約公元前二四〇〇年首度立起這根柱子時，他們牢固地將它筆直設置於一個寬大的台座之上，然後再把它放到邊界渠岸的最高處——刻意讓它在陽光下閃爍、引人注目，使它所傳達的訊息照耀至整片平原之上。這就是歷史，集結器物與文件的本質於一身，是邊界本身所述說的長篇邊界故事。

CONTENTS

第一部　建構

第一章　以骨為界　45

地圖中，薩普米的占地涵蓋了挪威、瑞典、芬蘭，再一路延伸至俄羅斯，但卻沒有任何邊界，也沒有如今占據這個地區的那四個國家的名稱及國界。相反地，薩普米的範圍遍布了整片大地，自由自在、無拘無束，也不受任何線條限制。「因為我找不到任何必須納入邊界的理由。因為薩普米是我們的家園，就這麼簡單。」

第二章　無盡之陲　89

在我們鐵絲網裡這一邊，一切都很熟悉，所有人都是朋友。而越過鐵絲網的另一邊，是未知、是詭異。我方士兵的身邊，都是真實存在的個體，都是擁有名字、臉孔與家庭的人，每個人都有自己的故事。但在短短幾百公尺之外的是敵人，幾乎未曾見過卻始終存在——他們只是一團徘徊在矮牆底下、毫無特徵的集體。

第三章　大疆無邊　131

而有些從邊境地區來的人已經抵達，
說那裡已經沒有任何野蠻人了。
現在沒有野蠻人的我們將變成什麼。
那些人原本是某種解決方法啊。

第二部　移動

第四章　高牆築起　173

約旦河西岸便是手機螢幕，那道界牆則是貪食蛇——持續擴張的邊界線。因為
你太想要在一個空間裡做出分隔，結果最後留下來的就只剩「分隔」本身，也
就是隔離的機器。正如薛哈德所寫的：「不論我們稱之為以色列或巴勒斯坦，
這片土地都終將成為一大片混凝土迷宮。」

CONTENTS

第五章　遺落邊界　233

美國向全世界呈現了一個新概念：一座不斷變動的國家，透過不斷成長來表達它所享有的自由。這意味著，美國在任何時間點的邊境，永遠都只是暫時的偶然事件。殖民者帶著邊境一直不斷向外推進，同時與美洲原住民族陷入持續衝突；他們以上帝、文明及進步之名，驅逐或消滅原住民族部落，進而占取他們的土地。

第三部　跨越

第六章　險惡地形　291

我看到她殘存的臉龐。她的嘴扭曲成一個紫黑色的洞，吞噬了她的其餘面容。我看不到她的眼睛，因為我實在無法將視線從她的嘴移開……不論她的臉龐曾經多麼美麗、多麼慈愛，現在都已經被一個狀似尖叫中的石色食屍鬼給取代。那副容貌你永遠也忘不了。

第七章　燃燒邊界　339

他們以身為「燃燒者」為榮，反正他們已經把所有文件都銷毀了，包括護照、身分證，或任何可能會讓當局調查出他們原生國的紀錄。換句話說，他們讓自己變得無國籍，把自己的身分祭獻在名為希望的聖壇上。他們已經失去了所有欲望、渴求，就只為了尋求這份燃燒。

第四部　打破

第八章　消融中的邊界　383

「地球是穩定的」，這種理念形塑了我們的信仰體系，我們認為任何改變都會是緩慢、理性且可預期的。不過，當領土和國族身分的概念被織入看似「天然」的邊境之中，但邊境卻又快速而不受控地變化時，會發生什麼事？

第九章　「這座血肉之牆」　429

邊界是全球疫情這場戰爭中的前線，而它們同時變得既至關重要卻又無關緊

CONTENTS

要。它們被關閉、加強、封鎖，卻又仍有漏洞。只要有一個人身上帶著病原體溜過去，那些邊境就會一層又一層地瓦解：從國家到城市、公寓、房間。最後，在我們自身構成的血肉之牆之外，領土不再具有任何意義。

第十章　越過遼闊海岸的綠線　475

大綠牆的位置恰好跟馬丁的人類氣候棲位的脆弱邊界相符。大綠牆的原始構思在於作為推開撒哈拉沙漠的屏障，但或許現在，我們可以換一個角度，把它視為一種守住棲位的方法、一個阻止可棲息地的影子從各大陸消逝的機制。

致謝　519

前言

平原的邊際

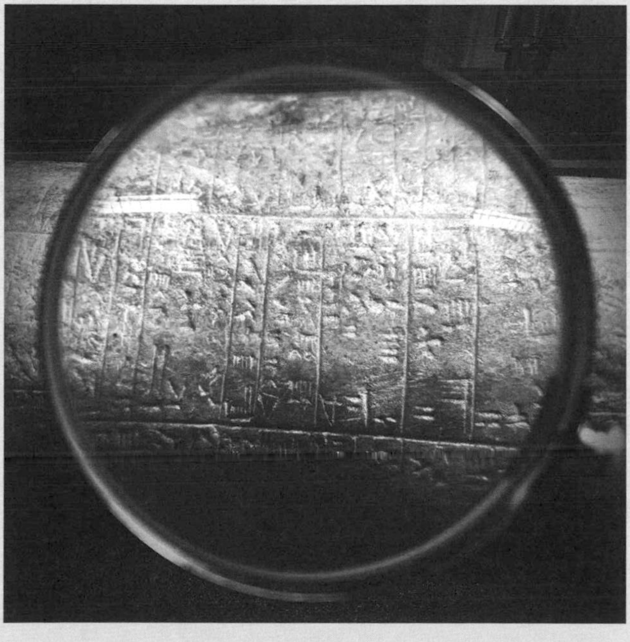

作者攝

我觸摸著世界上最古老的邊界——或至少是現在仍以我們能看見的形式留存下來的最古老邊界，我們可以確定地說：「**這個**，是一個邊界。」我的雙手撫過它冰涼的石灰岩表面，它是一根紮實的乳白色圓柱，四處遍布像冰晶一般閃爍的結晶縫線條。它的長邊幾乎有半公尺，大小和形狀差不多跟混凝土路障柱一樣。

我們怎麼知道它是一個邊界？它告訴我們的。它身上刻滿了字，乍看有如小鳥在濕沙地留下的腳印。我任由指尖撫過那些凹槽，它們已經在時間流裡消磨而變得滑順。

四千五百年前，有人就像我現在的動作一樣，彎腰俯視這根石柱，在安格泡燈具（Anglepoise）的燈光下研讀它。他們拿著錘子和鑿子（他們是藉著火光還是陽光工作？）開始敲打、刻鑿，雕出垂直的長線以製成柱子。接著，這些柱子被覆滿細長彎曲的楔狀字樣。那就是我們所知最早的書寫形式：蘇美人的楔形文字。

我不會讀楔形文字，但那些讀得懂的專家表示，他們花了十年多的時間研讀，才學會這麼龐大的符號量，包含它們背後可能潛藏的多重意涵與相反意義。但不管怎樣，書寫就是書寫，至少，這點是我篤定的。在我眼前的字跡或許很陌生，但寫出這些字的手，對我而言卻不陌生。我調整桌燈，好讓光斜照在它光滑的平面上，而當我往下審視柱子四周時，我覺得自己似乎能夠感受到那些鑿痕被刻下的瞬間——就在鑿子用力敲入石塊的骨與肉時，陰影變得愈來愈深，敘事也逐漸加速流洩而出。

作者不斷、不斷地寫著，幾乎用盡了每一寸空間。他們在記錄的、刻鑿的、保存的，是邊界的故事。這是我們所擁有最初始的邊界故事，或許甚至是史上第一次嘗試書寫歷史的時刻。[1]

這個故事始於時間的初始。

眾神的父親恩利爾（Enlil）賜予祂的其中兩位孩子寧吉爾蘇（Ningirsu）與夏拉（Shara）一人一座城市，以作為其私人財產。拉格什（Lagash）是寧吉爾蘇的，烏瑪（Umma）是夏拉的。因為這兩座城市的土地彼此相鄰，恩利爾親自訂定兩塊地之間的界線——神聖的邊界。

不過，根據抄寫員告訴我們的內容，烏瑪人並不把它當作一回事，他們跨過恩利爾的神聖界線，試圖將拉格什的土地占為己有。他們霸占了寧吉爾蘇的「摯愛之地」，也就是座落於拉格什西北方邊境的豐饒肥沃地區「古埃丁納」（Gu’edina），「平原的邊際」之意。所以恩利爾便開始介入，指示祂在人間的代表——中立王國基什（Gish）的統治者麥薩里姆（Mesalim）——再度畫定界線。工程包括測量界線、挖鑿綿長的邊界渠道，而且為了避免將來有所爭議，還必須將領土與土地所有權等確切權利刻在石碑上，最後再把石碑豎立於畫分線上。這塊石碑即為《麥薩里姆條約》（Treaty of Mesalim）——史上已知最古老的和平條款，也是世上最早期的一份法律文件。

和平並未持續。烏瑪的新統治者烏什（Ush）拒絕接受這條邊界。他將石碑連根拔起、跨越邊界渠道，並占據了平原的邊際。

過了幾年，又或許過了幾十年，神聖之地遭人奪走的寧吉爾蘇被憤怒吞噬，為拉格什立了新的統治者：恩納圖姆（Eanatum），他是一位高大的男人，有如超級英雄一般，出生時由女神寧胡爾薩格（Ninhursag）哺乳養育，注定要推翻這項褻瀆神明的土地掠奪行徑。

恩納圖姆駕著他的戰車出征，使當時由埃納卡萊（Enakale）率領的烏瑪軍隊全體覆沒，並重新建立邊界。此外，他更進一步加強邊界，將邊界渠道改為雙重堤壩，再由一條寬闊的灌溉運河引水注入其中。他將先前被連根拔起的麥薩里姆石碑放回原處，豎起另一個自己的邊界標記，為恩利爾與寧吉爾蘇建立神殿，並在運河的烏瑪側制定寬達一公里的禁區。為避免未來再出現衝突，他也做出妥協，允許烏瑪人可以從一條小通道進入平原的邊際，但條件是，他們必須將他們在該地收獲的部分大麥繳納給拉格什。

但爭端卻未就此消除，怨恨不斷累積、傳過一代又一代。埃納卡萊的兒子烏爾盧瑪（Urluma）因為父親答應的「可恥」條件感到憤恨，很快便準備引戰。他先是拒絕繳納欠給拉格什的收穫稅額，接著出征邊界，將麥薩里姆的石碑及恩納圖姆的柱子拔除並燒毀，同時摧毀聖殿，再將運河裡的水導往烏瑪的地，讓它「乾涸」。

這件事現在落到偉大的恩納圖姆之姪恩美鐵納（Enmetena）身上。他在邊界的風口浪尖，也就是「黑犬之丘」（hill of the black dog）上，正面對抗「偷地賊」烏爾盧瑪。他將烏瑪軍隊驅退並展開屠殺，迫使烏爾盧瑪連滾帶爬地逃回邊界運河的另一邊，徒留「他的下屬屍骨散落平原四方」。[2] 雖然烏爾盧瑪或許算是成功逃過這一劫，但他的命運已成死局：他一回到烏瑪城之後，隨即於一場宮內政變遭人謀殺而死。

恩美鐵納後續重建聖殿，將邊界運河延長至六十多公里，並沿著河岸另立一連串的邊界標記。[3]

如今，在我眼前述說這段故事的柱子，便是當時的其中一塊標記。

從那之後，這根柱子歷經了如此不平凡的旅程。現在是二十一世紀第三個十年的開端，時值一月初，它躺在一片柔軟的長方形黑色泡棉上，下方是大英博物館中東藏品華麗的研究室裡的一張長木桌。

這裡有一連串的桌子，共貫穿了五道拱形門，而我的桌子位在正中央位置。上方有三層樓鍛鐵看台與櫃架，而在導往這塊中央空間之前，有十個書架層裝載著一盤又一盤的古器物，全皆以高聳的木質與玻璃櫃保護著。在我旁邊，有一位女性正在處理從古亞述城市尼姆魯德（Nimrud）留下來的陶器碎片。在下面另一張桌上，有人在拼湊粉碎四散的楔形文字柱體，好在一整疊白色襯紙上研讀。就連我們坐的椅子，似乎也是古器物——它們的皮製內裝實在很乾、充滿裂痕，某些部分還會滲出填充物，由此應該可以想像，它們從這個房間於十九世紀中期首次啟用之後，就一直被用到現在。

我把柱子翻面。它的重量頗為驚人，石灰岩的密度很紮實、厚重。楔形文字一般幾乎都是用河蘆葦製成的筆寫在濕泥板上；要刻在石塊上，而且還如此精細，想必是非常艱鉅、煞費苦心的任務。

翻譯工作亦然。事實上，一直到二〇一八年，大英博物館負責古代美索不達米亞手稿的蒐藏研究人員、同時也是世上最具權威的楔形文字專家歐文・芬克爾（Irving Finkel）才開始解碼這根柱子上的長文。在那之前至少有一個世紀半的時間，它都一直躺在布魯姆斯伯里（Bloomsbury）下方的廣大地下室中，就只是一塊在架上積灰塵的石頭、數百萬樣物品裡的其中一個。

它起初究竟是什麼時候、以什麼方式來到儲藏室，至今尚未釐清。大英博物館本身的館藏筆記只說，「最有可能於一八八四年以前納為館藏」，想必是在十九世紀下半葉時，乘船抵達倫敦，航入泰晤士河的等候碼頭，然後大概是在格雷夫森德（Gravesend）的繁忙碼頭卸載。在途中，它曾行經當時新建的蘇伊士運河嗎？還是繞了一大段路從非洲之角（Horn of Africa）過來？在那之前，這根裝在木箱裡的柱子，可能隨著其他許多木箱一起搭著駁船，順著蜿蜒的底格里斯河駛向阿拉伯河（Shatt-al-Arab），也就是最終傾注於波斯灣和阿拉伯海的「迅河」。

當初人們找到它的確切位置也仍屬未知，[4] 但應該是在過去曾一度植被蓊鬱、然現已乾涸的美索不達米亞平原的某處。十九世紀時，該地四處都是挖掘場，開鑿的溝渠將魔爪伸探到沙漠四方。當時人們發現它時，有沒有興奮地大叫？還是他們疲憊地聳了一下肩，覺得就只是當天戰利品裡的另一個？不論如何，這根柱子在經歷了數千年之後，被拉出塵土、重見光明的時刻就這樣到來了。

然而，我們直到現在才瞭解它的真正重要性。芬克爾在研究碑文時，發現文本中包含一些特異的地方。事實上，就跟所有語言一樣，楔形文字也會隨著時間改變、演化。但這根柱子上的敘事卻依舊使用一種古老、過時的蘇美書寫形式，約是當時再回溯八百多年前最早出現的符號。有些記號很淺或是寫得不完整，甚至是在書寫的當下便是如此，讓它們看起來好像歷經歲月侵蝕。石柱上刻的最深的部分特別留給了寧吉爾蘇，他們還用了楔形文字裡三種不同版本的「神」來補充說明祂的名字。相較之下，在提到烏瑪的神祇夏拉的段落，刻鑿的痕跡非常輕淡、飄渺，內容因此難以辨認。這似乎是故意的。那位抄寫員同時嘲諷了烏瑪人，並且編造證據，簡直是用楔形文字撰寫的假新聞和酸民發言，試圖捏造證據，表示拉格什對於平原的邊際的所有權可以回溯至語言的初始，甚至是世界的初始。[5]

不過，除此之外，這根柱上的碑文中還特別出現了一個詞，是我們在已知人類歷史中，第一次讀到「無人之地」（no man's land）這個詞。作者使用這個詞來描述最先由恩美鐵納的叔父沿著邊界渠道烏瑪一側所建立的禁區。那只是一個即興冒出的詞，單純依照字面上的意思，來形容那塊空無一物、無人碰觸且「無人」應該闖入的領土。換句話說，在四千五百年前，這只是一個毫無重量的詞。但它穿越了歷史的洪流，不但沒有受到埋沒或失傳，甚至經歷了不斷堆積增長的過程，於幾千年以來——尤其是上個世紀——巨幅成長，抵達一處無比龐大的悲劇命運之境。

無人之地。

如今，這個詞讓我們聯想到變調的歷史，直搗人類騷動本性的核心：我們那份不斷爭奪空間的無邊能耐。而這個詞，就這樣刻入現存最古老的邊界標記石柱、刻入我們最早的書寫、刻入我們最初開始記錄歷史的意圖。

此處躺著我們最早的故事。很久以前，在無人之地的那一端，有一條邊界……

芬克爾的翻譯就在我旁邊的桌上，「無人之地」的蘇美寫法被特別挑了出來。我試著把它抄入我的筆記本裡，純粹是一個無法理解其意義的複製過程。原文的構成有一系列以三角形收尾的線條，如同小旗子一般，再編排成幾個不同形狀。我抄得很亂，線條歪斜、墨跡不均勻，畫出來的形狀也很不整齊。我再試一次之後就出現進步了，一筆一畫看起來比較有信心，因為我把每一個「旗子」視作一個字母。

我下定決心把柱子上刻下這個詞的位置找出來。我拿著放大鏡彎腰端詳，來回審視整篇記號，還為了讀過一行又一行的文字把柱子翻來翻去。這麼一大篇刻鑿的文字很容易讀到亂掉。

最後，我終於找到它了——編排一模一樣的文字。雖然這個詞有些部分很模糊，但刻工很精緻、優雅。我摸了摸它；雖然桌燈很熱，但柱子摸起來仍舊冰涼。

無人之地。

這個詞被保留在它被寫下的那一刻，而我的指尖就這樣摸著它，那種感覺有如觸電、通電一般。我無法停止我的目光。在放大鏡下，結晶的石灰岩像拉糖糖絲一樣閃閃發光。這真是一樣美麗的物件。美麗，同時駭人。

這根柱子的故事停在拉格什的勝利。作者描述完幾個世代的邊界暴力衝突之後，為紛爭做了個收尾。然後，假如讀者有任何疑慮，碑文的最後幾行鄭重地警告那些試圖重揭傷口的人：

> 假若烏瑪的領袖跨越寧吉爾蘇的邊界渠道……以武力奪取土地，不論是烏瑪的領袖或任何其他領袖，皆願恩利爾摧毀之！願寧吉爾蘇於其身降下一大張戰網（battle-net）之後，亦能以巨大的手與足壓制之！願其城內挺身違抗的子民，能於其麾下的城內就地殺之！[6]

當人們於約公元前二〇四〇〇年首度立起這根柱子時，他們牢固地將它筆直設置於一個寬大的台座之上，然後再把它放到邊界渠岸的最高處——刻意讓它在陽光下閃爍、引人注目，使它所傳達的訊息照耀至整片平原之上。這就是歷史，集結器物與文件的本質於一身，是邊界本身所述說的長篇邊界故事。它是**歷史**，但或許不是我們所認知的那種。

在這根柱子所描述的世界裡，神與人的行為相互交織。神祇在人間畫定邊界線、為未來國王哺乳，並與隸屬於祂們的人並肩步上戰場。與此同時，故事中還有非常特別的官僚細節：邊界「自底格里斯河至努恩（Nun）運河」共長達六十幾公里；烏瑪積欠拉格什的大麥利息多達四千四百萬公石，卻只繳回一千八百萬。[7]

這是一個由碎片述說的零碎故事，因為這根柱子並不是唯一的來源。過去兩個世紀以來，拉格什與烏瑪邊界衝突的故事，不斷在美索不達米亞沙漠挖出的一些類似物件中重複出現。其中包括破碎泥板與泥罐上的楔形文字、兩塊遍布密密麻麻記號的石板，還有一對受到河水侵蝕的卵形巨石，它們都刻著同樣的爭端故事。[8] 而最讓人印象深刻的，是一座大型石像，由法國考古學家於一八八〇年代挖掘出土，現存於巴黎羅浮宮，也就是人們所稱的「禿鷹碑」（Stele of the Vultures），它以圖像方式描繪了其中一場關鍵的邊界鬥爭。

在禿鷹碑上，現已破碎的石灰岩表面刻有人像浮雕，分別為神祇寧吉爾蘇，以及祂那擁有超能力的人類英雄恩納圖姆。其中，寧吉爾蘇在石碑的一側以巨人形象呈現，以一張大型「戰網」俘虜著一團飽受折磨的裸身烏瑪士兵，並將錘矛砍向一名試圖鑽出巨網的可憐人頭上。石碑的另一側是騎乘在戰車上的恩納圖姆，他將矛向外直舉，率領著一大群身戴盔甲的戰士，準備好隨時進攻；恩納圖姆的軍隊腳下，踐踏著戰敗敵軍的屍身。而在上方角落，幾隻禿鷹以嘴喙啣著遭人砍下的烏瑪士兵頭顱——這些血腥細節正是這幅雕刻現代名稱的由來。[9]

繼續往下看，石碑下方描述的是後續的故事。由於成堆的屍體實在過高，頭頂籃子的工人必須爬上梯子才能將土倒在他們身上。恩納圖姆坐在他的寶座上，看著屍塚成形，旁備好祭獻用的牲畜，神聖的植物也被栽種在土裡、充分澆灌。[10]沿著邊界築起的高聳渠岸，並非單純土堆，其中也包含了萬人塚，也就是戰敗士兵成堆的屍身。那可說是一條刻於鮮血與屍骨之中的邊界。

在其他這些敘事中，邊境有所轉移或變動。有時候加入了更多細節，有時候一些事件會被合併或拆成不同事件，使時間線變得混亂。而我們的那根邊界柱，便嘗試總結先前記載的一切，以作為最終定本，就地擺放於平原的邊界上。但它也只說了**截至目前為止**的故事。

後來發生的事也十分直截了當地呈現在柱身上：我可以頗清楚地看出柱子上端有一部分遭人大舉劈除的痕跡，也有人試圖砍下碑文，總共有三個拇指大小的凹處，使文本的其中一個段落受到毀損。而有鑑於石頭本身的硬度，光是想要抹除這一小區塊，勢必得耗上一大筆功夫。

我仔細端詳受到衝擊的位置，用手指壓了壓它們。當初岩塊表面遭到破壞，內部高密度的水晶因此露出。隨著時間過去，雜質氧化，隱約留下數個深橘色圓圈，看起來就像有人在上面捻熄香菸而留下的燒痕。最後是它的基底：曾有人使用蠻力將柱子由基座拆下，再將柱子推倒。這項行為只留下一些又醜又不整齊的殘根，甚至有些部分已經黑掉。這根柱子就跟它之前的其他邊界標記一樣，也沒有維持太久。不然，還能怎樣？

至於發生在它身上的故事，其實我們是從另一塊刻有楔形文字的泥器碎片上得知的；那塊碎片現在也存放在羅浮宮裡。那是在人們立起這根邊界柱之後五十幾年寫的，內容完全不包含任何前言，馬上就切入一長串鉅細靡遺的破壞清單，就像二十四小時不間斷的新聞報導一般。其中提到，烏瑪人曾到拉格什各地縱火燒毀寺廟、建築和雕像，甚至一一指名每個地點，以及當地寶物遭致掠奪的細節。此外，碎片也記載了寧吉爾蘇的「摯愛之地」的大麥如何受人摧毀、描述了**所有的界柱**（包括躺在我眼前的這根）如何被破壞並連根拔起，最後還提及拉格什這座城市遭到洗劫一空的結局。

抄寫員把以上種種的罪魁禍首烏瑪統治者盧伽爾札吉西（Lugalzagesi），也指名道姓地記錄了下來，最後甚至輕蔑地詛咒他：「由於烏瑪人將拉格什摧毀殆盡，他造了違抗寧吉爾蘇的罪孽；寧吉爾蘇將把那些高舉違逆祂的手砍下。」[11]當時，盧伽爾札吉西的格局已經放得更大；他的勝利聲明被記載於四千年前的某個破花瓶殘骸上，包括他想要讓領土上所有人民皆享有繁盛的計畫。據他所稱，這塊領土是恩利爾授予他的，占地範圍包括「由太陽升起之處至太陽落下之處」，以及「由下海（lower sea）沿著底格里斯河及幼發拉底河至上海（upper sea）」。[12]

正因如此，「平原的邊際」再也不是邊際。過了一百五十幾年，邊界地區的種種紛亂總算隨著拉格什被人摧毀、征服，而真正有個了結。邊界運河變成一條普通的灌溉渠道，邊境位置改變、向外拓展，超出原本的眼界範圍。邊界不見了，盧伽爾札吉西的碑文聲稱新時代終於得以展開。

　　願全人類如同植物與百草一般繁盛……願這塊土地上的人眼望「美好之地」；願眾神賜於我的好運永不改變，且願我成為永恆的領頭牧羊人。[13]

盧伽爾札吉西的「永恆」並沒有維持太久。短短幾年之後，他就被銬上頸鍊、帶往尼普爾（Nippur）的城門。「眾地之王」被打成一介淒慘落魄的卑下之人，落為史上首座帝國阿卡德（Akkad）統治者薩爾貢大帝（Sargon the Great）的階下囚。[14]烏瑪也遭到洗劫、摧毀，被強大的敵手幾乎打得片甲不留。抄寫員的詛咒應驗了；一塊土地被另一塊土地併吞，又再被另一塊土地併吞。

很久以前……有一條邊界……

如果說邊界不是一個故事，那它會是什麼？它從來不單只是一條線、一個標記、一道牆或一片邊際。首先，它是一個想法，接著人們把這個想法呈現為一種現實。它不僅僅只是單純地存在於這個世界，唯有人去**製造**它、去**述說**它，邊界才得以成立。

在這根柱子出現以前、在平原的邊際爆發戰爭以前，就已經有邊界存在了。雖然我們現在幾乎已經完全找不到關於它們的真實故事，尤其它們的實體殘骸也不復存在，但以前絕對就已經有邊界了。我們能夠肯定的是，人類畫定領土的歷史已經有數千年之久。在史前世界，狩獵採集者便會在樹上刻下記號或符號、在樹枝上掛獸骨或內臟。當時亡者的主要下葬地點皆位於獵場的邊緣，這樣一來，他們的靈魂就能為生者守住領土、阻擋他人入侵。

在澳洲北部的原住民族社群裡，人們有時候會帶著亡者的軀體走上好幾天的時間，到部族的邊陲地帶才進行下葬。在那裡，墳墓之間皆相隔一段距離，同時又排序成列，形成某種神聖的邊界線。[15]有些人推斷，甚至是我們在幾萬年前最原初的石頭藝術作品，包括軟質表面上的指印、洞穴壁畫、圓石雕刻等，某方面來說，都試圖在表達人與空間之間的連結，或將某些屬於人類、屬於個人的東西鑲嵌到地景之中，說：「這個地方是我的。」[16]**我的，不是你的？**

因此，領土的定義甚至早在那時就已確立。不過，領土的定義卻也一直不斷在更動。社群不斷遷居，跟著野生獸群或魚群在不同季節的變化，從一地移往另一地。在斯堪地那維亞南部，人們會在高地建造墓葬用的挑高木平台，或將平台串於樹幹之間，也就是我們所說的「空中墳墓」。這些構造會隨著放在上面的軀體一起腐壞，以這種視覺的方式表示領土同樣也只是暫時的。[17]

但拉格什的柱子就不一樣了——你可以把它想成是人類在**占有**地球的演化過程中的下一步。根據柱上碑文，領土是永恆的，由神明分配、在時間的最初便已畫定完成。那根柱子描述了一條長達六十公里的線，而且是一條被刻入地表、告訴世人絕對不准跨越的線。它警告世人，那些**曾經**跨越它、忽視其力量的人，都已經遭受眾神懲罰。這就是關於邊界最早的文字紀錄，同時也是關於某種論點的故事。

而我，正是從這裡啟程。一條線被人畫了下來，然後又有一條接著一條。從那時候起，我們就從未停下畫線的動作。

我又伸手摸了柱子最後一下。有些物品就是會有一種氛圍、氣場之類的東西。這根柱子是如此地堅硬、如此地紮實，感覺好似它擁有屬於自己的重力，不斷將我拉近。我一邊摸著它，一邊想著那位抄寫員一筆一畫刻鑿著這塊石灰岩的場景、那些將柱子立在堤防上的手，還有後來又將它拔起的手。我想著所有曾經摸過它的人，正如我現在摸著它一樣。

如此簡單的一條線能夠激起多麼複雜的情緒、引發多麼激烈的行動啊！邊界不只能區隔地景，也會增長地景、創造新世界與新現實。時至今日，它們已經執行這些活動長達數千年之久，在地表上鋪展延伸、在平原上施展奇異的魔法，也在塵埃與土壤之中刻下它們的故事。

注釋

1 S. N. Kramer, 'Sumerian historiography', *Israel Exploration Journal* 3, no. 4 (1953).

2 I. Finkel and S. Rey, *no man's land* (British Museum Press, 2018).

3 J. S. Cooper, 'Reconstructing history from ancient inscriptions: the Lagash-Umma border conflict', *Sources from the Ancient Near East*, vol. 2 (1983); Finkel and Rey, *no man's land*; Kramer, 'Sumerian historiography'.

4 大英博物館推測它是出生於摩蘇爾（Mosul）的考古學者拉薩姆（Hormuzd Rassam）發現的，他也發現了載有最古老的文學作品《吉爾伽美什史詩》（*The Epic of Gilgamesh*）的泥板。

5 Finkel and Rey, *no man's land*.

6 Finkel and Rey, *no man's land*.

7 Finkel and Rey, *no man's land*.

8 Cooper, 'Reconstructing history from ancient inscriptions'.

9 J. Winter, 'After the battle is over: the "stele of the vultures" and the beginning of historical narrative in the art of the Ancient Near East', *Studies in the History of Art*, vol. 16, Symposium Papers IV: Pictorial Narrative in Antiquity and the Middle Ages, National Gallery of Art (1985); Cooper, 'Reconstructing history from ancient inscriptions'; Kramer, 'Sumerian historiography'.

10 Winter, 'After the battle is over'.

11 S. N. Kramer, *The Sumerians: Their History, Culture and Character* (The University of Chicago Press, 1963).

12 Kramer, *The Sumerians*.

13 Kramer, *The Sumerians*.

14 Kramer, *The Sumerians*.

15 Ole Grøn, 'Territorial infrastructure, markers and tension in Late Mesolithic hunter-gatherer societies: an ethnoarchaeological approach', *Muge 150th: The 150th Anniversary of the Discovery of Mesolithic Shell Middens*, vol. 2. (Cambridge Scholars Publishing, 2015).

16 C. Michael Barton, G. A. Clark and Allison E. Cohen, 'Art as information: explaining Upper Palaeolithic art in Western Europe', *World Archaeology* 26, no. 2 (1994).

17 Grøn, 'Territorial infrastructure, markers and tension in Late Mesolithic hunter-gatherer societies'.

第一部　建構

第一章

以骨為界

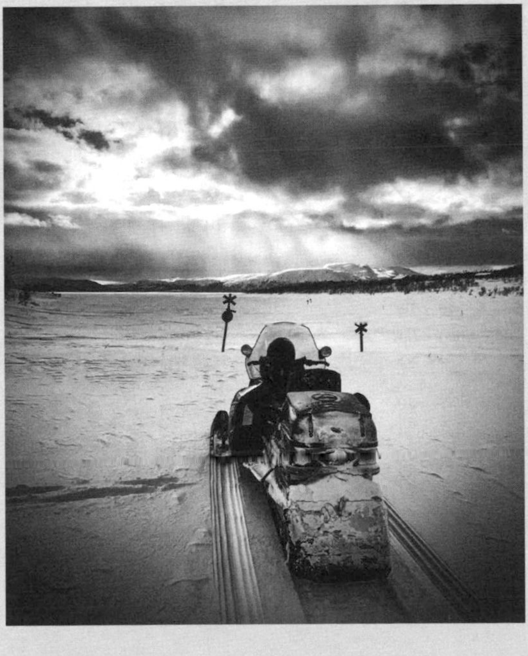

作者攝

「他們說，這裡過去沒有人住。那是他們的想法。這裡是無人之地，是荒野。」

我蹲在藝術家兼地圖繪師漢斯．拉格納．馬提森（Hans Ragnar Mathisen）家中的閣樓工作室屋簷下；他家位於特羅姆斯達倫（Tromsdalen），北極圈以北兩百一十四英里遠的地方。漢斯坐在一座大型圖紙櫃旁，忙著抽出一張張半透明的塑膠薄膜，而每張薄膜上都覆滿用鉛筆或黑筆畫下的線條、記下的名字。我望向窗外，看得到在峽灣另一側的島嶼城市特羅姆瑟的燈火。細小的雪花紛紛擠上玻璃，又紛紛消散而去。

漢斯拉開更多抽屜。

「讀中學的時候會有各種不同科目，好比歷史、地理、語言之類的，對吧？我那時非常喜歡地理課用的一本練習簿，裡面有空白地圖，然後你必須幫它們上色。山啦、內陸啦、林區啦——你要把它們塗上不同顏色。那就是一切的起點。」

他一邊挖入某個抽屜裡那疊厚紙的深處，一邊遞了幾張要我拿著。

「啊，沒錯！這就是我的第一張正式地圖的原稿。呃，不太算是原稿，這是複本，因為**原本**的原稿不見了。」

他抽出一張紙，將它高舉在半空中。

那張地圖五彩繽紛、令人驚喜，畫著斯堪地那維亞半島那一大隻鉤狀手臂，它從俄羅斯科拉（Kola）半島的彎曲手肘向西延伸。左上方是炙熱的太陽，有如一朵羅盤狀的花；右上方則是月亮，四周圍繞著深藍色的海。山脈以紅色、橙色和棕色表示，低地則用了飽和度高的綠色和黃色。圖的四邊畫滿了緞帶，將地圖框了起來，最後連接至其中一邊、纏繞著一根柺杖裝飾。除此之外還有其他插畫，包括一尊古老的石雕、一顆薩滿鼓、一個木製茶杯、一張嬰兒床和一支覆滿裝飾的湯匙。

右下角有一張地圖中的地圖，中心位置定在北極，以一顆明亮的黃色星星作為標記。北半球圍繞在星星四周：俄羅斯、西伯利亞、阿拉斯加、努納武特（Nunavut）及格陵蘭，而這張小地圖的最上方，則用我們一般所說的「顛倒」方向繪製斯堪地那維亞。這張插圖的旁邊畫有一塊精緻的仿刺繡圖樣，也就是地圖的標題《薩普米》（*Sápmi*）。

薩普米，是一塊領域，也是一個概念。它描述了薩米人（Sámi）的生活空間，包括凍原與寒帶針葉林、山脈與森林、河流與海洋。但它同時也描述了薩米人的文化與生活型態；這些特色最早可追溯至末次冰期的尾聲，已經存在於芬諾斯堪底亞半島（Fennoscandian Penirsula）長達數千年之久。

「我想要把它畫得美美的。」漢斯說：「因為我們薩米人經歷過很糟糕的事，我想為我們自己畫出美麗的樣貌。」

地圖中，薩普米的占地涵蓋了挪威、瑞典、芬蘭，再一路延伸至俄羅斯，但卻沒有任何邊界，也沒有如今占據這個地區的那四個國家的名稱及國界。相反地，薩普米的範圍遍布了整片大地，自由自在、無拘無束，也不受任何線條限制。

「那對我來說很自然，因為我找不到任何必須納入邊界的理由。因為薩普米是我們的家園，就這麼簡單。」

他把視線從我身上移開，往下望向地圖。他嘆了一口氣。

「我是第一個薩米地圖繪製師，在我之前沒有人做過這件事。對啦，之前確實有其他地圖，但都不是薩米人畫的。薩米人以前當然也有地圖，但那些地圖都存在他們的腦中。」

前一天，有股強風由北方吹入，落於結凍的基爾皮斯湖（Kilpisjärvi）上方的薄新雪層不斷受到攪動，細雪隨著風流一道道拂過那一大片平坦的表面。我騎著雪上摩托車，但它不受控地掙扎亂扭。剛開始，我的導遊托馬斯把速度放很慢，帶領我穿梭在一條樺木林間的路徑。後來抵達湖面，我們就能開啟節流閥了。我看著我的時速表一路從三十攀升至四十、五十、六十、七十公里。在一段距離之外，烏雲之間出現一道縫隙，從中透出的那束陽光，就這樣在地面上畫出一條完美筆直的金色線條。

那座湖四周環繞著低矮的山丘，層層交疊，而覆蓋於上的樺木林有如厚重的黑色毛皮。但在山丘群更上方的是一道道巨大、裸露的山脊，因為堆積著雪層而看似光滑，有如骨骼一般潔白。當時的氣溫是零下六度，冷冽的風就不說了，對三月初而言算是溫和的了；在那之前的一週，甚至是零下二十五度。

「湖面上的冰現在大約兩公尺厚。」托馬斯告訴我：「我們只需要大概十公分的冰，就能安全無虞地在上面騎雪上摩托車。達到二十公分的時候，你就可以在這裡放一架巨型噴射機了。」

我們一路駛向東北方，橫跨了這座湖，總長為十一公里，也恰好跨過了一條國界——晝過基爾皮斯湖中央的，正是那條將芬蘭與瑞典分隔開來的界線。一年中約有四個月的時間，這條線會躺在水光粼粼的流動湖面上，但從十月一直到隔年六月，這條線會被凍結於冰層之中。

雪持續地落下，從我的安全帽擋風鏡下方鑽入，刺痛著面罩以上未受遮掩的肌膚。另一輛雪上摩托車從對向駛過，後面拖著一台載滿東西的雪橇，上面還坐了隻黑狗。那隻狗跳起來對著我們吠，雖然坐在雪橇上，但還是轉過身來看著我們離開。我們抵達湖泊的盡頭，接著再騎一百公尺左右爬上一座緩坡山丘。托馬斯慢慢滑行，直到雪上摩托車停止，而我也跟在他後面把摩托車停了下來。

「你有看到那隻狗嗎？」他問我。「那是薩米的狗，馴鹿放牧人的狗。他們的鹿群現在一定在山裡的某個地方。」

他朝著我們來的方向，指往這座結凍的湖的另一端。

「去年我看到……不知道耶，那裡絕對有一千隻馴鹿吧？我從來沒在同一個地方看到那麼多隻馴鹿聚在一起。」他笑道：「你知道的，就很像野生動物影片裡會出現的畫面——生物學家大衛・艾登堡（David Attenborough）的影片。那時候是冬天正中午，太陽的位置很低，極夜才剛結束。馴鹿在湖面上奔跑，濺起腳邊的雪，形成一大坨雪團。整個畫面在陽光中看起來很不可思議。然後牧人騎著雪上摩托車跟在牠們後面，他們的狗也在後面，然後就一直發瘋似地狂吠。」

我看著腳下的湖，純淨無瑕的廣袤、美麗平坦的空白。唯一干擾畫面的，是我們的雪上摩托車行駛過的痕跡——一條綿長孤獨的線，隨著距離而逐漸模糊於視線中——有如我們自己鑿入雪層、畫出一條邊界似的。

前方的路又把我們帶回森林。我們上坡了幾分鐘，在樺樹落枝堆中織出一條小徑，接著又開始下坡，駛入一片看似森林淨地的區域，最遠端則呈現開放貌。我隨後明白，那是另一座結凍的湖泊。

越過湖面大約十幾公尺的地方，有一塊巨大的圓形水泥塊，上面放了一顆灰色的小石頭。如果我們剛才**真的**在畫邊界的話，那這裡就會是我們的終點。我爬下摩托車，輕輕觸摸結在水泥塊表面的冰。迎風面呈現全然的白，但背風面則透出一塊塊斑駁的黃漆。我繞著它順時鐘走，每走幾步就會踏入另一個不同國家，從瑞典到芬蘭、芬蘭到挪威、挪威到瑞典，又從瑞典到芬蘭、再回到挪威。

與這塊水泥相交的不只有一條線，而是三條。事實上，與其說是終點，這裡比較像是節點，也就是所謂的「三邊交界」。瑞典的最北端與芬蘭的最西端於此交會，除此之外，在它們的北邊和西邊還有挪威及北極海。這個標記於一八九七年首度設立時，只是很簡單的一堆石頭。三十年後，因為冬季極端的天氣使石頭不斷崩塌，於是改建成如今這座三公尺高、四公尺寬的圓錐台，躺在科爾塔湖（Lake Golddajávri）離岸不遠的一座人工島嶼，全年約有四分之三的時間都埋在雪裡。

近看之後，我發現石堆上的小碑板有三個平面，每一面都刻著代表該側國家的記號。瑞典的是三個皇冠、挪威的是一個持斧獅子圖樣的紋章，而最後第三面則非常簡單，只寫著「Suomi」——芬蘭語裡的「芬蘭」的意思。然而，這塊碑板卻完全沒有提及任何關於薩普米的資訊。

人們稱這個三邊交界為「三國石堆」（three-country cairn），它恰好座落於薩米人的土地正中央。就某方面而言，它算是地圖上的一個神奇點，人們可以開玩笑地說自己在幾秒內就跨越三個國界（還可以享受某種時光旅行，因為芬蘭比瑞典和挪威早一個小時）。但從另一方面來看，它也象徵著一塊土地即使老早就有人定居，甚至一代傳過一代，但還是有可能會被其他移入者畫定界線、占為己有。如果從**這一方面**來看的話，這一大塊水泥錐有如一根被打入地裡的樁，以這一點為中心發散出邊界線，使這塊完整的地貌產生裂隙，一分為三。你可能看不見這些線條——至少在地面上看不到——但它們看得到你，它們具有某些意義，而且還會帶來某些影響。

一九〇四年夏天，一對來自丹麥的姊妹艾米莉與瑪莉・德曼（Emilie and Marie Demant）在瑞典西北部瓦西豪雷湖（Vassijaure）湖畔的一間小木屋度假，湖的位置正座落於挪威邊境。她們從剛蓋好的全新鐵道抵達當地；當初會建造那條鐵道，是為了將採礦小鎮基律納（Kiruna）產出的大量鐵礦運過山脈，送往挪威的不凍港納爾維克（Narvik）。她們在那片高原上寬廣的景致中步行了幾天之後，又在瓦西豪雷搭上火車——這一站新到連站體和月台都還沒有——繼續朝納爾維克前進。回程往基律納的途中，她們跟一位芬蘭旅客和另一位擁有「靈動雙眼」的男子同坐一個車廂；男子穿著毛皮大衣及獸皮褲裝，攜帶著一把大刀，刀鞘是用獸骨打造而成。多虧了芬蘭乘客的翻譯，一行人就這樣聊了起來。

那位男子的名字是約翰·圖力（Johan Turi），過去是薩米族的馴鹿牧人，後來變成專門捕狼的獵人。圖力正在前往托爾訥湖（Torneträsk）北岸的途中；他的家人都在那裡度過夏天。他剛滿五十五歲——他出生於一八五四年，位於托爾訥湖西北方一百四十英里處的凱於圖凱努（Kautokeino），恰座落於挪威北部廣大的芬馬克（Finnmark）地區的心臟位置。但在他三歲時，他們舉家往南遷移，搬到瑞典薩米人的城鎮卡瑞蘇安多（Karesuando）定居。

一八〇九年，瑞典將芬蘭大公國割讓給俄羅斯帝國，斯堪地那維亞因此被分裂成三塊。隨著俄羅斯和挪威之間的緊張情勢加劇，俄羅斯於一八五三年將接壤芬蘭與挪威的邊境徹底封閉。一瞬之間，薩米牧人就再也無法在他們已經用了好幾世紀的草場上放牧馴鹿，許多人因此被迫搬家，就跟圖力一家一樣。他們在卡瑞蘇安多待了三十年，直到一八八九年、俄羅斯也把芬蘭與瑞典之間的邊界封閉為止。[1] 前往鹿群重要越冬場的管道又再次被切斷。這次，圖力的父親決定往西，把他的馴鹿群帶到托爾訥湖的森林區，距離薩米族的市集小鎮尤卡斯耶爾維（Jukkasjärvi）很近。此外，幾英里外還有一個零散的小聚落，屋舍皆以木頭搭建，再搭上草皮製成的屋頂。十年後，這些木屋會出現爆炸性的發展，搖身成為採礦小鎮基律納。

圖力提到，他已對放牧馴鹿的家族事業感到厭倦。他的兩個兄弟已經擁有自己的鹿群了，但他決定改過捕獸人、獵人與漁人的獨立生活型態。獨自一人長時間在野外的機會，讓他有很多時間可以思考，甚至做夢。這讓他想起自己從小的渴望——他不只想要傳述族人的故事與生活方式，更想要把它們**寫下來**。

德曼姊妹中年紀較輕的艾米莉當時三十歲，也分享了自己長期以來的夢想：她一直希望有天能跟薩米牧人一起橫跨北方的大地。她說：「從小，我就一直有個可說是很神祕的渴望，希望能跟山中的民族住在一起。」當時，火車正嘎嗒嘎嗒地駛過瑞典的高地，他們達成了一個協議：艾米莉會幫圖力把他的故事寫下來並出版，而圖力會安排艾米莉去跟他哥哥一家一起生活、工作，並參與馴鹿年度遷徙的活動。[2]

馴鹿是認識這片地貌最久的生物了。當一萬多年前內陸冰開始消退時，牠們便朝北移動，而人們——尤其是獵人，薩米人的始祖——就這樣跟隨在後。

對馴鹿而言，冬季的寒冷完全不構成威脅。牠們的毛是由厚重而高密度的空心毛髮纖維構成，具備出奇有效的隔熱效果，一直到零下五十五度，都有辦法維持身體核心溫度。不過，要在結凍、覆雪的土地中覓食，一向是牠們必須面臨的挑戰。

數千年以來，牠們演化出非常明確的遷徙模式。冬天時，牠們穿越低地森林，掘入雪層取得主要的食物來源：地衣。春天時，幼鹿出生，牠們出發尋找較早融雪的草地，以草和植物為食，補足牠們在最寒冷的月分中所流失的體重。夏天時，牠們回到山上，躲避熱氣和蚊子。到了八月，牠們就已經遷徙至較低的草地，準備進入發情期。而秋天只是短暫的插曲，在大氣環境迅速變回逼人的極區永夜之前，抓住夏天最後的溫暖。[3]過去將近九千年的時間，薩米獵人與馴鹿的生活步調幾乎少有改變。但到了九世紀，卻開始有外來者遷入薩普米的範圍。

八九〇年前後，諾斯人（Norse）的酋長奧塔爾（Óttar）在拜訪盎格魯—撒克遜之王阿佛烈大帝（Alfred the Great）的王宮時，提到自己都會定期收到薩米人的進貢，形式包括馴鹿皮、貂皮、熊皮、海獺皮、好幾英斗的絨羽，還有用鯨魚皮、海豹皮製成的船纜。奧塔爾誇耀地表示，這些是他的主要收益來源。[4]但即便如此，第一座諾斯村莊及第一座教堂也要等到十三世紀時，才在薩普米北部的芬馬克成形。而在接下來的幾百年之間，大部分的新聚落皆緊鄰海岸邊陲地帶。

不過，土地所承載的壓力無可避免地只增不減。一五四二年，瑞典國王古斯塔夫・瓦薩（Gustav Vasa）宣布：「所有永久無人居住之地，皆屬於神、我們與瑞典王座，且不屬於任何他人。」早先，瓦薩率領瑞典脫離當時仍控制著挪威的丹麥王國，成立自己的國度，成為人們在斯堪地那維亞各地畫出裂縫的開端。這對薩米人所造成的影響相當顯著。根據瑞典一份一五九一年的人口普查列表，東北海岸有一處薩米社群住了將近三百人。此外，普查也記錄了他們**同時**向瑞典、丹麥與俄羅斯王室納稅的情況。[5]

正因如此，他們對於毛皮與肉的需求量大幅飆高；為了滿足商人與收稅人的需求，狩獵活動加劇。很快地，馴鹿數量所受到的影響顯然已經無法繼續維持平衡。到了十七世紀，薩米人與馴鹿之間建立出一種新關係：半馴養。在這種模式中，山上部落與森林部落一整年都會隨著鹿群在北部四處移動，搬遷到不同地方落腳，試圖管理馴鹿的數量，以確保牠們不會因為過度捕獵而滅絕。

當時也出現了一種新的土地利用。一六三四年，一位名叫佩德·奧洛夫森（Peder Olofsson）的薩米人，在西北高地一處叫納薩菲爾（Nasafjäll）的地方發現銀礦的蹤跡；人們之後將會把那座山脈定義為瑞典與挪威的國界。一年後，已經有一座礦坑開始進行全面開採，並在四十幾公里之外的塞德瓦豪雷湖（Sädvajaure）湖岸建了一座煉銀場：薩米人稱該地為席爾博約克（Silbojokk），意即「銀川」。[6]

為了持續供應冶煉廠熔爐對木炭的需求，塞德瓦豪雷湖周遭的松木林幾乎全被砍伐殆盡，甚至到了今天，當地的林木植被依然尚未恢復。工業活動的副產品——大量成堆的熔渣與廢料——污染了水道，也使得水域周遭環境的樣貌大為改變。當地薩米人起初由於免稅政策，而被說服使用半馴化的馴鹿運輸礦石，一路從礦坑穿越群山，往下運至煉銀場。不過，隨著他們愈來愈擔心運輸活動對馴鹿所造成的健康影響，以及破壞鹿群遷徙習性所帶來的後果，他們漸漸開始拒絕配合。有些紀錄提到瑞典礦工強迫薩米人服從的作法，他們將牧人綁在樹上，把他們推下湍急的河流，直到他們改變心意為止。另外也有記載提到，礦石運輸路線被丟滿「褪色的馴鹿骨骸」，形成一整條由骨頭連成的線，一路從山上綿延至湖邊。[7]

很快地，幾乎所有當地薩米人都決定放棄這塊地，許多人朝北或朝西前往挪威。那些礦坑和煉銀場後來只維持了幾十年，挪威軍隊於一六五九年一場跟瑞典的衝突中，把它們給摧毀了。工作條件變得極為艱難，銀產量也無法達成預期中的財富。但不管怎樣，公家及私人探礦商的目光也都轉向北方。這是史上頭一遭人們開始探入薩普米的內陸，他們不只想知道那塊土地上有什麼，同時也想知道它**裡面**有什麼，以及——想當然耳——它歸誰所有。

而關於領土的爭議有增無減。為了爭地，瑞典和挪威之間衝突不斷，最後終於在一七三四年達成協議，成立邊境委員會。這個委員會正如丹麥的克里斯提安六世（Christian VI）所說的，「畫出一幅完整的地圖，並在挪威和瑞典之間畫出界線與邊境地區，將它們分隔於兩端」。此外，這條界線應該「以地理方式處理，所有線條、角度及曲率皆以其淨長與淨寬表明」。[8]

為此，人們必須針對從波羅的海至北極海的斯堪地那維亞山脊，進行完整的地面調查。這項調查的初步作業幾乎是由同一個人完成：丹麥—挪威軍事官兼法學家彼得．施尼特勒（Peter Schnitler）。他於一七四二年展開長達四年的田野調查，走遍整個北部地區，並以邊界為主題訪問當地社群——幾乎全都是薩米人的社群。研究完成後，他馬上將自己的個人地圖與日誌寄給軍事測量團隊，他們再依據他的路徑建立測量精準、繪製完整的邊界線。兩國於一七五一年的《史壯史達條約》（Treaty of Strömstad）同意最終結果，至今，這條邊界依然是歐洲最長的兩國邊界——一筆到底、完完整整的兩千兩百公里。[9]

這份條約還帶有一份附約，是依據施尼特勒的田野訪問、特別針對薩米人（當時稱為「拉普人」〔Lapps〕或「拉普蘭人」〔Lapplanders〕）所擬出的三十項條款規定，以規範並承認他們在這塊被切割的土地上的特殊定位。上頭表示：「由於拉普人需要兩國的土地，他們將享有權利維持舊有習俗，跟隨他們的馴鹿於秋季及春季遷移至鄰國，且一如既往地與各國臣民享有同等的土地及海岸使用權，以維持生計及其牲畜；他們亦將獲受友好對待、庇護及協助。」[10]

這是關於薩普米的第一份法律承認文件，也是薩米人可自由在那塊土地上移動的權利首次受到認可，不論邊界線畫定在哪皆然。與此同時，薩米人必須取得瑞典**或**挪威的公民身分，通常是由各個社群的冬季占地所在處為決定基礎。不過，還是出現許多占地範圍被邊界一分為二的狀況，此時他們就必須做出選擇。歷經數世紀的剝削之後，這種作法對薩米人帶來的最直接好處，在於他們只需要在單一國家內繳納一次稅。

說來奇怪，這份附約其實是一份自相矛盾的文件。人們一向將稱之為薩米的《大憲章》（Magna Carta），它把這支離散民族與其文化的存在，以及他們那塊古老土地的存在，都供奉了起來。[11]不過，諷刺的是，它會如此表示，只是為了要進行後續的土地瓜分。權利這種東西，就算給過一次，之後還是可以把它奪走；而邊界，就算畫定了一次、開放過一次，之後還是可以把它關閉。於是，這份附約所訴說的，就是薩普米的存在在被寫下來的那一刻，就已經被人從中一分為二了。

艾米莉．德曼跟姊姊一起回到丹麥，但她並沒有忘記自己和約翰．圖力的計畫。她三不五時就會跟圖力維持熱絡聯繫，與此同時，她也拜訪了哥本哈哥大學的比較文獻學教授威廉．湯姆遜（Vilhelm Thomsen），學習基礎薩米語。時隔三年後，艾米莉於一九〇七年六月又再次搭上開往瑞典北部的火車。途中經過了基律納，接著又稍微往西北方前進，最後在一個坐望托爾訥湖的小車站下車，此時托爾訥湖仍有部分處於結凍狀態。幾天後，圖力也抵達托爾訥湖與艾米莉碰面。當天半夜，太陽仍掛在地平線之上，他們划船過湖抵達北岸，接著走到一處營地，圖力的哥哥亞斯拉克（Aslak）在那裡等候他們。[12]

亞斯拉克與妻子席莉（Siri）和他們的五個孩子一起住在一個社群裡，也就是薩米語裡的「希達」（siida），字義涵括一群家庭、他們所使用的所有土地，以及他們在同一個時間點所棲居的特定地方。就某方面來說，「希達」同時是一種治理結構，**也是**一塊領域，但這塊領域隨時都在搬遷、變動，其邊界隨著馴鹿與牧人在各地遷徙的活動，而不斷地畫了又重畫。

艾米莉抵達亞斯拉克的希達時，冰雪恰好開始融化，大家正準備搬遷至他們的夏季營地。與圖力道別之後，首先，艾米莉有一項任務是幫她的寄宿家庭拆帳篷，把它跟一袋袋麵粉、乾肉、鍋具、獸皮與被單一起裝到船上。他們在永晝的凌晨時分移動，往湖的西北方划去，抵達遠方的那側湖岸之後，又爬了一段上坡進入森林，才再度搭起帳篷，將新鮮樺木枝條所編織而成的墊子覆蓋於土壤之上，再將石頭圍成一圈、搭建成爐。「由外觀看來，」艾米莉寫道：「帳篷如同一盞彩色的燈映在紫羅蘭色的山間，配著一條條綿長的白雪，裡頭燃著一團我嚮往已久的火——我嚮往著它好多、好多年了。成真的夢想，遠超出夢想本身。」[13]

在接下來的八個月，時序由盛夏轉至隔年三月，艾米莉的生活游移於廣袤的大地與亞斯拉克一家的篷內小世界之間。「外頭的環境已經非常壯麗了，」她寫道：「有群山、太陽、黑暗、暴風、偌大的天空、星星、極光與廣闊的鄉間。在我們的社會裡，有誰能夠在這般背景中工作呢？」[14]不過，隨著日光褪去、寒冷逼近，一直維持不變、總能回去的地方，終究還是帳篷。「帳篷從一處遷至另一處，但帳篷的裡裡外外永遠都是一樣的。」當永夜包覆北方時，也就是薩米人口中的「黑暗時刻」，艾米莉的存在縮成一抹最小的足印，只出沒於幾公尺寬的圓圈內。「當濃霧將我們包圍時，火團使人與狗聚集起來。」她又寫道：「只要火能觸及的地方，就是我們的家。從火團迸出的火花如同紅色的星子飛入空中，再被薄霧撲滅……然後火熄滅了，我們便與黑暗融為一體。」[15]

艾米莉參與了薩米生活的所有面向。她集木、砍柴；她炊煮、將獸皮攤開、用馴鹿皮做衣；她整理馴鹿的包袱、隨著牠們一同徒步遷移。她用一些最生動的文字捕捉那些與鹿群共居、移動的激動之情。在這個希達裡，共有將近三千頭馴鹿，而當牠們聚集在一起時，就好像「灰色海浪」在「隆隆作響，有如從地獄傳來的雷聲一般」、一大團活生生的東西「如同雹暴似朝山腰趕去」。艾米莉也寫下自己看到如此壯觀景象時，不由自主地「感到顫抖」，但並不只有她這樣，她觀察到，雖然薩米人對馴鹿已經極為熟悉，但甚至連薩米人本身，都仍會「在看到鹿群時，體驗到一種陶醉不已的情緒」。[16]

一九〇八年三月的尾聲，她有機會離開亞斯拉克的希達，在卡瑞蘇安多加入另一個薩米家庭。她沒有「沿著相同路徑」回去，「那會稍嫌乏味」，她想要體驗「新的人、新的情境和新的領域」。當時，那支卡瑞蘇安多的希達正準備展開漫長、艱鉅的夏季遷徙：旅程將朝西北方橫跨兩百公里，越過從瑞典延伸至挪威的山脈，抵達能夠眺望特羅姆瑟市區的特羅姆斯達倫草場。艾米莉跟黑卡（Heikka）和嘉特（Gate）夫妻一起共度四個月，沿著飽受風吹的高地通道長途跋涉，而快速融雪使周遭瞬息萬變，也使路況變得滑溜險惡。「那裡，在山峰之間的地方，就是我們的路徑。」嘉特告訴她：「在那裡，我們能看到下方如同地獄一般的陰暗森林，以及上方如同天堂一般的陡峭山峰。」[17]

兩年後，《薩米記事》（*Muitalus sa□mid birra*）問世。艾米莉說服圖力用薩米文書寫，然後她再翻譯成丹麥文，便能有兩個版本互相對照。許多見過圖力的人都喜歡將他描述成某種高貴的野蠻人，或是原始的「專家」，但事實上，他對現代世界絕非一無所知。圖力曾經歷、參與這個世界，而且適應了它，也嘗試將這個世界與自己的薩米生活方式加以融合。他親身體驗了周遭環境的變化，會寫這本書的原因，也正是想提出自己對這些事物的關心，尤其是為族人的權利發聲，表明薩米人也跟其他任何民族平等。雖然《薩米記事》是一本民族誌、一段歷史紀錄，從民間傳說故事渲染至馴鹿畜牧業或傳統醫藥的寫實詳盡敘述，但它的核心，其實是一篇論戰。[18]

「我是薩米人。」圖力以這句表態性的句子作為開場。「我一直在想，如果有一本書完全都在寫薩米的生活與處境，那就最好了。」他繼續寫道：「這樣人們就不用再問薩米人的處境如何，那也就不會再有誤解，尤其是那些想要胡謅真相的人：他們宣稱，在挪威、瑞典的定居者與薩米人之間起衝突時，薩米人是唯一有錯的一方。」[19]

一九〇一年，超群不凡的丹麥探險家庫納德・羅穆森（Knud Rasmussen）曾在瑞典北部與薩米族人生活過一段時間，並詳盡地記載在他的《拉普蘭》（*Lapland*）中。關於薩米人的未來，他回憶起一段與一位薩米人的對話，他在書中提出宿命論的觀點，如此說道：「馴鹿群將會消失，而你的朋友將會隨著他們的那片荒野一同死去。」他繼續寫道，戰爭已經降臨薩普米，「在這裡彼此互鬥的，是兩個不同的文化。而新的文化必將獲得勝利，因為它本身便蘊含著未來」。正因如此，薩米人將會「在自己的土地上受到壓迫，並安靜地順從新來者的判死，也就是那些以火車及炸藥遙遙領先的人。他們將以安靜且無人知曉的方式死去，正如同他們一向安靜且無人知曉地在北方生活那般」。[20]

圖力的作品拒絕降服於這種「安靜的順從」，相反地，它提出謹慎的抵抗，成為打破薩普米所謂「荒野」靜默的聲音。艾米莉曾經讀過羅穆森的《拉普蘭》，她評論道：「這本書竟是如此薄，又如此膚淺。」[21]不久之後，她就寫出了自己的書。一九一三年，她將自己遊牧的那一年間的書信與日記變成一本書冊，標題為《與拉普人在高山上》（*With the Lapps in the High Mountains*）。這本書與《薩米記事》共同講述的故事，是一個古老文化穿梭於政治、經濟與社會快速變動的時代，此外也捕捉了薩普米在她眼前縮小的過程——比喻上或實質上皆然。侵略與威脅幾乎可說是從四面八方襲來，如同永晝包圍著爐火那般，包含大規模的工業化、農業、聚落擴張、密集林業，以及永遠逃不掉的議題：邊界。

在艾米莉的書中，有些最淒美的段落來自她與黑卡、嘉特一起從卡瑞蘇安多遷徙到特羅姆瑟的過程。她的路徑沿著瑞典、芬蘭國界前進，一路從孔凱麥河（Könkämä）延伸至基爾皮斯湖、科爾塔湖，以及三國石堆。她寫下了他們沿途中如何搭建營地、將帳篷設在「山坡上，從那裡可以瞭望『禁地』」：芬蘭。「唯一的邊界是山脊下方結著厚厚冰層的河，而馴鹿是不會把作為國家邊界的結凍河流當一回事的。」[22]馴鹿不斷走偏、越界，焦慮的牧人與他們的狗只能努力將牠們追趕到瑞典那一側。

幾天後，他們又開始移動，她發現「其中有一個追趕走偏馴鹿的男人在馴鹿休息時，也在山坡上躺了下來。他望向附近的芬蘭；他的思緒很容易臆測……在東方、河的另一邊，地衣又灰又厚，在那裡，他和他的鹿群想必能夠找到力量及勇氣……但所有好的東西皆被國家邊界阻擋了下來，埋伏於後的是各種法規。」[23]

為了跨越邊界進入挪威，他們轉而朝西，背向基爾皮斯湖與芬蘭的「禁地」前進。他們爬上海拔更高的山上高原，抵達一個叫做卡伯每豪雷（Kåbmejaure）的地方，意思是「鬼湖」。當時正值仲夏，但環境條件卻十分凶險，有大風、降雪、冰雹及降雨。他們必須用花崗岩石塊將帳篷壓住，避免它們在旋風中支離破碎。薩米人稱之為「死亡天候」。此時，他們正處於挪威邊境的邊上。

嘉特告訴艾米莉，她能聽見來自地獄的幽靈「霍爾達」（Halda）「在夜間哭嚎」，艾米莉也同意「山邊的風中有一種極為怪異的氛圍」。那個地區的薩米民間傳說提到一種非常特定的霍爾達，在芬蘭語裡稱為「拉亞恩霍爾提亞」（rajanhaltija），是一種在邊界徘徊的生物，每當邊界被移動或有人跨越，牠就會尖叫。但嘉特沒有說，風中的哭嚎聲究竟是在痛苦地哀悼著那些畫過薩普米土地的界線，還是警告牧人如果他們進入另一塊土地可能會面臨的危險（不過，十年後，一九一九年的一份瑞挪邊界公約確立了最終的禁令，禁止馴鹿群在兩國之間移動。更多草場、更多產犢場消失，擁有千年歷史的路徑就這樣瞬間被斬斷）。

在薩普米斷裂的領域上跟隨、橫渡、跨越那些界線的日子，於艾米莉的腦海留下深刻的印象。她寫道，薩米人「是隻不斷移動自己住處的候鳥。他追隨著馴鹿，每當牠們找到草料，他就定居下來，把他的灰帳篷搭建在一塊美麗且能夠遠望、瞭望的地方。」

在她書中的最後幾句話，她轉而向讀者問了一個一針見血的問題，帶著哀怨又指責的語氣說：「你們這些關閉邊界、從他手中奪走土地的人啊，你們知道自己做了什麼嗎？」[24]

我跟著艾米莉的路徑一路前往特羅姆瑟，有些路段騎雪上摩托車，但大部分的路程都搭公車。長長的街上，木板條搭建的小屋零星地散布在小島的躬背上，小島的占地大概只有曼哈頓的一半，四周圍繞著峽灣與群山。除了湖濱地區那些造型直挺鋒銳的連鎖旅館之外，那裡基本上依舊保有邊陲小鎮那種宛若才剛建好的樸質風貌。

漢斯．拉格納．馬提森要我到一間中式餐廳找他，只要從主要港口走一小段上坡路就會到了。他那時候大概七十五、六歲，身形單薄，幾乎到了孱弱的地步。他留了幾戳稀疏銀白色長髮，垂掛在已禿的頭頂一側，襯托出一雙黝黑的眼睛。我從沒看過如此黝黑的眼睛，似乎除了瞳孔之外再也沒有其他東西了，讓我想起在艾米莉的書裡讀到的一個段落——她說你可以「在馴鹿的眼眸中看見整片地貌，如同映在漆黑的凹面鏡那般……也能在其中看見預兆」。[25]

漢斯出生於一九四五年七月一日，在港口小鎮納爾維克戰時遭到轟炸摧殘的斷壁殘垣之中。他們是一對雙胞胎兄弟，但另一個嬰兒最後沒有成功活下來，不久後他的父母也相繼辭世。他自己的童年也飽受疾病之苦，大約兩歲時就染上肺結核，幾乎有九年的時間都在住院，其中有七年是在特羅姆瑟的療養院裡度過。他終於在一九五六年離開醫院，被一個同為薩米族的寄養家庭收養。他一直到很後來才發現這個真相。他告訴我，他十幾歲時有一天在瀏覽寄養父母家裡的書籍、報紙，意外找到一張特羅姆瑟郡的舊地圖。[26]

「我在地圖上看到一些地名在挪威名稱旁邊還有一個括號，我很好奇那是什麼？那是另一個語言，是薩米語，但那時候薩米語算是一種禁忌。我知道**我**是薩米人，但我那時候不會說、也不會讀薩米語。」

隨著第二次世界大戰結束，一個全新的挪威逐漸興起，建立在福利國家的概念之上，以「平等」的思維出發，但他們的平等過於純粹主義，並不願承認差異——好比說，挪威人和薩米人之間的不同。這個新的挪威擁有一套固定的行為標準、飲食標準、生活標準及教育標準。一個國家只需要一個語言、一種歷史，學校裡的一切教學都必須以挪威語進行。薩米語屬於過去的語言，是舊世界的遺跡，而現在是時候將它淘汰了。這就是所謂的挪威化（Norwegianisation）政策。[27]

「就連我還在住院時，我都很清楚自己正在挪威化。」漢斯說：「我記得有一個病人來醫院，但她沒有說話。然後大家都說：『噢，她不會說話。』那是他們的結論，但她其實會說話，但不會說挪威語，只會說薩米語。」他搖了搖頭，接著，他那雙黑眼睛直盯著我，說道：「這很不像話。在我看來，不讓孩子、不讓人們使用自己的母語，這是一種罪行，是一種精神虐待。但挪威人向來輕輕鬆鬆就能開脫這些罪名。」

當時，找到特羅姆瑟的地圖，為漢斯帶來一種非法的快感，讓他能夠一瞥那個被拒絕承認的世界——因為挪威說，那個世界已經不復存在，或打從一開始就從來沒有真正存在過。漢斯找了一張薄薄的紙片——他所能找到最薄的一張——把它放在地圖上描摹海岸線。然後他刻意不抄挪威地名，只寫下薩米說法。當時，這麼做感覺就像某種踰矩的行為——一種渺小卻重大的勝利。

「我看到那張地圖，就覺得說，**或許到頭來，當個薩米人也沒有那麼糟**。」

漢斯二十歲時，開始重新學習孩提時期遺失的薩米語。他的寄養父母沒辦法供他讀大學，所以他去當老師，後來還在建築業當過技術繪圖員。到了一九七三年，他已經存到足夠的錢可以支付自己的大學學費，並成功錄取奧斯陸國立藝術學院（Oslo National Academy of the Arts）。

「我問助教可不可以用一年的時間做一張地圖。」漢斯告訴我：「然後他說可以，所以我就想，好，但我不能只是**隨便做一張地圖**，它必須要傳達某種訊息，因為它是一項藝術作品，對吧？所以它以政治為出發點。」

不過，他隨即遇到一個問題。薩米人的家園範圍實在太廣，他找不到任何一張以相同比例涵蓋整個範圍的地圖。他去了挪威測繪局（Norwegian Mapping Authority），他們告訴他世界上沒有這種地圖。接著，他們解釋道，其實有這種地圖，但那是由北大西洋公約組織繪製的，一般大眾無法取得。漢斯說服測繪局釋出那些地圖，結果發現是軍事飛行員在用的飛行圖。

「我成功拿到它們，現在還留著！」漢斯興高采烈地告訴我：「所以我就把它們整理起來，然後描摹它們。那就是我為薩米土地所畫的輪廓。」

接著是名字。他鑽研了各種老地圖和書籍，也聯絡了住在挪威、瑞典、芬蘭和俄羅斯的薩米社群，最後蒐集到了將近一千個地名的清單，包括山谷、山脈、河流、草場、峽谷和聚落。其中有許多已經受到挪威化的影響，被翻譯或音譯成奇怪扭曲的版本，像是薩米語的「黑暗時刻谷」變成「羞恥之谷」、「孤寂海灣」變成狗屁不通的「家中空氣」，又或者整個名字被換掉。

他的地圖全部都是徒手繪製，連地名都是手寫的。頓時之間，那片曾被外人視為蠻荒、原始且無名的地景，現在被畫成一張密密麻麻的地圖。

「薩米地名具備很精確的描述性質。」他說：「薩米人只要聽到那些名字，就可以在腦中看到那片地貌。」

因為在薩米文化裡，大自然並非空無一物——從來就都不是。於是，「命名」就意味著「認識」。漢斯所做的地圖是關於「有人生活的土地」，其中的地理概念不是以政治或國家加以區分，而是以文化為基礎。斯堪地那維亞在他的地圖上被大幅翻轉，歷史也是；邊界消融殆盡，因為它們不具任何意義。畢竟，何必畫一些根本沒有實質存在的東西？

「我把它拿給一些我在奧斯陸認識的薩米人看，他們的年紀比我大一點。他們看了之後說：『你知道嗎？它會讓你出名。』但我從來沒想過這件事。」他笑著搖了搖頭，繼續說：「我從來沒想過這件事。」

地圖於一九七五年繪製完成，成為一種有力的象徵，代表薩米人的政治意識正在迅速抬頭。地圖結合了屬於獨特文化藝術品的美感，以及反殖民運動帶有挑釁意味的反抗精神。為了大量印刷地圖，漢斯尋求奧斯陸薩米協會（Oslo Sámi Association）與挪威文化理事會（Norwegian Cultural Council）提供贊助。

「我當然知道做薩米家園的地圖是一件冒險的事。」漢斯告訴我：「我記得我拿打樣給文化理事會看的時候，感覺得出來他們有點擔心。他們擔心這會像是在挪威的優越感上賞一記耳光，而那正是這張地圖的目的啊！他們看得出來。但儘管如此，他們說我還是可以拿到經費。」

一九七八年，漢斯搬到芬馬克的小薩米村莊梅茲（Màze），並在那裡與人共同創辦了一個名為梅茲社（Màze Group）的藝術家團體，大夥同住在一間小屋子裡。他們全都是從挪威的各所藝術學院畢業，大家都想用自己的作品向世界上更多人強調薩米人的掙扎，或甚至只是薩米人的存在。

早在梅茲社創立的四年前，薩米族便已成為世界原住民族理事會（World Council of Indigenous Peoples）的創始會員。漢斯甚至參與了理事會在加拿大卑詩省亞伯尼港（Alberni）的第一次會議，還把他的薩普米地圖帶去，鼓勵其他人效仿他的方式重新繪製並收回故土。當時，土地權被視為最迫切、危急的議題，尤其是如何預防政府與跨國企業在傳統文化地景上開發或開採資源。這項議題跟漢斯及梅茲社在做的事直接相關。

梅茲村位於陡峭的阿爾塔—考托基諾（Alta-Kautokeino）河谷底端，那是世界上最大的鮭魚棲息河，朝北直直流入北極海。根據挪威政府的規畫，當地原本預計建設一座大型水力發電廠，打算將這條河淹沒。

「原訂計畫中的水壩高度會讓教堂尖塔的最頂端沉入水下五十公尺。」漢斯告訴我：「重點是，那座教堂可是建在村裡的一座山丘上！」

一九七八年，人們開始針對這項計畫展開大規模抗議，可說是薩米族人在文化表達上團結的一刻，漢斯等來自藝術界的運動人士替抗爭行動創作了視覺及政治語言，例如「我們再也不會搬遷！」與「我們先來的！」等口號，皆融入「展現薩米精神！」（Čájet Sámi Vuoiŋŋa!）的號召之中。梅茲社的一名成員希諾薇・佩爾森（Synnøve Persen）為薩米人設計了一面旗幟，以紅色、金色與藍色呈現，而在每一場抗爭活動中，皆能看到人們揮舞著這面旗。[28]

「我們討論到該如何抵制阿爾塔水力發電廠開發計畫。」漢斯告訴我：「因為已經有人在那裡動用暴力，把一座橋給炸了，過程中還有一個薩米人斷了一隻手。當時有些人覺得，我們應該要以相同的方式加倍奉還，但我說，我們應該要像那個以智慧戰勝巨人薩墨（Samo）的薩米男孩一樣，比他們更聰明才行。所以我建議採取絕食抗議，他們沒什麼興趣，但我說，不，這是最佳解法，一定會造成轟動。」

一九七九年十月，絕食抗議行動於奧斯陸的挪威國會外展開，要求隨即停止阿爾塔計畫，並在法律上承認薩米族的土地權。這項行動吸引了世界各地的媒體關注，一九八〇年成功迫使政府停止水壩建設，並且正式派任委員會探討薩米族權利的議題。不過，阿爾塔的建設於一九八一年再度重新啟動，雖然工程期間因為不斷有抗議者闖入工地而多次中斷，但水壩終究還是在六年後建設完成。

不過，一系列的抗爭行動並沒有完全付諸流水，計畫內容確實有所更動，讓梅茲村躲過被淹沒的結局。此外，挪威憲法也於一九八八年進行修改，認定國家有責任「讓薩米人保存並發展其語言、文化及生活型態」。接著，薩米議會於一九八九年十月成立。阿爾塔計畫可說是這次非凡的文化、政治復興的催化劑。

「我們的思想由封閉的牢籠飛竄而出。」佩爾森當時曾寫下這麼一段話：「一項運動誕生……我們想要收回我們的故土、我們的語言、我們的自尊、我們的文化、我們的資產。我們想要收回在過去幾世紀以來被奪走的一切。」[29]

晚餐過後，漢斯載我到峽灣的另一邊，回到他在特羅姆斯達倫的房子。白雪掠過我們的頭燈光束；在我們正前方、橋的盡頭處，是北極大教堂（Arctic Cathedral）那被聚光燈點亮的交錯混凝土鰭板，而它下方則伏著四千英尺高的薩拉索瓦山（Sálašoaivi），有如龐然大物一般（在挪威文裡叫特羅姆斯達斯汀登〔Tromsdalstinden〕，但最早是薩米人先幫這座山命名的……）。沿著海岸再往下走幾英里，就是以前艾米莉．德曼隨著卡瑞蘇安多牧人前往的夏季營地。

漢斯仍住在寄養父母過去那棟簡單、方正的木屋裡，就位於薩拉索瓦山腳那一長列一街街向上蔓延的房子當中。我們越過門廊走入他家客廳，那個空間在很久以前就已經跟「秩序」的概念脫節了，所有平面皆堆滿了書籍與論文，有些比較大疊的書堆直接變成另一個平面，再疊上較為小堆的書，與桌椅一同構築出岌岌可危的角度，形成紙製金字形神塔。房間還有一整側被鳥籠占據，裡面住了兩隻虎皮鸚鵡，我們一到時就在那裡熱情地唱著歌。漢斯打開收音機，對著兩隻鳥微笑。

「牠們喜歡古典樂。」他說。

於是整個房間縈繞著小提琴協奏曲的樂音。一旁有一處壁龕，裡面擺了張沙發——當然，沙發也埋在紙堆裡——而沙發正對面是一只敞開的紙箱，裡邊滿是熱熔膠，平衡地立在咖啡桌上。

「這是我裝訂書本的工作檯。」漢斯解釋道：「這幾年來，我一直在蒐集關於薩米人的舊書，然後我會拆掉它們的封面，再重新裝訂。這是我的新嗜好！你看，我這本是用馴鹿皮裝訂的。」

他從書架上抽出一本冊子遞給我，是非常柔軟的淺棕色皮革，上面烙有精緻的圖樣。我問漢斯那是什麼。

「這是我看到一個古老的薩米薩滿鼓後的創作。」他一邊說，一邊從邊桌上的其中一疊紙堆抽出一幅美麗的雕版印刷畫，上面刻有跳舞的人、星星、群山和奔馳的馴鹿。收音機開始播放《真善美》（*The Sound of Music*）裡的〈攀越每座山嶺〉（Climb Every Mountain）。這可說是首跨越國界的金曲，時機之剛好讓人很難忍住不發笑。隨著漢斯帶我上樓去看他的工作室，那首歌就這樣縈繞在整間屋子裡。

我想知道他這幾年來總共繪製了多少地圖。

「大概五十幅吧。」他說：「大部分都是薩普米的，有整個地區或部分地區。但也有其他地圖是世界各地其他原住民族的土地。」

不過，在他從圖紙櫃抽出一幅又一幅地圖之後，我看得出來數量一定遠超出五十。如果你把一張完整地圖的所有版本都加起來，肯定有幾百張、甚至幾千張。漢斯一次又一次以幾近不可能的程度畫出斯堪地那維亞海岸線的細節，描繪出細膩的夾皺，並隨著峽灣愈變愈窄、最終縮成河川，一路朝內陸延伸至群山。我可以想像，這一切現在全都轉化成肌肉記憶儲存在他的手中，如同某種自動裝置，可以任意開啟或關閉。就好像，他現在只會一直不斷畫出薩普米的存在，再也停不下來。

我問他有沒有在關注新一代的薩米藝術家，好比說，有沒有看過卡塔莉娜・皮拉可・席庫（Katarina Pirak Sikku）的作品？她也畫了一張自己的薩米族地圖。相較於漢斯把國界消除的作法，她把薩普米想像成一塊政治地理定義中的國家，擁有四百五十萬人口數，以薩米語為官方語言，首都則設在特羅姆瑟。她的新國家與瑞典、芬蘭比鄰，但似乎將挪威吸收掉或變成殖民地了。她的地圖以簡單的黑色墨水繪製在一張A4廢紙上，並用綠色原子筆標出邊界。[30]然後，她也跟漢斯做了一樣的事，翻轉傳統視角，將南北對調。

漢斯搖了搖頭。他說他沒有聽過她，但他欣賞她的精神。「藝術家總是需要一直給人驚喜，吸引大家的注意。」他說：「我現在已經是個過時的藝術家，當革命家的時期已經過了。」

那薩普米的未來呢？它在現代世界中將處於什麼位置？

「就像其他所有文化一樣，」他說：「薩米人的生活方式一直在改變、順應，因為人們別無選擇啊。現在還有一些地方，挪威的思考模式還沒有植入太深，人們還保有希達的運作系統。像我表哥就是最後一批還在以舊方式生活的人，冬天到內陸狩獵，到了夏天，他就搬去海邊。但你可別忘了，並不是所有薩米人都是馴鹿牧人，那只是少數。現在大多數的薩米人或多或少都定居下來了，他們住在鎮上、住在都市裡。」

自從漢斯將薩普米的完整占地繪製成地圖之後，幾乎已經過了半個世紀。在抹除四國邊界的過程中，他同時也替薩普米這塊土地發出某種宣言，又或者是某種反宣言。就像口號說的那樣：「我們先來的！」無邊界主義者對抗邊界主義者，但即便到了現在，關於這片土地的爭論或甚至是鬥爭仍在持續，吵著這片土地的意義、如何處置，而它又屬於誰。漢斯向我提到一座大型銅礦場，位於一個叫做比耶喬瓦吉（Biedjovággi）的地方，在凱於圖凱努附近，最初於一九七〇年代開始運作，直到後來一次全球銅價崩盤才關閉。

「他們結束後，把地底的那個大洞直接留在那裡。這就是他們做的事，因為他們說那裡沒有人、沒有任何東西，所以這麼做又有什麼關係？這種思維現在依舊存在。」

如今，人們對銅的需求巨幅成長——用於手機與筆記型電腦，或為電動車提供動力——私人開採公司現在紛紛出價，想要重啟比耶喬瓦吉。事實上，大家現在確實正如火如荼地相爭在北極地帶各處開挖、鑽洞。

「那些探礦者很急。現在有人正在努力確保薩米地區能夠免於不請自來的開採，但假如政府、公司搶先控制局面，那……」漢斯停頓了一下，看起來痛苦而厭煩，接著繼續說：「這個嘛，那我們會失去很多東西。」

隔天早上，我坐在一間潮到讓人感到痛心的咖啡店裡，就在特羅姆瑟的主要廣場旁。我滑著手機，瀏覽薩米藝術家馬雷特・安妮・薩拉（Máret Ánne Sara）的網站。[31]

幾年前，二〇一六年二月一日，馬雷特・安妮搭著卡車抵達位於塔納（Tana）的芬馬克地方法院外，將兩百顆馴鹿頭顱成堆放到地上。她的網站上有一張照片，就是她將這座嚇人的金字塔擺在雪地上的場景，金字塔頂端還插了一支挪威國旗。那些遭人切割下來的頭顱還有毛皮和眼睛，而且雖然結凍了，還是看得出來濺滿了血。

馬雷特・安妮的弟弟約夫塞特・安特・薩拉（Jovsset Ánte Sara）當時只有二十四歲，被政府要求屠殺百分之三十五的馴鹿群；他當天稍晚在法院現身，對這項要求提出挑戰。事實上，這項按比例減量的要求適用於所有牧人。政府說，為了避免過度放牧、為了確保苔原環境保護，這麼做是必要的。但對約夫塞特而言，這種作法脅迫他將馴鹿數量減少至執照要求的門檻之下，進而讓他無法執業。他表示，這違反了國家必須保護他實踐薩米文化及生活方式之權利的法律規範。

馬雷特．安妮找到一間已經開始執行政府屠殺命令的屠宰場，從那裡弄來兩百顆馴鹿頭顱。她告訴媒體，這是一件抗議藝術作品，目的是要支持她弟弟的案件。她說，這件作品的名稱是《薩普米之堆》（*Pile o' Sápmi*），直接指涉十九世紀北美洲原住民族的野牛被消滅後所留下來的巨量成堆屍骨。允許這場屠殺發生的，當然是當時的美國與加拿大政府，好用來撲滅原住民族的文化。對於這一點，馬雷特．安妮一點都沒有客氣的意思。

約夫塞特贏了這場官司，但挪威政府提出上訴。二〇一七年一月，案件被移至位於特羅姆瑟的地區法院辦理，《薩普米之堆》也跟著搬遷。在那之前的一年當中，馬雷特．安妮一直帶著那些馴鹿頭顱、將它們剝皮，並清除它們的肌肉、嘴唇、眼睛和顎骨，接著再將它們煮沸、風乾，最後只留下骷髏。頭顱就這樣赤裸裸地擺放在那裡，但同時也展示了政府命令下的非傳統宰殺方式：朝著頭部發射一記子彈，在太陽穴的頭骨上留下一個孔洞。她在特羅姆瑟的法院外面——距離我所坐的位置只有幾百公尺遠——將三十五顆馴鹿骷髏頭顱一一裝入立方形的樹脂玻璃容器裡，再把它們一排排地掛在木柱上。

約夫塞特再度贏得官司，但政府也再次上訴。審判被移至位於奧斯陸的最高法院，而馬雷特．安妮也持續改變她的作品以作為回應。她在挪威國會的正前方——也就是四十年前被薩米絕食抗議者占據的同一個地方——豎起一幅巨大簾幕，用鐵絲串起四百顆馴鹿骷髏頭，並將它們垂掛在長達四公尺半的金屬桿上。她細心地依照骨頭的顏色進行排列，刻意呼應希諾薇．佩爾森於一九七〇年代阿爾塔計畫抗議期間所設計的薩米旗幟。而且她也為這項作品起了新的名字，叫做《最高薩普米之堆》（*Pile o' Sápmi Supreme*）。

然而，約夫塞特這次卻輸了。馬雷特．安妮在網站上陳述這件事的過程，最後附上一個超連結導向「資助我」頁面——現在已經失效——以支持約夫塞特上訴至聯合國人權理事會。約夫塞特已經成功引起足夠的關注，讓案件得以不斷往前推進，但最後的裁定仍未出爐（截至二〇二一年十二月）。不過，事情發生奇怪的轉折：挪威國家美術館（National Gallery of Norway）從馬雷特．安妮手中買下《最高薩普米之堆》，將之納為永久館藏。一件旨在抗議國家壓迫性的控制與官僚的藝術品，現在變成國家所擁有。這件作品的展出究竟是在幫助薩米人的掙扎，又或者是對這種掙扎的某種盲目迷戀，大家可能持有不同解釋。但我在想，那會不會正就是馬雷特．安妮的重點？[32]

我喝完咖啡，出發步行到挪威北極圈大學（Arctic University of Norway），就位在特羅姆瑟的最南端。那是一個晴朗、無風、冷冽刺骨的日子，馬路與人行道上皆覆滿冰層，如同玻璃一般清透。我沿著島的稜線緩慢上坡，當我望向南方與東方時，也都能看到圍繞在峽灣四周的那一長條白色山脈。

馬雷特．安妮與約夫塞特的故事實在太奇異了，讓我整段路都在想著這件事。它就像是薩米歷史的回音——也是見證。它將藝術和社會運動結合，就像更之前的阿爾塔事件，還有漢斯與梅茲社。馬雷特・安妮的作品所呈現出來的未加修飾的殘酷，以及她不斷使作品演變、順應現況的作法，正如同漢斯前一晚跟我說的：「**薩米人的生活方式一直在改變、順應，因為人們別無選擇啊。**」但如果你順應過了頭，導致鹿群消失、所有土地皆被人奪走，那你還剩下什麼？如果以最殘酷的方式解讀《薩普米之堆》的骷髏簾幕，那麼，過度順應最終將導向死亡。

當時，我正準備去大學與依瓦爾・比約克倫德（Ivar Bjørklund）碰面，他是一位專門研究原住民族的文化人類學家。穿過建築大廳之後，迎面與我撞上的是一隻北瓶鼻鯨的巨大骷髏，以帶有藝術感的方式擺在一整片岩石之上——更多的骨頭、一大支肋骨胸廓、長得像一整串斧頭握把的腰椎。這一點都不令人意外，因為特羅姆瑟過去曾一度是北極圈內最龐大、最繁忙的捕鯨站，許多骨頭最終都落腳在這個地方。

一位接待員帶我穿越一道安全門，再繼續走向依瓦爾的辦公室。那是一間安靜、寬敞的房間，窗外立有一群樺樹。依瓦爾當時正值六十出頭，有著一頭濃密的白髮，長得很高、四肢靈活、面容慈祥，很容易笑，而且看起來似乎隨時都會爆笑出聲。我告訴他我前一晚跟漢斯碰面的事。

「你知道嗎？一九七〇年代那時候，我跟他同時就讀奧斯陸大學。」他說：「我第一次看到他的地圖時，心想：『好一個啟示錄！』那是幅充滿衝擊性的地圖，你在所有學生宿舍的牆上都可以看到它。它提供了一種全新的脈絡、一種觀看世界的全新方式，就好像如果你把大不列顛的地圖顛倒過來那樣！它述說了一個全新故事。」

如今，依瓦爾以他自己的方式參與這個故事。二〇一八年，他被派任成為真相與和解委員會（Truth and Reconciliation Commission）的一員，這是由政府成立，旨在調查挪威化政策及其施加於薩米人身上的不義。

「我們被指派的任務有三個層面。」他解釋道：「過去發生了什麼事？如今現況為何？那未來又能做些什麼？」

委員會預計要在二〇二二年秋天以前回報調查結果。[33]當時，距他開始著手調查已經兩年了，我問他進行得如何。

「很難說。」他說：「我們還在挖掘過去，然後試著找出共識。因為在討論挪威化時，其實會遇到兩種層面的政治——大家都覺得，好，我們得看看法律，也就是那些明確以同化作為目標的法律。但其他那些宗旨不同、但最終結果也是同化的法律和規定呢？像是旨在為人們帶來福祉、讓一切變得更加有利的法令，但你還是必須**以我們的方式**執行啊——也就是挪威人的方式嘛。現在馴鹿放牧就是一個很好的例子。」他苦笑了一下，說：「俗話不是說『通往地獄的道路充滿了善意』嗎？善意可多了，但結果就是全然的同化。」

我跟他說我剛剛才在讀馬雷特・安妮和約夫塞特的故事，還有他們起身對抗政府宰殺馴鹿群的法律搏鬥。

依瓦爾激動地點頭，說：「現在很多事都處於危機關頭，而且都會導向大規模衝突。因為年輕一代的薩米人非常積極地在參與政治，你從他們的藝術作品中就看得出來了。在上個世代，掠奪土地的原因是福利政治——在挪威，所有人都應該享有美好的生活，我們應該發展福利政策。如今，原因則是全球利益。我們面臨氣候變遷，所以必須發展綠色科技，而這就是為什麼我們需要攫取更多土地，來蓋風力發電廠和挖礦之類的。所以薩米人和他們的資源基礎，總是會隨著挪威政府當下所追求的不同政治議程，而成為標的。」

我又想起漢斯畫的地圖，那塊土地沒有任何邊界，但他對於薩普米的想像似乎正在一點一滴地消失。不管走到哪裡，繩索都愈拉愈緊；由於土地被大型基礎建設計畫占據，馴鹿群和牠們的牧人的處境，簡直就像被關進畜欄裡一般：鐵礦場、銅礦場、畫過芬馬克正中心的高鐵計畫、被指定作為大型風力發電廠的廣大苔原地區（也就是政府聲稱要避免過度放牧的那塊苔原），還有所謂的「綠色殖民主義」的興起——那些為了地球之故而進行的大規模「野化」（rewilding）、重新造林或綠色能源計畫，但卻在過程中迫使仰賴這片土地維生的人搬離，也就是薩米人。

「你過來看這個。」依瓦爾說。他在電腦上叫出一張地圖，是一個一百多公里長的峽灣，由北極沿岸一路延伸至特羅姆瑟西北方。

「住在這裡的人被定義為海岸薩米，他們有權在這裡捕魚。在挪威，基本上海裡所有的魚都是屬於這些族人的，基本上所有的魚都**屬於我**。但握有政治力的人卻是鮭魚生產商。」

他又叫出第二張更加詳細的地圖，峽灣地區的範圍被一系列不規則狀且不同顏色的點狀標示出來。

「你在這裡看到的，是漁業活動跟不同的漁場，還有人們在捕魚時所用的不同技術。所以基本上這張地圖要說的是，整個峽灣非常密集地被用於漁業用途。這條黑線表示的是薩米人被養殖漁業搶走的土地。這些是魚塭、魚塭、魚塭、魚塭，一路到這裡都是。」

依瓦爾解釋道，海岸薩米失去的不只是可以捕魚的區域，同時也失去了魚獲本身。由於魚塭會製造污染，鱈魚再也不游進峽灣了；野生鮭魚原本每個春天都會回來產卵，但牠們從養殖鮭魚身上感染海蝨，導致數量大幅減少。

「這是一團亂。」他說：「但是這團亂可以賺錢。繼石油之後，這是挪威第二賺錢的產業。」他再度指向那張峽灣地圖，說：「然後現在他們想要把新的魚塭放在這裡，在那裡也有一個。所以說，另一場新的戰爭正要來臨。」

我愈來愈清楚體認到，薩普米不只是一塊被切成四份屬於不同國家的土地——它簡直是被千刀萬剮，不但沿著主要的國際斷層線斷裂，更是完全粉身碎骨。到處都是或大或小的邊界，苔原上畫滿線條，而且不只是陸地上畫滿了圓點，連峽灣外的水域都是。

「然後還有這個。」依瓦爾繼續說，一邊轉向掛在牆上的地圖，並指向挪威最北端附近的一道海岸線。「這是新的阿爾塔、二十一世紀的阿爾塔——克瓦爾松（Kvalsund），一個大型銅礦坑。他們已經規畫十年、十五年有了。」

這座礦坑所蘊藏的銅礦量估計多達七千兩百萬噸，被挪威貿工部部長托爾比約恩．勒．

伊薩克森（Torbjørn Røe Isaksen）形容為影響國家經濟「綠色轉型」的重要一角，讓國家經濟不再需要仰賴石油。[34] 即使達成這件事的方法是摧毀周遭的自然棲地。

「所以站在最前線的是誰，現在就很明顯了。」依瓦爾說：「大家都紛紛投入這件事，就像當時的阿爾塔一樣。誓死抵抗的那群人包括所有薩米人和挪威的環保組織，但對政府來說，這是一樁很棒的生意。這個計畫很離譜，因為它會摧毀很多牧人和他們家族放牧馴鹿的草場，同時也會摧毀海岸薩米漁人在峽灣的生計，因為這些礦床都會造成污染，然後把魚害死。沒有人能說這項計畫不危險，或是對大家都沒有影響。但政府的論點全都是錢。」

我問依瓦爾他對於薩米人的順應能力、漢斯告訴我的事，還有馬雷特．安妮．薩拉的《薩普米之堆》的想法。

「這個嘛，想想看馴鹿放牧。」他說：「人們覺得馴鹿放牧就跟一、兩百年前一樣，但事實並非如此。唯二始終不變的，只有人和動物，他們運作的方式一直在改變，現在已經極度仰賴科技——雪上摩托車、越野車，甚至還有直升機，你想得到的都有。至於要怎麼讓放牧這件事去配合當代的局勢，不論是政治、立法什麼的，他們都超級聰明，總能找到解決之道去達成。」

確實，但我不免懷疑，覺得這樣無法永續。到最後，一定會走到一個再也沒有回頭路的臨界點。舉例來說，氣候變遷對牧人本身又有什麼影響？極區的氣溫一直在創新高，野火不斷在肆虐北極圈**北部**的森林。

依瓦爾點頭，說：「對，我那天才剛從凱於圖凱努的冬季放牧草場區回來，他們現在遇到一些問題。現在的情形是會突然結冰又突然融化，雪變得很硬，馴鹿沒辦法往下挖掘去找地衣，這會開始造成問題。然後冬天不再像以前那麼穩定，所以，沒錯，他們目前是有找到**暫時**解法，但事情永遠都會有一個極限。如果草場全部消失，那就什麼都沒了。」

我想到從漢斯那張自由、開放、毫無限制的地圖，到卡塔莉娜．皮拉可．席庫後來那張範圍界定明確的薩米國度的轉換。這是否就是最後的調適，唯一可以拯救他們的最終方案？薩普米需要邊界嗎？

「這個嘛，某些挪威人對薩米人確實有這樣的想法。『你們就是想要自治，你們就是想要建立自己的國家嘛。』但從來沒有任何薩米族的政治人物這樣說過。當然，這在論述上滿有趣的，充滿挑釁意味。」

依瓦爾想了一會，接著繼續說：「但這也要看你怎麼定義領域自治。很多薩米人會說他們需要資源的掌控權。馴鹿牧人不想要領域的**所有權**，他們想要非常大的使用權，你可以說這是一種邊界。海岸地區的漁人也是一樣，他們不想要所有權，但想要很大、很大的使用權，比他們現在所擁有的大上許多。所以從某方面來看，你可以說，沒錯，他們想要某種邊界，他們想要受到保護。」

我離開大學，走回特羅姆瑟市中心。太陽落下得很快，先是將四周的山脈漆成黃色，接著是橙色，最後轉為虹彩般的粉紅色。

從很多角度來說，這裡有一個遠比拉格什與烏瑪更悠久的邊界故事，可以一路回溯至最後一次冰河時期；事實上，你可以說它的起源甚至在更早以前。兩萬年前，馴鹿就已經是中歐與南歐狩獵採集者的主食，人們在舊石器時期藝術家的工作室——拉斯科洞穴（Lascaux caves）——裡發現四散的馴鹿骨骸，被用來製成工具、武器，甚至是樂器。

這個故事一度按照地質學的自然步調進行，隨著冰河消退，邊界很慢、很慢、很慢地推進，慢到沒有任何真正的衝突與碰撞，就只是穩定而綿延地悄悄進行，但現在卻在急速加速中。薩普米迷人而不凡，是一塊沒有邊界的土地、古老的土地，依然活著、依然存在，但卻被受困於四個現代國家當中。不過，這究竟是一個生存的故事，還是衰退的故事？

這裡不斷在失去，而且只增無減，一英畝接著一英畝、一片草場接著一片草場、一隻動物接著一隻動物——如此慢慢地失去。因為，現在就連氣候變遷都開始威脅這塊棲地、使得馴鹿遷徙路徑縮水、將鹿群趕到陸塊上非常邊陲的地方，甚至要把牠們逼入北極海。與此同時，承諾要打擊氣候變遷的政府也拿走更多土地，以因應更多「荒野」、更多森林、更多手機、更多電動車的需求，卻因為馴鹿吃太多草而把牠們殺掉。這幾乎荒誕到了一種超現實的地步。

「這是很大的諷刺，非常大的諷刺。」依瓦爾之前就這麼說過了：「光是把馴鹿放牧和養殖漁業拿來對照就能知道。在養殖鮭魚所吃的飼料當中，百分之七十五包含了來自巴西的大豆——他們在那裡為了要種大豆，不惜把熱帶雨林燒掉。然後，他們又越過整個地球，把大豆運送至挪威的魚塭，以製造鮭魚的素食飼料。這會污染峽灣的當地環境，並害死或趕走野生魚隻。相較之下，馴鹿放牧使用土地的方式似乎非常理性。」

與此同時，薩米文化似乎正在蓬勃發展。半個世紀多以前，身為薩米人是一種污點、恥辱的來源。「現在這是一件很時髦的事。」依瓦爾跟我這麼說：「成為薩米人變成一種流行，就算你跟薩米的生活方式、歷史、語言或任何東西都沒有連結，也沒有關係。整體來說，這種發展可能對薩米政治帶來一些影響。因為，這樣的選民結構是什麼？他們全都不到三十歲，都住在都市裡，所以或許你需要某種領土來定義資源基礎？」

身為沒有土地、沒有領土的民族，你有辦法存活嗎？你有辦法延續嗎？又或者，那只是我們的西化思考方式？我們對於所有權的執念？畢竟我們就是如此建構我們的世界的。到底該不該有邊界？我想起另一件我之前看到的薩米藝術作品，作者是一位年輕的瑞典藝術家：安德斯．桑納（Anders Sunna），前馴鹿牧人。[35]

這件作品於二〇一六年製作，是一幅長達五公尺、高達兩公尺半的場景版畫，以陰沉的深色系呈現，包括黑色調、棕色調、藍色調與深紅色調。作品有一側是四只幾乎無臉的陰森人形，他們穿著棕色上衣、戴著紅色臂章，其中一人正在斯堪地那維亞的白色地景上，畫下一道紅色邊界線。而這條線的其中一側，是一個巨大的黑色深淵。另外有一個人手裡握著一隻小小的馴鹿和兩名牧人，並將他們舉在洞口上方，準備把他們丟下去。這張地圖四周繞著圍籬，還有轉印成版畫的馴鹿骷髏。整張畫的右手邊是一個比例大很多的薩米牧人，他和一隻馴鹿一起看著這幕場景發生，背景則襯著一座白色的山與一顆血紅色的太陽。那個牧人用指責的態度指著那四個人形，而在太陽下，牧人與馴鹿的影子呈現出半消失狀的骷髏。這件作品名為《殖民主義公司》（*Colonialism Inc.*）——建立邊界的生意。

那幅圖像讓人久久難以忘卻；一旦看過它，就很難忘記。正如《薩普米之堆》，它想傳達的訊息非常強烈、毫不畏懼且毫不隱諱。而且它也跟漢斯·拉格納·馬提森的地圖一樣，認為邊界是最根本的問題。就算有人要給薩米人邊界，他們真的會想要嗎？他們會在草場、苔原、峽灣和遷徙路線四周畫線，然後說**現在這些是我們的**嗎？假如他們真的這麼做了，那真的會是殖民主義的最後一幕、同化政策的最終一局嗎？最後，終於把**他們**變成了**我們**？

注釋

1 P. Koch, 'Sámi-state relations and its impact on reindeer herding across the Norwegian–Swedish border', *Nomadic and Indigenous Spaces: Productions and Cognitions* (Routledge, 2016).

2 E. Demant Hatt, *With the Lapps in the High Mountains: A Woman Among the Sámi, 1907–1908* (University of Wisconsin Press, 2013); B. Sjoholm, *Black Fox: A Life of Emilie Demant Hatt, Artist and Ethnographer* (University of Wisconsin Press, 2017); K. Kuutma, 'Collaborative ethnography before its time: Johan Turi and Emilie Demant Hatt', *Scandinavian Studies* 75, no. 2 (2003), pp. 165–80; K. Kuutma, 'Encounters to negotiate a Sámi ethnography: the process of collaborative representations', *Scandinavian Studies* 83, no. 4 (2011), pp. 491–518.

3 M. Tryland and S. J. Kutz, *Reindeer and Caribou; Health and Disease* (CRC Press, 2018).

4 R. Paine, *Coastal Lapp Society* (Tromsø Museum, 1957); *Ottars beretning* (Othere's tale in a new Norwegian translation by Arthur O. Sandved), Janet Bately (1984)。見以下德州大學網站所蒐集的「薩米文化」網路資源：https://www.laits.utexas.edu/sami/dieda/hist/nor-sami.htm#ottar。

5 K. Nickul, *The Lappish Nation: Citizens of Four Countries* (Curzon Press, 1997); I. Ruong, *The Lapps in Sweden* (AB Stockholm, 1967); N. Langston, 'Mining the boreal north', *Environment and Sustainability in a Globalizing World*, ed. A. J. Nightingale (Routledge, 2019); 'Christianity and the Emerging Nation States', Sami Culture, https://www.laits.utexas.edu/sami/diehtu/siida/christian/nationstate.htm.

6 J. Nordin, 'Embodied colonialism: the cultural meaning of silver in a Swedish colonial context in the 17th century', *Post-Medieval Archaeology* 46:1 (2012); J. Nordin, 'Metals of metabolism: the construction of industrial space and the commodification of early modern Sápmi', *Historical Archaeologies of Capitalism* (Springer, 2015); T. Aikas and A.-K.Salmi, *The Sound of Silence: Indigenous Perspectives on the Historical Archaeology of Colonialism* (Berghahn Books, 2019).

7 Nordin, 'Embodied colonialism'; Aikas and Salmi, *The Sound of Silence*; J. McCannon, *A History of the Arctic: Nature, Exploration and Exploitation* (Reaktion Books, 2013); Langston, 'Mining the boreal north'.

8 T. R. Berg, *Theatre of the World: The Maps that Made History* (Hodder & Stoughton, 2018).

9 Koch, 'Sámi-state relations and its impact on reindeer herding across the Norwegian–Swedish border'.

10 引自Nickul, *The Lappish Nation*。

11 N. Kent, *The Sámi Peoples of the North: A Social and Cultural History* (Oxford University Press, 2019); Nickul, *The Lappish Nation*; M. and P. Aikio, 'A chapter in the history of the colonization of the Sámi lands: the forced migration of Norwegian reindeer Sámi to Finland in the 1800s', *Conflict in the Archaeology of Living Traditions* (Routledge, 2005).

12 Demant Hatt, *With the Lapps in the High Mountains; Sjoholm, Black Fox*; Kuutma, 'Collaborative ethnography before its time: Johan Turi and Emilie Demant Hatt'.

13 Demant Hatt, *With the Lapps in the High Mountains.*

14 Demant Hatt, *With the Lapps in the High Mountains.*

15 Demant Hatt, *With the Lapps in the High Mountains.*

16 Demant Hatt, *With the Lapps in the High Mountains*.
17 Demant Hatt, *With the Lapps in the High Mountains*.
18 Demant Hatt, *With the Lapps in the High Mountains*; Sjoholm, *Black Fox*; Kuutma, 'Collaborative ethnography before its time: Johan Turi and Emilie Demant Hatt'; M. Svonni, 'John Turi: first author of the Sámi', *Scandinavian Studies*, vol. 83, no. 4, winter (2011).
19 J. Turi, *Muitalus sámiid birra* ('An Account of the Sámi'), trans. T. A. DuBois (Nordic Studies Press, 2011).
20 Sjoholm in introduction to *Black Fox* 所引。
21 Sjoholm in introduction to *Black Fox* 所引。
22 Demant Hatt, *With the Lapps in the High Mountains*.
23 Demant Hatt, *With the Lapps in the High Mountains*.
24 Demant Hatt, *With the Lapps in the High Mountains*.
25 Demant Hatt, *With the Lapps in the High Mountains*.
26 亦見J. Lundstrom, 'Names and places: the cartographic interventions of Hans Ragnar Mathisen' and M. T. Stephansen, 'A hand-drawn map as a decolonising document', *Afterall: A Journal of Art, Context and Enquiry*, vol. 44, winter (University of Chicago Press, 2017)。
27 A. Bjorklund, *Sápmi – Becoming a Nation* (Tromsø University Museum, 2013).
28 Bjorklund, *Sápmi*.
29 引自Bjorklund, *Sápmi*。
30 Lundstrom, 'Names and places'.
31 見Máret Ánne Sara's website: https://maretannesara.com/pile-o-sapmi/‥A. S. Torp-Pedersen, 'You cannot beat a troll with its own tricks', *Contesting Histories: Art Practices Of/For Justice*, vol. 40, no. 3 (Kunstlicht, 2019)。
32 《最高薩普米之堆》可見於馬雷特・安妮・薩拉的網站‥http://www.pileosapmi.com‥見A. S. Olsen, 'The Long Hard Cold Struggle', in *Kunstleritikk: The Nordic Journal of Contemporary Art*, 24 February 2017: https://kunstkritikk.no/the-long-hard-cold-struggle/‥Office for Contemporary Art Norway, Máret Ánne Sara short film in 'Thinking at the Edge of the World. Perspectives from the North': https://www.facebook.com/oca.norway/videos/10158222297465294/‥H. Hansen, 'Pile o' Sápmi and the

connections between art and politics' (The Arctic Museum of Norway, 2019)。

33 The Truth and Reconciliation Commission: https://uit.no/kommisjonen/mandat_en.

34 'Minister says controversial copper mine needed for the green shift', *The Barents Observer*, 14 April 2019.

35 見安德斯・桑納網站：http://anderssunna.com。

第二章

無盡之陲

PLAKE, Creative Commons, by Wikimedia Commons

帕爾農山脈（Parnon），以對角路徑貫穿至伯羅奔尼撒半島東南角的灰色、壯觀石灰岩構造，而在山脈之間的某處，有一座巨型的戰爭墓園。據傳，埋在那裡的士兵數量恰是五百九十八人，也就是某場只有兩人倖存的戰事的死亡人數。[1] 如今，那座墓園已然消失無蹤，墓碑要不是崩塌、就是不見了，而屍體則埋藏在那片地景上、那許許多多的起伏褶皺裡，一路繾綣至阿爾戈利斯灣（Gulf of Argolis）與愛琴海之中。

公元二年，當希臘地理學家保薩尼亞斯（Pausanias）拜訪那個地方時，墳墓的記號依然存在。在他的《希臘述記》（*Description of Greece*）裡，他寫到自己從海岸邊往上走，沿著一條蜿蜒陡峭的窄路，穿越橄欖樹叢，抵達一處開放的高地。他說，墓園就位在當初戰爭發生的這片平坦地域，士兵在那裡戰鬥、死去，就地掘土便成了他們的墓，僅以簡單的石頭作為紀念。

拜訪完這個孤寂的景點之後，保薩尼亞斯繼續爬上帕爾農山，抵達一處名為赫爾邁（Hermai）的地方。這個地名的由來，是他在那裡發現了三塊矗立的「赫姆」（herm）：刻有男性頭像與生殖器官的長方形石柱（因最常描繪的形象為男神赫密士〔Hermes〕而得此名）。這些赫姆是古代的邊界標記，[2] 而它們正是導致山坡下那場戰爭的緣由。

在伯羅奔尼撒半島的這個角落，有三塊領地於此交會：斯巴達（Sparta）、阿爾戈斯（Argos）與特基亞人（Tegea）的邊境相互接壤，儼然形成一處爭奪不斷的脆弱地域。其中，山脈的北邊地勢漸趨平坦入海，亦即土壤肥沃、用於農耕之地的蒂里亞平原（Thyreatic plain）。公元前六世紀，斯巴達併吞並強占了這片原本屬於阿爾戈斯的平原。於是，根據傳說，阿爾戈斯人召集了軍隊，前去奪回被偷走的地。雙方正式宣戰之後，他們也達成一個共識，依照非常明確的條件對戰：雙方各派出三百人以進行勢均力敵的對戰，而其餘的軍力必須退回各自的邊際之內。最終，獲勝的那一方便能夠名正言順地擁有蒂里亞平原，作為獎賞。

由於雙方的戰力實在過於旗鼓相當，以致於這場高地對決最後演變為互相殲滅的場面。到了黃昏，只剩下兩個人還撐著：阿爾戈斯的戰士阿爾切諾（Alcenor）與克羅米烏斯（Chromius）。他們望向戰場上的遍地屍身，判斷自己應該是唯一的倖存者，便啟程將勝利的消息帶回阿爾戈斯。不過，事實上，在這場大屠殺中還有另一個人活下來：斯巴達的將軍歐席拉德斯（Othyrades）。失去意識且身負重傷的他，直到深夜才在一片屍身當中醒來。他隨手拿了一根斷裂的矛桿作為臨時拐杖，將自己的身體撐起來，並開始安靜地在其他遺體之間移動，一一卸下他們的武器、盾牌與盔甲。破曉時，他已經把那些搜刮下來的東西堆成一座雕像，並奮力地用自己的血寫下：「致宙斯，戰利品之守護神。」[3]

隔天，當雙方的主要軍隊再次碰頭時，他們都主張自己獲勝。爭執愈演愈烈，很快便惡化成另一場打鬥。原先那場「壯士之戰」（Battle of the Champions）本來應該是要避免更大規模的戰爭，但它最後還是爆發了。那五百九十七人的死亡只是一切的序曲，後續接踵而至的衝突為雙方帶來重大傷亡。最終，斯巴達勝出，蒂里亞平原歸他們所有。

然而，有一位斯巴達人並沒有因為勝利而獲得安慰：歐席拉德斯可能是因為親眼目睹的景象而內心受創，又或者是因為他的同袍全都陣亡、只有自己倖存而感到羞愧，總之，他拒絕離開山上戰場、返回斯巴達，而是選擇在那裡自殺，讓屠殺的死亡人數再加一人。[4]

一抹孤獨的身影彎腰朝地，並將兩件物品放在地上：一尊刻工簡單的雕像及一塊作為祭壇的平坦石塊。身影站在「埃斯凱提亞」（eschatia）上，亦即最遠方的極限或終點。在埃斯凱提亞之內的是人們所知的國家，位於其外的則是「蠻荒之地」（eremos chora）或所謂的無人之地，[5]也就是《荷馬讚歌》（*Homeric Hymns*）所形容的野蠻、荒涼之處：「毫無分界且無人居住，為野獸／食生肉者遊蕩的陰暗幽谷。」[6]而且，不只是野獸，眾神也會在那裡遊蕩，特別是危險、反覆無常的神，例如女獵人阿爾忒彌斯（Artemis）；瘋狂酗酒之神戴奧尼修斯（Dionysus），為不知節制的熱情與暴力的神聖體現；遊蕩在樹林間與山丘上的半人半羊潘恩（Pan），為牧人與其羊群守護神，能夠藉由突然現身及宏亮嗓音讓人嚇得魂飛魄散，希臘文的「panikon」（恐慌）這個詞就是衍生自潘恩。[7]

那抹身影徘徊於邊緣，往外望向一塊不論是秩序、理性、控制或甚至是生命，一切皆耗損不堪、四分五裂的土地——因為死亡正橫躺在那裡。進入這些荒蠻的地方，等於是鋌而走險；迎面撞上暴力的機運，埋伏於黑暗的森林之中或山上毫無遮蔽的一側靜候。反正古老的故事就是這麼說的，它們述說著那些前往荒地、證明自我價值的英雄，又或可能試著如此，至死方休。埃斯凱提亞，是走離擁有生命之地的路徑，是導向死之領域、地下世界與海地士（Hades）的閾限空間。超出埃斯凱提亞之後，文明便將崩解，連時間本身也是——在這片毫無架構、未被馴服的蠻荒之中，沒有任何東西能夠固定過去與現在。[8]

那抹身影祈禱了一會，將一碗食物或液體放於祭壇上。他將酒倒到地上以示奠祭之意，接著轉身，沿著一條令人安心的熟悉路徑回到村莊、回到家中。不過，他同時也揭開了一條隱形的線：他所走的路徑將中心區域及邊陲地帶串連了起來。

他再度踏上同樣的旅程，但這次有其他人同行，他們留下更多東西、更多祭品。原先簡易的祭壇規模擴大，現在四周豎起了牆壁與柱子，變成一處神殿、一個跟神祇之間有所連結的場所。人們在那裡進行的儀式，目的在於祈求眾神看顧這片邊際之地，保護他們免於入侵者、外來者及荒地上的混亂所擾。其他神殿開始在鄉下各地興起，村莊擴張為小鎮、小鎮擴張為城市。「城邦」（polis）這個空間便因此獲得定義，其中央為市中心「亞特席」（atsy），周遭則是農業腹地「科拉」（chora），包含田地、橄欖樹叢、農耕地，一路延展至埃斯凱提亞。那些神殿有如節點，是在這片地景裡將自然地形——山脈、山丘與河流——相互連結的定點，以標示出邊際線。它們代表著城邦的外圍極限，亦即邊界。[9]

邊界裡的一切皆屬於公民所有，或更準確來說，屬於男人所有；如果提到那些頌揚城邦歷史的儀式及慶典，那女人與孩子確實有其地位，但他們卻無法擁有土地或建築，也無法參與政治。城邦的公民權是男人的事。它認為文明的本能是男性專屬的——而空間本身也因此性別化了。男人代表著城邦的秩序與理性，相較之下，女人被視為神經質、不穩定且無法預測的，正如同埃斯凱提亞及其以外的荒野。於是，蠻荒之地或無人之地變得名符其實；如果跨越邊界，你就會進入充滿威脅——而且全然**女性**——的危險地帶。[10]

在邊界線以外進行儀式不是男人，而是女人。戴奧尼修斯的女信徒（maenads）組成長隊伍離開城邦、前往山區。一旦抵達荒野，她們脫下鞋子、穿上獸皮、盡情飲酒，並且隨著節奏快速急促的打擊音樂跳舞，進入一種放縱狂喜的境界。[11] 關於酒神女信徒的故事，同時讓人感到著迷又恐懼，她們也成為張力十足的戲劇或神話故事主題素材。例如，尤瑞匹底斯（Euripides）將她們設定為悲劇作品《酒神女信徒》（*The Bacchae*）的核心角色，讓觀眾看戴奧尼修斯假扮為祭司、參加信徒膜拜自己的祭典時，是如何對城邦的穩定及秩序帶來浩劫：祂帶走了所有女信徒，「將瘋狂扎入她們體內，將她們從家中驅趕至山上，她們便在那裡遊蕩、發狂」，並改住在「銀冷杉下毫無遮蔽的岩石上」。[12] 他接著將該城邦的國王拐騙到山上，變裝並戴上假髮，一起窺探女信徒。但國王最後還是被女信徒發現了，她們發狂地將他的四肢一一扯下。而在這場血腥暴力的謀殺當中，核心人物竟是國王自己的母親；在她的狂喜幻覺中，她以為兒子的頭是一隻獅子的頭，並將它捧在手中帶回城裡。

在大眾想像的認知及理解中，邊界的內涵遠超出單純的領土標記，更是許多事物之間的邊際：明智與瘋狂、社會秩序與無政府狀態、男人與女人、人類與神祇、和平與暴力。它同時承受了人們的畏懼與尊敬。如果沒有邊界，城邦便不存在；換句話說，我們需要邊際才有辦法理解城邦為何、代表什麼且相信什麼。[13]這是一個關於身分的故事，源自那抹在埃斯凱提亞祭神的孤獨身影，而那正是種子被種下、邊界被創造出來的時刻，接著，城邦的核心靈魂與精神便從那裡萌生。

在大約兩千五百年前的雅典，一群正值青春期的少年，即所謂的「埃菲比」（ephebe），正準備展開為期兩年的軍事訓練。結訓後，他們便將成為真正的公民士兵（citizen-soldier）——「重裝步兵」（hoplite）——並且能夠擁有土地與財產。但首先，他們必須離開城市、離開鄉間，前往未經開墾的邊疆之地「埃斯凱提亞」擔任「邊境巡邏兵」（peripoloi）。那片山區區隔了雅典及北方敵邦波也奧西亞（Boeotia）的領土，而巡邏兵最基本的任務，便是占守邊疆要塞。少年會從這些前哨基地出發，徒步走過大片土地，投注他們的青春以學習「邊界」真正的、有形的本質，並透過他們親身走踏的行動，將這番真諦植入他們的身體記憶裡。[14]

想當然耳，這一連串的作為背後勢必蘊藏著基本而明確的道理：當他們取得完整公民身分之後，這些土地就會**歸屬於他們**了。他們是雅典未來的軍人、商人、政治人物及領袖，必須認識、熟悉其「城邦」的範疇。不過，不單止是這樣，會把這群人送到邊疆地區，還有象徵層次的理由。關於雅典這座城市及領土的形成，其背後的種種歷史與神話，也都能在邊疆地區找到答案。

有個故事是這麼說的：過去在埃斯凱提亞曾發生一場決鬥，是殺死牛頭怪米諾陶（Minotaur）英雄忒修斯（Theseus）的最後子嗣、雅典國王提摩忒斯（Thymoetes），以及人稱「美男子」（the fair one）的波也奧西亞國王克桑托斯（Xanthos）之間的單挑對決。當時，兩人達成協議，以這場雙人決鬥的結果來決定領土之爭、訂立疆界的位置。然而，到了對決當天，垂垂老矣的提摩忒斯卻退出決鬥，改由另一位雅典戰士、人稱「黑男子」（the black one）的梅蘭索斯（Melanthos）代為上場。

在角力的過程中，梅蘭索斯指控克桑托斯犯規。「喂！」他大喊：「你旁邊有人在幫你！」就在波也奧西亞國王驚訝地轉頭查看時，梅蘭索斯乘隙而入，將克桑托斯給殺了。在某些版本的故事中，確實有一個名叫戴奧尼修斯的人披著黑山羊皮、出現在克桑托斯身旁，誘使他分心。但大部分的版本，基本上都只單純讚揚梅蘭索斯的狡詐，換句話說，也就是他如何運用所謂的「阿帕忒」（apate，即詭計、欺騙之術）贏得對決，並為雅典爭得邊疆之地的占領權。[15]

某方面而言，歷史上究竟是否真有此事，其實並不是那麼重要。姑且不論真假，這則故事都已經深植在雅典人的想像與祭儀文化之中，而同樣地，邊界的概念也儼然成為由男孩蛻變成男人這趟旅程的一種隱喻。換言之，這片邊陲地區的定義，即是從某個空間過渡至另一空間的可能性，也因此被人們視為青春期蛻變的完美背景。至於埃斯凱提亞，則是希臘世界最初始、最明顯的對立與矛盾發生的地方：現實與神話、公民與外敵、荒蠻與文明。

男孩於十六歲成為埃菲比的典禮上，捨棄了他們的長髮，披上黑色斗篷以表對「黑男子」梅蘭索斯的敬意。而在其他祭儀，他們則被鼓勵男扮女裝，列隊由城市出發、前往邊境聖所。接著，當他們完成這兩年的歷程、準備成為公民時，他們必須向「祖國的界石、小麥、大麥、葡萄藤、橄欖樹與無花果樹」宣誓。[16]

就在這一刻，他們宣示這段耗在模糊邊境上的青春，以及兩者之間的短暫親密關係正式告終。他們已經撐過這段日子、正式成為男人，準備邁向容納於邊界**之內**的世界，法治的世界，必然的世界，小麥、大麥與葡萄藤的世界——已經開墾、已受馴化的土地，也就是秩序的世界。

事實上，不只有雅典人擁有這類生命儀式，斯巴達也有類似的制度，稱為「克里普提」（krypteia），字面上的意思為「祕密的」、「隱藏的」。這些祕密警察的組成，同樣是即將成年的男孩，他們也一樣被送往邊境區域。不過，他們在路途中並不會組成大型列隊，而是以小團體的形式漫遊，或甚至全程獨行。他們的任務是盡其所能地在野外生存：基本上僅以輕裝上路，如果真要攜帶任何武器的話，頂多也只會帶一把短劍。他們在日間必須隱身，但會在夜間出沒、遊蕩於邊境地帶；如果他們發現任何斯巴達奴隸「黑勞士」（helots），可以予以逮捕並殺害，並豁免於任何懲處。

他們的一切作為，完全牴觸了他們之後的身分：斯巴達重裝步兵，嚴守紀律、謹守原則的軍人的理想型態，同時也是社會的中流砥柱。但在克里普提之中，男孩絕對不得信任任何人，而必須仰賴自身機智存活，還有偷竊、詐欺、伎倆，甚至是謀殺等行為。[17]這整個過程其實就只是一場具有象徵意涵的華麗演出。因為，人們在邊境的那段時日所犧牲掉的，不過就只是青春本身而已。

在歷史推進的過程中，希臘世界對邊緣地帶的這份執念，只增不減。尤其隨著各城邦及其人口增長，人們被迫必須前去占領、使用那些介於城邦之間的邊緣土地。他們開始移入埃斯凱提亞、砍伐森林，或占據原為共同牧場的區域，邊境衝突變得幾乎不曾停歇。在過去，城邦原本有如散落於荒野之海上的文明小島；如今，情況卻已全盤翻轉，被包圍於中間的對象，已經變成無人的蠻荒之地了。[18]

有些城邦訴諸仲裁途徑，交由中立方評估他們對於邊界的主張是否得以成立。中立方派出官員前往那些區域，拜訪牧牛人與牧羊人——他們是最瞭解邊境領土的群體——以詢問歷史使用或管轄方面等相關主張。官員在土地上設置界碑（horoi），這些界碑結合了天然地貌以及聖所的固定位置，並藉此於當地地景中勾勒出疆界。一種新身分便因此誕生，稱為「畫界人」（horistes），亦即受當權者委託畫定、記錄並標記疆界的官員。此外，也有一項「技術」油然而生，即與調查地景、分配土地等知識及專業的相關發展。[19]

政治與哲學思想開始思考邊界的變動特質、人們透過邊界組織城邦的方式，以及人們利用邊界加以規範、管理自身與城邦以外世界的交流模式。亞里斯多德（Aristotle）認為，人們務必時時將邊緣地帶視為橋樑，亦即與外界協調必要交流的場所。他寫道：「立法者於訂定法律之時，必得將注意力聚焦於兩項事務，即領土及人口。然，假若一座城市意欲建立與他邦有所交流之生活型態，而非自我孤立之型態，則立法者亦必須將鄰近區域納入考量。」[20]

此外，亞里斯多德也警告，居住於邊陲地帶的人，可能會由於經常與疆界互動，而產生或大或小的轉變。對於疆界的流動本質，他的態度十分謹慎，尤其因為疆界灌輸給人們的見解有可能跟城市中樞的思維有所差異，兩者甚至可能相互較勁或對立。據他所說，這其中藏有一項危機：政治結盟可能會在邊緣地帶出現，進而造成耗損、威脅城邦統一。如果希望解決這種情況，他建議政府頒布法令，分配給每位公民兩塊土地，一塊位於中樞地區、一塊位於邊界，並且如此寫道：「在那些未採取此體制的地方，有一群人會不顧後果地與鄰邦起爭執，而另一群人會過度小心翼翼，並忽略了榮譽的考量。」[21]

就這樣，畫定疆界與建立邊境的工作被專業化，成為城邦的定義及其運作的核心概念。但如果真要追溯這些界線的根源，我們最終仍會回到各種故事錯綜複雜的交織畫面：由單挑對決與戰鬥贏得的領土、由神明恩賜及賦予的土地，向人們揭示他們是誰、他們的城市究竟如何形成等偉大的英雄時刻，以及那些於盛大民間祭典與節慶上，年復一年、不斷被述說的故事。

在亞里斯多德時代的雅典，人們依然傳頌著梅蘭索斯於埃斯凱提亞以狡猾手段戰勝克桑托斯的故事。而在斯巴達，人們也同樣紀念著那場為了爭奪蒂里亞平原所打的「壯士之戰」。參戰的三百名戰士之死被高奉為「華麗之死」的理想模樣，人們舉辦裸體青年節（Gymnopaedia）以「蒂里亞花圈」榮耀他們，並為他們的犧牲高唱讚歌。後來，這場戰役甚至演變為斯巴達與阿爾戈斯的**共同**成年禮儀式，每年皆會各自派出三百名埃菲比進行戰鬥，當作某種不致死的比武競賽。[22]

邊境因此成為集體源起記憶的泉源，隨處可見其影響力。例如，當時有一種稱為「城邦」或「佩特亞」（petteia，「鵝卵石」之意）的棋盤遊戲，棋盤切分為四塊，玩家必須讓自己的棋子——也就是佩特亞——超越棋盤中央的界線，包圍對手、奪取對方的領地。

另外有一種球類遊戲，稱為「埃皮斯基羅斯」（episkuros）、「埃皮科諾斯」（epikoinos）或「埃菲比克」（ephebike），球場分成兩半，以一種叫做「斯庫洛斯」（skuros）的白色石灰岩小碎片，於兩端各別畫上底線及球場中央線。埃皮斯基羅斯的玩法，顯然是邊境競爭的重現。[23]事實上，「斯庫洛斯」一詞的字根為「斯基隆」（skiron），為邊陲地區、邊境之地常見的地名。遊戲中，球擺在中央線上，兩隊人馬會先爭奪占地，接著將球丟往對向以迫使對手後退。所以，不論是球或整場競賽本身，皆呈現時而向前、時而往後的動態，直到其中一隊將對方推至他們的底線——也就是邊境——之後，就代表該隊成功攻下整片領土，取得勝利。[24]

而這項遊戲的其中一種稱呼「埃菲比克」，指的便是處於青春期的埃菲比。正如其名地，最常玩這種球類的群體，就是接受軍事訓練的年輕人——正值成年邊緣的青少年，於這項邊境球類遊戲中相互較勁，可謂另一種象徵性的過渡時刻。[25]

不過，除了這些不流血的儀式之外，當然仍有真正的戰爭、真正的衝突發生。埃菲比與公民士兵愈來愈常被召去打仗，而這些男人不分老少，一起列隊前往邊界。在西元前五、四世紀時，希臘由於伯羅奔尼撒戰爭（Peloponnesian War）與柯林斯戰爭（Corinthian War）而大受磨耗，城邦與城邦相互敵對、鄰土與鄰土相互仇視。對於這般新世界，雅典政治家兼演說家狄摩西尼（Demosthenes）深感惋惜，他說：「除了兵法，沒有任何其他事物也經歷了如此重大的改變與進步。」過去，衝突被視為「習以為常、直截了當」的行為，受到法規與道德管束，甚至得依照季節安排。但現在，根據狄摩西尼所說，衝突卻變成永無止盡、未經規畫且野蠻殘忍的活動，再也沒有人遵守遊戲規則了，事實上，根本毫無規則可言。[26]

幾個世紀之後，另一位著名的希臘演說家金嘴狄翁（Dio Chrysostom）[27]，被請去調解家鄉普魯沙（Prusa）與鄰邦阿帕米亞（Apamea）之間長期不休的邊境爭端。

他在一場演說中，對普魯沙人說：「彼此住這麼近的人共享同一道邊境，卻互相爭吵、憎恨，簡直就像在同一座城市中暴動。」

邊境，在他看來，應該是團結的工具，而不是分裂。邊境正如血緣、正如婚姻，是人們於地景上將親屬關係實體畫出來的表現。

「正是那塊土地、那片海與那座山，以各種方式將你們大家團聚在一起，即便你們不喜歡，它們也會讓你們不得不面對彼此。」但到頭來，好尋爭端依然是「人類的愚蠢與墮落」。金嘴狄翁說：聽著，在「各星球一齊無盡地跳著環繞舞步的過程中，從來沒有任何一顆星球阻擋他人的去路」。試著想想看大地、海洋、大氣，「即使它們再怎麼強大、偉大，也接受自己和彼此之間的夥伴關係，免於敵意的侵擾」，那為什麼「一般凡人舉無輕重的弱小城鎮，這種不過是棲居於地球一隅的渺小群體，卻無法維持和平與寧靜，並在不製造喧鬧與干擾的情況之下相互為鄰」？[28]

只不過，人們從未將狄翁的想法跟邊境的建立、神聖化及神話化真正連結在一起，最盛行的故事仍總是關於對立、衝突，並將邊線視為爭奪之地——要不是透過馴化荒地宣示占有權，就是以武力較勁、以戰鬥對決的方式，從別人手中取得。這樣的邊境是獨特的：它是你的、是你**努力贏得**的，它是你長大的處所、是你步入成年的地方，它甚至還有可能是你最終死去的地方，而這對某些人來說，更是至上榮耀。例如當時，斯巴達戰士德拉席柏洛司（Thrasybulus）與阿爾戈斯人於邊境發生衝突，隨後其軀體被送回家鄉時，迪奧斯克理德斯（Dioscorides）特別寫了一首詩來歌頌這個概念。

命喪盾上者為德拉席柏洛司，
承受了由阿爾戈斯人而來的七道傷，

正面身軀全然暴露於他們眼前，
而年邁的丁尼古斯（Tynnichus），
當他將兒子染血的軀體放上柴堆時，說道：
「任由懦夫哭泣吧。但我將把你埋葬，吾兒，不掉一滴淚，
你既屬於我，也屬於斯巴達。」[29]

每個世代的青年——其實他們都仍只是男孩——皆為戰爭做足準備，許多人在那些優雅的模擬搏鬥遊戲中，忘我地投身於埃皮斯基羅斯的球場。荷馬（Homer）甚至曾於《奧德賽》（*Odyssey*）中描述過這項遊戲的早期版本：兩名腓埃敘亞（Phaeacia）王子向奧德修斯（Odysseus）展現球技，其中一人拿起了球，接著……

將之猛擲向烏雲的方位，
另一人蹬向高空攔截之，
迅速而敏捷地，直至雙腳再度接觸地面。
他們相互較勁，將球直丟上空，
以迅雷不及掩耳的手速將之來回拋擲，
同時如跳舞般，於餵養眾生的大地上移動，

場外的男孩亦隨之停下了鼓譟。[30]

想像那些於城邦內畫出的場地，人們就這樣在場地上來回進行這項球類遊戲。隨著其中一隊迫使另一隊於斯庫洛斯——亦即邊境——後方逃往底線位置、在邊緣蹣跚掙扎，場上也滿溢著歡快而興高采烈的情緒。而當下一球被拋出、於空中畫出弧線時，究竟是否能夠將對手逼到底線之後、完全趕至場地之外？不論是球員或旁觀種人，全都定睛注視、屏息以待。

那是一個清晨，在北愛琴海的斯基羅斯島（Skyros）上，十二個男人從停泊於西南海岸的船隻上，運下一具屍體。他們沿著乾涸的河床走到一處狹窄的山谷，在那裡一處橄欖樹叢的蔭下，已有一個早已挖好的土坑。那具屍體屬於一名年輕男子，年僅二十七歲，原本正航行著準備赴戰。另一個年輕男子——阿基里斯（Achilles）——以前也曾來過這座島。他的母親將他扮成女孩、藏匿在這裡，避免前往特洛伊（Troy）平原的戰艦將他帶走——她知道，他將注定死於那個地方。

這名年輕男子當時正準備前往阿基里斯到過的同一個海岸，他感到快樂、興奮，整趟旅途中不斷吟詠著《荷馬史詩》，深信自己是乘著「歷史之風」而行。他是一位詩人、一位軍中詩人。隨著開戰的日子逐漸逼近，他可以感受到緊張情緒不斷築起，並寫下自己甚至可以感受到阿基里斯的精神在「黑暗中」於他身旁攪動著。但他後來在航行中病倒了；一個單純的蟲咬傷口引起高燒、折磨他的身軀，他不到一天便死去。

傍晚逐漸進入深夜，十二個男人聚集在墳墓旁。其中一人之後將告訴年輕男子的母親，她的兒子就葬於「世界上數一數二美好的地方，四周充滿灰綠色的橄欖樹……滿地覆滿開花的鼠尾草」。

「想想看，」他將告訴她：「在籠罩著雲的月光下，我們的周圍及身後有三座山，到處繚繞著超凡的香氣。我們將所能找到的所有花朵圍在他的墳墓四周。」[31]

現在已經過了午夜，有些男人已經回到他們的船上，有五個人還留著，在墳墓上築起石堆。五人當中，有兩個人將於接下來的戰爭中存活。幾年後，年輕男子的母親將拜託一位雕刻師製作新的墳墓標記，以乳白色大理石刻成的小型墓碑取代石堆。她兒子寫的其中一首詩會被刻在石碑上。「若我將死，懷想我時只需記得此事。」那首詩如此開場：「在異地有某個角落／永遠屬於英格蘭。」

這位年輕男子是魯伯特．布魯克（Rupert Brooke），卒於一九一五年四月二十三日，為登陸加里波利（Gallipoli）的兩天前。他來不及看到接下來發生的事。

一顆球飛入淺灰藍色的天空，球員分別由場地的兩端出發、追趕著它。但這不是地中海的天空，是另一片天空、另一個場地。不論如何，隨著晨霧散去，這裡的天氣一樣「有如天堂一般」。[32]那是一個炎熱的夏日，球不是被丟出，而是踢出。一位觀賽者談論著「球上升和飛行的方式很棒」[33]——高高飛起，於頂點稍停片刻，接著再繞回地面，飛向對面的線。

隨著這般路徑落地之後，另一個男人描述道：「我看到有人躍起、往前走，然後我就跟著他們走。」他們全都追逐著那顆球，但接著，「有些人似乎停了下來，頭部低垂，小心翼翼地跪到地上，再緩慢地滾動，最後靜止不動」。球賽有些不對勁，有事發生在球員身上。「其他人也滾啊滾的，然後極度恐懼地尖叫並緊抓我的腳，我必須費好一番力氣才有辦法掙脫，而我球衣上的塵土由灰色轉為紅色。」但他繼續追球，要不然除此之外，在那裡還有什麼事情可以做？就是試著把對手趕回他們的線後、趕出球場上。「我拖著疼痛的腳繼續跑，像個巨大的蜂窩上上下下地滾過球場。我的第一波進攻逐漸變弱，接著是第二波，然後也變弱，隨後第三波結合了第一波跟第二波的殘留力量，過了一陣子之後，第四波攻破了對手的餘軍，我們便開始向前跑。」[34]

那是一九一六年七月一日，索姆河（Somme）戰役的第一天。

踢球的人是二十一歲的東薩里步兵隊（East Surrey Regiment）威爾弗雷德・內維爾上校（Wilfred Nevill）。當時還有另一顆球。其中一顆寫著「大歐洲淘汰決賽，東薩里對上巴伐利亞，零分開賽」，另一顆上面的字是全大寫字母的「無裁判」。內維爾踢到球之後幾秒就死了。[35]

將近兩週後，這則故事開始出現在英國的報紙裡。《每日電訊報》（*Daily Telegraph*）寫道：「英勇的上校在進攻時很早就摔倒了。在一陣機關槍的彈林之中，其他人開始迅速地一一倒下，但兩顆足球仍不斷往前，同時伴隨著帶有鼓舞或對抗之意的粗啞嘶吼。」《每日電訊報》以一首詩致敬：

穿梭於屠殺的彈林中，
英勇的同袍倒下，
鮮血如水般傾瀉，
他們踢著滴著血的球。

西格弗利・薩松（Siegfried Sassoon）目睹了進攻的發生。早上七點四十五分，也就是開賽之後的十五分鐘，他看見後備隊仍像足球賽場邊的觀眾那般，為前面的人歡呼打氣。到了十點零五分，已經超過三萬人喪生了，他描述那幅景象如同「看著地獄陽光普照的畫面。黃色的野芥菜依然隨著微風搖曳，罌粟花於最近一些砲彈落下的克羅利嶺（Crawley）下發著光」。[36]第一天結束時，死傷人數達到六萬人。

將近六百名士兵於希臘的山區喪命，超過六萬人死於法國的戰場上。索姆河戰役應該是那場戰爭當中最高潮的時刻——那場慘烈的戰鬥，其規模在世界上史無前例。它讓兩個對立的陣線、兩隊全力以赴的軍力，於一小塊土地上相互對立、一決勝負。誰能勝出？正如薩松的詩人朋友艾德蒙・布倫登（Edmund Blunden）寫道：「當天結束時，雙方在破碎土地與遭殺之人的那片悲慘凌亂中，皆看到了問題的答案。沒有道路、沒有主要幹道，沒有任何種族曾經贏過或可以贏過戰爭。是戰爭贏了，並且會持續贏下去。」[37]

有兩條線橫跨了四百英里的地——那是兩條**前線**。在它們後面的是支援線與後備線、通訊線與射擊線，以及「資料處理線」，也就是那些伸至前線之外的線，有如細長扭曲的手指一般。這些線都是地上的洞：戰壕。

它們起始於比利時的北海岸，向南穿越法蘭德斯（Flanders）再越過邊境進入法國，接著往下行經阿圖瓦（Artois）與皮卡第（Picardy）、跨越索姆河，抵達巴黎北方僅四十英里遠的康比涅（Compiègne）才轉向。隨後，它們往東蔓延，穿過香檳（Champagne）、行經漢斯（Reims），於凡爾登（Verdun）及聖米歇爾（Saint-Mihiel）附近轉折，接著再次一路向南，最終止於瑞士邊界的伯內韋桑（Beurnevésin）。

這些戰壕並不是筆直的線，而是充滿彎曲與尖角，還有無數的之字路徑，以阻絕砲火的爆裂。如果我們有辦法把它們全部抓出來拉直、把端點接上端點，它們的總長大概遠超過四百英里。事實上，應該會更接近兩萬四千英里，足以將地球完整圈住的超級壕溝。

這些線不是邊界，但卻是邊界的產品、跟邊界具有可怕相似度的東西。從一九一四年冬天到一九一八年秋天之間，它們在這整整四年的時間裡，在大地上刻出有形而極端的人為割線，堪為人類史上前所未見的場景。它們完全固定、毫不妥協，連稍微移動個一百公尺都幾乎不可能。它們就是埃斯凱提亞、就是邊際，而在它們之外與之間的，即為蠻荒之地、無人之地。

正如同古希臘的埃斯凱提亞，壕溝線是介於秩序與混亂之間的邊際，是通往死亡之地的路徑。唯一不同的是，地獄現在已經上升到地表，暴露於地面上的世界。它就在那裡，只距離我們幾碼、甚至幾英寸之遠。它即時地述說著戰爭的歷史，它所匯集的戰利品不斷堆積、愈堆愈高。「這是一種病態但非常有趣的占據，於那四處密集散落的成千上百顆頭顱、骨骸與遺體之間，描摹出各式各樣的戰爭。」英國少校皮爾迪奇（P. H. Pilditch）接著寫道：「在我們所發動的連續攻擊中，其進步程度都可以從骷髏身上的配備種類清楚看出。」[38]

一切都被縮減、簡化，全然浸淫在對立之中。那條線於是有了好的一邊與壞的一邊。查爾斯・凱靈頓（Charles Carrington）如此寫道：「在我們鐵絲網裡這一邊，一切都很熟悉，所有人都是朋友。」而相較之下，「越過鐵絲網的另一邊，是未知、是詭異」。[39]我方士兵的身邊，都是真實存在的個體，都是擁有名字、臉孔與家庭的人，每個人都有自己的故事。但在短短幾百公尺之外的是敵人，幾乎未曾見過卻始終存在：他們只是一團徘徊在矮牆底下、毫無特徵的集體。對同盟國的軍隊而言，德國人是幽靈、是魅影，占據著一塊被步兵視為「他者」的地方——那裡超出他們的想像範圍，是一塊「神祕、空無一物卻無法侵入的土地」。[40]

「光是知道在某個特定方向有著德國的陣線，似乎就足以改變整片地景的感受。」另一位軍中詩人休姆（T. E. Hulme）回憶道。據他所說，這種情況導致「你會下意識地以它為基準來定位。和平時，路上的所有方向都好像是中立的，無止盡地延續。但現在你知道，某些特定的路好像會導向某座深淵」。[41]

在無人之地、深淵的邊際那裡，也有一些儀式，包括一天進入戒備狀態兩次，一次在破曉、一次是黃昏，所有人會沿著壕溝舉起武器、固定刺槍，並攀上射擊位置，接著，他們就在靜默中等待。而在無人之地的另一側亦然，雙方皆做好準備卻按兵不動，只是在那裡瞪著相距不遠的另一方。戒備狀態「在前線區域內，不管在任何情況下，都非常嚴格、具有約束力」。士兵兼畫家大衛・瓊斯（David Jones）如此寫道。他說，那是一段「尤其重要」且「嚴肅」的時間，「從海岸沙丘到山區，在兩個對立陣線的整個最前線，大家都警覺地戒備，等待著任何偶然」。[42]

本質上來說，這是一種僵局的儀式、壕溝戰的儀式。那些士兵為「任何偶然」做好準備，卻也知道其實沒有什麼事會產生真正變化。他們所占領的線從未移動過，但戰事三不五時會在它們前方、無人之地的舞台上上演，然後所有參與者非死即傷。這種儀式沿用了古時候邊界衝突的概念——壯士之戰——而且就只是讓它不斷重演。**三者之中取二；不，五者之中取三；不，七者之中取五**……戰事本身也是一種儀式，為「跨越無人之地的致死遊行典禮」。[43]戒備狀態的每分每秒都在無聲的冥想中流逝；太陽升起、太陽落下，然後太陽再度升起。「黎明時分那令人痛苦的悲慘開始茁壯。」威爾弗雷德・歐文（Wilfred Owen）在描述另一次晨間戒備時，如此寫道。

> 我們只知道戰爭不斷持續、雨水將我們浸濕，而雲朵弛垂為暴風，
> 東方的黎明於她那憂鬱的臂膀中壯大，
> 再度一列又一列地朝著顫抖的灰階發動攻擊，
> 但什麼事也沒發生。[44]

一般認為這是一種存有的新狀態。一切將會永遠如此延續下去。壕溝本身也大可以沒有終點。古典學者、考古學家兼希臘愛好者史坦利・卡松（Stanley Casson）為壕溝的規模感到震懾不已。「這些巨大的防守線，左右延展至雙眼及想像力皆無法到達的地方。」他接著寫道：「我曾經很好奇，從北海的沙灘走到那個抵著瑞士邊界的奇妙終點，究竟會花上多少時間？我也曾經試著猜測兩端終點的模樣，想像假如我依照團體傳話遊戲的方式，告訴站在我右邊的人一則訊息，然後他們再一路把訊息傳到最後一個站在阿爾卑斯山旁的人耳中，那會發生什麼事？最後還會有辦法辨識出那則訊息嗎？」[45]

在艾德蒙・布倫登抵達西線的短短幾天內，他就被「無盡之戰的明顯感受」攻克了；「在這裡，似乎沒有人能夠想像出結束的一天。」[46]羅伯特・格雷夫斯（Robert Graves）以黯然挖苦的方式總結道，所有人都有兩種無法相互調和的信念：「戰爭永遠不會結束，然後我

們會贏得戰爭。」[47]一名在索姆河戰役中被俘的德國戰犯承認，他「看不到終點」。他說，那是「各國的自殺之舉」。[48]艾薩克．羅森堡（Isaac Rosenberg）在他的詩〈不死之人〉（The Immortals）裡描述了永無止盡的廝殺：「我殺了他們／但他們死不了……我愈是加快廝殺的腳步／他們再度起身時便愈加殘酷。」[49]

無人之地或埃斯凱提亞，被轉化成恐懼與死亡的終極之地、無法回頭的境地。根據英國軍隊的官方駐外記者亨利．湯姆林森（Henry Tomlinson）的描述，「矮牆、鐵絲網與泥土」已經成為「人類存在的永久特徵」。[50]人們可說是把建立邊界及邊界科技帶到一個恐怖的極致。刺線正是由邊境而生的發明，首度在十九世紀於美國出現，用以圈養牛隻。如今，刺線被一字排開，穿越無人之地的荒蕪，可能蔓延了幾百萬英里以上的距離，恰是分裂的完美現代工業化量產象徵。

或許，一切打從一開始就注定導向這個結局。一九一五年五月，二十六歲的皇家蘇格蘭兵團少尉亞歷山大．道格拉斯．吉雷斯皮（Alexander Douglas Gillespie）從前線寫信回家，反思了人們對於自然所做的這種怪異撕扯。他提到自己「在有如鬼影般的櫻桃樹林間」走路時，「照明彈」在一旁升起，再落至北方及南方。而當月亮出現時，一隻夜鷹開始歌唱。「站在那裡聽牠歌唱感覺很怪，」他說：「因為牠所唱的歌在轟隆砲火停歇的安靜片刻之中，顯得格外甜美、寧靜。」他覺得那就好像「鄉間在我們所製造出來的所有噪音、混亂及滿是泥濘的作為當中，輕柔地對自己唱歌」。他已經在戰爭中失去他的弟弟湯瑪斯

（Thomas）了；當他站在那裡時，他想到「所有曾經聽過那首歌的男人和女人，就像我在湯瑪斯死後幾週第一次聽到這首歌一樣，我發現自己無法停止去想所有曾在戰場上喪生的人——赫克托爾（Hector）與阿基里斯，以及所有久遠以前的英雄——他們曾經是那麼地強壯、活躍，現在卻變得如此安靜」。[51]

當時仍是戰爭初期，索姆河戰役爆發的前一年，亞歷山大相信自己依然可以看見終點。在另一封寫給他以前的校長的信裡，他希望當一切恢復和平時，整條西線可以被改成一條聖道（Via Sacra）：「一條介於那些從孚日（Vosges）延伸至海邊的線之間的大道」。在他的想像中，他說他會「在『無人之地』的那些線之間做出一條優美的寬大道路，包括步行朝聖的路徑、提供遮蔭的樹木，以及果樹……有些受到摧毀的農地與屋子或許會被留下來作為證據，而軍團可能會在他們守了整個冬天的戰壕一旁留下他們的紀錄。然後我希望能讓西歐的所有男人、女人和孩子，都踏上那條聖道進行朝聖，這樣一來，他們或許就能從任何一方的沉默目擊者角度，去思考、學習戰爭的意義。這或許是一個多愁善感的想法，但我們可能可以把它打造成世界上最美的道路。」[52]

四個月後，亞歷山大．吉雷斯皮於路絲戰役（Battle of Loos）中喪生。

我曾經去帕爾農山，尋找那場「壯士之戰」的墳場。我從海岸小鎮阿斯特羅斯（Astros）出發，駕車開上通往伯羅奔尼撒高地的一條窄路，途中行經一連串令人頭暈的之字形道路。

我的嚮導是一張皺巴巴的印刷地圖，原先是由一位名叫弗雷德里克．溫特（Frederick Winter）的多倫多大學藝術史教授製作的。[53]

弗雷德里克的妻子喬安（Joan）長年陪他一起進行田野調查，兩人將近四十年前曾一起來到這個地方；當時，他大概六十五歲上下，希望可以將保薩尼亞斯記錄下來的古代景點，連結至現代地貌中的實際地點。溫特夫婦將他們的旅行彙整成一篇長篇學術論文，針對過去長達五十幾年關於這座戰場及墳墓的各家理論，提出（時而令人困惑的）評論。他們將保薩尼亞斯的路徑繪製成地圖——有鑑於當今仍可取得的有限、零碎證據，這已是他們盡力做出的最佳臆測了——指認出散落於帕爾農山北部綿延高地之間的地點；該地區只距離山頂村莊阿吉奧斯伊歐尼斯（Agios Ioannis）西方幾公里遠。

當我經過時，那座村莊看起來幾乎是全空，沒有人、沒有車，只有幾隻流浪貓靜悄悄地沿著路旁走動，或是從大型的附輪垃圾桶蓋上挑釁地瞪著我。擁有白牆與紅瓦屋頂的屋子面朝北方，以梯狀方式順著坡地向下排列。我經過村莊的廣場，四周圍繞著松樹與幾間客棧，接著我從另一側離開。幾分鐘後，我重新上路，駛入一條因灌木與雜草叢生而變得模糊不明的石頭小徑。

那一天灰濛濛的，天空布滿烏雲，更有隆隆雷聲遠從愛琴海上空某處不斷傳來。我沿著小徑步行了幾百公尺，並在山腰上緣四處逛逛，車子完全離開我的視線。接著，前方的路變得筆直，沿著和緩的稜線一路通往寬闊、渾圓的峰頂。接近山頂處有幾面破損的牆；那是一棟沒有屋頂的建築物，應該是被遺棄的庇護所或牧羊人小屋。除此之外，那裡空無一物。就這樣，我站在那片由黃棕色山丘及高山所組成的荒蕪美景之中，而山坡上滿是一叢叢蓊綠的樹。

或許在我的腳下**確實**埋有五百九十八具屍體，也或許那裡只有一層薄薄的土，而下面則是一層又一層的鏤空蜂巢狀石灰岩。由於地圖並不精確，我很可能根本走錯地方。但當然，說不定那場戰爭打從一開始就沒發生過，只是另一則關於希臘邊緣地帶的故事，是人們發明出來、世世代代流傳，然後在不斷傳述的過程中添入修飾與美化，從民間故事轉譯為歷史。保薩尼亞斯，以及十八個世紀後的弗雷德里克與喬安．溫特，是否只是在捕捉一抹幻影？要從神話與記憶中檢視真相，是一件困難、甚至不可能的任務。

十年後，我又駕車前往另一個墳墓，這次的地點好找許多。首先，它有路標指示，而且位於一塊平坦、寬廣的開放區域之中，我在好幾英里外就可以看到它。在它上方有一片深綠色的矮樹林，頂端則是不均勻的紅磚色；從遠方看過去，有如一座老舊工廠的鐘塔頂端。

我把車停好，踏上一條用卵石鋪成、兩旁長滿樹木的大道，然後，在極緩坡的最頂處是一座紀念碑，其巨大的程度令人感到震驚。它看起來就像由樂高積木堆疊而成般地簡單。如果從前面看，貌似兩隻過大的腳，支撐著兩條膝蓋相碰的腿，以形成中間高聳的拱門。它的**根**很容易察覺，甚至幾乎呈現出招搖的姿態——底部沉重、緊攫地面，而且盤據不動。事實上，那兩隻腳被更小的相連拱門分割為十六等分，一側各八分，表面皆由白石打造。但這並不會削減墓碑的規模；你不可能錯過這座墳墓，反倒是它所紀念的軀體才是不見的東西。

這是位於法國北部皮卡第的蒂耶普瓦勒紀念碑（Thiepval Memorial），紀念的是在索姆河戰役裡「不見」的人。刻在白石上的名字屬於七二三一五位未尋獲全屍的人，他們全都在周圍戰場上的某處喪生。當紀念碑首度於一九三二年竣工時，數字變為七三三五七，之後也還有更多人類遺骸出土。如今，那些不見的人身上的一小部分已經尋獲，但剩下的依然下落不明，或許永遠都再也找不到了。於是，蒂耶普瓦勒便成為他們的集體墓碑。

我望了望四周的草、樹、花、通道，一切都完美無瑕：有人割草、剪枝、修剪、整理，毫不雜亂，也毫無狂野、不受控的生長痕跡。這片地的狀態良好——良好而寧靜。回溯至一九一六年八月，有一名士兵同樣也望著同一塊區域，一邊寫信回家給他的妹妹；當時這裡到處挖洞、徹底翻覆、七零八落，更是被炸得四分五裂，如今顯然已經徹底改變。「他們究竟會如何將它再度弄平？」他寫道：「已經超乎我可以想像的範圍。」[54]不論如何，他們終究成功了。這裡變得平坦、空蕩，周圍視線所能及的土地，在傍晚夕陽的照耀下染成金色，但又因為它們的一致性而顯得單調。

我帶了一本破舊的書，是關於第一次世界大戰的主題當中，數一數二傑出的著作：《大戰與現代回憶》（*The Great War and Modern Memory*），出版於一九七〇年代，為曾於第二次世界大戰擔任步兵的美國文學教授保羅・福塞爾（Paul Fussell）所寫。這本書並不是記錄事件的歷史、冗長的日期及戰事列表，而是一份關於衝突本身的影響，以及其後續對全體西方文化所帶來的結果的研究。福塞爾在一個令人印象深刻的段落中，提到自己造訪眼下這塊地的過程。

如今，索姆河是一個和平卻陰鬱的地方，沒有忘記、也不願原諒。現在在這片土地上漫步，是欣賞一九一六年七月的永久迴盪最為親密的方式。當空氣潮濕時，儘管你眼前所見的只有小麥與大麥，卻仍能聞到周遭瀰漫著鏽鐵的味道。農夫在這片田野上毫無興致地工作；他們在耕犁時，不時翻出廢物、彈殼、保險絲及舊刺線的碎片，必須將它們撿拾起來，堆在農地的角落……埋伏在人煙罕至的路旁林下灌叢裡的，盡是充滿故事的小東西——生鏽的帶扣、飽受侵蝕的整發輕武器彈藥、彈藥箱的金屬片、牛肉罐頭的殘骸、鈕扣。[55]

那些成堆的戰利品被聚集起來，無形中地榮耀著過去的神。據傳，這裡的樹不能以筆直排列種植，因為它們在往下扎根時，無可避免地一定會碰到必須迴避的東西，像是未爆炸的芥氣桶、有毒的砲彈殼。不幸碰到這些東西的樹會枯萎、死去，那一整排就會失去一棵或更多同伴——這個隱喻或許太過尖銳。反正總的來說，沒錯，這塊地已經再度平復，但在表層之下依然有人骨及殘骸在洶湧翻覆著。這些碎片三不五時就會被吐出來，重新攤在世界眼前，堪比消失之線的鬼魂。

我們是怎麼走到這一步的？你無法沿著壕溝尋找答案，它們全都已經消失無蹤。理由大概多不勝數，就跟刻鑿在蒂耶普瓦勒的白石上的名字一樣多。但有一個理由，很諷刺地，可以在一份終止了歐洲長達幾十年的衝突的**和平**協議上找到。

三個半世紀以前，人們在蒂耶普瓦勒東方約兩百五十幾英里處，西發里亞（Westphalia）的城市明斯特（Münster）與奧斯納布呂克（Osnabrück）召開一場會議。與會者包括上千名外交官及其屬下，共計代表了將近兩百個不同省分、城邦及帝國。會議期間的前六個月，全耗在爭論程序問題上：誰應該坐在哪？各方顯貴應該以什麼順序進入任何一間房？協商過程又持續進行了四年之久。歐洲大陸已經被戰爭撕得四分五裂，尤其是後來成為德國的地域，更是遭到徹底摧毀。雖然參與衝突的是軍團，但若歸咎到最初的起因，其實很簡單：宗教、權力及金錢。三十年間未曾休止的戰爭，需要畫下句點了。

一六四八年，在沒完沒了的使節往來、無以計數的書信往返之中，人們終於達成共識，擬出一個和平架構。他們所提議的，其實是一種全新的政治秩序，以「教隨君定」（cuius regio, eius religio）的原則為基礎：「是誰的國土，就信誰的教。」這個原則於最基本的層次上，認定了小國國君及大國君主皆有權力在人民身上強制推行自己本身的宗教。但不只如此，它也確立了他們**在特定的地理區域之內**，享有至高、專屬的權威，掌握的範疇包括政府、稅賦、法律及軍隊。這就是「主權」的概念。[56]

在封建的中世紀歐洲，領土的主張向來流動、重疊，幾乎不可能將政治管轄轉譯為任何空間概念。若用最基本的界定方式來說，政治管轄權的範圍，就是統治者可以課到稅的任何地方。但這也取決於複雜的封臣與領主等級，以及效忠與忠誠的關係，而這一切最後都往上導向上帝本身，而上帝在人間的代表為教宗及羅馬公教。但，沒錯，現在就連上帝也因為新教的興起而遭到切割、分裂。[57]

在明斯特和奧斯納布呂克的會議室裡，那幾千個疲憊不堪的人不斷受到冗長不休的戰爭及教義分裂等情況重擊，最後下定決心要擺脫這一切，讓事情變得更簡單、更**清楚**。邊界便是答案——依照明確界定的區域實行治理自主權，而每一位小國國君及大國君主的人民皆被地圖圈起。儘管這個概念仍屬實驗性質，尚未發展完全，但這就是現代民族國家（nation-state）的開端。明確界定、丈量的領土由此成形，人口與資源分布隨之變得離散。畫定邊界的競賽於是展開。[58]

隨著時間過去，這個「界定」的過程所包含的，已經不再只側重於宗教，更多了語言、文化與族裔的統一，開始需要講述共同歷史及身分的故事。其中，「民族」（nation）源自拉丁文裡的「誕生」（nacio）一詞——國家重新「誕生」了。十九世紀的德國地理學家兼理論學家弗里德里希．拉采爾（Friedrich Ratzel）——同時也是發明「地緣政治」（geopolitics）一詞的人——甚至進一步主張民族國家是一種生物實體，而且具有生命。因此，它需要空間生存、生長；他稱之為「生存空間」（Lebensraum）。在拉采爾的觀點裡，邊界是一種表皮層，是有機的，可以移動、擴張，並吸收其他土地。確實，據他所言，為了讓空間裡面的實體存活，它們必須這麼做。[59]

一九一四年，這層「皮膚」延伸至法國及比利時境內；民族的「肉」於西線產生碰撞，遭受一千劃、六千劃、一百萬劃刀割重創，在長達四年的時間裡，鮮血不斷地流入地底。

回到我現在所處的地方，沒有其他地方的情況比它更接近這段描述。在這裡，也就是索姆河上，情況有如邊界動脈受到嚴重創傷一般，只不過損傷程度還不致於致死。龐大的鮮血水庫就只是排放至壕溝裡，血流就這樣持續傾瀉，氣勢毫不縮減，也從未斷流。

費茲傑羅（F. Scott Fitzgerald）將這幅景象捕捉於《夜未央》（*Tender Is the Night*）當中；這是一本充滿戰後倦怠的痛苦與罪惡感的小說。書中，狄克．戴弗（Dick Diver）與朋友於一九二五年前往位於紐芬蘭（Newfoundland）舊址復原的壕溝旅遊，由矮護牆望向博蒙－阿梅勒（Beaumont-Hamel）與蒂耶普瓦勒，天空「陰暗」且即將下雨。在這裡，費茲傑羅觀察到「如此這般的天氣似乎懷有過去的質地，為褪色的天氣，如同舊照片裡的景象」。

狄克指向遠方，並轉向他的同伴。「你們看那條小溪。」他說：「我們兩分鐘就可以走到那裡，但英國人卻花了一個月才走到——整個帝國走得非常緩慢，前方一一死去、後方不斷向前推進。而另一個帝國也非常緩慢地倒退，一天只走幾英寸，將死者當作百萬條沾血毛毯般拋下。」[60]

狄克特別提到這場戰爭的奇異親密感，認為文化、藝術與社會在數世紀以來的變化，全都宿命似地導向這種跟壕溝之間粗暴而親密的擁抱。

「這其中需要宗教，還有多年的巨量擔保，以及存在於階級之間的確切關係。」他說：「這種戰爭是由路易斯・卡羅（Lewis Carroll）與儒勒・凡爾納（Jules Verne）或是寫《溫蒂尼》（*Udine*）的人，還有玩保齡球的鄉間執事、馬賽（Marseilles）的教母、在符騰堡（Württemberg）和西發利亞後巷被誘拐的女孩所發明的。怎麼？這是一場愛的戰爭……我那美麗、可愛、安全的世界，在這裡以一股強勁、爆炸式的愛把自己整個毀掉了。」[61]

我走向紀念碑，正準備落下的太陽將它的正面照亮，我那長長的影子順勢落在我的前方。在中央高聳的拱門下、寬廣的階梯上，我的四周滿是大量冷硬的角度：牆壁、地板與通道全都被光、影的線條及幾何圖形一分為二。我的正前方是紀念石（Stone of Remembrance），但它也只是世界各地那些紀念上千名戰死者的其中一座；它們全都依照建築師埃德溫・魯琴斯爵士（Edwin Lutyens）的想像，以同樣的統一設計呈現。

一九一七年，魯琴斯在寫給帝國戰爭公墓委員會（Imperial War Graves Commission）創辦人費邊・威爾（Fabian Ware）的信中，解釋自己對於紀念碑的最初想法。「在由三個以上的台階所構成的平台上，放置一塊十二英尺長、比例完美的大石，必須非常**精煉**——沒有任何過分的裝飾或搞怪繁複的雕刻——接著再於石塊上以清晰的字母刻上一個想法，以便任何人於任何時刻皆能閱讀，並瞭解這些石塊設置於法國各地的緣由。其中，石塊面朝西方、面朝那些永遠朝東望向敵人的長眠者。」[62]

信中的「一個想法」來自魯德亞德・吉卜林（Rudyard Kipling）。我身後的陽光以斜射角照向石碑，碑上刻鑿的文字以漆黑的影子映在灰白色的波特蘭石（Portland stone）上：**他們的名將永存於世**。

魯琴斯的靈感直接取自希臘古典建築。這些紀念石的刻鑿工法，是依照雅典帕德嫩神殿所採用的「卷殺」（entasis）原則，避免使用直線以製造深度及比率的視錯覺。這種風格刻意營造乾淨、簡約、無裝飾的畫面，而且十分世俗。當魯琴斯受託設計英國白廳（Whitehall）的和平紀念碑（Cenotaph）時，他採用了古時候克桑托斯的安納托利亞城（Anatolia）的墓碑形狀；此外，紀念碑的命名本身，也是源自希臘文的「kenos taphos」一詞，意指「空墳」。一九二〇年，和平紀念碑首度揭幕，《天主教先驅報》（*Catholic Herald*）稱之為「不過只是一座異教徒的紀念碑，乃對基督宗教的羞辱」。[63]

設計蒂耶普瓦勒那座龐大建築的任務同樣落在魯琴斯身上。不過，在這裡，他的古典手法屈服於某種帝國工業的影響力，就好像一座巨型工廠吞噬了它，再將它吸收至鮮紅色的砌磚結構裡，形成一系列的勝利拱門。我從紀念碑的另一側出去，朝著正西方走，坡勢略為下切，草地上陳列著結構俐落的墳墓：一邊是屬於英國的平坦、削圓墓碑，另一邊則是法國的十字架墓碑。

我多愁善感地渴望在黃昏的「戒備」時段回訪，來觀察線條變化的儀式，以及那寧靜的邊界冥想時分。福塞爾在他書中的前言寫道：「世界大戰的動態及圖像，證明了政治、修辭及藝術對於後續生活具有至關重要的決定性。」他說，這場戰爭「仰賴著世代流傳的神話」，同時也「產生新神話，而那篇神話儼然織入並成為我們自身生命的一部分」。[64]

福塞爾一度參考了安東尼・伯吉斯（Anthony Burgess）的小說《缺少的種子》（*The Wanting Seed*）。小說創作於一九六〇年代，但背景設定在二十一世紀的英國反烏托邦，飽受人口過剩、糧食缺乏的問題所擾。小說主角崔斯特姆・福克斯（Tristram Foxe）心不甘、情不願地被徵召入伍，跟著英國軍隊去打一場大型但曖昧不明的戰爭。隨著崔斯特姆和他的軍隊「出航」前往海外，超現實的氛圍逐漸加劇，他周遭的一切看起來就像出自於第一次世界大戰的美學：制服、武器、留聲機、歌曲、基欽納（Kitchener）募兵海報、罐頭牛肉……以及壕溝。崔斯特姆隨著軍隊走過遭到摧毀的村莊，一路行軍至前線。率領他們區隊進入戰場的是多利摩爾先生（Dollimore），他衷心地美化即將發生的衝突，並將魯伯特・布魯克與莎士比亞的《亨利四世》（*Henry IV*）台詞融入自己的陳腔濫調中，絲毫沒有諷刺意味。伯吉斯寫道，多利摩爾「已經準備好在（某個異地角落）英勇的進攻中度過他的三十歲，欠上帝一次死亡（勢必是為了英國）」。[65]

隨著哨聲響起，士兵奮力往前、拚命進攻，而崔斯特姆卻一語不發，在一旁恐慌地看著。「這是屠殺，這是互相殘殺。」他在壕溝裡裝死，因此成功逃離戰場，但後來卻驚恐地發現自己陷於一場位於愛爾蘭西南方的大「騙局」之中。之後，他再次被軍隊接去，一位少校告訴他，他是「E.S.」滅絕活動（Extermination Session）的唯一倖存者；他也提到「那是新戰爭的名稱」。這種戰爭不是實質戰爭，而是處理人口過剩問題的解決方法——世界大戰的壕溝戰不斷重現，儘管虛假但仍舊危險，算是一種人口挑揀的手段。而最後一種怪誕行為，是把亡者的屍體製成罐頭牛肉，以減緩糧食短缺的狀況。[66]

福塞爾寫道，《缺少的種子》之所以「栩栩如生，是因為對世界大戰為現代無情卻有條有理的暴力建立原型一事，有著深刻的體認」。他也說，伯吉斯「感受到戰爭與劇場之間的同盟，以及我們透過神話與陳腔濫調等管道理解世界大戰的必要性，也就是說，他將世界大戰定位為現代神話的主要來源。該書瀰漫著一種理解，即現代世界是由一整個系列的戰爭所組成的必然結構」。[67]

我在墓碑之間穿梭，接著經過紀念碑最西端的犧牲十字架（Cross of Sacrifice），再過去就是一片開放的草原，一路延伸至地平線的那一端。如今這裡沒有其他任何人，只有我自己，而我在想著福塞爾的書，以及伯吉斯那種表演式戰爭不斷上演、夢魘般的未來。那就好像世界大戰在衝突及痛苦的終極完美樣板上蓋了印章，但要讓某件事變得完美，意味著你必須去練習它、精煉它，並將它細磨至最尖銳的樣子。如果你想去尋找起源，那麼，較舊的戰爭神話就會不斷浮至表面。

若不是「壯士之戰」的未來化身，那索姆河戰役又是什麼？《缺少的種子》的「滅絕活動」又是什麼？城邦的邊界球賽正是在這個地方、在威爾弗雷德．內維爾的那幾顆足球之間，找到自己的鏡像。而內維爾當初只在距離我現在所站之處幾碼外踢球，假如我在一個世紀多以前也站在一模一樣的地方，我就能看到那些球高高飛過天際。想想看那些正值青春期的埃菲比，上百萬人一起被送至這些人造的邊境地區——這裡現在又變回一般的草原——只為了永遠把他們保存在「空墳」裡，讓他們「不會變老」，同時由魯琴斯的古典極簡風白石加以紀念。而或許，隨著時間流逝，隨著現實變得模糊、神話力量加劇，這一切都將比我們願意承認的，更加接近斯巴達「優美死亡」的浪漫理想。血紅色的罌粟花取代了「蒂里亞的花環」，躺在無數座紀念石的四周。

現代世界正如福塞爾所寫的那般，形成一種由一整個系列戰爭所組成的必然結構……抑或可以說是**由一整個系列的邊界所組成的必然結構**。這種戰爭表演——以及根本上的邊界畫定表演——已經持續非常久了。索姆河或許是所有表演裡最盛大、最純淨、最具毀滅性的，但卻不是最後一場——絕對不是最後，永遠都會有安可曲。而隨著更多時間流逝——不只一百年，就說是一千年吧——我們是否仍會相信這個地方真正發生過的事？索姆河戰役，我們二十世紀的壯士之戰、後現代互相殲滅的練習，對**未來**世代而言，是否會變得完全不可信？

太陽再度由西線落下，由黃轉為橙、再轉為紫，如同特藝色彩（Technicolor）的簾幕落下一般。「戒備」時段結束，我往回走，穿越蒂耶普瓦勒的巨大石拱門，跨過逐漸變暗卻永不老去的草坪。

注釋

1 Herodotus, *The Histories*, 1, 82, trans. Tom Holland (Penguin, 2013).

2 Pausanias, *Description of Greece*, 2.3.85, trans. W. H. S. Jones and H. A. Omerod (Heinemann, 1918).

3 Plutarch, *Greek and Roman Parallel Stories* 306a–b, trans. F. C. Babbitt; T. Kelly, 'The traditional enmity between Sparta and Argos: the birth and development of a myth', *The American Historical Review*, 75(4) (1970).

4 Herodotus, *The Histories*.

5 D. G. Rocchi, 'Systems of borders in Ancient Greece', *Brill's Companion to Ancient Geography: The Inhabited World in Greek and Roman Tradition* (Brill, 2015).

6 *Homeric Hymn to Aphrodite*，引自 J. McInerney, 'On the border: sacred land and the margin of the community', *City, Countryside, and the Spatial Organization of Value in Classical Antiquity* (Brill, 2017)。

7 McInerney, 'On the border'; Rocchi, 'Systems of borders in Ancient Greece'; G. Reger, 'On the border in Arizona and Greece: border studies and the boundaries of the Greek polis', *Historical Geography* 45 (2017), pp. 188–219.

8 S. G. Cole, 'Landscapes of Artemis', *The Classical World*, 93(5) (2000), pp. 471–81; McInerney, 'On the border'; Rocchi, 'Systems of borders in Ancient Greece'; Reger, 'On the border in Arizona and Greece'.

9 P. Petra, 'From polis to borders: demarcation of social and ritual space in the sanctuary of Poseidon at Kalaureia, Greece', *Temenos – Nordic Journal of Comparative Religion*, 44(2) (2008); Cole, 'Landscapes of Artemis'; McInerney, 'On the border'; Rocchi, 'Systems of borders in Ancient Greece'; Reger, 'On the border in Arizona and Greece'.

10 Reger, 'On the border in Arizona and Greece'; Cole, 'Landscapes of Artemis'.

11 McInerney, 'On the border'.

12 Euripides, *Bacchae*, trans. William Arrowsmith (Yale University Press, 1967).

13 McInerney, 'On the border'; Cole, 'Landscapes of Artemis'; Reger, 'On the border in Arizona and Greece'.

14 P. Vidal-Naquet, *The Black Hunter: Forms of Thought and Forms of Society in the Greek World* (Johns Hopkins University Press,

1987）.
15 Vidal-Naquet, *The Black Hunter*.
16 C. Pélékides, *Histoire de l'éphébie attique des origines à 31 avant Jésus-christ* (De Boccard, 1962); Vidal-Naquet, *The Black Hunter*.
17 Vidal-Naquet, *The Black Hunter*; Reger, 'On the border in Arizona and Greece'.
18 Reger, 'On the border in Arizona and Greece'; Rocchi, 'Systems of borders in Ancient Greece'.
19 Rocchi, 'Systems of borders in Ancient Greece'.
20 Aristotle, *Politics*, 2.1265；引自Rocchi, 'Systems of borders in Ancient Greece'。
21 Aristotle, *Politics*, 7.10.133., trans. H. Rackham (Heinemann, 1932).
22 N. Bershadsky, 'Pushing the boundaries of myth: transformations of ancient border wars in archaic and classical Greece' (University of Chicago Press, 2013).
23 D. F. Elmer, 'Epikoinos: The ball game episkuros and Iliad 12.421–23', *Classical Philology* 103(4) (2008); L. O'Sullivan, 'Playing ball in Greek antiquity', *Greece & Rome*, 59(1) (2012), pp. 17–33.
24 Elmer, 'Epikoinos'.
25 Elmer, 'Epikoinos'.
26 Demosthenes, *Philippic*, 3.47–50；Vidal-Naquet, *The Black Hunter*，引自J. W. Humphrey, J. P. Oleson, and A. N. Sherwood, *Greek and Roman Technology: A Sourcebook: Annotated translations of Greek and Latin texts and documents* (Routledge, 1998)。
27 譯注：即普魯沙的狄翁（Dion of Prusa），暱名「Chrysostom」為希臘文的「金嘴」之意。
28 Dio Chrysostom, *Discourses*, 40 and 41, trans. H. L. Crosby (Harvard University Press, 1946).
29 Dioscorides, *Epigrams*, 7.229, trans. W. R. Paton (Heinemann, 1917).
30 Homer, *The Odyssey*, trans. Robert Fagles (Penguin, 1996).
31 G. Keyes (ed.), *The Letters of Rupert Brooke* (Faber and Faber, 1968), p. 676.
32 S. Sassoon, *Memoirs of an Infantry Officer* (Faber and Faber, 1974).
33 Private L. S. Price，M. Middlebrook, *First Day on the Somme* (Penguin, 2006); P. Fussell, *The Great War and Modern Memory* (OUP, 2000)所引。
34 H. Williamson, *The Wet Flanders Plain* (Faber and Faber, 2009).

35 Fussell, *The Great War and Modern Memory*.
36 S. Sassoon, *Journals*: http://cudl.lib.cam.ac.uk/view/MS-ADD-09852-00001-00007/24.
37 E. Blunden, *The Mind's Eye* (Cape, 1934).
38 Major P. H. Pilditch，引自Fussell, *The Great War and Modern Memory*。
39 C. Carrington, *Soldier from the Wars Returning* (Hutchinson, 1965).
40 H. H. Cooper，引自Fussell, *The Great War and Modern Memory*。
41 T. E. Hulme, *Further Speculations*, ed. Sam Hynes (University of Minnesota Press, 1955).
42 D. Jones, *In Parenthesis* (Chilmark Press, 1962).
43 M. Brown，引自Fussell, *The Great War and Modern Memory*。
44 W. Owen, 'Exposure', *Poems by Wilfred Owen* (Chatto & Windus, 1920).
45 S. Casson, *Steady Drummer* (G. Bell & Sons, 1935).
46 E. Blunden, *Undertones of War* (Penguin, 1928).
47 R. Graves, 'The Kaiser's War', *Promise of Greatness* (John Day Company, 1968).
48 引自Fussell, *The Great War and Modern Memory*。
49 A. Rosenberg, 'The Immortals': https://www.nationalarchives.gov.uk/rosenberg/war-poems.htm
50 引自Fussell, *The Great War and Modern Memory*。
51 A. D. Gillespie, *Letters from Flanders* (Forgotten Books, 2018).
52 Gillespie, *Letters from Flanders*.
53 J. E. Winter and F. E. Winter, 'Some disputed sites and itineraries of Pausanias in the Northeast Peloponnesos', *Echos du monde classique: Classical views*, vol. 34, no. 2 (1990).
54 C. Watts, *Imperial War Museum*，引自Fussell, *The Great War and Modern Memory*。
55 Fussell, *The Great War and Modern Memory*.
56 D. Croxton, 'The peace of Westphalia of 1648 and the origins of sovereignty', *The International History Review*, vol. 21, no. 3 (Taylor & Francis, 1999).
57 J. O. Newman, 'Memory theatre: remembering the peace after three hundred years', *Performances of Peace: Utrecht 1713*, ed.

Renger E. de Bruin et al. (Brill, 2015); M. Filho, 'Westphalia: a paradigm? A dialogue between law, art and philosophy of science', *German Law Journal* 8(10) (2007); R. Falk, 'Revisiting Westphalia, discovering post-Westphalia', *The Journal of Ethics*, vol. 6, no. 4 (Springer, 2002).

58 S. Patton, 'The peace of Westphalia and its affects on international relations, diplomacy and foreign policy', *The Histories*, vol. 10, issue 1, article 5 (2019); A. Hastings, *The Construction of Nationhood: Ethnicity, Religion and Nationalism* (CUP, 1997).

59 W. D. Smith, 'Friedrich Ratzel and the origins of Lebensraum', *German Studies Review*, vol. 3, no. 1 (German Studies Association, Johns Hopkins University Press, 1980); Hastings, *The Construction of Nationhood: Ethnicity, Religion and Nationalism*.

60 F. S. Fitzgerald, *Tender Is the Night* (Penguin, 1933).

61 Fitzgerald, *Tender Is the Night*.

62 Letter from Lutyens to Ware dated May 1917，引自T. Skelton and G. Gliddon, *Lutyens and the Great War* (Frances Lincoln, 2008)。

63 S. Martin, *The Mythic Method: Classicism in British Art, 1920–1950* (Pallant House Gallery, 2016); R. Holland, *The Warm South: How the Mediterranean Shaped the British Imagination* (Yale University Press, 2018).

64 Fussell, *The Great War and Modern Memory*.

65 A. Burgess, *The Wanting Seed* (Norton, 1976).

66 Burgess, *The Wanting Seed*.

67 Fussell, *The Great War and Modern Memory*.

第三章

大疆無邊

作者攝

仲夏過後不久的某天晚上，我去走了一條曾經短暫成為羅馬帝國最北端的邊際線：介於已知世界、被征服的世界，以及世界盡頭三者之間的邊界。這條線以外盡是沼澤與森林，或是人家所說的，連大海都「不受限於海岸，反而深入內陸、蜿蜒曲折，甚至推進高地與山脈，好似那裡也是自己的範疇一般」的荒野之地。[1]而超出**這裡**之後，大地便隨即停止。另外除了包含兩座小島——奧凱德斯島（Orcades）與圖勒島（Thule）——的一小段海域，那裡就沒有任何東西了，唯有希臘人所說的「歐開諾斯」（Okeanos），也就是「世界大洋」（World Ocean），環繞並束縛著地球的無邊水體。

公元八二年的夏天，羅馬總督阿古利可拉（Gnaeus Julius Agricola）召集了自己的軍團，並率領他們進入這些邊陲地區。阿古利可拉的女婿，也就是知名演說家、歷史學家兼傳記作家塔西佗（Tacitus），以幾乎如同電影般引人入勝的細節描寫了這起事件。整座不列顛尼亞（Britannia）一直到克洛塔（Clota）與波多特里亞（Bodotria）兩河之間的「狹窄地帶」皆戒備森嚴。「敵人，」塔西佗說：「基本上像是被推入另一座島」[2]：喀里多尼亞（Caledonia）。阿古利可拉花了一年的時間深入高地之後，將喀里多尼亞人引至曠野，在塔西佗稱為格勞庇烏山（Mons Graupius）的山下，展開一場高潮迭起的戰鬥。而在聚集兵力的同時，雙方軍隊的領袖也同時發表了激昂的演說。

一位名叫卡加庫斯（Calgacus）的人，為喀里多尼亞的冠軍英雄，稱自己的軍隊為「地球上最後的人暨最後的自由人」。據他所說，繼他們之後，就再也沒有其他國家了，唯有海浪與岩石。他們已經準備好要跟這個世界的盜賊，也就是渴望耗竭並掌握萬物的帝國，進行一場最後的奮戰。「搶劫、殘殺、掠奪——那些騙子稱這些為**帝國**。」卡加庫斯大聲疾呼道。「他們創造了荒涼，並稱之為和平。」[3]

阿古利可拉對自己軍隊的演說，旨在於將「最後的邊際放到他們的勇氣上」。他告訴他們，他們的勇敢勝過敵人與自然，並超越了任何在他們之前的羅馬人的成就。「我們掌握了不列顛尼亞最遙遠的地方，」他說：「但絕不是透過轉述或謠言，而是在這裡大規模紮營。」現在唯一需要的，是最後一次的奮力，讓艱苦行軍過程中的每一英里路、穿越的每一座樹林、跨越的每一處河口都有意義。他說，他很久以前就已經下定決心，沒有任何一支軍隊、沒有任何一位上將可以回頭。「榮耀地死去好過恥辱地苟活……而且，如果我們終究將消逝，在大地與自然的盡頭陣亡將無比光榮。」[4]

根據塔西佗的報導，這場在世界盡頭的戰爭，很快地就遭到擊潰。當戰場由格勞庇烏山的山坡上移至寬敞的平地時，那壯觀的場面「讓人驚懼且毫無希望」。喀里多尼亞人的決心被摧毀，而那些還逃得了的人全都逃至森林或山裡。「到處都是武器、屍體、殘肢，以及浸在血泊中的土壤。」隔天早上，那裡什麼也沒有，只有嚇人的靜默、空曠的山丘，還有在遠方延燒的屋舍。羅馬偵查隊找不到任何生命的跡象——這就是和平嗎？還是荒涼？

勝利隨著夏天的結束到來。皇帝圖密善（Domitian）將阿古利可拉及其軍團召回，表示有其他地方更需要軍隊支援。不過，在塔西佗看來，這個舉動的真正理由是嫉妒，因為阿古利可拉的重大成就，可能會讓總督的名聲高過皇帝。塔西佗惋惜地表示：「不列顛尼亞徹底被征服，並隨即遭到遺棄。」[5]人們抵達了世界的盡頭、掌握了它，接著放手。

四十年之後，這個終點遠遠地退至格勞庇烏山的南方。人們正在打造某個建築，被視為帝國極致的重大實體象徵。那是一道以土石構成的藩籬，橫跨廣袤空地長達七十四英里多，而下令建造這道牆的皇帝，也是替它命名的人，為哈德良（Hadrian）。在接下來的二十年，哈德良的繼位者安托比烏斯．皮烏斯（Antoninus Pius）下令將這條重要的帝國前線，繼續往北推進。其中，第二、第六與第十二等三個軍團，行軍至塔西佗的「狹窄地帶」，也就是喀里多尼亞那兩處分別由東、西方切入內陸的河口，接著展開挖掘工作。

我走過了他們所挖掘的成果。大概在波多特里亞河與克洛塔河之間一半的位置——或是如今比較為人所知的福斯河（Forth）與克萊德河（Clyde）——前線的地勢升至最高點，落在一個名為巴爾山（Bar Hill）的地方。那個位置就在一條布滿石頭的寧靜農莊小徑之下，小村莊克洛瓦（Croy）的正西方，還有一個又寬又深、十分醒目的「V」字型切過那片地景。明亮的太陽正準備落下，以陰影描繪出「V」的輪廓，而我往下爬入那抹黑暗之中，費力地穿過頂端帶有粉紅色的高大野草，以追蹤它那條漆黑而堅硬的線。那條溝渠由一處平坦的空地快速下切，接著再度向上抬高，延伸至稍高於五百英尺的峰頂位置。

這項土木工程曾經屬於羅馬人所說的「草皮牆」（murus caespiticus）。這種邊界分為四個部分，一開始是由大量草皮與黏土板層層堆疊於石頭基底之上，所製成的一道超過十英尺高的壁壘。在它的正前方是一片高起的地──「護坡道」──接著往下延伸至十二英尺深的溝渠，寬度則落在二十至四十英尺的範圍之內。最後，溝渠的北側有另一個小丘，是從挖掘工程中丟出來的大量廢土，形成「中間隆起的土堆」。壁壘頂端建有柵欄與人行道，而在它的後面、南邊的方向有一條路，亦即連接那二十幾座大致等距的羅馬堡壘的「軍事道路」；它們幾乎全都與壁壘比鄰而立。[6] 現在，試著想像這一切從海蔓延至另一片海，毫不間斷地綿延超過三十英里，確確實實地將大地一切為二。

由巴爾山山頂往下望，整片景色朝四面八方散開，我能夠找出過去曾經占領這片起伏地貌的圍牆線。已經將近晚上十點了，但太陽依然懶洋洋地掛在地平線之上。朝北望去，地勢變低、變平，接著又再度抬起至基爾塞斯山（Kilsyth Hills）的小山脊，以及坎普西高地荒原（Campsie Fells）。這些山丘的剪影已然轉為深紫色；又到了一年之中黑暗不太降臨的季節。

「他們的白天比我們在世界這一角的還要長。」塔西佗曾如此描述喀里多尼亞：「夜晚很明亮……明亮到你幾乎無法區分晚間暮光及晨間黎明。」他接著總結道，這就是居住於邊際的產物。「地球那平坦的盡頭無法將黑暗拉升至任何高度，唯有低淺的影子；夜晚因此無法觸碰到天空與星星。」[7]

你可能會好奇，當初建造這道牆、看守堡壘的士兵，是否也想著一樣的事。或者，他們的家人是否也是呢？因為他們也同樣住在這裡；人們才在離我所站位置不遠的地方發現一口塞滿東西的井，並從裡面找出女人和小孩在那時的時髦皮涼鞋。有些士兵應該是被徵招入伍的不列顛尼亞人，但其他人則是來自伊斯帕尼亞（Hispania）、色雷斯（Thrace）、高盧（Gaul）與比利時高盧（Gallia Belgica）的退伍軍人（即現今的西班牙、保加利亞、法國與比利時）。而駐紮在巴爾山這裡的，是來自北敘利亞哈馬（Hama）的弓箭手。對於蘇格蘭夏天永無止盡的薄暮，他們是怎麼想的呢？在「地球那平坦的盡頭」的邊界的最邊緣成家，他們又有什麼感覺？驕傲？懼怕？感到極度無聊？那喀里多尼亞人呢？對於這項規模浩大的建造工程、帝國威力的鋪張，他們的反應是什麼？

根據官方版本的故事，安托比烏斯就跟他前一任的哈德良一樣，建造城牆作為抵擋「野蠻人」的堡壘，指的是北方未開化的遊牧民族。不過，後人懷疑——或甚至很有可能就是這樣——當時其實沒有任何征服行動或大規模的軍事行動；相反地，由哈德良的圍牆發動的進攻行動，基本上沒有遇到任何抵抗。而且，對那些已經跟羅馬人貿易、交流好幾十年的當地人而言，讓他們感到驚嚇、或許也很困惑的，是軍團真的開始動作了。這次往北方大幅拓土的行動，對於沒有軍事世系的皇帝來說，贏得輕輕鬆鬆。在偏遠的省分內，這道牆可說是很棒的權力象徵，而它的建造工程也讓士兵可以保持忙碌。

你可以想像一下關於這道牆的規畫、調查及設計，還有那些恰好擋在城牆道上而遭到驅逐的群體、被暴雨吞噬的日子，以及那些嚴苛的牆段——例如在克洛瓦正東方的那一面，人們必須先切穿堅硬火成粗玄岩才行。這並不是什麼簡單的搬土任務，而是一項複雜的工程計畫，旨在將哈德良早期訂定的邊界變得更加完善，此外，工程也包含複雜的排水系統——畢竟這裡是蘇格蘭。[8]

每一道牆段完成之後，都會有一系列稱為「距離石板」（distance slab）的雕刻砂岩加以標記，並成雙成對地設置，一塊位於牆的北面、一塊位於南面。所有石板都包含了一句獻給安托比烏斯的文字——「國父」——另外還有建造它的軍團名稱及數量，以及以羅馬尺或步為單位計算的實際長度（據紀錄，牆段的長度有驚人準確的「三六六六又二分之一羅馬步」，也有相對模糊的「超過三千羅馬尺」）。在這些石頭當中，有許多都刻有細膩的內容，包括勝利女神、一隻正在享用俘虜大餐的帝國老鷹，以及軍團的吉祥物：一隻奔跑的野豬、一隻飛馬和一隻摩羯。

其中最為詳盡精緻的，是城牆上標記出東方終點的石板，也就是邊界與福斯河口相會的地方。在寫給皇帝的致詞兩側，刻有兩幅圖像。在一幅圖中，有一名羅馬騎兵在戰爭場景中衝鋒陣線、高舉刀劍、砍殺野蠻的敵人，甚至已經砍下其中一個敵人的頭。在另一幅裡，則是一場進行中的動物獻祭，可能是城牆建造工程的竣工謝神儀式。這兩幅圖像的四周皆由古典建築中常用的柱框起，犀利地展現出羅馬文明的優越與完善。事實上，這一塊低矮的砂岩石塊中塞入了許多概念：權力、征服、統治、至高、虔誠。還有距離，因為，即使這塊最後的東方牆段的長度——四六五二羅馬步——只被記錄在整幅氣勢強盛的圖像中間某處，它仍然具備一定的份量。[9]

在帝國的其他地方，都找不到類似的石板。刻有文字的建築標記**當時**十分常見，但它們都是毫無裝飾的基本平板石塊，只記載了參與建設的軍團名稱。不過，在這整條安東尼長城（Antonine Wall）上，每一個台階、每一羅馬步、每一羅馬尺全都經過丈量，同時設置了紀念碑，重複地將建造這條邊界所需的實際體力付出，刻入邊界本身。這般邊界畫定的行為如同一場盛大的展演，幾乎以一種儀式性且具備自我意識的方式，將原本的土地——包括其土壤、黏土、岩石、樹木——轉換為一件長達三十七英里的龐大雕像，以象徵羅馬馴服荒野及自然的能力。

然而，這一切卻稍嫌誇大其詞、過分渲染，似乎有種根深柢固卻始終沒說出口的不安全感，被織入這些邊界的質地當中。像羅馬如此強大的帝國，究竟為什麼要建立出終點？他們先是蓋了一道牆，然後，二十年後再於北方一百英里處蓋另一座。牆什麼時候才不再是牆？當它變成深刻的存在危機的記號的時候吧。

繼尤利烏斯・凱撒（Julius Caesar）的兒子屋大維（Octavian）以「第一公民」（princeps，皇帝的另一種稱呼）的統治取代羅馬共和，結束幾十年的內戰之後，在羅馬帝國初年，有一本文學作品特別受到推崇。創作者是一個農夫之子，在公元前七〇年出生於義大利北部的一座小村莊。他的名字是普布利烏斯・味吉利烏斯・馬羅（Publius Vergilius Maro），或者簡稱味吉爾（Virgil）。

他早期的詩作吸引了屋大維的注意——這時候，屋大維開始自稱「奧古斯都」（Augustus，算是某種具備精神層面意涵的稱號，意指「高貴的人」）——而這位羅馬的新領袖，很快便成為味吉爾的超級資助人。（看到這種獨裁崇拜所導致的藝術政治腐化，《我，克勞狄烏斯》〔*I, Claudius*〕的作者羅伯特・格雷夫斯實在無法原諒；他寫道：「像味吉爾這樣讓自己的神聖使命蒙塵的詩人實在不多。」）[10] 大約公元前二九年，或許是受到奧古斯都的委託，味吉爾開始著手創作一部史詩，其靈感與故事人物皆取自於荷馬的《伊里亞德》（*Iliad*）與《奧德賽》，並加以轉化為專屬於羅馬的偉大造物神話。

這部作品名為《埃涅阿斯紀》（*Aeneid*），講述了維納斯和一位特洛伊王子的兒子埃涅阿斯（Aeneas）的故事。起初，由於希臘摧毀了他所居住的城市，他便逃離家鄉，跟一群同為難民的狐群狗黨一同踏上旅程，跨越因為女神朱諾（Juno）動怒而變得波濤洶湧的海洋。故事敘事的起承轉合在非常前面就已經確立：兒子的困境讓維納斯感到非常煩惱，因此去問她父親朱庇特（Jupiter）為什麼只有埃涅阿斯特別被挑中，必須承擔這般懲罰。

身為眾神之王的朱庇特試圖安撫女兒的痛苦。他說，沒錯，未來還有好幾年的困難正在等著祂的兒子；當他總算踏上義大利的海岸時，他必須「發動一場漫長且損傷龐大的戰爭」。但在結局等著他的是美好的命運，他將建立新的祖國，而其人民——「羅馬人」——將崛起成為「大地的主人」。「我在他們身上沒有設定任何限制，空間及時間皆然。」朱庇特說：「我將權力賜給他們——無垠的帝國（imperium sine fine）。」沒有限制的帝國，沒有終點的統治。[11]

它講的就是這麼一個戰勝厄運的終極故事：羅馬的偉大源自特洛伊的荒涼。在整首詩中，埃涅阿斯不斷得到機會窺探羅馬的未來（對當代讀者而言，其實是羅馬**過去**的歷史），以及羅馬的英雄與反派、勝利與悲劇，一路延續至味吉爾及奧古斯都本身生活的時代。其中，奧古斯都被呈現為當年那位特洛伊王子的直系後裔；在某個橋段裡，埃涅阿斯造訪了地獄、見到已故的父親，而他父親預言道，奧古斯都將「擴展其帝國……直至超越星星、超越季節輪替的土地，乃太陽本身的軌道」。[12]

《埃涅阿斯紀》對羅馬社會的影響之大，再怎麼強調也不為過。它是以壯麗、暴力且極致戲劇化的荷馬式史詩來表達的稱霸全球宣言——無疆的帝國、無疆的權力。神話、歷史與真實情節，全都被融會成這一齣終極的羅馬賣座鉅片，堪為一部同時懷有驚人野心又民粹憤世的傑作。更甚至在作品完成之前，人們就已經開始大肆炒作了。有一位名叫普羅佩提烏斯（Propertius）的年輕詩人，大聲要求古往今來的所有作家都「閃一邊去」，因為「有比《伊里亞德》更偉大的東西正要誕生」。[13]《埃涅阿斯紀》一問世即成經典，複本不斷增加、不斷散播，從出身高貴、熱愛談論的階層傳至學校教室，成為卓越的教學文本，以及在帝國各大城市內爬滿牆面的引用佳句。

隨著時間過去，這本書的聲譽只增無減，甚至開始具備類似宗教的效力。追求聲望與影響力的人將它視為一種神諭，相信它擁有預測未來的能力。這種活動後來被稱為「味吉爾籤」（Sortes Virgilianae，Virgilian Lottery）：你隨機將書翻開，閉著眼睛選出一個段落，手指指到的地方就會預言你的命運。依據記載，最早開始玩這種遊戲的其中一個人，是一位元老身懷雄心壯志的兒子，同時也是皇帝圖拉真（Trajan）的表兄弟。他指到的句子是「我認得他是那個羅馬國王」，這堪比抽中味吉爾籤的最大獎。至於那位得主的名字？哈德良。[14]

哈德良於一一七年當上皇帝，繼《埃涅阿斯紀》首度出版已經過了將近一個半世紀。他繼承帝國的時候，正值版圖史上最大的時候；圖拉真已經完成羅馬的征服及統治大業，在四面八方皆奪得大片的新領土。不過，對朱庇特（或其實是味吉爾）所預言的持續猛烈向外擴張的行徑喊煞車的，是哈德良。他開始在這片無止境的帝國上設置「界牆」（limes）：實實在在的有形邊界。從他在不列顛尼亞蓋的牆開始，邊際屏障沿著萊茵河與多瑙河延伸，直至遙遠的撒哈拉與波斯沙漠裡的邊境道路及防禦工事——象徵意義上的終點，或至少是**邊界點**。認真研讀味吉爾的哈德良，難道真的背棄了《埃涅阿斯紀》的核心擴張主義訊息了嗎？這位新上任的皇帝開始感到驚慌失措了嗎？

事實上，味吉爾的作品不單只有一種解讀，而是有後來所謂的「樂觀」和「悲觀」兩種詮釋。對於樂觀主義者而言，詩人是誠心地在為帝國累積正當性，特別描繪出為世界帶來和平所需要的個人掙扎與犧牲，其中「責任」（pietas）便是最高的美德，而征服與擴張的終極目的，在於見證「可怕的戰爭之門……被閂上」。[15]在這裡，味吉爾豪不害臊地向他的資助人、結束羅馬共和血腥內戰並改採穩定的專制統治的奧古斯都致意。他是注定中的皇帝——

借用一句現代惡名昭彰的標語來說——他注定要「讓羅馬再次偉大」。

不過，其他人認為，味吉爾絕不是「拿他的天分跟社會安全交換」的詩人（又是羅伯特．格雷夫斯說的），[16] 反而其實在《埃涅阿斯紀》中偷偷加入對整個帝國大業幽微卻持續的批評。根據悲觀主義者所說，或許他想藉由埃涅阿斯的艱苦，來表示帝國的成本過高，風險也是。因為「無垠的帝國」不只是在擴張領土上不受限的野心，同時也是不受限的**個人**野心。在一位皇帝身上，其個人所能發揮的權力，同樣不受時間或界線限制。有什麼能夠防止任何人的責任感被無限的權力給腐化呢？到頭來，它想傳達的訊息是，帝國終將透過暴力不斷發展、治理，再因為暴力而崩垮。

哈德良是悲觀主義者嗎？這看起來不太像是一位皇帝會有的特質。但不容置疑的是，他擔心羅馬的擴張會超出其能力範圍。他花了將近二十年的時間造訪帝國的各處盡頭，希望可以親自看看、親自走過邊境地區。或許他是第一個真正**親身**去面對帝國邊際，並質疑一切是否真的能夠毫無限制的皇帝。[17]

對後來的羅馬人而言，味吉爾既是一種啟發也帶來困擾。《埃涅阿斯紀》模糊了現實與神話之間的界線，同時強調了帝國的偉大耀眼，以及其危害道德的行為、先天的脆弱本質，這前後兩者之間與生俱來的矛盾。當塔西佗在寫阿古利可拉的喀里多尼亞行動時，他也有相同的憂慮。他在格勞庇烏山戰役之前所描述的演說，便依循了羅馬文學的標準寫法：關鍵角色在重要事件之前會說幾句話，來增加情緒上的戲劇張力。因此，他創造了卡加庫斯的演說。事實上，甚至連卡加庫斯這個人物本身，可能都是他創造的。不過，至少阿古利可拉是真的，儘管他說的字句幾乎一定是編造出來的。

而這其實是羅馬的分裂性格之間的對話，思索了暴政專制及其不滿。一方面，塔西佗讓阿古利可拉訴諸士兵根深柢固的責任感，促使他們完成任務；埃涅阿斯也會這麼做，因為沒有任何優秀的羅馬人會退卻。但在卡加庫斯的口中，塔西佗置入了對帝國的嚴厲非難，將羅馬人塑造成驕傲、貪婪、欲望的化身，世界的禍源，為所有土地帶來的並非和平，而是束縛、奴役與死亡。

這是很驚人的攻擊，傳達了《埃涅阿斯紀》最深沉的疑慮。羅馬人是「各國的雜色集塊」，只藉由「憂慮及恐懼」的薄弱連結加以維繫。卡加庫斯（或其實是塔西佗）說，如果這些連結遭到破壞，那麼「在懼怕結束的地方，仇恨將油然而生」。[18]

這段演說充滿著羅馬人的高度焦慮，即使帝國已經成長到前所未有的程度，但衰亡的幽魂、崩垮的可能依然尾隨在後——這一切看似無法想像，卻又無法避免。

幾年前的另一個夏日晚上，我搭著一架第二次世界大戰的雙翼飛機，飛越安東尼城牆；那是愛丁堡大學地理學教授威廉．麥卡尼斯（William Mackaness）所有的懷舊虎蛾機（Tiger Moth），當時也是由他親自駕駛。我從開放式座艙探出身子，可以在太陽低射的光線下，看出城牆的土木工程仍在這片現代的地景上留下明確剛硬的線條。它的壕溝刻鑿出黑色的痕跡，它的壁壘在草地與荒野緊繃表皮的陰影底下突起，有如巨蟲蠕動的身軀。它在某些段落會消失，然後又再度出現，沿著排屋的線條蔓延，或者從公寓占地的中間穿越。有時候又會跟它並行的高速公路或鐵道一樣清晰、真確。

當我們在坎伯諾爾德（Cumbernauld）的小機場降落時，城牆恰好跟飛機跑道平行。我依然可以看到邊界圍籬下方的深凹，雜草蔓延，黑色和金色在夕陽下閃爍著，而且只距離我們不到一百碼。這道邊疆或**邊界**是人們在將近兩千年前挖掘出來的，直到現在依然存在。

考量到這道城牆實際使用的時間究竟有多短，你或許會覺得更加驚人。當初，這道城牆費時十二年才建立完成，另外有八年的時間遭人占據，接著，忽然之間就被棄用了。堡壘被人小心翼翼地拆除：有些木材被拆下來、有些被燒掉，堆石結構被推平至地面，有價值的物品被打包、帶走。被留下來的東西通常都被丟棄在水井或水溝裡，盡是金屬或陶器的碎片、釘子和損壞的箭頭，還有成堆的破爛涼鞋。[19]

一年又一年地過去，人們開始忘記當初是誰建造這道城牆的。早在六世紀時，歷史學家吉爾達斯（Gildas）說是不列顛人（Britons）蓋的，而非羅馬人，因為建牆的材料是草皮，而非石頭。到了中世紀後期，已經完全看不出來這是一道牆了，當地人稱之為「格林岩」（Grymisdyke；Grim's Dyke），並傳言是出自惡魔之手的超自然產物，或甚至是古代巨人留下來的犁田痕跡。[20]

一直到很後來，由羅馬人建造的說法才又重新出現。人們在十七世紀末首度發現一塊距離石板，是從克萊德河的泥質河岸挖出來的巨型石塊，以女神維多利（Victory）的形象呈現，並刻有獻給安托比烏斯．皮烏斯的拉丁碑文（當然也記錄了該處牆段的長度為四四一一羅馬尺）。很快地，其他距離石板也開始陸續出土，要不是堅硬的邊角探出農田，就是有人發現這些石板被蓋在牛棚的石牆內了。

到了十八世紀晚期，一條連貫福斯河與克萊德運河的新線，將蘇格蘭以東西向切割為二，恰沿著安東尼城牆蔓延，或甚至不時就落在它正上方。這是推動蘇格蘭工業革命數一數二重要的命脈，在建造期間，不斷從土裡挖出這道羅馬邊界的碎片。格拉斯哥大學的自然哲學教授約翰．安德森（John Anderson）曾受託沿著運河盡可能採集所有找得到的人工製品；他向大學申報的費用包括在不同旅館下榻的住宿費、「替僕人雇來的馬匹」、支付給那些「協助搬起石頭」的人的酬勞，以及「工人的飲酒費用」。[21]

其中一個最重要的發現，是運河挖掘工人在柯金蒂洛赫鎮（Kirkintilloch）正北方的奧金戴維（Auchendavy）挖開一處羅馬垃圾堆時尋獲的。他們從厚重的黏土地裡找出五座石製祭壇，全都是同一個人製作的——名字浮華的百夫長（centurion）馬爾庫斯．柯齊烏斯．菲爾姆斯（Marcus Cocceius Firmus）——總計獻給至少十二位不同神祇，從朱庇特、維多利、瑪爾斯（Mars）、米奈娃（Minerva）、黛安娜（Diana）及海克力斯（Hercules）到凱爾特（Celtic）的馬匹守護女神艾波娜（Epona），甚至還有「不列顛之地」的「靈魂」（genius）。[22]這個例子完美地示範了靈性上的點差交易（spread betting），或許象徵了邊境生活本質上的不確定性：

在那裡，世俗的日常儀式充滿了人們對於潛伏在北方地平線某處的未知威脅的持續恐懼。但柯齊烏斯．菲爾姆斯向神祇祈求的，究竟是和平，還是想打破邊境單調的生活呢？

而我正是在那條地平線上長大的，距離巴爾山和安東尼城牆北方二十五多英里遠，就在奧赫特拉德（Auchterarder）小鎮外圍。十幾歲的時候，我會在夏天晚上沿著一條單向道騎腳踏車，那條路通往另一項偉大的羅馬土木工程遺跡，一個叫做阿多克堡（Ardoch fort）的地方，是阿古利可拉於一世紀晚期為了支援他的喀里多尼亞行動所建造的。

這是他所建設的軍事前哨網絡的其中一個點，即今日的加斯克橋（Gask Ridge）。它的瞭望塔、營地和堡壘幾乎完全沿著一條地質裂縫分布，也就是從蘇格蘭西南方沿對角線方向穿過中心、切至東北方那條屹立不搖的高地邊界斷層（Highland Boundary Fault）。在這條線上，質地柔軟的低地岩石碰上無法突破的火成岩屏障，地勢在一連串山丘與山脈的位置忽然高升（那座山脈如今稱為格蘭坪〔Grampians〕，是塔西佗的格勞庇烏山的變體，因為在他作品最早期的印刷版本中，意外出現了最低級的排版錯誤）。從許多方面來看，這條斷層就跟你在世界上其他地方看到的邊界一樣「真切」。而阿古利可拉把它當作一種原型邊境，哈德良和安東尼城牆的前身。

我會騎腳踏車到阿多克堡，然後高高地坐在某座防禦壕溝上方，背倚著突起的土地、臉朝向西北方群山和夕陽的位置。我會在那裡看書，或是用我夾在短褲腰際的笨重卡帶隨身聽音樂。我很少看到其他人，也對那個景點的悠久歷史十分冷感。那就只是一個很棒的休息地點。

你可能會好奇羅馬人在邊境上是如何度日的。關於他們所吃的東西，我們現在知道很多：黑莓、覆盆莓和草莓等野生水果；獵物、魚類和貝類；小扁豆和粥。他們會從歐陸進口橄欖油、通心麵小麥、無花果、芫荽、蒔蘿和鴉片罌粟，並從法國南部引進葡萄酒。[23]

在哈德良城牆上的文德蘭達羅（Vindolanda）要塞廢墟中，人們發現一些木製手寫板記錄了二世紀早期罕見而私密的邊界生活。其中有許多關於單調工作與責任的記載，包括糧食清單、一位士兵的請假單，還有一份借用獵網的留言紙條。但也有一封動人的信件，是一位名叫克勞迪婭（Claudia）的士兵太太寫給她朋友、軍營指揮官的妻子蘇莉皮西亞（Sulpicia）的信，邀請對方參加生日派對，並以「致我最親愛的靈魂」結尾。[24]

有幾塊寫字版上抄有味吉爾《埃涅阿斯紀》的句子，另外還有很多看起來是給孩童或士兵的寫作測驗（有一份甚至還標有簡潔的評語：「偷懶」）。不過，我們還是不免會想像有位百夫長或指揮官的妻子，傍晚帶著一杯酒和一本《埃涅阿斯紀》爬上巴爾山山頂，偶爾抬頭望向落日和牆下的大地，遠望帝國盡頭的另一端。

帝國另一位偉大的編年史家、來自希臘亞歷山卓（Alexandria）的康斯坦丁・卡瓦菲斯（Constantine P. Cavafy）寫了一首詩。雖然他比味吉爾晚了十九個世紀多的時間，但他同樣擔憂著地中海的古老歷史與耗損不堪的邊際，以及命運、失去和歷史的個人代價。他的詩〈等待野蠻人〉（Waiting for the Barbarians）的開場，是住在一座無名大城的所有人，包括一般市民、元老院議員、執政官、民選官、雄辯家，甚至還有皇帝，全都恐懼地等待著「野蠻人」的到來。城裡的一切都停止了，時間緩慢、折磨地流逝，所有人都緊盯著那扇向遠方敞開的城門，「因為」——如同整首詩不斷告訴我們的——「野蠻人將於今天到來」。[25] 然而，一直到夜色降臨，他們仍舊沒有出現。

而有些從邊境地區來的人已經抵達，
說那裡已經沒有任何野蠻人了。
現在沒有野蠻人的我們將變成什麼。
那些人原本是某種解決方法啊。

這就是在安東尼城牆上的生活嗎？人們在這塊土地上築起屏障以表達帝國的權力，但真正的威脅卻只是間歇性的，或甚至是想像出來的？軍團努力地刻出這條線、建造並強化它，然後開始等待，病態地希望攻擊降臨、猛地演變成戰爭——正是這般危機，才能再度啟動帝國逐漸衰弱的動能。但攻擊從未降臨；二十年過去了，羅馬人便收拾好城牆，再去其他地方尋找解方。

羅馬人還有一個關於另一個終點、另一道牆的故事，就在帝國另一端、跟喀里多尼亞完全相反的位置。不過，這次，羅馬人不是造牆的人。一世紀，歷史學家約瑟夫斯（Josephus）描述了亞歷山大大帝（Alexander the Great）在四百多年前用一堵鐵製巨門將一處山區通道關閉，以抵禦斯基泰人（Scythians）的「野蠻」威脅。斯基泰人是一支騎馬遊牧的民族，從西伯利亞至黑海北岸皆有他們的足跡。根據約瑟夫斯，這道屏障座落於高加索山脈高聳的峰頂山脊某處，從黑海拉出一條完美的線延伸至裏海。對羅馬人而言，這是已知的**東北**地域的絕對邊際；他們認為，裏海是一個巨大海灣，再過去就是將世界包裹起來的海洋。[26]

基督教時代早期，關於亞歷山大英雄事蹟的（備受歡迎）故事，開始被融入至神聖的經文當中。《塔木德經》（*Talmud*）與《舊約聖經》、《新約聖經》提到兩個黝黑的非人生物，名為歌革（Gog）和瑪各（Magog）。經文將他們形容為北方的「災禍」，[27]住在「乾旱荒廢」的土地，[28]四周環繞著無可通過的群山。據傳，他們擁有一支龐大軍隊，「都騎著馬」，[29]末日的時刻降臨時，將從他們的牢獄「釋放」，「出來要迷惑地上四方的列國」。[30]

後來，這些故事線和各個片段被混為一談，隨著時間過去，亞歷山大的巨門故事也夾雜其中，暗指那些被困在山上的並不只是一般的敵人，而是《聖經》裡面的那兩個妖怪：歌革和瑪各。畢竟，約瑟夫斯在他原本的故事裡就已經寫到，斯基泰人為瑪各的後代。[31]那麼，在那堵巨大鐵門後面等著的，有沒有可能就是這支終極的野蠻人、破壞全世界的凶手？[32]

正是這番奇幻的詮釋，最後匯聚為一本名為《亞歷山大傳奇》（*Alexander Romance*）的半神話傳記作品，在全歐洲及近東地區流傳了好幾世紀。它算是中世紀早期的暢銷書，被翻譯成許多語言，包括阿拉伯文，最終也被納入《古蘭經》的屏障故事中，描述了「左勒蓋爾奈英」（亞歷山大的伊斯蘭名字；意思為「雙角者」〔two-horned one〕，源自亞歷山大統治期間所鑄造的硬幣上他頭戴羊角頭盔的形象）以「鐵塊」及「熔銅」來「堆滿兩山之間」，「建築一座壁壘」，於是雅朱者（歌革）和馬朱者（瑪各）「就不能攀登，也不能鑿孔」。[33] 與此同時，《古蘭經》也加入這則古老預言的另一個版本：歌革與瑪各終將突破這座牢獄，帶著他們無堅不摧的軍隊，衝破裂口。經文也提到，隨之而來的掠奪及破壞行動，將帶來世界末日。

繼約瑟夫斯首度確立這篇故事之後，又過了八百多年，阿拔斯（Abbasid）帝國的第九任哈里發瓦西格（al-Wāthiq bi'llāh）深受一場夢的記憶所擾：他在夢中看到亞歷山大的屏障，而且大門上被撞出巨大裂口。

這個不祥預兆讓瓦西格困擾不已，他召見了顧問，命令他們把那堵屏障找出來，並好好探查它的狀況。於是，一支遠征隊伍便成形，由精通多語的博學家兼旅行家釋義者沙朗（Sallam the Interpreter）率隊。八四二年夏天，沙朗由薩邁拉（Samarra）出發，一路向北。經過了十六個月的旅途，他終於開始踏上通往屏障的路徑。他將一路上行經的城鎮廢墟皆記錄下來，數量之多以致於他們花了二十天的時間才走完這段路。他向當地人詢問那些城鎮曾經遭遇到什麼事，他們說，很久以前，歌革和瑪各入侵並摧毀了這些地方。

隨後，他抵達一處位於山谷上方的堡壘，那裡的人講的是阿拉伯語和波斯語，同時也是穆斯林（他們說，好幾年前有一個男人騎著駱駝來到這裡，向他們講述《古蘭經》及其教義，那時候他們就已經皈依伊斯蘭了）。依據他們的解釋，他們的堡壘是連接至那堵屏障的防禦線的一部分。他們也告訴沙朗，現在已經離屏障非常近，再走三天就會到了。那條路線的地勢穩定上升，穿過幾座小村莊、上方立有瞭望塔，接著是一處環形山區。在第三天即將結束的時候，沙朗看見另外兩座堡壘，在窄道的兩側各高踞在兩處岩層露頭上。而在它們之間的，便是亞歷山大的屏障。

根據沙朗的描述，那是一座龐大的建築；沙朗判斷，應該超過三十公尺高、五十公尺長，看起來似乎是由單一一塊巨型鐵板打造而成。「空氣無法穿透大門，亦無法穿越山腰。」他說：「似乎是一體成型一般。」[34]有一個大型門閂貫穿大門，還有一個同樣巨大的掛鎖防止門被打開；大門表面釘了一條鏈子，鏈上垂掛著鑰匙。

沙朗在其中一座堡壘裡，發現當初建造屏障時所使用的工具殘骸，包括熔鐵爐、大銅鍋和鐵勺，現在全都堆成一團，因為鏽蝕而黏在一起。他在另一座堡壘，則遇到一位指揮官和他的部下，他們的工作正是守衛大門。沙朗得知，指揮官每週一和週四，都會在黎明時騎到大門那邊，爬上梯子，用一根鐵棒敲一敲門閂。敲完之後不久，「他聽到他們」——歌革和瑪各——「如同虎頭蜂巢一般躁動，之後便安靜下來」。[35]指揮官會再重複同樣的動作兩次，一次在中午，一次是下午；他每次都會把耳朵貼向大門去聽那些聲音，然後就會坐在那裡等待夕陽，直到黑夜降臨才會離開。

沙朗想要知道大門是否曾經遭人破壞；他們說沒有——在大門光滑的表面上，唯一的裂痕只是一條「與細線同寬」的小裂縫。對於大門的結構，指揮官一點都不擔心，因為他說那塊鐵超過兩公尺厚。

回到大門之後，沙朗跪在那條如同髮絲一般的裂縫旁，從靴子裡抽出一把刀，從那個位置的鐵質表面刮下一些碎片，並把它們綁在一塊布上，準備帶回去給哈里發。接著他注意到，在屏障的高處有一段預言刻寫在鐵門上，提到末日來臨時，上帝會摧毀大門，並將歌革和瑪各釋放到這個世界。

沙朗又花了一年的時間才回到薩邁拉。他將所見所聞全都報告給瓦西格聽。當時在哈里發宮廷內聽到的人，還有一位年輕官員伊本·胡拉達茲比赫（Ibn Khurradādhbih），他似乎把沙朗的描述一字不漏地寫入一本名為《道程及郡國志》（*Kitāb al-Masālik wa-l-Mamālik*）的作品裡。不過，這其中有個問題，而且頗為重大：雖然沙朗的描述十分精確，時而奇幻、詳細，但亞歷山大屏障的確切位置究竟在哪裡，卻依然曖昧不明。[36]

在沙朗啟程前往大門的時候，高加索地區已經不像在約瑟夫斯的時代那樣，是個遙遠的地方了。而在邊境之外的威脅，也不再是燒殺搶掠的斯基泰人。歷史與神話既融合又與時俱進。

實際上，哈里發派沙朗出去找的，是一個傳奇。那麼，如果沙朗帶了一個奇幻故事回來，說他在一個奇怪的遙遠之境找到一座巨大鐵門，是不是也就沒什麼好驚訝的？一座由虔誠的穆斯林堅守的屏障，四處都是建造時所有的器具——熔鐵爐和成堆的鑄鍋——就像《古蘭經》形容的那樣？

胡拉達茲比赫忠實地將沙朗的遊記記錄在他的《道程及郡國志》之中。即便在當時，其他地理學家也抱持了懷疑的態度或公然地表示輕視，質疑沙朗的見聞，甚至是他到底是否真的踏上了這麼一段旅程。但這並沒有對胡拉達茲比赫的書造成影響；它在接下來的好幾個世代裡，都是重要的文獻。它尤其成為早期地圖家的重要參考來源，進而創造了十一世紀開始出現的「世界地圖」（mappaemundi）。[37]

一一五四年，阿拉伯地理學家穆罕默德．伊德里西（Muhammed al-Idrisi）在為西西里國王羅傑二世（Roger of Sicily）繪製後來廣為人知、影響深遠的世界地圖時，將亞歷山大人的屏障畫成一條悠長雄偉的黑牆，其中有一堵門，將大地東側、緊鄰環形海洋的一長條範圍切掉。十三世紀晚期分別繪製於德國和英國的埃布斯托夫（Ebstorf）及赫里福德（Hereford）世界地圖，也皆將亞歷山大屏障納入。埃布斯托夫地圖裡有一個半島，兩側由群山包圍，另外兩側則是一道牆，而歌革和瑪各的形象也被畫進圖中：他們正在吃著身體部位、飲用鮮血。赫里福德地圖把如此露骨的細節排除，但在亞歷山大屏障圍堵起來的半島內，有一段文字解釋道：「此地的恐怖超乎想像地糟糕……其住民毫無文化，食用人肉、飲用人血，為該隱的後代，上帝透過亞歷山大大帝將他們圍困起來。」[38]

確實，對某些人來說，時間過得愈久，末日降臨的時刻不言而喻地肯定愈加逼近。十四世紀家喻戶曉的《約翰．曼德威爾爵士遊記》（*The Travels of Sir John Mandeville*）預言道，末日大災難將會在某天由一隻簡單的狐狸帶來：牠會在覓食的時候，在亞歷山大的巨門下挖一個洞，形成通道讓歌革和瑪各得以溜出。然而，其他人已經慢慢開始厭倦這些末日預言的散布。哈卡利的亨利（Henry of Harcaly）是牛津大學於十四世紀的一位名譽校長，他曾感到好奇，不知道為什麼在好幾百年前就已經能夠「如此頻繁地看到亞歷山大的峽谷已然遭到破壞的主張」，但世界卻「始終沒有顯示出更多即將終結的跡象」。[39]

即使世界地圖面積愈來愈大、範圍愈來愈廣泛，歌革和瑪各依然原封不動，但總是處於邊陲位置。這意味著，亞歷山大的巨門持續地在移動，如同遙遠地平線那一端的海市蜃樓，距離永遠不會變近。歌革和瑪各從高加索地區跳到裏海之外，隨後又繼續一步一步朝向北方與東方移動，進入蒙古、中國及西伯利亞。

除了所處位置不斷轉變之外，他們的面孔也是。在這超過一千年的時間裡，歌革和瑪各的身分曾被認為是斯基泰人、匈人、突厥人和馬札爾人（Magyars），以及蒙古人、哥德人、猶太人和凱爾特人（在北極圈內的薩莫耶德〔Samoyed〕部落裡，甚至還有故事提到一支被困在北極群山後方的族群，他們說著無法理解的語言，並不斷嘗試突破他們的冰牢）。[40]

在十六世紀的開端，曾隨著哥倫布（Christopher Columbus）於一四九三年航行的西班牙地圖家胡安・德拉科薩（Juan de la Cosa），製作了一張包含「新世界」與「舊世界」的地圖，但在東北方最遙遠的角落，依然保有歌革和瑪各的土地。拉莫德・墨卡托（Rumold Mercator）於一五九五年繪製的亞洲地圖中，則將他們的領地放在西伯利亞的最邊緣地帶，不過卻分成兩塊區域，包括「汪古（Ung），我們對歌革的稱呼」與「蒙古（Mongul），又名瑪各」。甚至到了十八世紀初，威尼斯地理學家文森佐・科羅內利（Vincenzo Coronelli）仍將歌革和瑪各納入他的《地球之書》（*Libro dei Globi*）中，就在地圖最東邊角落處，以陰影的形象呈現。[41]

十九世紀下半葉，荷蘭東方學家米歇爾・揚・德胡耶（Michael Jan de Goeje）獲得一本胡拉達茲比赫的《道程及郡國志》新發現的版本。這個版本是在埃及的亞歷山卓市發現的，其中關於沙朗前往亞歷山大的屏障之旅的細節，比原版多出許多。德胡耶在翻譯的過程中，開始將「未知領域」（terra incognita）的描述與可辨識的真實地理位置相互連結，拼湊出一份行程表。於是，路線開始成形。沙朗越過高加索山脈，接著在裏海北岸附近轉向東方，碰到古代絲路的其中一條分支。根據德胡耶的推測，沙朗應該是從那裡繼續往東方走，越過塔克拉瑪干沙漠邊陲的鹽湖羅布泊，再一路前往玉門關，也就是「玉門」的前哨站，座落於中國萬里長城的最西端。[42]

這個理論最初於一八八八年問世，人們對它的評價跟原先胡拉達茲比赫所記錄的沙朗故事差不多，夾雜著興奮的道賀、懷疑，甚至還有揶揄。[43]直到今日，對於德胡耶的詮釋，依然存在激烈的反對意見，或許是因為他所提出來的可能性實在過於挑逗、過於完美。根據理論細節，沙朗啟程尋找世界上野蠻的極致，他翻山越嶺、跨過沙漠與廣大荒涼的大草原，直到他終於遇到一條商人和旅行者的路徑，然後他們告訴沙朗再繼續往東邊走，有一座巨大的城牆和大門，他便繼續前進，接著在玉門關發現他所尋找的東西——堡壘、瞭望塔及巨型建築，也就是控制著中國與「西域」之間進出的「玉門」。確實，這可能不是亞歷山大的門，但卻是個理想的替代品。於是，沙朗為這個故事添入許多裝飾，修改內容以符合神話故事與《古蘭經》的描述，再帶回去給他的哈里發，但即使如此，故事的根本仍立基於某種可觸及的現實。

當然，諷刺之處在於，中國的萬里長城也是為了抵禦野蠻的入侵者而建造——至少在象徵意義上是如此——他們以長達四千五百英里的石堆堡壘，對抗外在世界的惡劣威脅。而沙朗在尋找玉門關的過程中（當然，先假設他真的成功抵達），直接將「他者」帶到**他者**的「他者」面前，將兩個視角合而為一：當初建立來將野蠻人阻擋在**內**的大門，同時也是建立來將野蠻人阻擋在**外**的大門。這就是同一面牆的兩側，西方地平線撞上東方地平線的地方。

他所發現的正是地理上的奇點；若不是大家都是野蠻人，要不然就是其實根本沒有誰是野蠻人。或許，這就是隱藏在沙朗的壯遊故事背後真正的預言，一直到一千年後才被德胡耶的翻譯挖掘出來——野蠻人並沒有在等待時機，他們就只是在存在中逐漸消失、褪色。

某天，有一小群人跨過了中國的邊界。後來又有更多人來到這裡，雖然有些人被阻擋下來並轉身返回，但跨越邊界的人數依然不斷增加——成千上萬人湧入，接著萬又變成百萬。中國當局瘋狂地尋找阻止移入者的方式，於是開始在他們自己國家的**內部**尋找共犯，或是助長這類越界入侵行為的異議者。他們找到一位名叫林海的人，一個不起眼的商人；他們將他逮補、進行審判，並以意圖推翻國家政權的理由使他入獄。但此時，移入者早就已經四散各地，從四面八方相繼湧入了。

於是，中國開始建造一堵**新牆**——一堵全新、巨大的牆，駐有成千上萬名守衛，不論晝夜皆有巡邏人員在周遭來回視察。即便如此，依然有許多人不斷前來，只不過他們現在必須破牆而入，然後發現前方的去路已經被封了起來。沒錯，確實還是可以找到破口，仍然會出現破洞需要再度堵起來，但原本的廣大威脅已經成功被抵制住了，城牆就這樣屹立不搖地站著。

這道牆的首席建築師是一位名叫方濱興的人，來自黑龍江省「冰城」哈爾濱，位於中國遙遠的東北方。但他用來蓋牆的並不是草皮或木材，也不是鐵，甚至也不是石頭，而是使用一個又一個的碼塊、網域名稱系統過濾器及光纖閘道器。

這項工程於一九九八年開始動工，而且此後就再也沒有停止過。事實上，這道牆的結構不斷變換、轉變、進化，而且愈來愈複雜、愈來愈多層次。它就是中國所謂的「**防火長城**」，概念是要屏障廣大無邊的網路世界。

方濱興所創造的，是一個巨大的國界——在網路空間裡。

確切一點來說，大批湧入中國國門的移入者並不是人，而是資料包、資訊流。在方濱興把牆建立起來之前，它們從國外伺服器透過上百萬條連結、點擊與電子郵件進入中國。

這些資料的其中一個入口點正是林海——貨真價實的「商人」、領先時代的網路創業家。他在上海擔任軟體工程師，將中國人民的電子信箱列成一大張清單，作為顧客資料庫。一九九七年，他將其中三萬筆電子信箱資料交給李洪寬——一位住在華盛頓特區、經營電子報《大參考》（*VIP Reference*）的政治流亡者。電子報標題取自中國文化大革命期間的機密報告，也就是俗稱的「大參考」，集結了經過審查的外國新聞報導，而且只有共產黨內部高層能夠取得。

林海與李洪寬的交易對雙方都有利：林海交出電子郵件地址，而李洪寬再給他另外三萬筆。對林海而言，這樣能助長他的行銷網絡；對李洪寬而言，則促進了他的電子報流通度。《大參考》是由流亡海外的中國民運人士成立，另外還有仍在中國境內工作的匿名記者給予幫助。電子報內包括對貪腐的指控、對黨主席的詳細批判、關於民主與言論自由的社論，以及來自各國媒體文章的翻譯。（一九八九年時，李洪寬曾以學生示威者的身分前往天安門廣場，並剛好在坦克車進場、射擊開始前幾小時離開現場。）到了一九九九年年底，他宣稱自己每天都寄出將近一百萬封的《大參考》電子報，而且全都直接從他在華盛頓的電腦上，散布至全中國的住家及辦公室。[44]

於是，當局開始尋找電子郵件的「偷渡者」、跨境資料的「走私人」。最後，林海於一九九八年三月由上海警察逮捕到案，他的電腦設備、路由器與磁片全數遭到沒收。檢察官指控他「煽動顛覆國家政權、推翻社會主義體制」，這項罪名的最高刑罰為無期徒刑。審判並未公開進行，法院在短短四小時內便做出兩年有期徒刑的判決。於是，林海成為中國史上第一個網路囚犯。[45]

但其他人也很快就步上後塵，而且都是一些相當高調的案子，清楚地向大眾顯示國家所認定的網路「誤用」行為可能會招致哪些個人代價。當時，在中國上網的人數急遽升高，從一九九六年僅有八萬人左右，攀升至一九九九年的七百萬人。起訴個人或許可以引起威嚇效果，但中國政府想要做一些更震撼的事。此時，方濱興已經被任命為國家互聯網應急中心副總工，草擬了數位城牆的藍圖，並率領團隊開始將城牆的結構塑造成形。[46]

雖然這是一道位於網路空間的屏障，但它也然然具備真實、有形的基礎。事實上，將中國的網路透過光纖電纜與世界其他地方連結的，只有三個主要的點。兩條藏在海裡的線是從日本導向中國：一條通往北京、為北方提供服務，另一條通往上海、連至中部海岸地區；第三條則是從香港延伸至南方地區。所有的網路流量都必須經過這些國家通道，於是，方濱興與團隊便設置了自動的網路「嗅探」，負責在這三條線上進行巡邏。換句話說，這些嗅探相當於邊境守衛，在所有資訊抵達時，皆會對內容進行審查，以決定哪些內容需要阻止或可以通過。[47]

就本質上而論，這道牆是一種「巨型濾網」，它的監視與審查方式也隨著時間演進而愈來愈複雜。一開始是先封鎖特定的網路名稱系統（DNS）及網際網路協定位址（IP地址），亦即網站與網頁的專有辨識碼——也可理解成數位護照。許多網頁便以這種方式被列入黑名單，在它們試圖跨越邊界的那一刻，就會被導開。黑名單上包括宗教組織法輪功（由於中國政府禁止法輪功，參與相關活動即被視作犯罪行為），還有國際特赦組織（Amnesty International）、無國界記者組織（Reporters Without Borders）及人權觀察（Human Rights Watch）等組織。尤其是任何跟所謂的「三T」有關的網站——天安門廣場、圖博（西藏）獨立及台灣分離主義——更是在試圖進入的當下必定隨即遭拒。[48]

至於BBC、CNN、路透社、彭博與《紐約時報》等西方新聞的通行與否，則完全視中國政府的心情而定，如果正值政治敏感時期，或是每當它們發表一些讓中國政府反感的內容，那它們的通行權就會遭到撤銷（這同樣會擴及現實世界：「惹事生非」的媒體集團在申請新的記者簽證時，很有可能會被拒絕，或是在更新既有簽證時遇上重重阻礙；有些中國籍的「新聞助理」會接到電話騷擾或甚至遭到拘留）。[49] 到了二〇〇五年，李洪寬的《大參考》再也無法翻牆或鑽洞進入中國了，那些原先成效絕佳的大量垃圾電子郵件，現在減少到只剩零星個案。事實上，幾乎再也沒有任何郵件能夠跨越那條邊界，於是，李洪寬在當年的五月三十日，寄出了最後一刊的《大參考》。[50]

如今，那道防火牆的過濾系統不再只是封鎖整個網站，更能夠特別鎖定、封鎖包含「被禁」內容的個別頁面，或甚至是單一圖片。「好」的新聞報導可以通行，只有「不好」的新聞會被阻擋下來。中國藉此營造出一種印象，讓國內的一般讀者以為那些內容從來就沒存在過。

然而，在社群媒體方面，防火牆被設計成一道完全無法通過的屏障。直到今天，Facebook、YouTube、推特、Flickr、Instagram與WhatsApp仍然處於被封鎖的狀態。而這種情況反而鼓勵或其實是滋養了由中國所建造的特定替代產品，包括社群媒體網站人人、影視平台優酷土豆、部落格應用程式微博，以及行動通訊軟體微信。雖然這些服務皆由私人企業開發、經營，但仍得仰賴中國政府授權許可，也因此受制於中國的法律及媒體控制。這些公司簽署「自律公約」，會以「增強網絡道德意識」的方式管理網路，並「不製作、發布或傳播危害國家安全、危害社會穩定、違反法律法規以及迷信、淫穢等有害信息」。[51]

由於這些準則其實非常廣泛、模糊，以營利為主的公司被迫提高警覺，並自主採取保守態度以符合體制。舉例來說，微博打從一開始就將可接受的談論內容限制明確地告訴用戶，讓他們知道其發文內容會持續受到縝密的審查。就這樣，國家控制先是外包給私人企業，接著再透過使用社群媒體的行為本身，將這般控制轉移到個人身上。慢慢地，審查演變為自我審查。

跟以上這些相互搭配的，還有不斷進化的「社會信用」體系，那是一種針對線上倫理所進行的評價機制，以中國政府所認定的正面或負面網路行為作為評量標準。這套體系同時運作於個人與公司層級；如果你的社會信用評分太低，就會被逐出網路空間，而在現實世界裡，你的生意將無法觸及中國市場，個人甚至可能會丟了工作或鋃鐺入獄。

另外，也有人被找來執行固守城牆的任務：網路衛士（cyber guard）儼然成為中國境內成長速度數一數二的職業，現在已經超過兩百萬人入行。不過，他們並不是往邊境以外的方向望去，他們的訓練是**向內**監督。身為網路管理員，他們的職責是監聽數位討論，持續在用戶產出的內容當中捕獵被禁字詞或用語，並根除危險的思想。[52]

二〇一八年，新上任的國家互聯網信息辦公室主任莊榮文，在一篇文章中解釋了監察網路「精神花園」的必要性，目的是為了「穩妥調控社會熱點問題、敏感事件、突發事件等網上輿情，即時批駁網上錯誤思潮，堅決管控歪曲黨史國史軍史、否定黨的領導和社會主義制度」。[53]協助推動這項任務的，是由舉報者構成的網絡：一般大眾將「有害」材料的相關資訊提供給國營的中國互聯網違法和不良信息舉報中心，且通報內容經查證屬實，就能夠獲得現金獎勵褒揚。[54]

中國國家主席習近平表示，這關乎「淨化」網路，讓網路充滿「正能量」。對習近平而言，「缺乏網路安全等同於缺乏國家安全」。[55]於是，方濱興的防火牆已不再只是擊退「野蠻」資料與訊息的屏障，而是突變為某種更巨大的東西。其龐大的上層結構已經從外在的邊界線向內蔓延，幾乎滲透了中國日常的所有層面。（在我寫這本書的當下，中國已有超過八億名「網民」；到你真正讀到這本書時，數量很可能已經超過十億了，將近歐盟全體實際人口數的兩倍。）

這種被關在牆內、具備客製化行為與互動準則的網路，是在使用社群媒體的過程本身中，透過試誤學習持續發展，儼然成為一座廣大的訓練場，教導網民在個人與政治討論上應該遵守的參數，針對該做及不該做的行為、該相信及不該相信的內容，提供指導方針，並以不斷加重的懲處作為支持，範圍小自減少社會信用評分、大至死刑處決。這等於是讓網民學習如何成為中國人。這道牆不再只是避免國族認同接觸外來影響而敗壞的工具，同時也是塑造國族認同本身的機制。在某種程度上，那道牆正是國族認同。[56]

這一切的終極目標是中國所謂的「國家網路主權」。「信息傳播無國界，」莊榮文說：「網絡空間有主權。」因此，即使「中國對外開放的大門不會關閉」，但它們仍舊是門，只會允許「依法自由有序流動」的訊息流入，以「切實保障國家安全與人民利益」。莊榮文表示，正如各國能夠控制人與貨物流入國界的動向，也應該具備掌控資料與通訊流動的能力。與此同時，進到牆外世界將成為「中國人民奮鬥的故事、中國堅持和平發展合作共贏的故事，讓世界更好瞭解中國」。為了達成這個目標，中國——事實上，莊榮文認為所有國家都應該如此——在網路上必須擁有界定明確的主權存在，也就是他口中所謂的「真實、立體、全面的中國」。[57]於是，網路國家反映出有形國家。

如今，邊界已然躍升至網路空間，出現愈來愈多巨大的牆來切割過去看似無垠的網路領域。二〇一九年十二月，俄羅斯首度實際嘗試切斷與全球資訊網（World Wide Web）的連線。事實上，過去這幾年來，普丁（Vladimir Putin）政府早已以這個目標為出發點，計畫並通過多項立法，包括堅持所有握有俄羅斯公民資料的國際團體皆須將資料以實體形式保留在其國內，並將它們的伺服器帶到俄羅斯的地理邊界之內。俄羅斯採用了防火長城的藍圖，打算將它改造成自己的系統，創造出名為「RuNet」的混合型網路飛地（enclave）。直接一點來說，這就是一項大幅複製網際網路的行為，想要獨立於世界之外自己運作。而且跟中國一樣，它將會受到密集的監控與審查，由俄羅斯法律加以管理、控制。[58]

這種數位國族主義的形式正在快速地散播至全世界。中國已經將它的基礎網路設施模式出口至其他地方，為所謂「一帶一路」計畫的一部分，透過由陸路廊道、運輸路線及電信管道所組成的網絡，將亞洲連結至非洲及歐洲。中國提供網路套裝方案，不只包括建造數位邊境圍牆的技術，也有資訊系統、審查訓練，以及需要人力支援加以執行的立法範例。目前，包括伊朗、埃及、摩洛哥、烏干達、辛巴威、厄瓜多與委內瑞拉在內，已經有六十幾個國家投資中國的「隨插即用」解決方案。其中更有許多國家，是為了避免受到「由矽谷企業主宰的西方網路」殖民而買單。[59]

在網路的構造中，有一道巨大裂縫正逐漸浮現。正如前 Google 執行長艾瑞克・施密特（Eric Schmidt）於二〇一八年在舊金山的演說上所說的，「如今最可能出現的情境並不是裂成碎片，而是分岔」；[60]一個是以中國為首的東方網路，另一個則是以美國為首的西方網路。而在這兩個巨大的網路空間集團之間，更豎有一道龐大的邊界。未來在這兩個集團之內，是否會豎立起更多道牆？牆中牆中之牆？英國已經有一道了——它在二〇一六年開始建造自己版本的防火長城，起初是設計來對抗網路攻擊，但現在已經演變成它自己所認定的「有害」內容過濾機制。[61]

看來，野蠻人似乎再度回歸了——或至少人們是這樣跟我們說的。我們曾經以為野蠻人已經永遠消失了，但現在他們無處不在。他們在我們的口袋裡、我們可以把他們握在手中、我們聽得到他們沒完沒了的憤怒震動聲——那種連續低沉的數位聲響，恰如歌革和瑪各在鐵門後方所發出的怒吼，奮力地想要衝破束縛。

人們築起國家防火牆將他們阻擋在外，以保護我們的自身安全。人們強化網路邊界，幫我們記得自己是誰，還有在**我們**國家內、在**我們**界內的這一側必須維護哪些價值。我們曾經以為網路沒有邊際，但或許那只是一種自負、只是一種天真的想法；我們曾經以為網路很自由、開放，但對於那些不穩定、有敵意或甚至是危險的資訊在數位大地上流竄的事實，人們的恐懼開始蔓延擴散。

歌革和瑪各的幽靈、**他者**的幽靈，已然在邊陲地帶重新出現：網路上的幽暗空間、社群媒體上憤怒刺耳的聲音、於網路空間裂隙中聚集的無情機器人大軍。望向你的數位邊界矮牆另一側、看看那後面的地平線吧。或許就像故事說的那樣，野蠻人、「那些人」又再度**成為**解決方法——某種解決方法。

注釋

1 Tacitus, *Agricola*, trans. H. Mattingly (Penguin, 2009).
2 Tacitus, *Agricola*.
3 Tacitus, *Agricola*.
4 Tacitus, *Agricola*.
5 Tacitus, *The Histories*, 1. 2，Tacitus, *Agricola*所引。
6 W. Hanson and D. Breeze, 'The Antonine Wall: the current state of knowledge', *The Antonine Wall: Papers in Honour of Professor Lawrence Keppie* (Archaeopress, 2020).
7 Tacitus, *Agricola*.
8 T. Romankiewicz, K. Milek, C. Beckett, B. Russell and J. R. Synder, 'New perspectives on the structure of the Antonine Wall', *The Antonine Wall: Papers in Honour of Professor Lawrence Keppie*.
9 I. M. Ferris, 'Building an image: soldiers' labour and the Antonine Wall distance slabs', *The Antonine Wall: Papers in Honour of Professor Lawrence Keppie*.
10 R. Graves, 'The Virgil Cult', *The Virginia Quarterly Review* 38, no. 1 (1962), pp. 13–35.
11 Virgil, *Aeneid*, trans. R. Fagles (Penguin, 2006).
12 Virgil, *Aeneid*.
13 B. Knox, introduction, Virgil, *Aeneid*.
14 B. Knox, introduction, Virgil, *Aeneid*.
15 Virgil, *Aeneid*.
16 Graves, 'The Virgil Cult'.
17 R. S. O. Tomlin, 'Hadrian and Hadrian's Wall', *Britannia Romana: Roman Inscriptions and Roman Britain* (Oxbow Books, 2018), pp. 83–118.

18 Tacitus, *Agricola*.

19 D. Breeze, 'The end – and the future', *Bearsden: The Story of a Roman Fort* (Archaeopress, 2016), pp. 100–18; Hanson and Breeze, 'The Antonine Wall: the current state of knowledge', *The Antonine Wall: Papers in Honour of Professor Lawrence Keppie*.

20 A. Maldonado, 'The Early Medieval Antonine Wall', *Britannia* 46 (2015), pp. 225–45.

21 L. Keppie, 'The Hunterian Collection and its Museum', *Journal of the History of Collections*, vol. 26, no. 3 (2014), pp. 355–62; L. Keppie, 'Searching out Roman inscribed and sculptured stones on the Antonine Wall in 1723', *Britannia* 45 (2014), pp. 11–29.

22 R. S. O. Tomlin, 'Gods and men', *Britannia Romana: Roman Inscriptions and Roman Britain* (Oxbow Books, 2018), pp. 311–84; L. Allason-Jones, C. Driel-Murray and E. M. Greene, 'Roman women in Lowland Scotland', *The Antonine Wall: Papers in Honour of Professor Lawrence Keppie*.

23 D. Breeze, 'Life in the fort', Bearsden; Hanson and Breeze, 'The Antonine Wall: the current state of knowledge'.

24 R. Birley, *Vindolanda: Everyday Life on Rome's Northern Frontier* (Amberley, 2009).

25 A. P. Cavafy, *Complete Poems*, trans. B. Mendelsohn (Harper Press, 2013).

26 Josephus, *Jewish Wars*, trans. H. St. J. Thackery (Heinemann, 1928).

27 The Bible, Jeremiah 1:14.

28 The Bible, Joel 2:20.

29 The Bible, Ezekiel 38:15.

30 The Bible, Revelations, 20:7–8.

31 Josephus, *Jewish Antiquities*, trans. H. St. J. Thackery, Book I, 123, vol. 1 (London, 1930).

32 K. Czeglédy, 'The Syriac legend concerning Alexander the Great', *Acta Orientalia Academiae Scientiarum Hungaricae* 7, no. 2/3 (1957), pp. 231–49; F. Schmieder, 'Edges of the world – edges of time', *The Edges of the Medieval World*, eds G. Jaritz and J. Kreem (Central European University Press, 2009); E. J. van Donzel, A. B. Schmidt and C. Ott, *Gog and Magog in Early Eastern Christian and Islamic Sources: Sallam's Quest for Alexander's Wall*, Brill's Inner Asian Library vol. 22 (Brill, 2010).

33 The Qur'an, 18:92–98.

34 引自下書之翻譯：van Donzel et al., *Gog and Magog in Early Eastern Christian and Islamic Sources*。

35 van Donzel et al., *Gog and Magog in Early Eastern Christian and Islamic Sources.*

36 van Donzel et al., *Gog and Magog in Early Eastern Christian and Islamic Sources*; A. Silverstein, 'Enclosed beyond Alexander's Barrier: on the comparative study of 'Abbāsid culture', *Journal of the American Oriental Society* 134, no. 2 (2014), pp. 287–306; V. I. Scherb, 'Assimilating giants: the appropriation of Gog and Magog in medieval and early modern England', *Journal of Medieval and Early Modern Studies* 32, no. 1 (2002), pp. 59–84; Czeglédy, 'The Syriac legend concerning Alexander the Great'.

37 van Donzel et al., *Gog and Magog in Early Eastern Christian and Islamic Sources*.

38 A. Gow, 'Gog and Magog on mappaemundi and early printed world maps: orientalizing ethnography in the apocalyptic tradition', *Journal of Early Modern History*, vol. 2, issue 1 (Brill, 1998).

39 Schmieder, 'Edges of the world – edges of time'.

40 R. I. Meserve, 'The inhospitable land of the barbarian,' *Journal of Asian History* 16, no. 1 (1982), pp. 51–89.

41 Gow, 'Gog and Magog on mappaemundi and early printed world maps: Orientalizing ethnography in the apocalyptic tradition'.

42 van Donzel et al., *Gog and Magog in Early Eastern Christian and Islamic Sources*.

43 T. Zadeh, 'Of mummies, poets and water nymphs: tracing the codicological limits of Ibn Khurdādhbih's geography', *Abbasid Studies* IV, vol. 5 (Gibb Memorial Trust, 2013).

44 J. Griffiths, *The Great Firewall of China: How to Build and Control an Alternative Version of the Internet* (Zed Books, 2019); A. Collings, 'The Great Firewall: China and the internet', *Words of Fire: Independent Journalists Who Challenge Dictators, Drug Lords, and Other Enemies of a Free Press* (NYU Press, 2001), pp. 186–94.

45 Griffiths, *The Great Firewall of China*; Collings, 'The Great Firewall'.

46 'Great Firewall father speaks out', *Global Times*, 18 February 2011, story archived at https://cryptome.org/0003/gwf-father.htm; Griffiths, *The Great Firewall of China*; J. Goldkorn, 'The Chinese internet: unshared destiny', eds J. Goldkorn, G. R. Barmé and L. Jaivin, *Shared Destiny* (ANU Press, 2015), pp. 106–23.

47 T. Zixue, 'The Great Firewall', *The Internet in China: Cultural, Political, and Social Dimensions (1980s–2000s)* (Routledge, 2006).

48 Zixue, 'The Great Firewall'.

49 Goldkorn, *Shared Destiny*.

50 Griffiths, *The Great Firewall of China*.

51 F. Schneider, *China's Digital Nationalism* (OUP, 2018)，引用二〇〇二年三月二十六日《中國互聯網行業自律公約》，中文

版見https://www.isc.org.cn/hyzl/hyzl/listinfo-15599.html。

52 Zixue, 'The Great Firewall'.

53 Z. Rongwen, 'Scientifically understanding the natural laws of online communication, striving to boost the level of internet use and network governance', 16 September 2018, Qiushi – translation in R. Creemers, P. Triolo, and G. Webster, 'China's new top internet official lays out agenda for party control online', New America, 24 September 2018: https://www.newamerica.org/cybersecurity-initiative/digichina/blog/translation-chinas-new-top-internetofficial-lays-out-agenda-for-party-control-online/.

54 Zixue, 'The Great Firewall'.

55 引自Goldkorn, *Shared Destiny*。

56 Schneider, *China's Digital Nationalism*; Zixue, 'The Great Firewall'.

57 Rongwen, 'Scientifically understanding the natural laws of online communication, striving to boost the level of internet use and network governance'.

58 R. Meessen, B. Torossian and F. Bekkers, *A Horizon Scan of Trends and Developments in Hybrid Conflicts Set to Shape 2020 and Beyond* (Hague Centre for Strategic Studies, 2020); A. Riikonen, 'Decide, disrupt, destroy: information systems in great power competition with China', *Strategic Studies Quarterly* 13, no. 4 (2019); S. J. Brannen, C. S. Haig and K. Schmidt, *The Age of Mass Protests: Understanding an Escalating Global Trend* (Center for Strategic and International Studies, 2020).

59 Brannen, Haig and Schmidt, *The Age of Mass Protests*.

60 'Google's ex-CEO Eric Schmidt says the internet will split in two by 2028', *Business Insider*, 21 September 2018: https://www.businessinsider.com/ericschmidt-internet-will-split-in-two-2028-china-2018-9?r=US&IR=T.

61 'Great British Firewall helps block 54m cyber attacks', *Financial Times*, 4 February 2018.

第二部　移動

第四章

高牆築起

作者攝

計程車在路邊停了下來，恰好位於牆的下方、質地粗糙的地面邊緣。在巨大的青灰色混凝土牆板上方，捲曲的刺鋼絲由Y型鐵架撐起。我們爬出車子，巴哈（Baha）帶我沿著一條街走，穿梭於一片房屋之間。計程車司機答應在那裡等我們，但我注意到他的引擎一直維持著運作狀態。我們繼續往前走了一百公尺，最後，那條街漸漸變得寬敞，坡度變陡，接著好似下墜一般，將一片朝向北方與西方的景致映在我們眼前。一連串的圓頂山丘將薩拉谷地（Wadi al-Sarar）與利乏音谷（Rephaim Valley）圍了起來，為古時候從猶太沙漠（Judean desert）通往地中海的路線。一整天下來，雲層變得愈來愈厚，現在天空看起來又沉又重，霧氣也開始將位置較遠的山丘遮蔽了起來。

我們離開道路，踏上一塊光潔明亮的大理石地板，周圍散落著一些小石頭，接著還有比較大顆的。我們繼續往前走，走了幾步之後，我們開始攀爬大塊的瓦礫，時不時岔出彎曲、變形的鋼筋條。天空下起了綿綿細雨；巴哈說，我們正站在一棟遭人拆毀的房子殘骸上方。他指向山坡再過去一點的一棟公寓大樓，那是當初建造這棟房子的那一家人現在居住的地方。他們的家——我們腳下的這個地方——被認定違法，所以被夷為平地。那是因為相對於某條線，它的所在位置位於錯誤的一側；這座村莊的其他房子亦然。

巴哈為我指出那道牆在地景上的路徑。起伏的地勢圍繞著東邊的小山逐漸向下；接近山谷的底端時，混凝土牆面變成八公尺高的刺鋼絲，完整地將村莊的北側邊際包圍起來；有一棟房子座落於屏障的另一側，所以住在那裡的那一家人只能透過地下隧道回家，而且隧道的電子閘門還是由衛兵遠端操控。他繼續順著牆的軌跡，一路指向工程繼續進行的位置——由西邊延伸至南邊，再繞上去我們背後的山坡，也就是我們的計程車等候的地方。根據計畫，等這道牆完成之後，會形成一個封閉的迴圈，將整座村莊包圍起來。

雨勢愈來愈大，大滴的雨落在瓦礫上。我來到世界上被邊界包得最完整的地方。

二〇一八年，一班從台拉維夫出發的高速雙層列車開始營運，行經班．古里安機場（Ben Gurion）後繼續前往耶路撒冷。原本搭公車或開車需要花上一個半小時的路程，現在縮短到只剩二十幾分鐘。在過去超過一世紀的時間裡，將耶路撒冷連結至海岸的唯一一條鐵道是在鄂圖曼時代建造的，由雅法（Jaffa）出發向南，接著慢慢地穿越各座山丘、山谷，最後抵達耶路撒冷西側。這條路線從海岸平原轉向東南方時，先是正面碰上地勢攀升的山丘，接著下切、穿越一些深深鑿至基岩的隧道。這段路程大多時候都在地底下，只有在快速經過一座座串連著山脈與黑暗的高架橋時，途中會穿插一些短暫的景致。

這讓坐在我對面的女性的手機訊號陷入混亂，當然還有她在手機上進行的那些嘈雜、充滿動態影像的對話。在車廂的後方，有一名年輕男子和一名年輕女子，他們各占了四個座位，兩人皆穿著深藍色的T恤，紮到綠色長褲裡，褲管則約在腳踝位置塞入厚重的消光黑色靴子裡。他們流露出一種疲憊的自信感，我猜是因為橫放在他們腿上的突擊步槍。

列車在一處車站月台停了下來，那是人們把耶路撒冷地底下八十公尺的岩石全都清空建設而成的。他們計畫繼續在城市的地底挖掘這條地道；事實上，就在我抵達的前一天，以色列的交通部長貝札樂・斯莫特里希（Bezalel Smotrich）才正式宣布同意鐵道繼續向東延伸至舊城與西牆的計畫。（斯莫特里希的上一任部長以色列・卡茲〔Israel Katz〕首度於二〇一七年提出這項發展提案，並建議以唐納・川普總統為西城站命名。）最新公告發布之後幾小時內，約旦的外交部隨即譴責這項決定「公然違反國際法」。[1]

而在路面上，台拉維夫的溫暖陽光被灰濛而壓迫的烏雲及從未間斷的風取代，同時挾帶著即將降雨的強烈氣味。當時已經進入黃昏，日光迅速褪去。我攔了一輛計程車，我們在阻塞的車流中緩慢前進，駛往我下榻的旅館。我無意間訂到了一處已經打了十五年官司的房產：新帝國酒店（New Imperial Hotel）。

新帝國酒店恰位於耶路撒冷舊城區的雅法門（Jaffa Gate）內。二〇〇四年，那棟建築的所有人希臘正教會將九十九年的租期賣給了名為「祭司之冠」（Ateret Cohanim）的空殼公司。祭司之冠是個猶太屯墾組織，其宗旨為「贖回舊城牆內及牆外四周的土地……重燃耶路撒冷的心臟與靈魂之內的猶太生命之火」。[2] 從此之後，希臘正教會就開始不斷對這項交易提出質疑，聲稱整件事由的非法幕後黑手是一名貪腐的前職員，不但收取賄賂，還偽造文件。[3] 而與此同時，祭司之冠也不斷要求巴勒斯坦裔的業主阿布・瓦利德・達雅尼（Abu Walid Dajani）繳納過去十五年從未支付的租金——達雅尼家族自一九四九年便開始經營這間酒店，據祭司之冠的說法，未繳租金已經累積超過兩百萬英鎊。

但這間酒店的歷史其實更加久遠。一八八四年，當基礎工程開始建設時，他們發現一座昔日蓄水池的遺跡。根據當地人的說法，那正是拔示巴當初逮到大衛——以色列人的第一個國王——眼睛亂瞄時，正在泡澡的那個池子。而建立耶路撒冷最初那座聖殿的人，是大衛與拔示巴的兒子所羅門，神廟的位置落在他父親用五十舍客勒銀子向一位當地農夫買下來的鄰近山丘上。聖殿的毀壞、重建，以及後續**再度**被摧毀，反覆困擾著這座城市。

財產、所有權、存在、不存在，以及**歸屬**——在擁擠到讓人幾乎幽閉恐懼症病發的舊城街道上，猶太教、基督教與伊斯蘭教在這個無止盡的紊亂情境中，彼此針鋒相對、爭奪空間。這就是促使祭司之冠等組織開始從離散猶太人的捐獻中募集資金的背景，金流來源以美國為主，去向多為購買土地及租約，以確立他們所謂的「攀石」，幫助他們完成「鞏固並重建猶太的耶路撒冷」任務。套用他們的話，就是「讓舊城再次年輕」，將它帶回到大衛王在位時那般令人陶醉的時光。

二〇一九年夏天，以色列最高法院判定這項旅館買賣交易合法，並對達雅尼發出驅逐警告。「過去七十年，這棟基督教資產一直都是標靶，但現在卻面臨有史以來最危險的情況。」針對這份判決，希臘正教會的發言人表示：「他們的目的在於將巴勒斯坦人的影響邊緣化，同時也弱化基督宗教在舊城裡的地位……耶路撒冷對這三個一神教信仰而言，都是神聖之地，但這個舉動的目的卻是想要把這座城市轉變為仇恨與苦難之地。」[4]

我在訂新帝國酒店的時候，並沒有想太多。它就只是很單純地出現在網路搜尋的前幾個項目，看起來很方便、價格負擔得起，而且還有機會能夠呼吸一點從歷史回收再利用而來的空氣。一八九八年時，德皇威廉二世（Kaiser Wilhelm II）曾在這裡待過。接著，二十年過後，英國上將埃德蒙．艾倫比（Edmund Allenby）也在這裡下榻；在他正式接受耶路撒冷的投降之後，他從新帝國酒店的陽台向耶路撒冷的人民講話，也使鄂圖曼長達四世紀的統治正式落幕。如今，酒店的客人主要為背包客與旅行團。雖然看戲的顧客群變了，但在那裡上演的劇目仍維持不變。誰擁有、控制這塊土地？誰握有這般權利？你的主張可以追溯回多久以前？回到大衛王用舍客勒銀子購買耶路撒冷不動產的時代嗎？還是甚至再更早以前？

達雅尼家族在這座城市生活、擁有土地的歷史，至少已經有一千年之久。他們的族譜最早可以追溯到先知穆罕默德的孫子，而且他們保管大衛王於錫安山的陵墓鑰匙的歷史，也有八百年之久。如今，網路訂房讓達雅尼感到十分焦慮，他相信有些房客跟祭司之冠有所關聯，會透過Booking.com訂房，作為強制占領建築的手段：[5]在攀石內取得攀石。自從最高法院做出判決之後，屯墾組織祭司之冠便稱達雅尼為「擅自霸占住屋的人」。達雅尼案的新聞甚至不可思議地傳到了普丁的耳中，他在俄羅斯東正教會的壓力下，也呼籲當年酒店的交易應判無效。

我們不是每天都能睡到背後擁有這麼精彩、古老而且沒完沒了的故事的床。當酒店的命運懸在一種莫名的平衡狀態之中時，一條新的邊界線也隨之忽隱忽現。事實上，線疊在線上又疊在更多的線上，穿越酒店大廳、沿著走廊延伸，或許甚至也跨過了我房間的地板。在這裡，你根本沒辦法不遇到這些邊界線。

隔天早上，我很早就被禱告的聲音吵醒了——才剛過六點不久。那是一個旅遊團，就在我窗戶正下方的庭院聚集。他們用響亮、清晰的美國中西部口音讚頌上帝賜予他們這美好的一天，並預先為了他們接下來要在祂的聖城裡參觀的景點感謝祂。

「我們正準備跟隨我們的主——耶穌基督——的腳步。」那些聲音齊聲說道：「我們正要走入歷史。」

興奮的呢喃聲。接著一聲「阿們」合音在板石之間迴響。

幾個小時之後，我從新帝國酒店辦理退房，在舊城的周圍逛逛，晃到大馬士革門（Damascus Gate），然後沿著納布盧斯路（Nablus Road）走到「阿拉伯」公車站。我找到二三四號公車、爬上公車。

司機越過我指向另一台公車，說：「那台是去伯利恆的。」

「但這一台是去三百號檢查哨的，對吧？」

「對。」

「沒關係，我就是要去那裡。」

司機聳了聳肩，把視線移開，說：「五謝克爾。」[6]

我付了錢、拿到車票，然後找了個位置坐下。公車呈現半滿狀態，其他乘客全都是居住在東耶路撒冷的年輕巴勒斯坦學生，準備去伯利恆大學上課——牆的另一邊。

公車路線依循著一條邊界前進，或是某種邊界。好吧，可能根本不算是邊界。人們稱它為「停火線」或「停戰協議線」，還有一種最簡單的稱呼是「綠線」（Green Line），因為一開始在地圖上標示這條線的蠟筆是綠色。

這條綠線是在一九四八年十一月三十日，由中校摩西・達揚（Moshe Dayan）與中校阿布杜拉・阿塔爾（Abdullah al-Tal）所畫定。當時，達揚是以色列軍隊的指揮官——以色列當時是新成立的國家，才剛在六個月前主張其存在。而阿塔爾則是一名約旦軍官，率領耶路撒冷的阿拉伯軍團（Arab Legion）。這代表著對立雙方的兩人，同時也意味著**兩條**線。達揚用綠色標出他的軍隊所控制的區域，阿塔爾使用的是紅色。[7]他們的線從死海的中央往內陸延伸，在希伯崙山（Hebron）較低的山腰處彎曲，接著轉向東北方，從耶路撒冷的正中心直切過去。經過市區之後，這些線朝西離開高地，改朝向北邊，沿著海岸平原的邊緣、恰與瓦迪阿拉山麓（Wadi Ara）平行的方向前進，隨後再度轉東，與約旦河谷（Jordan Valley）的北端相會。[8]

這兩條線的絕大部分皆直接互相交疊，但在某些地方會岔開，形成空蕩蕩的非武裝「無人之地」區域。這兩條線蘊含了兩個非常不一樣的故事，兩個互相競爭、徹底背離的現實。人們在畫出這些線的那一刻，同時也在這塊土地上標出了終極的分裂，兩個平行世界應聲形成。而且，說真的，我們到底該怎麼將它們繪製成地圖？

時間再提早個三十年，當艾倫比上將進入耶路撒冷、英國人斷言巴勒斯坦歸他們所管時，這個國家還沒有任何界定清楚的輪廓，難以表述邊界線在哪。不過，有個論點已經成形。雖然很不精確，但英國外交部於一九一九年的一條備忘錄裡表示，其領土「最好的描述方式應為《舊約聖經》內的巴勒斯坦，範圍從丹恩（Dan）延伸至貝爾謝巴（Beersheba）。至於確切的邊界仍是問題，必須由委員加以確立」。[9] 確立的過程後來花上好幾年的時間才完成。但不管怎樣，混亂狀態維持了好幾十年的時間，占據、甚至**主宰**了這塊《舊約聖經》所描述的地景。

十九世紀下半葉，尤其是俄羅斯在一八八〇年代發生反猶暴動之後，開始有一股微小但穩定的猶太移民潮經由港口城市海法（Haifa）與雅法抵達以色列。這些社群會從當地阿拉伯人及鄂圖曼官員手中購買各宗土地，通常都是未經開墾、滿地石頭的地。農業聚落開始沿著巴勒斯坦的海岸平原成形、發展，即為「莫沙夫」（moshavot）：猶太殖民地。[10]

這些流入的人潮帶來了全新的貿易與收入機會，但也無可避免地造成一些跟領土與邊界相關的爭執。住在他處的地主將數世紀以來皆由佃農家庭維持運作的農地賣掉，移入者便來主張土地的所有權，並驅逐所有原本住在那裡的人。有個貝都因（Bedouin）群體便曾向鄂圖曼當局抗議，表示「這些農地自從我們父親及祖父的時代開始便屬於我們，現在不願根據土地耕作者所接受的常規、不願根據人類基本常規或憐憫心對待我們的陌生人，強制地將農地從我們手中奪走」。[11]

緊張的氣氛不斷高漲。第一場重大的暴力衝突於一八八六年爆發，位置為最初的莫沙夫之一：佩塔提克瓦市（Petah Tikva，希伯來文裡「希望之門」的意思）。事件由一樁偶然的土地買賣及放牧權談不攏的糾紛開始。一群來自阿拉伯村莊耶胡德（Yahudiya）的佃農被要求撤離他們堅信應該屬於自己的土地；他們繼續在一塊有爭議的土地上耕作，並沒收了一隻屬於猶太殖民者的馬。為此，佩塔提克瓦市的移入者抓了對方的九隻驢子作為回應。雙方會面試圖解決問題，但協商破局，一大群灰心的村民前往佩塔提克瓦市搶回他們的驢子。雖然接下來確切發生了什麼事眾說紛紜，但似乎是耶胡德人發現他們的動物並不在那裡，便開始闖入民宅、砸破窗戶，並有五位移入者在過程中受到重傷。其中一個人叫瑞秋．哈勒維（Rachel Halevy），在事發幾天後離世，很可能是因為在事件中受到驚嚇，使原本就已經很嚴重的健康狀況更加惡化。[12]

人們不斷講述與轉述當天發生的事，尤其在巴勒斯坦與國外的猶太社群之間流傳開來。有些人認為這只不過是單純的財產及金錢衝突，有些人卻在事件中看到跟俄羅斯反猶暴動相同的惡意。在這塊充滿故事與說故事傳統的土地上，神話與現實到處交織，這起事件也成了移入者的一種寓言——重點已經不再只是真實事件本身，同時也包括了講述者變動中的身分認同。它提供了一個簡單的樣板：一群具有攻擊性的憤怒阿拉伯男性，正面槓上人數相對較少的年輕男性猶太殖民者。而人們可以將這個樣板加以改寫、修飾，到最後甚至徹底重塑。

本來只是一個講述受害者的故事，一個帶有警告意涵、高度似曾相識的受迫故事，被轉化為建立邊境的神話，簡直就像直接從俗濫西部片走出來的充滿勇氣與堅毅的故事。[13]

隨著時間過去，一個新角色以偉大的英雄偶像姿態被加入故事之中——瑞秋・哈勒維的兒子森德・哈達德（Sender Hadad）。他們把他形容為「有如巨人一般……擁有如同鞭繩一般的肌肉、巨大的拳頭……這般重量級的人物騎上一匹出色的阿拉伯馬，直搗每一場戰鬥中最激烈的時刻，以純粹的憤怒猛攻與壓倒性的數字擊退對手」。[14]在原本的敘述中，當村民進入佩塔提克瓦市時，哈達德甚至根本不在現場，是後來才回到聚落、帶他生病的母親去耶路撒冷接受治療，但母親卻在途中就去世了。不過，漸漸地，他開始變成故事裡的復仇天使、人類體魄的完美模範——據傳，哈達德幾乎單槍匹馬地擊敗了那群大開殺戒的暴動村民。他是一種新的猶太人，「嚴厲制裁眾人的強壯男人、阿拉伯人全都怕他」，[15]也就是那種能夠建立、然後捍衛自己國家的人。

而這正是促使猶太復國主義組織（Zionist Organisation）在一八九七年於瑞士巴塞爾（Basel）成立的思維。「猶太復國主義，」組織的共同創辦人說：「旨在為猶太人於巴勒斯坦建立受到法律保障的家園。」這就是前述那些個別故事，包括佩塔提克瓦市的邊境莫沙夫、森德・哈達德等英雄，所餵養而成的偉大敘事。一旦他們能夠安定、鞏固這塊土地，就能進一步統一，使猶太殖民地團結起來創造出更多、更好的東西。可能是界定明確的地方，或甚至是一個全新的國家。

二十年後，這項猶太復國主義的倡議獲得驚人的公眾與政治背書。一九一七年十一月二日，英國外交大臣亞瑟．貝爾福伯爵（Arthur Balfour）寫了一封信給猶太復國主義組織，說：「國王陛下的政府認同於巴勒斯坦為猶太人建立民族家園。」在貝爾福的宣言中最令人震驚的一點，或許是在兩年前，英國駐埃及高級專員亨利．麥克馬洪爵士（Henry McMahon）也曾經提出類似的承諾，支持**阿拉伯人**在巴勒斯坦建國獨立。於是有了這樣一番諷刺：這個古老的國家、這塊「應許之地」頓時之間變成**雙重應許**之地了。

在接下來的三十年間，這兩個互相競爭、而且似乎無法協調的未來藍圖，先是不斷拉扯著巴勒斯坦，最後終於把這塊地拆得四分五裂。後面新來的人也持續改變這個國家的人口結構；在剛進入二十世紀的當口，猶太人的總人口占比不到百分之十，但到了一九三〇年代初時，已經將近百分之二十，而且不斷地持續攀升。[16]

一九三六年，阿拉伯人對於移民的不滿終於溢出臨界點，動亂四起，甚至爆發全體大罷工。曾任印度大臣的皮爾勳爵（Peel）被派來調查這場騷動的實情，而他的評估結果令人甚感擔憂。「這兩個國族社群在一個如此狹小的國家境內，已然引起不可抑制的衝突。」他寫道：「他們之間沒有任何共識，他們各自的民族願景也互不相容。阿拉伯人渴望復興阿拉伯黃金時代的傳統，猶太人渴望能在回到當初猶太民族誕生的這塊土地後，展現他們的實力……未來的不確定性讓衝突更加惡化。到了最後，究竟誰能治理巴勒斯坦？」[17]

十年後，由《聯合國特別調查委員會報告》描繪出來的社會及政治分裂狀況，甚至更加淒慘無望。這份報告出版於一九四七年，內容舉出阿拉伯與猶太復國主義的「恐怖主義」行為，並概述了猶太人「無法無天、燒殺擄掠且蓄意破壞」的組織行動，以確保「沒有任何事物能夠阻擋猶太國家的建立」。[18]人們在那之前的十年之內目睹了納粹德國的興亡，以及納粹大屠殺的恐怖；巴勒斯坦歷經了大規模的新移民潮，居住於該國境內的猶太人已然超過六十萬人，而與此同時，阿拉伯人口也成長至一百二十萬。「這兩個不相上下的群體，」聯合國的那篇報告如此描述道：「其所擁抱的強烈國族願景，在這塊乾旱、占地有限、基本資源缺乏的國家內四處擴散。」[19]他們說，分裂是唯一的選項。

一九四七年十一月二十九日，聯合國大會投票決定將巴勒斯坦分割為兩個國家，一個屬於阿拉伯、一個屬於猶太，而耶路撒冷這座城市則保留由國際控制。一個世界的誕生，意味著另一個世界的崩解。對猶太人而言，他們珍愛的家園終於回到自己手中，但對阿拉伯人來說，眼前所發生的事簡直難以置信。在他們眼中沒有任何妥協的可能，唯有不公不義與背叛；他們說，聯合國所提議的邊界是「一條血與火之線」，[20]撕裂了巴勒斯坦、**他們的**土地，他們將不惜一切代價與之對抗。

隨著英國人撤退，該國陷入內戰。接下來的那一年，眼見盡是凶殘與混亂：屠殺與暴行四起、村莊遭致摧毀、人們被迫離開自己的土地及財產。成列的難民群在巴勒斯坦境內到處流竄，七十幾萬名阿拉伯人要不是不得不逃亡、就是遭人驅逐，那幾乎是巴勒斯坦全體阿拉伯人口數的一半。另一方面，森德・哈達德的邊境英雄神話壯大了猶太民兵與軍隊的膽量，再加上他們對不久前才剛發生的種族滅絕行動的記憶，使他們絲毫不願妥協且殘暴。這一切讓當地社群與家庭變得四分五裂、七零八散。

而以上種種終於告一段落時，有兩個男人俯身端詳一張地圖，並分別用了紅色與綠色的色鉛筆擬出一個現實的替代方案：巴勒斯坦不見了，它原本的占地有將近百分之八十的範圍，現在有了一個新名字，叫做以色列；剩下的土地，包括約旦河西岸、東耶路撒冷與加薩，則改由約旦和埃及管理。許多巴勒斯坦人因此在自己的土地上成為難民；那是一塊沒有名字的土地，但上面卻有好幾條他們無法跨越的線。隨著槍聲止息，他們再也無法回到自己的家園和村莊，甚至無法取回自己的所有物；嘗試回家的人被稱為「滲入者」，若不是被逮補就是招致槍擊。阿拉伯人稱之為「Nakba」——大災難。

一條是自由與獨立之線，一條是驅逐與恥辱之線——好一條公車路線啊！如今，六十號高速公路，也就是所謂的「一號公路」（Road One），恰落在綠線上方。我的公車駛上這條高速公路，緩慢地在早上的車陣中前進，接著下交流道，進入沿著舊城和錫安山蔓延的山谷，再接至向南通往伯利恆的希伯崙路。一九四八年後，這裡成了無人之地；貫穿整座耶路撒冷的，是一道綿長而蜿蜒的水泥牆、刺絲網、地雷區，以及武裝戒備的觀察哨——綠線正是這般嶙峋的現實。

當這座城市被一分為二時，巴勒斯坦作家兼哲學家薩里・努賽貝（Sari Nusseibeh）仍只是一個小男孩。他的臥房窗戶正下方恰好是「格殺勿論特區」，將他們家位於東耶路撒冷的房子，與信奉極端正統的哈雷迪猶太教（Haredim，意為「敬畏戰競者」）的社區「百倍之地」（Mea Shearim）分隔於兩側。「在我們家花園圍牆後方與以色列國之間，」他如此寫道：「有個孤獨、半毀、彈痕累累的混凝土建築，有聯合國的觀察暨跨境檢查站，以及散落一地的石塊與生長於畸零地雷區裡的薊。另外還有從所有爭鬥中倖存下來的葡萄藤。春天的時候，我會盯著藤蔓上的新葉好幾個小時，然後在秋天時看著多汁的葡萄漸漸長大。」[21]

在無人之地的另一邊，只離努賽貝家西方不到一英里的地方，也住著另一位未來的作家：十歲的阿莫司・奧茲（Amos Oz）。出生於耶路撒冷的奧茲，父母分別是來自立陶宛與烏克蘭的移民，他將自己形容為「小小的猶太復國主義暨國族主義狂熱者」，「在最初的大起義時，也就是由我們猶太人發起對抗英國占領的那一場」期間，跟著其他所有鄰居的孩子，在英國人在街上巡邏時，一起朝著他們的車輛丟擲石子。他在童年時期最喜歡做的一件事，就是玩戰爭遊戲：「移動軍隊、圍攻城堡或一座城市、策畫路線、大獲成功、在山上展開抵抗行動」，就這樣，他俯瞰著客廳地板上的防衛軍不斷來回拉扯，並「擴張或縮小以火柴棒標示的邊境」。如今，一條真正的邊境來到他的眼前。「有時候我們會在清晨時，被從停火線那邊傳來的機關槍齊鳴聲吵醒……又或者是從新邊界另一端傳來的宣禮員哀嚎聲——如同令人毛骨悚然的哀悼，這位祈禱者的嚎叫入侵了我們的睡眠。」[22]

這兩個男孩都發現那條線對自己有著無法抵擋的吸引力。在耶路撒冷這座他們唯一認識的城市裡，有著一個心靈的斷裂。對努賽貝而言，「禁止的領土」的起始就在他家花園的末端，所以要他哪天不去偷窺無人之地另一側的街道，或是觀察那些「奇怪」的公車、汽車和人的行動，幾乎是不可能的事。「有時候那些長鬍鬚的生物也會回望我，」他說：「簡直就像是在夢裡似的。」[23]奧茲也會「睜大眼睛盯著另一個耶路撒冷——它的那些隱藏魔力，以及我們被禁止進入、甚至威脅著把我們逼出黑暗的那些狹窄密集街道，蘊藏災難、遮遮掩掩又滿懷惡意的城市，很嚇人卻又誘人」。[24]

但那條線其實從來就不是邊界。聯合國《停戰協議》（Armistice Agreement）的地圖——基本上就是複製達揚和阿塔爾的地圖——明確地表示「此地圖**絕不**應被視為國際邊界定界的權威」。這份於一九四九年簽訂的《停戰協議》本身也強調那些「界線」（Demarcation Lines）是在「完全不影響未來領土或邊界線之確立」的情況下畫定的。[25]綠線打從一開始就只是一條用蠟筆匆匆畫下、僅視當下情況而定的暫時線，只是一種標記停火協議的方式，在敵意、在地理空間之中的暫停。不過這個暫停卻愈延愈長，數個月過去了，然後數年、數十年也就這麼過去了。

隨著兩個男孩漸漸長大，他們也開始花愈來愈多心思探究這條分割線，探索那些將原本的都市地景切剖開來、再倉促將傷口縫合的奇怪限制與重創。「我走向布滿炸彈碎片的大馬士革門，」努賽貝寫道：「走入由街道與巷弄組成的迷宮，再一路走到戰後就一直緊閉著的雅法門。那扇門是不是其實沒有通往任何地方，或是通往四方？或許兩者皆是。」[26]

奧茲當時正值為情所困的青春期，每天夜間都會偷溜出家門，沿著那條線遊蕩，一解虛無的欲望。「那些切割了這座城市的刺網圍欄和地雷區，深深吸引著我，」他說：「我有一次在黑暗中，或許不小心誤闖無人之地的範圍，意外踩到一只空罐子，發出跟土崩一樣巨大的噪音。黑暗中距離頗近之處隨即響起兩槍聲響，我趕緊跑走。不過，我隔天晚上和接下來的好幾個晚上，依然持續回到無人之地的邊際。」[27]

漸漸地，這般分割、這條由混凝土與波形鐵皮搭成的線，感覺幾乎像是一件正常的事了。「無人之地似乎就跟我們背後的沙漠一樣不可變動，」努賽貝說：「它變成一種良性的存在。」[28]良性，而且似乎為永久性的。然而，在耶路撒冷以外、在鄉下地區，綠線幾乎不具實體存在。一九五〇年代時，以色列人曾試圖在地景上簡易地將它標示出來；他們將鐵柱插入混凝土塊，用水桶和油桶搭起一條條線。不過，就連在這樣的過程中，也是困難重重。達揚和阿塔爾的線曾被畫在兩張比例尺為一比二十五萬的英國調查地圖上（所以他們必須將兩張地圖黏在一起），而這樣的比例尺意味著，蠟筆標記的寬度本身幾乎相當於一百公尺。由於綠線的總長達三百一十公里，於是產生一塊綿長蜿蜒、不甚精確且具爭議的土地。那是一條陰影邊界，由它本身與生俱來的不精確性所定義，為以色列與非以色列這兩個平行世界之間的裂縫中的模糊地帶。

接著在一九六七年，也就是這條線首度畫定的十九年之後，人們試圖將綠線徹底消除。以色列與敘利亞在爭奪水資源時產生衝突，後來一觸即發，循著一九四八年的模式引爆為六日戰爭（Six-Day War）。由埃及、敘利亞與約旦共同組成的阿拉伯勢力，聯手對抗猶太人的家園。這個故事簡直一路追溯至當初在佩塔提克瓦市發生的事件，由時任以色列國防部長的摩西．達揚擔任森德．哈達德的角色。這場戰爭對阿拉伯人來說，是一場災難；對以色列國防軍而言，卻是一場令人驚豔的勝利。他們將埃及趕出加薩、一路趕回蘇伊士運河，從敘利亞手中得到戈蘭高地（Golan Heights），並將約旦徹底趕出耶路撒冷和約旦河西岸。原為英屬巴勒斯坦託管地（British Mandatory Palestine）的一切，現在全都歸以色列控制了。

當年十二月，以色列政府決定將所有出版地圖、地圖集及教科書上的綠線全數移除。[29]但除了耶路撒冷周圍的地區，他們並未正式併吞在六日戰爭中取得的地區。根據國際法，加薩和約旦河西岸屬於「被占領土」（occupied terriotories）：擁有立法、行政及司法控制權的，是以色列軍隊，而不是以色列政府。如今，綠線已然消失，而且反正也只曾標記在最草率、隨意的情況下畫出的地圖裡，這意味著，就連以色列的陰影邊界都已經消散無蹤。以色列領土的模糊地帶又多延伸了好幾百英里，一路到死海和約旦河的位置。那裡，過去沒有邊界，現在仍然沒有。到頭來，那裡怎麼可能會有邊界？那塊土地至今依然處於「被占」狀態，因為那場戰爭並未正式結束。直接一點來說，根本沒有人真的知道以色列的盡頭**確切**在哪裡，那塊被占領土又是從哪裡開始。

在耶路撒冷，無人之地就這樣被拆除了。位於市中心那條綿長、無用的土地，為新興的道路建設提供了完美的無主空地。也就是說，像我剛剛走的那條六十號高速公路等路線，可以完美地沿著原本的那條線由北向南貫穿耶路撒冷。移除這條屏障為那些仍住在耶路撒冷的巴勒斯坦家庭，帶來令人恍惚的震撼；當時還在牛津大學讀書的努賽貝回家的時候，簡直瞠目結舌。

「看到那些刺網、格殺勿論禁區，還有我從小就有的那些東西都不見了，簡直有如奇蹟一般。」他如此寫道：「一直到那時候，我才驚覺戰爭已經終結了我們國家內的分裂狀態。**被擊敗的事實將我的家園還給我了。**」

然而，過不了多久，他的樂觀就變調了。在他回到家以後的隔天早上，他翻過家中後院的圍牆，並在曾經遭禁的土地上落地。原本的葡萄藤還在，他迫不及待地摘了一顆葡萄丟進嘴裡——「它的味道並不像我長久以來想像的那樣豐滿多汁，反而很苦，我就把它吐掉了。」[30]

一場新的僵局逐漸蔓延開來。這樣的占領狀態持續了好幾個月，慢慢地就演變為好幾年，似乎毫無撤退的跡象或意圖。耶路撒冷的全新市政總計畫於一九六八年擬定完成，其基本原則正是「以避免城市再度遭致分割的方式進行建設」。[31]他們重新畫定城市邊界，盡可能將周遭的猶太社區全都囊括進市政範圍內，其中也包含村莊與農場。與此同時，阿拉伯及巴勒斯坦的領導人突然開始積極爭取恢復一九四九年的協議——綠線的回歸。

「他們希望恢復界牆，」努賽貝寫道：「無人之地讓他們得以將猶太國家的現實藏匿於混凝土屏障背後，如同隱藏令人感到羞恥的東西一般。」[32]隨著時間過去，他看著耶路撒冷因為以色列的各種大型建設計畫而改變樣貌，但阿拉伯人卻始終「幾乎不可能」取得建設許可。他不管走到哪裡，都能看見當局企圖將巴勒斯坦人隔離、邊緣化，並維持所謂的「人口結構平衡」，確保這座城市裡的猶太居民人數遠遠超出阿拉伯居民。

「人們創造了一個隱形的無人之地，」努賽貝說：「但這次不是用混凝土和刺網搭建，而是意識形態及心理學。」他愈來愈覺得自己親眼目睹的，已經不再只是家園受人分割，反而更像是活體解剖：「緩慢的謀殺行為，扼殺著這座構成我的家人、我的同胞的靈魂的城市。」[33]

公車將耶路撒冷遠拋在後。隨著高速公路由城市進入空曠的鄉間，交通也逐漸舒緩。前一天晚上的雨讓布滿石子的翠綠山坡依舊顯得濕潤，於晨光之下閃爍。在公車的其中一側窗外，我看見遠處通往猶太沙漠的黃褐色群山；另一側則是房屋和道路建設工程，耶路撒冷的足跡仍穩定地不斷往南延伸。

我們經過右手邊的梯田山丘，接著，大地緩緩地向外展開，變成一大片覆滿橄欖樹叢的開闊平原。我的視線隨著那些橄欖樹逐漸下坡，直到它們突然消失無蹤。一道巨大的水泥牆在山坡上蔓延，每隔一段距離就穿插著圓環狀的瞭望塔。圍牆蜿蜒起伏，如同一條連續不斷的灰色線條貫穿連綿的山丘，一路通向視線不及的地方。在這片土地上，邊界如海浪般一波又一波地高潮迭起，接著，當無法避免的暴風總算來臨時，它們便隨之衝離地平面。

道路繼續向前延伸，一直到圍牆正下方才終止。我們紛紛下車，走過一處鐵製涌道：三百號檢查哨。在我們頭上的巨大藍色標誌寫著「旅途愉快」，還有用阿拉伯語寫的類似「再見」的標語。我隨著一小群學生穿越旋轉柵門，接著走入一條狹窄、高聳而冗長的混凝土隧道，洞裡漆滿灰色和紅色的線條。那些圖樣一路領著我們下坡，離開以色列、進入約旦河西岸的「被占領土」。

「你在實體層面上將人們推出去，但那並不是第一步。第一步應該是在心理層面上將人們推出去，對吧？你取走了一個人的人性，然後再以對待糞土的方式對待他們。到了最後，你再說：『這個嘛，他們打從一開始就不是人啊。』」

我跟巴哈．希羅（Baha Hilo）一起坐在貝特撒胡爾（Beit Sahour）小鎮的勝家咖啡廳（Singer Café）裡，離三百號檢查哨西南方只有一英里多。身兼社會學家及社會運動家的巴哈，同時也是由當地巴勒斯坦人發起的草根組織「在那裡」（To Be There）的共同創辦人，工作範疇包括人權、難民支援、青年教育，以及政治觀光。他整頭黝黑的長捲髮濃密至極，塞入一頂巨大的編織帽中；他在發表一些憂愁言論的同時，也喜歡自己捲菸。

「你知道嗎？他們指控我們離開。以色列說，巴勒斯坦人並沒有被驅逐；我們只是因為想要出去散散步才離開的，我們全體共同決定要走掉的。那當然啦！很多民族都渴望出去健行嘛，對吧？」

巴哈已經在桌上攤開了一張地圖。地圖上布滿了彩色的線條和圓點，以標示範圍和地區，包括以色列的道路、巴勒斯坦的道路、軍用道路，還有以色列的聚落、巴勒斯坦的城鎮、軍事基地和檢查哨。這就好像透過顯微鏡在看骨頭組織的橫切面似的，同時帶給人一種熟悉卻又全然生疏的感受。

咖啡廳的生意很好，整個早上都呈現客滿狀態，尤其因為他們提供免費Wi-Fi，吸引了許多聯合國和非政府組織工作者前來光顧。他們的店名「勝家」是取自美國知名的縫紉機製造商，店內的壁龕也擺了不少台美麗的老機器，又或者是掛在吧檯上方或甚至跟桌子結合。（我問巴哈這些縫紉機是否有何重要性。「其實沒有，」他說：「店老闆是個藝術家，他就只是很喜歡縫紉機的外型，所以買了一些來放。」）。勝家咖啡廳成立於貝特撒胡爾的第一波藝術重建。舊城有不少老舊失修的建築，擁有厚重的石牆、華麗的拱形天花板，在過去這幾年來，都一一被改造為藝廊或手工藝工作空間，當然還有咖啡廳。勝家的吧檯後方擺了一台巨大的全自動義式咖啡機，那正是一種宣言：他們的咖啡品質非常好。

我在跟巴哈聊土地、聊一九六七年土地被占領之後所發生的各種事件。他跟我說，這裡所發生的一切，其實就跟十九世紀以後所發生的事情一模一樣，就是一連串的移除及取代的過程。

「以色列國的一切，打從第一天開始，就是要從巴勒斯坦家庭手中搶奪他們的土地。」他毫不修飾地說：「政府就是在通過那些讓土地偷竊合法化的法律。軍隊也在做一樣的事，私部門也在做一樣的事，甚至連上帝在以色列國內，都做起了房地產經紀人的生意。祂把這塊地——這塊特定的地——祂把它簽給了猶太人。沒有大一英寸、沒有小一英寸，也沒有往右邊移動任何一絲一毫，確確實實地就是同一塊土地。」

所以說，我問，畫下這些邊界的人是上帝嗎？

「上帝——對心懷種族主義的人而言——是一個**會犯錯**的上帝。」巴哈回答道：「所以必須由他們來糾正上帝的錯誤。也就是說，上帝把這塊土地給了猶太人，但祂犯下在這塊土地上創造巴勒斯坦的錯誤，於是，以色列國必須來糾正上帝的錯誤。」

巴哈停頓了一會，用手指前後滾動著一張捲菸紙。

「猶太國族主義者一向將巴勒斯坦視為一塊沒有人的土地——『一塊沒有人的土地給了一支沒有土地的民族』。但要說巴勒斯坦是沒有人的土地的話，你必須抹除長達一萬年的人類歷史。」

在巴哈看來，這必須要怪歐洲，以及歐洲的思維。

「在這裡發生的事情皆源自歐洲，是謂定居殖民主義。主宰巴勒斯坦的意識形態是一種歐洲意識形態，這就是為什麼你剛抵達台拉維夫的時候，感覺很像置身在歐洲。你不覺得自己是在中東，對吧？這裡是在中東的歐洲。他們稱它為『中東的瑞士』，但我們跟瑞士有什麼相似之處？」他稍作停頓，然後定睛看著我說：「松樹。」

在這裡，甚至連樹木都被政治化了——它們被賦予了界定、主張土地的角色。根據耶路撒冷應用研究院（Applied Research Institute of Jerusalem），自一九六七年以來，以色列當局及外來定居者，共計拔除了超過八十萬顆原生橄欖樹。[34] 與此同時，只為猶太人的利益而購買及開發土地、於一九〇一年成立的猶太國家基金（Jewish National Fund）及其他類似的組織，共種了超過兩億五千萬顆松樹。[35]

「松樹並不是原生植物。」巴哈說：「它們的針葉是酸性的，會把土壤給毀了。我不知道以色列的環境主義者或一般的以色列大眾，到底在不在乎松樹的破壞性影響。他們當初就只是想要找個生長快速，然後可以改變地景的東西罷了。」

我想到巴勒斯坦作家兼律師拉加．薛哈德（Raja Shehadeh），他用充滿哀悼的詞藻以編年的方式記錄了這塊他認識了一輩子的土地的有形轉變。在《巴勒斯坦行走》（*Palestinian Walks*）裡，他描述了七趟自己於一九七八年至二〇〇七年之間徒步跨越山丘與谷地的旅程。「在二十五年的時間裡，」他寫道：「這個世界的一項寶藏——這片《聖經》中所描述的、與基督同時代的人應該都很熟悉的地貌——經歷了各式改變，其中某些部分甚至徹底變得再也認不出來。」至於提到松樹時，薛哈德的一個段落尤其讓我久久難以忘懷。

「這一切都只需要一棵樹生根即可。接著，當它結籽時，它的松果會展開，將種子散布至一塊又一塊的梯田，不斷繁殖松子，犧牲掉比它們更早生長在那裡的樹……它們長高、長大，強行占據了那塊它們扎根的土地。正如橄欖樹，它們的根貼緊地表，有如指節似地突起而平滑，爭奪著同一塊土地，使得兩者難以共存。」[36]

爭奪著同一塊土地。難以共存。

「那些樹是一種隱喻嗎？」我問巴哈。

他靜默了片刻，又給了我另一種表情。

「不，」他說：「它們是真的樹。我覺得，這其中應該沒有隱喻。」

巴哈自二〇〇二年開始共同籌畫「橄欖樹運動」（Olive Tree Campaign），邀請了許多人來跟巴勒斯坦農夫一起採收橄欖。他們在過去二十年以來，共負責了九萬多棵橄欖樹的栽種。資金來自世界各地的個人及組織捐款。但這些努力跟猶太國家基金在同一時期的活動相比，卻仍是小巫見大巫。

二〇一〇年，耗資數百萬英鎊的內蓋夫沙漠（Negev）「綠化」行動如火如荼地展開，包括栽種一百萬棵松樹以打造「GOD TV森林」。森林是以其贊助者為名，「GOD TV」是一個基督教福音派的電視頻道，所有人為羅瑞與溫蒂・亞歷克（Rory and Wendy Alec）；他們說，上帝親自告訴他們必須栽種這些樹，準備好迎接耶穌的重返。過程中，貝都因人的沙漠村莊阿拉克比（al-Araqib）遭到徹底剷平，房舍被拆除、居民被驅逐。[37]然而，猶太國家基金卻說他們是在挽救一塊「死去」的土地，在嚴苛的環境中開拓植樹造林的技術，之後就能輸出「至其他具備耕作潛能、阻止飢餓的國家」。

我可以理解為什麼巴哈會如此抗拒隱喻。

樹已經成為實質的行動者、真人的代理物，並在這場永恆的領土之戰裡被賦予了重要的角色。近期研究發現，當初於一九四八年被撤空的八十六座村莊，如今都被覆蓋於猶太國家基金的森林之下。[38]以色列歷史學家伊蘭・帕佩（Ilan Pappé）稱這種過程為「記憶屠殺」（memoricide）：[39]將曾經有人居住過的地景變成原始的「自然」與「荒野」，並將巴勒斯坦歷史的有形痕跡消除或隱藏在某種人造的森林樹冠層之下，好似把它恢復為人類墮落之前的模樣。

巴哈告訴我，以色列至今仍在實行一八五八年所訂定的鄂圖曼土地法，任何在三年內毫無開墾活動的土地，都會恢復為「國家」所有。有鑑於此，橄欖樹行動的一項主要目標，是希望能幫助巴勒斯坦農夫繼續持有自己的地產。因為一旦他們有在種植橄欖樹，就算是土地有在開墾的證明。

於是，松樹林與橄欖樹叢林在整個鄉間相互推擠爭地，同時在以色列和巴勒斯坦的空間之間形成實體上及象徵意義上的邊境。換句話說，這兩種樹被借用來創造邊界線的多重性，其栽種與管理形成一種生態上的權力鬥爭，或是一種活生生的邊界控制形式。過去曾有一段時間，松樹林的栽種被限縮於一九四八年所訂定的以色列疆界之內，但到了一九六七年之後，它們開始擴散至約旦河西岸的丘陵地及山區。而人們，也隨著它們一併到來。

綠線的消除儼然創造了一個新的邊境。那塊「被占領土」提供了一塊「野生」空間，讓滿腔理想的年輕猶太國族主義者，可以再度實現那些已被神話化的開路先鋒所經歷的艱辛生活。而這一切始於最基本的方法，也就是由一小群旅隊同行或將移動房屋載上山頂，然後圍成一圈，就像約翰・福特（John Ford）西部片裡的馬車隊那樣。對移居者而言，這是「上帝賜予」的領土——並非約旦河西岸，而是《聖經》裡說的「猶太與撒馬利亞」的地、「大以色列」（Eretz Israel）的一部分。因為這些遍地岩塊、飽受風吹的峰頂無人開墾，所以國家可以依據老舊的鄂圖曼法律主張所有權，即便這從《日內瓦公約》（Geneva Convention）的角度來看屬於非法。而隨著聚落擴大發展，他們進一步向巴勒斯坦人的土地推進，往往會與當地農夫或村民發生衝突。佩塔提克瓦的事件又再度重演；唯獨不同的是，這次，森德・哈達德以以色列國防軍的形式登場。

接著，以色列法院將有一場又一場冗長的法律糾紛案件，但愈來愈多聚落仍持續出現，所謂的「山頂青年」（youth of the hill）利用官僚作業的混亂，以及政府或私人企業默許——或變得愈來愈明示——的支持，來為他們的主張下注。隨著時間過去，這些臨時建立的社區開始轉型，移動房屋不見了，取而代之的是堅固的紅屋頂石灰岩別墅，演變成一棟棟巨大、總體規畫完善、價值數百萬美金的郊區莊園，占據了約旦河西岸一座又一座的山頭。

在薛哈德身兼律師及人權運動家的數年間，他致力於打擊這些發展，但每一次的勝利都贏得很辛苦且稍縱即逝。「小時候，我常常偷瞄西岸與以色列之間那難以捉摸的分界的另一端。」他如此寫道：「城鎮在這裡，然後在地平線那裡的是被侵占的雅法，而中間則什麼也沒有……當以色列開始建設聚落、在山區開鑿道路、將山頂剷平，並以水電將相隔遙遠的地方相互連結時，我深感驚嘆，以及恐懼。」[40]

如今，已有超過五十萬名猶太人定居在「被占領土」，共計將近兩百處聚落。道路網絡橫跨山谷或切穿山脈，將這些聚落與海岸平原及城市串聯起來，但在這些道路當中，大多數都禁止巴勒斯坦人使用。過去切割以色列和巴勒斯坦的，是簡單的蠟筆線條，現在，這條邊界已經徹底變得伸縮自如——只要有愈來愈多聚落不斷成長、持續建造道路與基礎建設，並繼續以「安全」或「保育」等目的為由挪用「未開墾」的土地，就可以隨心所欲地延展這條邊界（如今被占領土幾乎有四分之一的範圍被畫定為「國家土地」）。[41]事實上，把它想成一條連續的線並無幫助。事實上，約旦河西岸旁那五六五五平方公里的區域，其實儼然已成為一種邊界群島、一系列正在縮小與擴張的島嶼：漂離、浮動、永不固定。接著，闖入這片動態而零碎的地貌的，是堅硬與永久的終極象徵：牆。

這道牆在二〇〇〇年代早期的無情暴力中豎起。這場第二波大騷動（intifada），對巴勒斯坦人而言為「起義」、在以色列人看來是「恐怖行動」，最終導向長達數年的抗議、暴亂、謀殺、火箭彈攻擊、自殺炸彈攻擊、圍城封鎖，以及不受控的都市戰事，成千上萬人因此遇害身亡。事實上，邊界的流動性與多重性，同時也意味著到處皆是戰線。

以色列政府的回應，是把貫穿整片大地的**分隔**線變得絕對清晰。於是，它蓋了一道戒備森嚴的廣大屏障，榮登其國內史上最昂貴的計畫之冠。界牆的第一個段落於二〇〇二年六月開始動工，穿越了傑寧（Jenin）塞利姆鎮（Selim）的一座橄欖樹園。過了將近二十年、建了七百公里、花了三十億美元之後，工程繼續進行。或許，永遠都不會有停止的一天。

「但你知道以色列有幾種不一樣的牆，對吧？」巴哈說：「你可以看到肉眼可見**與**不可見的牆。不可見的牆的意思是——巴勒斯坦社區沒有依照都會模式自然擴展，其實是有原因的。自從一九四九年起，以色列境內就有一些巴勒斯坦社區被嚴禁擴張**任一寸**。因為他們無法取得在自家地產上建設的許可。以色列有時候會承認你們家的地產**是**屬於你們家的，意思就是說：『我們還沒找到搶劫你們家地產的方式，所以那是你們的。但一旦我們找到搶劫你們家地產的方式時，你就不准在上面蓋東西了。』」

巴哈拿出手機、輸入了一組號碼，然後開始用阿拉伯語講話。「計程車要來了。」他說。我們走到戶外等車，巴哈抽起他的捲菸。太陽已經不見蹤影，取而代之的是一片扁平的灰色天空。一陣冷風正吹拂著貝特撒胡爾的狹窄街道。

「離這裡不遠的地方有一座村莊，」他跟我說：「叫瓦拉賈（al-Walaja）。那是一個同時擁有**一切**的地方。」

在瓦拉賈，我們翻越了一座瓦礫堆——那棟房子被挖土機剷平了——然後再面向山谷，朝著瓦拉賈的方向眺望。谷底位置正是以前那條綠線；在對面山坡上的是舊的瓦拉賈，我們所處的位置是新的瓦拉賈。舊城現在只剩下少數幾棟殘破的石製建築，不過，在我們的這個瓦拉賈裡，那些廢墟卻都是新出現的。

一九四八年夏天，以色列軍隊朝舊瓦拉賈發動攻擊，當地居民因此越過谷地、逃向東南方。當戰爭結束、停戰線畫定完成時，幾乎整個瓦拉賈的土地都被歸分於以色列境內。但有一小部分的耕作梯田仍位在另一側、約旦河西岸的丘陵區內，種有橄欖、無花果與杏樹叢。約有一百名村民決定定居在這裡，在舊家仍在視線範圍內的地方，重建生活與社區。[42]

但邊界就是不願放過瓦拉賈。以色列在一九六七年進行占領後，重新畫定耶路撒冷的市政邊界，恰好穿越瓦拉賈村的正中心。頓時之間，一半的瓦拉賈位於城市範圍內，而另一半則仍在西岸。不過，那些現在被認定為住在耶路撒冷界內的人，卻沒有取得居住權。他們處於一種哪裡也不是的區域裡、一種在地理意義上卡在中間的地帶。數年來，許多居民被拘留或逮捕，原因為非法進入耶路撒冷——即便他們根本沒有離家過。

然後，接踵而來的是侵占土地及拆除屋舍。瓦拉賈的大片山坡地被挪用為猶太聚落的建設地，包括吉羅（Gilo）與哈爾吉羅（Har Gilo）。當地人的家園被挖土機剷平，因為它們都是在沒有建設許可的情況下建造的——實際上，要不是村民申請許可遭拒，就是那些住在耶路撒冷市內的人被禁止提出申請。[43]因為，你無法在真空裡頭蓋房子，對吧？

在我們腳下的這堆廢墟，是幾年前才剛被拆除的房子、是在過去三十年之間被拆毀的八十幾棟瓦拉賈住屋當中的一棟。巴哈指向一棟棟高掛著拆除令的房子——苟延殘喘的建築。

除此之外，其實還有更多故事。當他們首度公布界牆工程計畫時，本來是打算沿著耶路撒冷的邊界線建設。換言之，把瓦拉賈切成兩半。以色列高等法院接受瓦拉賈社區提出的訴願，於是界牆改道——變成包圍整座村莊。所以，現在，界牆緊貼著蓋有建築物的區域，將絕大部分的農業用地隔於另一側，也就是所謂的「連接區域」（Seam Zone）：約旦河西岸介於界牆及一九四八年綠線之間的部分。農夫必須通過這道屏障的門，才能到自己的田裡工作或採收。接著，在二〇一三年時，耶路撒冷市政府通過一座國家公園的建設，其範圍將延伸至這塊連接區域內，恰落在瓦拉賈的農地正上方。[44]

這已經不只是隔離的問題了，更像是**窒息**。整座村莊被界牆及圍籬包覆在內、壓縮、環繞，遺留在牆外的土地一點一滴地被偷走，拿去開發、建設或再造。

「這道牆，」巴哈說：「就是要盡量把巴勒斯坦人留在其中一邊，愈多愈好，然後再盡可能地把土地留在另一邊。以色列想要的是土地；以色列不想要的是那些人。」

不過，儘管如此，瓦拉賈仍舊堅持不懈。在村莊下面一點、距離標記北方邊界的刺網圍籬只有幾公尺的地方，長有一棵被人們認為是全巴勒斯坦境內最老的橄欖樹。這是棵非常有存在感的樹，高達十二公尺、樹幹直徑達二十五公尺，盤根錯節，而且至今每一季仍能產出橄欖，在豐年時，其產量甚至多達六百公斤。巴哈說，這棵樹大概有四千歲、或甚至是五千歲。這是一個奇景、「一棵被祝福的樹」，也是一棵看盡這片土地上的人類史的樹，經歷了《舊約聖經》與《新約聖經》、目睹了各個帝國的崛起與沒落。如今，這道牆正離這棵樹如此接近，恰能在其樹枝蔭下休憩。而在地底下，它的根朝向四方延展、伸入土壤深處，又遠又廣，或許甚至也正努力穿越圍籬及刺網下方，然後進到另一側的土地裡。

忽然間，一陣大雨襲來，巨大、冷冽的水花在瓦礫堆之間濺灑開來。我們朝著計程車等候的方向小跑步回到山上。那道牆就在我們眼前；再過去一點，瓦拉賈正後方的山頂位置，便是建造在遍地石塊、「未開墾」的峰頂上的哈爾吉羅聚落。如果從刺網上方望去，可以看到聚落裡某棟房子的二樓陽台窗。玻璃後有個模糊的人影，似乎從頭到尾都盯著我們，一直到界牆的灰色混凝土將我們擋住方才罷休。

「你知道嗎？這道牆並沒有真的把巴勒斯坦人跟以色列人隔開。」巴哈說：「因為其中一側同時有巴勒斯坦人跟以色列人，然後另一側也有巴勒斯坦人跟以色列人。但這道牆確實是一個**障礙**。為猶太裔以色列人設置的障礙嗎？不是。猶太裔以色列人不用經歷檢查哨；他們會跟你打招呼、友善地跟你揮揮手。那是**為他們設立**的檢查哨。但對巴勒斯坦人來說，情況就不一樣了。這道牆是巴勒斯坦人跟巴勒斯坦人之間的障礙，檢查哨是巴勒斯坦人跟巴勒斯坦人之間的障礙，然後，這道牆同時也是巴勒斯坦人跟他們的財產之間的障礙。」

時間接近傍晚，在我們朝著東邊伯利恆方向回去的路上，交通十分繁忙。到了下一座山谷，眼前看到的是車速飆快、全新建設的雙線道高速公路，路的兩側皆包覆著突出的巨大水泥屏障。至於公路的前後兩端，則都消失在貫穿山腰的隧道之中。對居住在約旦河西岸的巴勒斯坦人而言，這是一條嚴禁使用的路；對居住在約旦河西岸的猶太裔移居者而言，這是一條可以快速回家的路。我在公路的水泥屏障正中間，看到一幅巨型塗鴉壁畫，上面寫著「站得比牆更高」。

巴哈突然轉頭過來跟我說：「我已經四十歲了，但我從來不知道自由為何物。再過二十年我就會變成六十歲，但我仍然不會知道自由為何物。我永遠都不會知道自由為何物。」

感覺他應該以前就跟別人說過這些話了，或許甚至已經說過很多次——跟記者說、跟觀光客說、跟政治觀光旅遊團說。在他的字句之間，感覺有種排練過的痕跡；那些措詞幾乎帶有一種表演意味。這並沒有讓他聽起來變得不真誠，但我卻能隱約感受到他的厭倦。阿拉伯語中有一個詞「sumud」，意思是「堅定不移」，現在已經成為巴勒斯坦人抵抗以色列占領的意識形態，具備在這塊地落地生根、不論如何都要永遠堅持的意涵，以及恆久忍耐、**透過存在表達對抗**。但這想必會對心理帶來非常沉重的耗損，讓我想起巴哈當天稍早跟我說的話。

「七十年的壓迫確實讓人們漸漸累積出一種麻木感。這並不正常，但卻已經變成常態、變成我們習慣的事了。」另一件讓他們深感掙扎的事，就是在憤怒與麻木之間，找到「那個」空間、找到連接區域——而這整件事**並不**正常。

伯利恆的道路被交通阻塞得水泄不通。我們已經很接近檢查哨了，有人開始指揮排隊的車輛，空氣中瀰漫著烏煙廢氣及汽車喇叭聲。我們勉勉強強地在空隙之間穿梭，緩慢地駛過市區。在整趟車程當中，界牆時而出現、時而落出視線之外。現在，我們又在它的正旁邊了，跟隨著它的路徑跨越這片都會地景，最後，牆的路徑與我們的窄巷形成了一個直角。

抵達我的下車處了——擁有世界最糟景觀的旅館。

繼貝爾福簽下英國支持猶太人在巴勒斯坦建立家園的宣言一世紀之後，一間改建自廢棄製陶工廠的旅館於伯利恆落成，只離西岸界牆四公尺遠。整個建造與裝潢工程共耗時十四個月，而且過程徹底保密，就連當地的四十五位巴勒斯坦僱員，都不知道他們新老闆的真實身分，直到旅館所有人向國際媒體發布新聞稿，一切才明朗起來。

「自從英國開始掌控巴勒斯坦、將巴勒斯坦重新改裝，並造成後續的混亂之後，已經過了整整一百年。」新聞稿內文提到：「我不知道為什麼，但覺得這是個好時機，好好反思英國在沒有徹底理解後果的情況下所做出的巨大政治決策，到底帶來什麼影響。」

最後署名的人是捉摸不定、神祕莫測的英國塗鴉藝術家班克斯（Banksy）——這項建設可說是他的作品之中最具野心的一個。他把這座蓋在約旦河西岸的旅館構思為一項擁有生命、機能完善的永久性藝術裝置，包含九間可供預訂的房間、一間鋼琴酒吧、一間博物館、一間藝廊和一間書店。它的名字就高掛在正門上方，打著燈光，寫著「避世飯店」（The Walled Off Hotel）。

成品可說是一個巨大的班克斯俄羅斯娃娃：一項藝術作品當中包含另一項藝術作品，然後再包含另一項。我坐在鋼琴酒吧裡，桌上點有一盞蠟燭，吃著以中東綜合香料調味的鹹食料理、喝著巴勒斯坦當地的啤酒。我的正對面擺有一台自動彈奏的小型平台鋼琴，鋼琴下方藏著一抹白色噴漆。雖然藝術家已經設定好預製的編曲程式，但也可以遠端遙控，也曾邀請漢斯．季默（Hans Zimmer）、川特．雷澤諾（Trent Reznor）、強烈衝擊樂團（Massive Attack）與艾爾頓強（Elton John）等音樂家來「現場」表演。酒吧的整體美學算是某種簡陋的英式殖民風格，一部分是紳士俱樂部、一部分是茶室，內部擺有切斯特菲爾德真皮沙發、切割水晶玻璃杯、棕櫚樹，茶壺上還插著布滿灰塵的破舊英國米字旗。

此外，牆面上掛滿了班克斯的作品。在鋼琴後方，有一扇被封起來的窗戶，上頭畫滿塗鴉，外框閃爍著不斷轉變的霓虹燈；鋼琴前方則掛有三個小天使，其中兩個戴著湊合而成的防毒面具，第三個伸手想要拿面具卻失手了，永遠定格在這個朝地面墜落的姿勢。在另一面牆上，有幾支十字架被改裝成巨型抓鉤，幾面木質盾牌上擺著監視器，如同狩獵戰利品一般。大廳門附近有一個火爐，在「可燃」標誌及碎石、鋼筋堆下方閃耀的是人造火焰。就連我的房間鑰匙都是藝術品，其設計為一塊六英寸高的T型牆壁斷片，掛著鑰匙圈的孔正是你在每一面水泥牆上都能實際看見的孔洞，供起重機將牆壁下半部吊起歸位。

從我的座位望向一道短走廊，在一尊四周圍繞著催淚瓦斯煙霧的白色大理石半身像後方，有一尊貝爾福的等身人像。他坐在桌邊、手中握著一支筆，而他背後的牆上掛著《賽克斯—皮科協議》（Sykes–Picot Agreement）的地圖。那裡有一個標誌邀請大家「按下按鈕讓歷史重現」，我走過去按按鈕，看著貝爾福的手在他的宣言摹本上潦亂地畫圈，發狂似地不斷重複簽名，過了一段時間後，他的自動手臂才在一陣劇烈震動下停止動作。

我在跟巴哈分別之前，曾問他對班克斯的旅館有什麼想法。

「我不思考的，」他說：「我不是一個會想很多的人。」

但巴哈很明顯就是一個想很多的人啊。他的回答讓我不是很滿意，所以我又多試探了他一下。

「你知道的，大衛王是在伯利恆市出生，耶穌基督也是在伯利恆市出生。現在，班克斯又在伯利恆市做生意。」他諷刺地笑著，一邊說道：「你必須去談在伯利恆裡發生過的重大事件，知道嗎？大衛王、耶穌和班克斯……」

旅館自從開業便名聲大噪，除了來住宿的房客之外，也有許多單純來參觀的遊客。有些報導指出，它甚至成為伯利恆最受歡迎的景點，只有耶穌的出生地主誕教堂（Church of the Nativity）可以相提並論。這棟旅館很顯然是一項抗議藝術，傳達著班克斯的獨特幽默與顛覆。但在伯利恆出生、長大的巴哈，是否會覺得自己也是這項抗議的一部分呢？

「這不相關。」他說：「人們對班克斯旅館的辯論非常簡單，有人說它很棒，有人說它不好。但我覺得它無關宏旨。」

這次他停頓稍微久了一點，接著繼續說：「你看，那些針對班克斯旅館的辯論實際帶來的影響，是刻意地將對話轉移到四公尺之外——**遠離以色列牆的真正所在**。因為那面牆不只破壞了旅館如今所在的這棟建築，它破壞了整個北伯利恆，也破壞了高速公路沿途的生意，這些生意在過去曾將伯利恆、耶路撒冷和希伯崙連結在一起。那些生意是巴勒斯坦裡數一數二古老的路徑，約瑟和馬利亞走過這些路、亞伯拉罕走過這些路。所以，當你談的是一個已經運作了好幾千年的東西，而以色列國卻跑出來把它摧毀，這其實很有趣，要比一個從布里斯托（Bristol）跑來這裡的藝術家所做的任何東西來得有趣。所以，我不會說它到底是正面還是負面的東西。你知道嗎？它就只是一個東西。」

我喝了一口啤酒，望向窗外。我坐的地方只離以色列與西岸之間那道有實無名的邊界幾公尺遠，它確確實實地吸引了我的注意力，我可以感受到它的躁動不安感。它就像一根長長的混凝土手指，伸入伯利恆深處。但它並不是永恆的象徵，而是行動的象徵。我可以看得出來，它很焦慮地想要繼續推進、自我複製、不斷往前，然後打破大廳的玻璃、穿越旅館到另一邊的街道，再往城市更深處伸去。如果你把視線移開一下，就可以想像出它悄悄地又往前匍匐了一、兩公尺的樣子，近到貼上窗玻璃、望向窗內盯著你。現在，外面天色已暗，塗鴉在昏暗之中變得模糊不清，而酒吧內的鋼琴仍繼續彈奏著。

我的房間就像魏斯·安德森（Wes Anderson）[45]電影裡的場景：亮藍色的牆壁、巨大的紅色波斯地毯，還有一張書桌和幾張邊桌，上面都擺著一疊疊的書、陶盤、燭台、一個搖酒器、兩只冰桶、一個古董收音機、一個黑色雜著金色的茶壺，還有一個塞了五支紅色羽毛的玻璃瓶。第一次進到房間時，他們給我一本螺旋裝訂的小冊，裡面將所有可以在房間內找到的物品都列了出來，甚至詳細到連某一個小瓷罐裡裝了幾朵假花都有（如果你想知道的話，有十三朵）。冊子裡有照片告訴你所有東西確切的擺設方式，我必須一項項檢查，如果有任何東西不見或放錯地方，就必須通知櫃檯。據旅館解釋，這棟建築充滿「重要的藝術作品，而你獲允關上門過夜獨享其中某些品項。」我的床正上方有一幅非常巨大的班克斯原創畫作，以塗鴉藝術先驅尚—米榭・巴斯奇亞（Jean-Michel Basquiat）的風格描繪耶穌受難的景象。我決定在這幅畫附近的位置都不要拿著水杯。

那天晚上稍晚的時候，我用手機看了一段影片，是一個男人拿著一罐綠色噴漆走過耶路撒冷的紀錄。漆罐底部有一個洞，所以當男人在走路的時候，就不斷有細細的綠漆流洩出來，在地上留下一條線。那段影片的長度只有十七分鐘，由一趟共計二十四公里、徒步走過耶路撒冷的旅程片段拼剪而成——男人沿著街道步行，途經雅法門與舊城，穿越巴勒斯坦社區、猶太社區、廢棄土地，甚至還有軍事檢查哨。

那位男人是比利時觀念藝術家法蘭西斯・艾利斯（Francis Alÿs），他盡可能地沿著當年那條綠線的路徑行走，用綠漆（最終共使用了五十八公升）重新畫出那條魅影似的邊界。[46]接著，艾利斯把影片拿給一些人看，並將他們對影片的反應也錄了下來，作為影片的音源。觀看影片的其中一人是雅爾・達揚（Yael Dayan）——當初畫定綠線的摩西・達揚的女兒。我那天晚上看的影片就是這個版本。[47]

雅爾的聲音充滿菸嗓，渾厚而沙啞。「我也希望他們就只是拿著這個漆罐走來走去，事情如果這麼簡單就好了。」看著艾利斯在耶路撒冷穿梭，她說：「當初那條綠線甚至不是一個真實的存在，只是一個象徵，對不同人來說有不同意義。對大部分的人而言，它意味著衝突的終結——**假如我們真的可以回到那個狀態的話**。它意味著範圍變小的以色列，同時也變得比較安全。雖然那條線是虛構的，它卻會讓事物**常態化**。但有些人說，綠線是一場災難、是一條自殺線。」

艾利斯在背景非常模糊地問了雅爾，她父親有沒有提過畫線的事。

「那不適合當床邊故事，他也沒有認為這件事很重要。」她直率地回答道：「它沒有意義，它並不代表最終的線……因為，就跟其他人一樣，我爸爸非常清楚邊界沒辦法由戰爭決定。」

但現在，根據雅爾的說法，那條曾經用來定義衝突的綠線可以變成一條「和平線」。正如艾利斯那條細緻的綠漆，它提供了一種新的可能性：「一條開放式邊界，人們可以來回通勤，會有學生往返，也會有人口流動。你不能把邊界想成封閉、與世隔絕的線。」

在她父親畫下綠線的往後七十年之間，那條線已經洶湧地在整片地景中大肆蔓延。現在它也抵達伯利恆這裡了，跟它首度出現的位置相隔數英里遠，就落在我的旅館房間窗外。它看起來在短時間內都沒有一絲想要後退的意思。

隔天我去走界牆。前一天晚上下了一整夜的雨，但早上的天氣變得很清新明亮。陽光灑落在依然濕潤的街道上，同時又被柏油、石灰與混凝土反射，使萬物浸淫於一片淺黃色的光亮之中。界牆穿越伯利恆的路徑不斷轉換、飄忽不定，幾乎沒有任何筆直路線的段落。事實上，它以一連串的尖銳轉折切過這座城市，到最後才開展成一條悠長的拋物線。牆上布滿塗鴉，從普通的塗鴉到漂亮的都有，內容更是不可勝數，舉凡愛與和平、祈求拆牆，甚至還有

「去你的牆」或「做鷹嘴豆泥，不要做牆」。

在一座瞭望塔的正下方，有一幅巨大醒目的傳神肖像：十六歲的社會運動家艾赫德・塔米米（Ahed Tamimi）。當初，由於十五歲的表弟遭到橡膠子彈射中頭部，這位年輕女孩賞了一名以色列軍人一巴掌作為報復；人們將過程錄影下來，她便成為指標性人物。壁畫的創作者是來自那不勒斯的街頭藝術家約里特（Jorit），他希望能夠搭上塔米米入獄八個月之後獲釋的時間。約里特本人也曾經因為在界牆上作畫，而被以色列軍方逮補拘留三天，隨後被遣送回義大利。

許多段界牆都覆滿一層又一層的塗鴉，新的壁畫與文字不斷堆疊在舊的內容上方，層出不窮，如同一段歷時數十年的抗議地層結構。但當然，班克斯的作品還沒有被蓋掉：兩個小天使試圖用鐵撬把牆撬成兩段；一個年輕女孩被一大堆氣球簇擁離地、飛到牆頂；一隻和平白鴿穿著防彈背心，一記紅外線十字瞄準線落在牠身上。

我很快就看清了一件事：幾乎所有的訊息，不論是用噴漆寫的、潦草亂塗的，或是用模板印上的，內容都是英文。它們是在對西方世界講話，其中有許多也是從西方來的遊客的作品。班克斯的旅館有一間附屬商店，名為「界牆超市」（Wall Mart），店裡提供噴漆罐出租，讓人彩繪界牆。許多巴勒斯坦人徹底反對在這道屏障上彩繪的想法，因為他們認為它不應該被美化，將它拆除才是唯一該做的事。班克斯本人就曾經回想起一件親身經歷的故事：當時，他在創作時，有位巴勒斯坦老先生走來跟他說話。

「你在彩繪界牆，把它變得很漂亮。」老先生對他說。班克斯向他道謝，但老先生回應道：「我們不希望它變漂亮，我們討厭這道牆。你回家吧。」[48]

我沿著牆朝西邊走，前往它為埃達（Aida）難民營築起堅固邊界的位置。埃達難民營過去由零散的帳篷組成，為一九四八年被迫遠離家園的人提供暫時庇護，如今變成一團混亂的混凝土與磚頭，占地少於一平方公里。其中一些建築物有四、五層樓高，裡頭住了將近五千名有登記的難民。這個地方已經有七十年歷史，是許多家庭世世代代的暫時家園——他們仍在等待著重返邊界的另一邊、過去居住的村莊的那一天的到來。而那條邊界原先距離他們數英里遠，現在卻連帶著混凝土、士兵與瞭望塔直逼他們眼前。當我走進難民營時，牆上有塊牌子歡迎我來到「世界上瀰漫著最多催淚瓦斯的地方」。

我在那裡遇見了薩伊德（Saeed），一位二十出頭歲的男孩，他這一生目前為止都住在埃達。「牆是在我六歲的時候蓋起來的。」他說：「我這輩子就只知道這件事。」

我們站在一棟表面烏黑、看似破舊的瞭望塔對面。他告訴我關於這座塔的故事。它二〇〇五年時被蓋在難民營旁邊，作為完成界牆的最後一塊拼圖；就在它落成的同一天，它也成為當地男孩的標的，他們在塔腳下火燒輪胎，使水泥及那些望向營區的單向窗戶變得焦黑。接著，薩伊德告訴我阿里．吉達爾（Ali Jidar，界牆阿里〔Wall Ali〕）的故事。阿里是一個十六歲的男孩，他做了一把木梯，把木梯靠在界牆上，然後爬上牆頂揮舞巴勒斯坦的旗幟。幾天後，他在一場夜間軍事突襲中被逮捕，遭判入獄服刑八年。針對這起事件，埃達的年輕人為阿里蓋了一座臨時紀念碑。他們將一條條斷裂的木頭塞入兩段牆面之間的裂縫，製作出梯子的模樣，象徵著這座牆並非高不可攀，你只需要意志力和一些木板便能翻越它。

薩伊德跟我說，難民營裡的人不想在牆上塗鴉。我幾乎從沒在牆上看過用阿拉伯文寫的內容；唯一的一次，是從被燒焦的瞭望塔延伸出來的角落。有人在牆上用噴漆寫了一句阿拉伯文名句——突尼西亞詩人阿布·卡西姆·艾沙比（Abu al-Qassim al-Shabbi）的〈生存意志〉（Will to Live）：「夜晚終將結束，鎖鏈終將斷裂。」現在這句話已經不見了，被蓋在一幅精緻的圓頂清真寺（Dome of the Rock）壁畫及一幅巴斯克（Basque）旗幟圖像之下。不過，雖然我們已經看不到那句話了，但薩伊德說，那其實一點也不重要。事實上，在築牆的過程中，人們常常在擺在一旁、等待組裝的混凝土塊底部噴漆彩繪，將抵抗的意念埋藏在這般隱密的地方，等待著屏障倒下的那一天，那些字就能像預言一樣再度揭示在世人面前。

我站在瞭望塔下方，覺得這道牆看起來跟永恆毫不相關。相反地，它看起起來很脆弱、俗氣，甚至已經呈現半摧毀的狀態了。但或許這就是重點，它那一塊塊完全相同的牆板如同無性生殖的細胞一般，能夠永無止盡地增生更新。以色列建築師埃爾·魏茲曼（Eyal Weizman）形容這道牆好比「被切段的蠕蟲，每一段皆具備一個新生命」，[49]四處成長、延伸，湧入約旦河西岸，環繞著猶太聚落的山頂，以及串連那些聚落的私人道路網絡。又或者進入瓦拉賈、比爾納巴拉（Bir Nabala）、蓋勒吉利耶（Qalqilya）、哈布勒（Hableh）等地，抑或占地最大的加薩，將巴勒斯坦社區團團包圍，隔絕於世界之外。

魏茲曼在《最不邪惡的邪惡》（*The Least of All Possible Evils*）中提到這道牆的路徑於以色列高等法院內成形、重塑的過程，簡直有如一篇超現實的卡夫卡式故事。它原先預計沿著綠線的途徑建築，但卻持續偏離綠線的軌道，一步一步地進入約旦河西岸。原本的起草人以色列國防部以國防安全原則為這些偏差辯解，並聲稱是為了因應地勢起伏而在結構上採取的權宜之計。但它提議的路徑幾乎從來沒有岔入綠線的以色列側，總是朝著另一側推進。

在一起築牆工程相關的判例中，由於有段牆面貫穿了巴勒斯坦貝特蘇里克（Beit Sourik）村莊的土地，高等法院面臨了一系列關於空間現實的複雜爭論與抗辯，包括那些村莊的內部配置、被畫定為建設用地的山坡地的坡度、田地與果園的定位、視線，甚至還有不同形式的攻擊性武器的相對射擊範圍。當時，因為法官無法以手邊的地圖、平面圖及空拍照做出判決，便要求上訴人把實體比例尺模型帶進法庭。

「它由電腦控制的研磨程序所製造的高密度海綿製成。」魏茲曼如此解釋，而且他們也在模型漆上顏色，以顯示相關田地與果園的位置。「所以說，這道牆的史上第一個模型，並不是築牆的那一方做的，而是反對方。」當他們將模型呈上法院時，現場的法官與律師都必須離開座位，上前圍繞著它。「模型就像玩具一樣，」魏茲曼說：「是在人們掌控之下的縮小世界……那次訴訟程序變得像是設計討論會，各方根據模型提出論點，有時候還會把筆放到縮小的地形模型上平衡，試圖找出替代方案。」[50]

接著，他們遇到了麻煩：在所有的替代方案當中，沒有任何一個是**完全無牆的**，而這正是他們提出這起法律訴訟的終極緣故。因此，就在國際法庭（International Court of Justice）將整個築牆的概念裁決為違法的一個星期多之前，以色列最高法院也裁定**反對**行經貝特蘇里克的那道「隔離牆」。當時，以色列法官認定，國防部原先的路徑將對貝特蘇里克村的生活產生過於嚴重的影響，因此建議改採畫於比例尺模型上的其中一條妥協路線。對法官而言，那道牆似乎已然是既定事實，唯一的問題只在於確切該往哪裡走。

事實上，這個問題在以色列的法庭中一而再、再而三地出現，人們針對界牆的每一段落提出挑戰、不斷推拉、重塑、變換。曾參與多起案件的人權律師米歇爾·斯法德（Michael Sfard）十分驚懼地談到他在過程中意識到的事：他本身「事實上且實際上，正是與其他勢力一同設計這道牆的最終路徑的一股勢力……我們發現自己在幫助相關當局設計一道更好的牆、沿著一條更能永續的路徑蓋築的牆……這對我而言非常難以啟齒，但在這道牆實際的路徑裡，確實有不少地方是我設計的。我後來意識到，自己其實也是參與其中的一個建築師。」[51]

而另一個參與築牆的建築師——也可以稱他為這項工程的首席建築師——國防部的策畫師丹尼·提爾札（Danny Tirza）將這條無限變換的圍牆路徑形容為「發瘋的政治地震儀」。[52]以色列與巴勒斯坦之間的所有緊張，都被築入並呈現於這道七百公里長的屏障之中。而且它仍在不斷成長中，可說是一條以混凝土、刺網、電籬笆、監視設備、道路、溝渠及瞭望塔所築起的彈性邊界線，正如最初賦予它生命的衝突根源，似乎都完全沒有盡頭。

那晚，我回到班克斯旅館的酒吧，吃著一盤鷹嘴豆泥，再配上擺得像是一段界牆的扁麵包（每片麵包頂端都有孔洞）。我同時也在讀一本短篇故事集，書名為《巴勒斯坦+100》（*Palestine +100*）。這本故事集邀請了十二位巴勒斯坦作家，想像他們的國家在二〇四八年時會是什麼樣貌，也就是繼一九四八年總計七十萬名巴勒斯坦裔阿拉伯人被逐出家園的「大災難」後的一個世紀。

一個故事是薩林姆・哈達德（Saleem Hadaad）的〈眾鳥之歌〉（Song of the Birds）。故事設定於一個看似恬靜、和平的未來巴勒斯坦，唯獨有一波自殺潮在青少年之間蔓延，包括敘事者阿雅的哥哥齊亞德。不久後，齊亞德來到阿雅的夢境中，並花了數個夜晚向她解釋他的自殺其實不是關於死，而是關於生。「你所生活的地方，」他說：「全都只是一個模擬實境。他們控制了我們的集體記憶，創造出巴勒斯坦的數位影像。而那就是你所生活的地方。」自殺是抵達真正世界的唯一方法。「我們是終其一生都活在模擬實境的第一代，我們處於一種新興殖民形式的前線。所以，如果要開發出新興的反抗形式，也取決於我們。」他要她聆聽眾鳥所唱的歌，那其實是預先錄製的音效，不斷重複播放。於是，阿雅也一步一步走向自殺之途，以實現她的「數位重返」權利。這是一個令人不寒而慄的故事，部分靈感來源為作者的親身經歷——身為一名流亡的巴勒斯坦人，你是否該在世界上其他沒有衝突的地方建立家園？或是應該回家掙扎、受苦，然後在過程中面對反抗的嚴峻現實？[53]

另一個故事〈N〉由馬伊德・卡雅爾（Majd Kayyal）所寫，內容更加偏向科幻故事的範疇。在他的二〇四八年巴勒斯坦，他們跟以色列之間的衝突已經結束了，但那只是因為科技發展開啟了一個量子場域，讓兩個平行世界可以同時存在：一個是以色列人的版本，另一個是巴勒斯坦人的。兩者之間的維度邊界由《協議》訂定，其中包含了最重要的限制條款〈第七條〉：出生於《協議》之前的人不得在不同世界之間移動。他們依然「活在無法克服的創傷之中」，必須選擇一個世界並留在原地，而年輕世代因為不受衝突的記憶所阻礙，便能夠來回移動。但即使如此，有些人依然拒絕前往分隔在另一邊的世界。敘事者的父親提及一位家族舊識，是一個巴勒斯坦社會運動者，決定待在以色列的維度內：「他拒絕……他認為這項勝利，不過就是一種高科技的科學種族隔離制度。」[54] 隔離就是隔離，不管是不是以維度來區分都一樣。

在這塊土地上，過去與未來的幻象總是交融在一起，將土壤浸淫於創傷的記憶與災難的預示之中。時間回推一世紀，修正派猶太復國主義黨的創辦人澤維・賈鮑京斯基（Ze'ev Jabotinsky）正在進行他的未來洞察。一九二三年，他在一篇標題為〈鐵牆〉（The Iron Wall）的文章中，預測猶太人「要麼必須終止我們開墾聚落的努力，要麼就是得在毫不在乎當地人感受的狀況下繼續開墾。如此一來，聚落便能受到某種獨立於當地人口的勢力所保護，在當地人口無力突破的鐵牆背後加以發展。」[55] 賈鮑京斯基〈鐵牆〉的原意，只是在暗喻無懈可擊的軍事霸權，如今卻幾乎成為字面上的事實。我暗自設想巴哈會怎麼說——**這其中沒有隱喻，它是真的牆。**

那知名的以色列學者耶沙亞胡・萊博維茲（Yeshayahu Leibowitz）呢？他在一九六八年的〈領土〉（The Territories）中警告人們，如果占據狀態持續不變，那麼在前方等著他的國家的，將是一個黑暗的未來。「阿拉伯人將成為勞工，猶太人則是行政人員、監察官員、公務人員及警察，且以祕密警察為主。一個統治著一百五十萬至兩百萬名外國人的國家，必將成為祕密警察的國度，而這也會對教育、言論自由與民主制度產生影響。所有殖民政權的貪腐特色，都將於以色列國內大為盛行。」接著，他繼續說道，占領行動的政策——及邏輯——只會導往一個方向：「以色列統治者將立起集中營。」[56]

到頭來，或許虛擬實境和平行世界也沒有那麼遙不可及。不管我們從哪個角度審視以色列與巴勒斯坦，都很難不看到反烏托邦的魅影。我一直在想魏茲曼把圍牆描述為被切成段的蠕蟲的說法，還有它們不斷地重新成長的模樣，尤其讓我想起以前諾基亞的手機遊戲《貪食蛇》的場景。在遊戲一開始，你只是一個小點，但每過一秒鐘就會變成愈來愈長，也就是貪食蛇。然後，你必須在手機螢幕內既定的空間裡，指引那條不斷變長的線的前進方向，直到它最後把整個空間填滿，你就不得不結束遊戲。約旦河西岸便是手機螢幕，那道界牆則是貪食蛇——持續擴張的邊界線。因為你太想要在一個空間裡做出分隔，最後留下來的就只剩「分隔」本身，也就是隔離的機器。正如拉加・薛哈德在《巴勒斯坦步行》接近尾聲的段落所寫：「不論我們稱之為以色列或巴勒斯坦，這片土地都終將成為一大片混凝土迷宮。」[57]

那天夜裡，我在房間裡能夠聽到外面的吼叫與吟唱聲從附近某處傳來。我起身走到陽台。或許是因為我讀太多科幻故事了，但眼前的景象在我看來幾乎堪比末日場景。一陣充滿怨念的狂風持續吹著，在界牆與旅館之間以混凝土蓋成的人造峽谷之間低嚎。我的房間位於二樓，所以我可以從牆頂望向另一側。另一側是什麼呢？一個停車場，一個空曠而巨大的停車場，等著被隔天前來觀光的汽車與遊覽車填滿；那些從耶路撒冷來的遊客，都會去參觀拉結墓，也就是雅各最愛的妻子、約瑟與便雅憫的母親下葬的地方。

三千多年前，大腹便便的拉結從耶路撒冷出發，展開一趟向南的旅程，並在途中產子，然後在生產過程中喪生。據傳，她的遺體被埋在距離這座停車場只有幾公尺遠的某處。這就是為什麼界牆會伸入伯利恆如此深處的位置，以混凝土與監視器懷抱拉結最後長眠的地方。界牆從廣大的停車場，縮小至一條窄小的通道，牆上蓋有瞭望塔，恰落在她陵墓的正上方。

我可以看到西邊遠方的山坡上吉羅的明亮燈火，也就是蓋在瓦拉賈被瓜分至約旦河西岸土地上的大型以色列聚落。吉羅的明亮燈火受到厚重的低雲反射，使天空呈現出亮橙色的火燒景象。嘈雜的聲響持續蔓延，同時混雜著刺耳的風聲瀰漫了整個夜。但我無法釐清那到底是什麼聲音，抑或從哪裡而來。事實上，我根本無法辨別那到底是喜樂的慶祝場合、爭論、派對、抗議，又或者是全部同時發生？

我稍後要去界牆上塗鴉。雖然我**確實**想過這件事，但其實我沒有真的意圖要這麼做。不過，我在前一天晚上下定決心絕對不會付諸行動。我只是要去那裡觀察、找人講講話。「衝突觀光」（conflict tourism）的概念讓我感到憂心，我怕界牆會變成西方遊客的某種「美德帆布」，怕它的重點不再是展現團結心，反而是一種偷窺癖的行為，或是可以發布到社群媒體的冒險。我大可以去塗鴉，然後轉身走人、跨到牆的另一邊，再搭飛機回家（其實，我那天稍後確實是要這麼做）。但假如你是巴勒斯坦人，你別無選擇，只能在生命中的每一天都盯著這道牆，而它為你的存在畫定界線。從這個角度來看的話，將牆覆滿一堆卡通圖案、塗鴉亂寫、立意良好但卻其實空洞的布道內容，似乎稍嫌幼稚。

我向避世飯店隔壁的界牆超市的老闆解釋了以上這些想法。那時候，我只是走進店裡逛逛，他問我要不要租借噴漆罐。

「那根本就是胡扯淡。」他跟我說：「儘管去畫牆就對了。」

「聽著，」他繼續說道：「大部分的人走進來，都非常渴望想去畫些什麼，但他們不知道可以畫什麼。他們就只是想要畫。」

我坦白跟他說，其實我知道自己想畫什麼，雖然我不是很確定自己到底想不想畫。我拿出筆記本，給他看我抄的古代蘇美文字「無人之地」，那是在四千五百年前首度出現於拉格什的邊界柱上的詞。接著，我也給他看了那根柱子的照片，是我在大英博物館的讀書室裡用手機拍的。當時，店的角落有另一個男人在進行畫作，他走過來看了一眼。他介紹自己名叫馬利歐（Mario），原來是一位波蘭塗鴉藝術家，藝名是Cake$。我告訴他們，我本來想把這個在世上已知最早的邊界爭執中誕生的詞寫在圍牆上，他們兩人都點了點頭。

「很棒耶。」馬利歐說：「你一定要去寫。」

在我將筆記本上的手抄內容轉譯到混凝土上的過程中，混雜著一些複雜到很有趣的事。首先，第一步是將它拍攝下來，然後用電子郵件傳到店裡的電腦。檔案存到電腦之後，就可以放大投射到一塊黏在比較遠的牆面上的空白厚紙板上。我用鉛筆描了那些蘇美文字的外框，完成後，再把厚紙板移到切割板上，並用小刀沿著剛才畫的線進行切割，將它製作成一塊模板。馬利歐已經回去繼續畫他的作品，但我一邊工作，也一邊跟他聊到邊界。他告訴我，他祖母來自西里西亞（Silesia），而且她家在一九二一年全民公投時，其實投了想要成為德國的一部分，但後來邊界被重新畫定，他們被歸為波蘭的領土。不到二十年後，西里西亞成為第二次世界大戰初期，最早被納粹入侵的一個地方。

模板完成之後，他們給我一罐黑色噴漆，叫我去牆上找個地方。我把紙版黏在混凝土上一塊空白的位置，然後鬼鬼祟祟地朝四周瞄了一會，尤其是一百公尺外的瞭望塔方向。接著，我按下了噴嘴。整串文字的長度只有一英尺多，只花了我幾秒鐘的時間就完成了。我放著等它乾，再把模板撕下來，它就這樣印在牆上。**無人之地**——這個大約在公元前二四〇〇年首度刻鑿在石灰岩上的詞，如今穿越層層歷史，經過複製、拍攝、電子郵件傳送、描框、切割、噴漆等過程，又被再度提及。

我知道幾乎沒有人能讀懂它，它很可能在接下來的幾個星期或幾個月內，就被其他塗鴉覆蓋掉。但我覺得沒有關係。事實上，我**希望**它能被層層塗鴉掩蓋、埋藏，加入牆上隱藏訊

作者攝

息的行列。那算是某種邊界條碼，感覺像是在界牆蓋上原產地標章、生產地標記似地。另一條被實現的線、拉格什與烏瑪之衝突的另一個後嗣，就在這裡橫跨這片平原，將大地劈得四分五裂。

這一切所花的時間比我預期的還久，所以我必須向北趕路，行經伯利恆、回到三百號檢查哨。相較於來程，回程的體驗非常不一樣。我加入一小群人，有男、有女、有小孩，大約二十位巴勒斯坦人。我們必須以步行的方式穿越一系列的長隧道，最終抵達窄小的金屬旋轉柵門，並將身上攜帶的個人物品通過——無人看管的——X光機，接著再排隊向坐在樹脂玻璃亭內的巴勒斯坦自治政府人員

作者攝

出示身分證或護照。一名以色列士兵手持機關槍，在另一側等候。其中有好幾次，檢查人員將一些人放行，但那名士兵會要求他們出示文件，並將他們直接遣返。他也這樣對待一位老婦人，老婦人開始用阿拉伯語跟他抗辯。他搖搖頭，一隻手離槍、朝她揮了揮。「快走啦，快走。」他對她大吼。**快點回去你的那一邊**。她穿過旋轉柵門回到另一邊，然後呆站在那裡，顯得不知所措。

輪到我的時候，檢查人員只快速地瞄了我的護照一眼，以色列士兵甚至忽視我。我進到牆的另一邊，爬上在那邊等候的其中一輛公車，很快就翻越山丘、回到耶路撒冷了。那天很溫暖，是個晴天，空中幾乎無雲，所以公車上很熱。而且那天是星期五，黃昏之後就是「安息日」（Shabbat）了，大家都準備要回家，從下午一、兩點就開始車流湧現。回到阿拉伯公車站後，城市街道卻顯得安靜。我已經錯過機場接駁巴士，而且火車在星期五暫停行駛，所以我別無選擇，只好改搭計程車。

計程車等候區排滿了車，但每輛車都是空的。我猜，那些司機應該是去吃午餐了。最後，終於有輛車停了下來，我們協調好前往機場的車資。那位計程車司機是巴勒斯坦人，年約六十初。我們很快地就開上高速公路，一路上都沒有關窗戶，涼爽的微風緩和了當大的熱氣。途中，他一度指向某座山谷裡的破敗廢墟，那是一座被遺棄的村莊，但我沒有記到它的名字。我們進入一種舒服的沉默狀態，一段時間之後，他點了一根菸，並開始用阿拉伯語輕輕哼著歌。

當時，我腦中想著在檢查哨的那位老婦人。對我而言，通過這塊我幾乎一無所知的土地是多麼地容易，但她卻無法進入那個她唯一認識的地方。**今天不行，下次再來試試看**。有時候，其實很難**不**去多想事情背後的隱喻，但我可以理解為什麼巴哈會對它們抱持懷疑態度。舉例來說，我一直把那道牆想像成某種實體，或是一個失控的有機體，飢渴而頑固，並由它本身的欲望所驅動，而盡其所能地不斷變長、變大。它是一個從未停止移動的暫時邊界，因為在某種程度上來說，它是**活著**的。但它當然不是活的，一切終究得回到人的身上。畢竟發明、畫定、設計、形塑這條線，並爭論其路徑與目的的，都是人。為它爭鬥的是人，因它而死的也是人。它是一道**鐵牆**、一座**混凝土迷宮**。

拉加．薛哈德在《戰爭的語言，和平的語言》（*Language of War, Language of Peace*）中提到希伯崙山的一名鞋匠，他在製鞋的過程中會將一小戳巴勒斯坦的土壤加到鞋底內，如此一來，那些難民、那些被驅逐出境的人、那些離開世界的人，還有那些試圖返國遭拒的人們，就可以一直站在一小塊自己的土地上。不論他們去到哪裡，都會有一小部分有形的巴勒斯坦跟隨著他們。或許，我們身上全都攜帶著那些界線。或許，我們本身就是線。

在以色列、在巴勒斯坦，那些線與它們蘊藏的故事，都像是一個廣大的疊積、一個十分密集且複雜的結，可以在時間軸上回溯至非常久遠的時刻，因此無法好好解開。屬於一個地方是什麼意思？而你又能緊抓住那份**渴望**多**久**呢？我們有沒有法規針對離開、驅逐或返回加以限制呢？那份感覺應該有期限嗎？那不正是我們不斷述說自己的民族、自己的過去的故事的原因嗎？因為，當大部分的石塊都歸於塵土時，那是唯一能夠真正保存我們的文化的方法了？可是，距離今天的一千年、兩千年後，那道牆會說些什麼關於以色列的故事呢？而以色列又會說些什麼關於自己的故事呢？

對薛哈德而言，在這塊土地上所發生的一切，都證明了「唯一的邊界存在人們心中，那是被我們這些居住在這裡的人所承認、認可的人造產物，因為我們別無選擇。以色列在創造這些過剩的邊界時，同時也讓它們顯得可笑，而最終更闡明了唯一真切的邊界，正是我們所接受的那些。」[58]

在阿莫司・奧茲於二〇一八年辭世不久之前，他也做出了跟薛哈德一樣的結論，儘管方法不同。「以色列國可以是個擁有遼闊邊界的怪獸或卡通諷刺畫，也可以是個富有公平、道德與創意的社會，在狹窄的邊界內，被文化遺產充滿、與自身和平共處。」他在《親愛的奮銳黨》（*Dear Zealots*）中如此寫道：「允許邊界問題奴役、扭曲其他所有議題，簡直是發瘋了。縱橫猶太歷史，這項議題從來不是議程上唯一或甚至第一的問題。」他說，現在確實是時候讓以色列「終於從地圖的催眠中甦醒了」。[59]

注釋

1 'Jordan condemns Israel's plan to bring high-speed train to Western Wall', *The Times of Israel*, 18 February 2020.

2 Ateret Cohanim organisation: https://www.ateretcohanim.org/about/；及引自 https://www.causematch.com/en/projects/ateret-2/。

3 'Judge orders case reopened in long-running E. Jerusalem church property dispute', *Times of Israel*, 29 November 2019: https://www.timesofisrael.com/judge-orders-case-reopened-in-long-running-e-jerusalem-church-propertydispute/.

4 'By the Jaffa Gate, final showdown looms in battle over Jerusalem's historic hotel', *The Observer*, 21 July 2019.

5 'By the Jaffa Gate', *The Observer*.

6 譯注：shekel為以色列貨幣單位，即《聖經》裡的舍客勒。

7 D. Newman, 'Boundaries in flux: the 'Green Line' boundary between Israel and the West Bank – past, present and future', *Boundary and Territory Briefing*, vol. 1, no. 7 (University of Durham, 1995); M. Gieskes, 'The Green Line: potency, absurdity, and disruption of dichotomy in Francis Alÿs's intervention in Jerusalem', *The Imagined and Real Jerusalem in Art and Architecture*, eds J. Goudeau, M. Verhoeven and W. Weijers (Brill, 2014), pp. 33–58.

8 聯合國網站數位化達揚與阿塔爾繪製的地圖，作為《停戰協議》的附件，上頭還能看到用來把兩張地圖黏在一起的透明膠帶：https://unispal.un.org/UNISPAL.NSF/5ba47a5c6cef541b802563e000493b8c/f03d55e48f77ab698525643b00608d34/$FILE/Arm_1949.jpg。

9 Memorandum by Sir Earle Richards of the Foreign Office, for the consideration of the Eastern Committee of the British War Cabinet, January 1919.

10 I. Black, *Enemies and Neighbours: Arabs and Jews in Palestine and Israel, 1917–2017* (Penguin, 2018).

11 S. Tamari，引自Black, *Enemies and Neighbours*。

12 L. Halperin, 'Petah Tikva, 1886: gender, anonymity, and the making of Zionist memory', *Jewish Social Studies* 23, no. 1 (2017).

13 Halperin, 'Petah Tikva, 1886'.

14 J. Poleskin, 'The Three Stalwarts of Petah Tikva', *Maccabaean* 33, no. 2 (1920).

15 D. Tidhar, 'Sender Hadad (Kriniker)', *Entsiklopediyah la-halutsei ha-Yishuv u-vonav: Demuyot u-temunot*, 19 vols (1947–71), in Halperin, 'Petah Tikva, 1886'.

16 United Nations Special Committee on Palestine, Report to the General Assembly, vol. 1, A/364, 3 September 1947.

17 Palestine Royal Commission Report, Presented by the Secretary of State for the Colonies to Parliament by Command of His Majesty (HM Stationery Office, July 1937).

18 United Nations Special Committee on Palestine, Report to the General Assembly.

19 United Nations Special Committee on Palestine, Report to the General Assembly.

20 J. Husseini，引自Black, *Enemies and Neighbours*。

21 S. Nusseibeh, *Once Upon a Country* (Farrar, Straus and Giroux, 2007).

22 A. Oz, *A Tale of Love and Darkness* (Vintage, 2004).

23 Nusseibeh, *Once Upon a Country*.

24 Oz, *A Tale of Love and Darkness*.

25 United Nations Security Council, S/1302/Rev.1, General Armistice Agreement, 3 April 1949.

26 Nusseibeh, *Once Upon a Country*.

27 Oz, *A Tale of Love and Darkness*.

28 Nusseibeh, *Once Upon a Country*.

29 E. Weizman, *Hollow Land: Israel's Architecture of Occupation* (Verso, 2007).

30 Nusseibeh, *Once Upon a Country*.

31 A. Hashimshoni, Y. Schweid and Z. Hashimshoni, Municipality of Jerusalem, *Masterplan for the City of Jerusalem, 1968* (1972)，引自E. Weizman, *Hollow Land*。

32 Nusseibeh, *Once Upon a Country*.

33 Nusseibeh, *Once Upon a Country*.

34 N. Ibrahim, 'Olive groves in the West Bank have become a battleground', *Time*, 1 November 2019.

35 'Forestry & green innovations', Jewish National Fund USA: https://www.jnf.org/menu-2/our-work/forestry-green-innovations.

36 R. Shehadeh, *Palestinian Walks: Notes on a Vanishing Landscape* (Profile, 2007).

37 F. Pearce, 'In Israel, questions are raised about a forest that rises from the desert', Yale School of the Environment, 30 September 2019: https://e360.yale.edu/features/in-israel-questions-are-raised-about-a-forest-that-rises-fromthe-desert; J. Brownswell, 'Resistance is fertile: Palestine's eco-war', *Al-Jazeera*, 1 September 2011; I. Braverman, 'Uprooting identities: the regulation of olive trees in the Occupied West Bank', *PoLAR*, vol. 32, no. 2 (2009), pp. 237–63; Buffalo Legal Studies Research Paper (2009); Y. Galai, 'Narratives of redemption: the international meaning of afforestation in the Israeli Negev', *International Political Sociology*, vol. 11, issue 3 (September 2017).

38 Braverman, 'Uprooting identities'.

39 I. Pappe, *The Ethnic Cleansing of Palestine* (Oneworld, 2007).

40 Shehadeh, *Palestinian Walks*.

41 Interactive map produced by the research agency Forensic Architecture, based at Goldsmiths University of London: https://conquer-and-divide.btselem.org/map-en.html.

42 為提升大眾對「大災難」的意識，非政府組織「牢記」（Zochrot）製作了瓦拉賈史，見https://zochrot.org/en/village/49135。

43 Al-Walaja profile produced by the United Nations Relief and Works Agency (UNRWA) for Palestine refugees in the Near East: https://www.unrwa.org/resources/reports/al-walaja-miniprofile; UNRWA profile of al-Walaja prepared for the International Court of Justice: https://www.unrwa.org/userfiles/image/articles/2013/The_International_Court_of_Justice_AlWalaja_mini_profile.pdf; UNRWA news report on al-Walaja: https://www.unrwa.org/newsroom/features/six-years-barrier-casts-shadow-over-west-bank-life.

44 UNRWA; G. Levy and A. Levac, 'Israel is turning an ancient Palestinian village into a national park for settlers', Haaretz, 25 October 2019.

45 譯注：美國導演，作品包括《歡迎來到布達佩斯大飯店》（*The Grand Budapest Hotel*）。

46 Gieskes, 'The Green Line'.

47 艾利斯將他的作品放在以下網站：http://francisalys.com/the-green-line-yael-dayan/。

48 這則故事是避世飯店本身的博物館的展品。

49 Weizman, *Hollow Land*.

50 E. Weizman, *The Least of All Possible Evils: A Short History of Humanitarian Violence* (Verso, 2011).
51 引自E. Weizman, *The Least of All Possible Evils*。
52 引自Weizman, *Hollow Land*。
53 S. Haddad, 'Song of the Birds', *Palestine +100: Stories From a Century After Nakba, B. Ghalayini* (ed.) (Comma Press, 2019).
54 M. Kayyal, 'N', *Palestine +100*.
55 Z. Jabotinsky, 'The Iron Wall': https://www.jewishvirtuallibrary.org/quot-theiron-wall-quot.
56 Y. Liebowitz, 'The Territories', *Judaism, Human Values and the Jewish State* (Harvard University Press, 1992).
57 Shehadeh, *Palestinian Walks*.
58 R. Shehadeh, *Language of War, Language of Peace* (Profile, 2015).
59 A. Oz, *Dear Zealots* (Chatto & Windus, 2017).

第五章

遺落邊界

DeLIMITations, Marcos Ramírez ERRE and David Taylor, 2014

七月的第一天，在一片眺望太平洋的沙灘上，兩名男子在一塊細長的黏土色沙地上方的沙丘草叢中工作。當時正值早晨，整片場景籠罩在濃霧之中。海岸線模糊不清，甚至在不遠的地方便消失無蹤。忽然之間，一陣海浪從離岸那面空白的牆滾入視線，漂流木散落在海岸高潮線的位置。樹木折枝、彎腰並斷損，顯露出如骨骼一般的慘白金屬灰。

兩名男子精巧地將一個物品安置在沙丘之前——那是一個六英尺又六英寸高、以鍍鋅鋼材製成的方尖碑樣的東西，矗立於一塊方形的木質基座之上。在它的尖錐正下方有一個用深黑色寫的數字：〇一。男子檢查確認位置，精確地落在北緯四十二度處，距離加州的州界只有幾公尺遠，歸於奧勒岡州。他們將標記訂立好了，但這只是剛開始，從這裡算起，他們還得往前走兩千四百英里。

那兩名男子分別是馬寇斯・拉密瑞茲（Marcos Ramírez）與大衛・泰勒（David Taylor）。另外還有第三名男子荷西・伊涅齊亞（José Inerzia）正在拍攝這一刻。他的攝影機以平移運鏡掃過整片空蕩蕩的沙灘、捕捉碎落於岸上的海浪，接著定格在馬寇斯和大衛身上。現在，他們兩人背對背地站在沙地上，一人站在緯線的其中一側。馬寇斯面朝南方，大衛望向北方；大衛站在美國境內，馬寇斯站在過去曾屬於墨西哥的土地上。

「第一座方尖碑，」馬寇斯在他的日誌中寫道：「將吸入來自太平洋的微風、聆聽太平洋咆哮，並一直待在那裡，直到它腐朽或遭竊。將它安插好之後，我們將朝東前進、探索歷史，並找出曾經屬於墨西哥卻在一瞬之間消逝的失土。」[1]

馬寇斯、大衛和荷西離開沙灘，爬上一輛賓士Sprinter廂型車，車上裝滿了用以打造方尖碑的組裝部件。當天稍晚，他們將沿著北緯四十二度線向東移動二十五英里，並在布滿青苔的紅木林間空地豎起「〇二號碑」。到了下午，他們再繼續往東移動二十五英里，在一條安靜的鄉間小道與鐵路之間的草地上設置「〇三號碑」。

在他們的廂型車車身上，有一串粗體黑字，寫著「兩國歷史暨地理邊界委員會」（Binational Commission of Historical and Geographic Borders）。一旁還有一個用黑色和金色繪製的圓形標誌，以一條線將北美洲一分為二。那是一條對角線，由西北方沿著一連串的台階向下畫往東南方，以表示墨西哥與美國之間的邊界路徑。不過，那並不是目前的邊界，而是在兩世紀前所畫定的，也就是只在一八二一年至一八四八年之間維持短短三十年的那一條。事實上，那條邊界並不像之後的邊界，它只存在於紙上，由一項協議的文字與條款加以界定，從未被標記於土地上。

「我們在縫製那條舊的分隔線。」馬寇斯寫道：「為了追溯它，我們穿梭於聯邦公路、各州公路及當地道路之間，直到我們找到充滿歷史與懷舊感、適合植入這些標記的理想空間為止。」[2]

這趟旅程將把他們從奧勒岡州的太平洋海岸帶向蒙大拿州、內華達州、愛達荷州、猶他州、懷俄明州、科羅拉多州、堪薩斯州、奧克拉荷馬州，再一路前往德州及路易斯安那州，最後停在一處舊砲台的圓形混凝土平台上，也就是這塊土地最南端的位置、沙賓河（Sabine

River）傾瀉至寬闊的墨西哥灣的頂點。

「我們可千萬別忘了，」馬寇斯繼續寫道：「幸運的是或不幸的是（端由你去看），邊界正如同生命本身，具備有效期限。」[3]

———

「我在范霍恩（Van Horn）待過一段時間，就在格蘭河（Rio Grande）那裡。後來，我就決定必須去瞧一瞧艾爾帕索（El Paso）西邊的邊界線。」大衛．泰勒告訴我。

「然後我開車到邊界，停在那條銜接道路上，看向我的右邊，那裡矗立著一座方尖碑，高度六英尺半，整個氣勢看起來就是如此莊嚴。我就想：『那是什麼？』過不了多久，我就釐清那是什麼了。它的其中一側寫著『美利堅共和國邊界』，另一側寫著『墨西哥合眾國邊界』。然後上面還有數字『七』，所以那代表還有更多座，對吧？那到底有多少這種東西呢？那就是整件事的開端。」

大衛跟我說話的時候，人在位於土桑市（Tucson）的家中；他身後的白牆被白天的陽光照成溫暖的黃色。他將瀏海那戳白髮上抓成波浪狀，戴著黑框眼鏡，下巴線條方正。大衛是一位藝術家，也是亞利桑那大學的藝術教授。他出生於南卡羅萊納州，小時候隨著家人搬到麻薩諸塞州，定居於美國的東北沿岸、波士頓與鱈魚角（Cape Cod）之間。一九九九年，他在新墨西哥州立大學得到一份工作。

「我住的那個地方只離南方邊界四十英尺遠。」他說：「但我對它的理解，或是與它相關的經驗，其實不怎麼深刻。」

於是，他在二〇〇六年參與了一項公共藝術徵求計畫，來自德州范霍恩小鎮一處正在建設的邊境巡邏隊新駐點。大衛的點子是想要跟著隊員一起沿著邊界巡邏，並將他們的日常生活及他們所居住的邊境地景拍攝下來。他打算投入七百個小時以上的時間跟著他們巡邏。

「結果那些巡邏隊員讓我深深著迷。」他說：「到頭來，他們是很複雜的角色，說不定跟邊界本身一樣複雜。舉例來說，隊上有非常、非常多拉丁裔和墨西哥裔成員，而且有很多事都不斷在改變——邊界在改變；邊界在過去二十年之間的改變比過去一百年來得更大。」

他將這項計畫稱為「任職邊境」（Working the Line）[4]，展開了他接下來十五年對於邊界的迷戀，直到現在還沒厭倦。「幾年前，我一度覺得我應該去做其他事了，但後來我發現自己又跑回來。我開始很清楚地瞭解到，這是一個極為複雜且微妙的領域，所以，我感受到繼續堅持的必要性。」

大衛就是在跟著邊界巡邏隊員的期間與七號方尖碑相遇的，他隨即知道他想要找出其他標記：「**至少一定還有六號和八號，對吧？**」他開始在那片面貌快速改變的邊界地景中尋找它們，與此同時，巡邏道路、汽車障壁、行人道圍柵一一出現。

其中，最古老的標記可以追溯至一八五〇年代，是根據一八四八年《瓜達盧佩伊達戈條約》（Treaty of Guadalupe Hidalgo）以鑄鐵打造而成的。當年，這項協議終止了長達兩年、殘暴的墨美戰爭，並約定成立一個聯合「邊界委員會」以監督雙方畫定「根據權威地圖繪製、具備應當之準確性的邊界線，且該線應為地面上實質地標，以顯示兩共和國的極限」。那條線預計起始於格蘭河「最深渠道」的道口，沿著河道往上游畫向「稱為帕索的小鎮」；如今，帕索已畫分成艾爾帕索及華雷斯城（Ciudad Juárez）兩城。接著，再直接越過大陸，切向太平洋將加州分成兩區的位置：以北的阿爾塔（Alta）歸為美國，而以南的下加州（Baja）則維持為墨西哥領土。[5]

位於大陸西部的這塊區域，在全長將近兩千英里的邊境之中約占了六百九十多英里，但卻沒有像東部的格蘭河那種連續性的自然地理特徵來充當邊界線。於是，那些方尖碑便成了邊界線的實體化身。一開始，方尖碑只有七座，因為根據邊界委員會的說法，「這塊土地貧脊，且任一方皆未曾前來開墾」。但到了一八五〇年代末，方尖碑的數量成長至五十二座，目標是讓「騎在馬背上的人能夠以肉眼見之」。一座接著一座的方尖碑跨越了數百英尺遠的沙漠與山區，形成一幅壯觀景致。[6]

然而，這條邊境飽受各種爭端所擾，許多座碑已被拆除，改作為建材。牧場主及採礦者為了占取更多牧牛或採礦用地，而把它們移除；美國原住民族人為了抗議他們的土地不斷遭人瓜分，而將它們摧毀。二十六號標記甚至被融入一家酒館之內——那棟建築在蓋的時候圍繞著它，再加上一面黑牆把它變成裝飾品。[7]

人們在一八九〇年代重新勘查這條已經糊掉的線，替換掉破損或遺失的方尖碑，並增加更多座以讓分割線在地景中更加明顯。就這樣，後來的五十二座碑便增加為兩百五十八座，而每座之間的距離現在只剩二至三英里，有些甚至更近。邊界委員會的美國分部與來自阿布奎基（Albuquerque）的攝影師丹尼爾·羅伯·佩恩（Daniel Robert Payne）簽約，僱請他在設置每座方尖碑的時候，將它們一一記錄下來。當時，他們以騎馬方式完成這整趟「遠征」，並利用馱騾拖拉貨車以攜帶行李。佩恩使用厚重的八乘十英寸底片相機進行拍攝，而他沖洗底片的暗房帳篷就在其中一輛拉車中。[8]而正是這趟攝影調查行動的發現，催生了大衛的計畫。

「在我探索了幾座碑塔之後，我發現，這樣的大型組織原則很適合應用在藝術作品上。」他說：「我覺得，現在有另一個新的邊境基礎建設正在進行，所以是再拍攝一次這些相片的時候了。這算是某種迫切的反射動作——我**必須**去做。」

從第一張到最後一張相片，共花了他十年的時間。他共必須找出兩百七十六座碑塔，把它們一一記錄下來。數量之所以會增加，是因為在二十世紀初期又增加了十八座。

「我那時候一次會去個一星期，有段時間或許甚至兩星期。每次大概拍個四十座，然後就必須回去教書之類的。」

大衛約略沿著方尖碑的順序進行，從格蘭河西岸的一號碑開始，也就是奇瓦瓦州（Chihuahua）、新墨西哥州與德州的交界處。接著再一路向西，前往位於太平洋沿岸的蒂華納（Playas de Tijuana）的終點碑。他經常會在邊境地區搭營，徒步從一座方尖碑走至另一座。在他沿線旅行的途中，他曾遇上走私者、移民、邊境巡邏隊員、墨西哥軍隊，也曾踏上販毒卡特爾（cartel）控制的土地、史前考古遺址，還有臨時搭建的神殿，裡頭塞滿求神保佑安全跨境的祈禱紙條。

「有一次，邊界出現在我的視線內，我很開心地拋下我的行軍床。甚至有一次我在山裡時，邊境巡邏隊的直升機尾隨在後，還有人在半夜闖進我的帳篷。」這些相遇「通常都很鬼祟」。他跟我說：「你看到某人、跟他打招呼，然後他們就會消失在山坡的另一邊、融入地貌之中。」

座落於較偏遠地點的方尖碑，幾乎都還維持原狀，如同站在孤寂地景中的哨兵。大衛的攝影將它們呈現為神祕古怪的物體，同時顯得古老又徹底地不合時宜，又或者——引用作家戈馬克．麥卡錫的說法——它們「貌似失蹤探險隊的紀念碑」。不過，在其他地方的方尖碑卻被柵欄、圍牆、刺網與監視攝影機給框了起來，不但受其控制，也因此顯得渺小，而有些甚至更進一步被不斷擴張的都市地貌給吞噬無蹤。

「於是，它們最後就變成一個地理橫斷面，同時也是時間軸的橫斷面。」他說：「原因就在於那些愈往西走、愈蓋愈多的邊境建築。也就是說，當你在看那一系列的影像時，愈往西，就會發現圍籬和屏障變得愈來愈普遍。」

當大衛抵達蒂華納時，有人介紹他認識馬寇斯．拉密瑞茲。馬寇斯提供他寄宿處，並協助他找出隱藏在現代都市的複雜規畫之中的最後幾座方尖碑，尤其是在邊境穿越製造廠林立的工業園區、海關、一座國際機場、貧民窟、一座鬥牛場及一處野生動物保護區的區段。

馬寇斯跟我說——那時候他人在蒂華納的工作室裡——他們就是在這段期間，首度想出一個新點子的。馬寇斯的身材矮壯、結實，掛著一副大鬍子，現在已經幾乎全白了，但仍帶有零星幾戳深棕色毛髮。他的眼睛炯炯有神，周圍布滿深刻的笑紋。

「我們一邊聊、一邊喝了幾罐啤酒，後來還喝了些龍舌蘭，說到在現在這條邊界之前，還有一條舊的邊界。那如果把大衛拍攝方尖碑的計畫，想辦法與另一項結合，復原墨西哥在戰爭中輸給美國的舊土，應該會不錯。」

馬寇斯指的是《亞當斯—歐尼斯條約》（Treaty of Adams-Onís）所建立的領土畫分。這份條約最初是由美國及西班牙王國於一八一九年簽訂，後來墨西哥取得獨立之後，再於一八二一年重新簽署。根據條約，邊境線應始於「墨西哥灣、沙賓河入海口，並沿河西岸一路向北，直抵三十二度緯線」。接著，路徑轉而順沿紅河（Red River）河道延續，到了西經一百度時再往北接上阿肯色河（Arkansas River）位於現今道奇城（Dodge City）區內的河段，「其後沿著阿肯色河南岸的河道延續至位於北緯四十二度的上游源頭，其後再與該緯線維持平行方向抵達南海（太平洋）」。[9]

畫出來的線看似向上爬了兩階，以越過陸塊心臟位置，再接上之後一路延伸至太平洋的平台。從現在的角度來看的話，如今的德州、新墨西哥州、亞利桑那州、猶他州、內華達州、加州、一半的科羅拉多州，以及一小部分的堪薩斯州、奧克拉荷馬州和懷俄明州，**過去皆屬於墨西哥**。以上共計五十萬平方英里，為墨西哥當時領土的百分之五十五。此外，美國方也於協議之中承諾「將永久放棄」其於新訂疆界線「以西與以南的一切權利、主張及意圖」。[10]

永久只維持了二十七年。

「所以我們就問自己**該怎麼標記呢**？」馬寇斯告訴我。

他們該怎麼找到方法來代表這條遺失的邊界——消失了一半的墨西哥北邊邊界？人們只曾在紙上描述這條線，卻從未將它**刻鑿**在大地上。

「我們就是在那個時候想到點子的——我們就來做邊界標記的複製品吧。但我們應該做出比較弱、比較輕的版本，然後把它們擺到真正的地景之中，再把它們拍攝下來。我們要標記一些從未被標記過的東西，這也有點像是實驗，去執行一項歷史忘記做的事。然後，我們就也不要再去想它了，把那種感覺拋諸腦後。」

對大衛而言，用這種方式來捕捉邊界稍縱即逝的本質，再完美不過了。

「其中的想法是，我們的方尖碑可能會被偷、被撞倒、被吹倒。所以整個概念就是在說，這是一項轉瞬即逝的作品。那到了最後，它真的就會成為現實的一種象徵——這條邊界在歷史上從未真正存在過。我們想要在大地中創造出一些具體的東西，以認定這條邊界的存在、標記出它在歷史中的地位。但同時，做完這些東西之後，我們也會任由它順其自然地消逝。」

馬寇斯在一九六一年出生於蒂華納，大半輩子都定居在那裡。他告訴我，他家位於十六街。

「我們是從邊界開始，從零開始編號。」他說：「然後再依序增加數字。我住在蒂華納最老舊的社區裡，正旁邊就是那道將墨西哥與美國分隔兩端的圍籬。」

他的父親來自墨西哥中部，從十四歲開始擔任電影放映員，直到二十歲，他決定跨越邊境到美國，試圖到好萊塢找工作。然而，他想要在電影產業發展事業的夢想之後卻開始動搖，後來還被驅逐出境、遣送回到邊界線的另一邊。他後來就在蒂華納定居、成家。

「在我們家長大的過程中，有兩樣東西從來不曾匱乏。」馬寇斯說：「我們總是有東西可吃，而且我們總是有書可看。」

他清楚記得父親帶兩本巨大的百科全書回家的那一天——一本是世界史，另一本是藝術史。

「所以我一直覺得世界上有兩種歷史。一種是那些打贏戰爭、擁有權力的人寫的，然後我們還有另一種歷史是屬於藝術家的。在藝術史中，沒有人是贏家，也沒有人是輸家；這個想法總是讓我著迷不已。」

馬寇斯說，他自己「算是一個具有革命心的小孩」、「左翼思想的小孩」，反對資本主義與大企業。他在下加州自治大學（Universidad Autónoma de Baja California）攻讀法律學位，畢業後便開始執業。

「但體制中充滿各種貪腐，而且為了生存，我也必須成為體制的一部分。但我很抗拒。」

他辭掉律師的工作，跨越邊境搬到聖地牙哥，並透過在當木匠領班的表親找到工作。「我後來做了十七年的木工，但大概做到第八年的時候，我開始搞藝術當副業。後來我決定當個全職藝術家，那已經是超過二十年前的事了。我辭掉了最後一份受僱於人的工作，然後就再也沒有回去過了。我到現在都還能養活自己。」他發出一聲低沉沙啞的笑。「一個辛苦掙扎的藝術家！但也沒有**太過**辛苦掙扎啦。」

他的作品所探討的內容從未偏離邊境的主題太遠。一九九七年，他在聖易西卓入關處（San Ysidro Port of Entry）的美國一側打造了一座十公尺高的巨型木馬雕像裝置，名為「玩具伊木馬」（Toy-an Horse），俯瞰著腳下的柏油路與交通壓疊成世界上數一數二的陸地跨國邊境。其中，雕像的靈感來自神話中的特洛伊木馬，形象為兩頭一身，但兩顆頭分別面向不同方向，一顆向北朝往美國、另一顆向南回望墨西哥。

馬寇斯刻意將馬體結構做得不完整，讓人可以望進它的中空身軀，所以就不可能像過去希臘士兵那樣躲在木馬裡頭了。它看起來像是一個巨大、甚至超特大的玩具，但它的內涵卻與戰爭互相呼應，象徵著一場永無休止的圍城——一個國家緊貼著另一個國家的牆紮營，竭盡所能地闖入牆內。

「這一切也與我的個人歷史、我父親的歷史、我當律師的時期、我在工地工作的那些年相互結合，進而成形。還有我住在聖地牙哥的其中幾年，但更多的是我住在蒂華納、每天必須越過這條邊界到美國工作的經驗——我每天早上起床、去上班。這一切都被納入那隻木馬之中，所以我把它設置在聖易西卓。人家會說：『為什麼它還沒做完？為什麼它有兩顆頭？』因為它在問，你到底有多麼地『墨西哥』，或是多麼地『美墨』？」

馬寇斯停頓了一會，將雙手交揉。

「這是我的作品之中數一數二簡單、直接的。它講的就是這種二元性——這兩個國家基本上就是無法與彼此切割啊。」

以奧勒岡州境內的太平洋海岸為起點，隨著馬寇斯、大衛與荷西沿著四十二度緯線向東前進，大地也穩定地逐漸抬升。那是二〇一四年的夏天，他們穿越了西喀斯喀特山脈（Western Cascades），離開加州後沿著一四〇號高速公路來回切過奧勒岡州與內華達州之間的州際線，接著再進入愛達荷州乾燥的高地平原。

「聞起來像鼠尾草的地貌。」馬寇斯在他的日誌中如此形容：「上百萬株鼠尾草。綿延數英里的獨特地貌與濃烈氣味。」夜間時，他們會將廂型車停在路邊，露天架設摺疊床，聆聽「土狼之歌」，並抬頭望向馬寇斯所形容的「我這輩子所看過載滿最多星星的天空」。[11]

馬寇斯負責開車，大衛負責導航。他們為這趟旅行，以及旅行本身所創造的藝術作品，取名為「劃・界」（DeLIMITations）。

「我無時無刻不張著眼睛，看著路、看著大地，我覺得很棒。」馬寇斯告訴我：「我那時候經歷著整趟旅程、看著那些地景——它們現在是美國的地，但其實也可能會是墨西哥的地，你知道嗎？」

每當他們抵達另一個點、設置另一個紀念碑時，馬寇斯會把他的折疊工作站攤開、架設在廂型車旁邊，然後開始組裝那些鋼質零件：將各個部分鑽合在一起，再將它們裝到木質基座上。最後，他們會用十六英寸的帳篷釘，把那些方尖碑固定在地表上，然後大衛就會開始照相。

「然後，我們可能就準備好要跑了！」馬寇斯笑道。

他們繼續旅行，途經有如鬧鬼般的小鎮與聚落，還有廣袤的草原。那些草原過去曾是雄壯的野生美洲野牛的家園，如今則是成千上萬頭畜牧牛隻的放牧草場。

「我有種懷舊感。」馬寇斯跟我說：「一種對於過往的懷舊感——那是我的過往，但不是我**個人**的過往，而是我的國家的過往。」

他又大笑了一聲，然後搖了搖頭。

「記得某個從來不曾擁有過的東西——沒有什麼比這種懷舊感更糟了。」他說：「我在旅途中就是一直帶著**那種**懷舊感。這些地方從來不屬於我，它們曾經是墨西哥的財產、墨西哥的土地，但其實真正的地主是美洲原住民族人。一開始是西班牙人去搶他們，後來換美國人去搶墨西哥。」

他們沿著愛達荷州與內華達州之間的邊界線走，碰上屬於肖肖尼－派尤特部落（Shoshone-Paiute Tribes）的保留地。當時，部落正好在舉行一年一度的帕瓦儀式（powwow），慶祝活動上有歌唱、打鼓及煙火。他們與部落長老會面，當晚就在月光底下、山景湖（Mountain View Lake）畔紮營，高度約為海拔一千六百公尺。隔天早上，他們出發尋找設置〇八號碑的位置。他們找到的理想地點是某塊位在路邊的地，一旁有一棟屋子，而屋子四周則環繞著一整片樹林。

「有兩個美洲原住民族的老兄在那裡聊天，但他們沒有特別理我們。」馬寇斯說：「然後我們開始解釋：『我們在做的這項計畫是要標記出舊的邊界。』原來兩位老兄是不同部落的，一個是肖肖尼族，另一個是納瓦霍族（Navajo）的。他們正準備要去馬術競技會，所以正在把東西綁到車頂上。然後其中一個人說：『你們可以把它放在我的土地上，我沒關係。從這裡一直到那個角柱的範圍，全都歸我所有。看你們想把它放在哪裡都可以，但我去馬術競技會已經要遲到了，真的得走了。』」

隨後，兩位美洲原住民族男子繼續把東西裝到車上，兩人又自顧自地聊了起來。馬寇斯聽到其中一個人對另一個人說：「還記得我們的部落以前常常在邊境這裡爭鬥嗎？」然後他們兩人開始各自列出一長串地名，都是過去曾經被標記為部落邊陲地的地方。

「兩位老兄已經完全無視於我們了，」馬寇斯說：「但他們的對話也繞到邊界上——那些邊界比**我們**的邊界古老許多——他們聊到在白人抵達他們的土地之前的情況。他們願意讓我們在他們的院子裡設置記號，我們覺得很幸運，但同時，能聽到他們談論自己對於邊界的想法，還有關於國族、權力和帝國的想法，更是不可思議。」

兩位美洲原住民族男子駕車離開了。馬寇斯和大衛開始組裝〇八號碑，接著把它搬到院子的角落，精準地將它豎立在北緯四十二度位置，圍繞於四周的地景是一片廣大的空曠平原，以及更為遼闊的天空。

「我們知道自己在這裡做的行為，比較偏向**再殖民化**，而不是去殖民化。」大衛告訴我：「所以一定要以合作的方式進行——我們請求生活在那個空間的人幫助我們，並允許我們能夠留下我們做的人工造物。」

他們繼續沿著北緯四十二度線前進，但當他們抵達邊界西線的終點位置時，卻遇上了一個問題：邊界線裡有個部分是《亞當斯－歐尼斯條約》從未完整界定的，就是從今日的科羅拉多州萊德維爾鎮（Leadville）以南北向延伸至「阿肯色河源頭」的段落。事實上，真正的邊境取決於人們如何將河的源頭繪於地圖上。

一八四五年六月，美軍測繪工程兵團派遣人稱「先鋒」的美國探險家約翰．弗里蒙特（John C. Fremont）去尋找阿肯色河的源頭。但他卻屏棄任務，改而挺進墨西哥，並在邊境另一側的沙加緬度谷（Sacramento Valley）遇到美國殖民者，進一步煽動雙方開戰。

一八四六年二月，他率領六十位武裝測量兵登上加維蘭峰（Gavilan Peak）峰頂，亦即今日的弗里蒙特峰（Fremont Peak），眺望著山腳下加州的蒙特利灣（Monterey Bay）。他們在那裡揚起美國國旗，而這般直截了當的挑釁舉動成功引出墨西哥軍隊。經過四天的僵持，弗里蒙特及其遠征隊沿著沙加緬度河河道朝北，往奧勒岡州的方向撤退。四月五日，他們抵達一大片營區，歸屬於美洲原住民族溫圖部落（Wintu Tribe）所有。

其中一位測量員湯瑪斯．布雷肯里奇（Thomas Breckenridge）寫道，那裡「展開了一場西部最慘烈的屠殺」，不論男女、孩童，全都慘遭毒手。被殺害的人數估計落於兩百至七百人以上；弗里蒙特方並未記錄傷亡人數。[12]

當月月底，墨西哥與美國已經正式開戰。到了年底時，今日加州的整個範圍都已經納入美國管轄，而當初弗里蒙特被派去繪製地圖的邊界已然消失無蹤。

「這讓我們和當初擬定這項條約的人有了一場奇怪的對話。」大衛說：「而且也讓我們得以反抗弗里蒙特這種投機主義者。」

就這樣，大衛和馬寇斯開始自己尋找阿肯色河的源頭。他們順著主要河道，追溯至上游的支流，來到懷俄明州的梅迪辛博（Medicine Bow）小鎮。

「我們決定從小鎮中間切過去，」大衛說：「直接往下切到楓樹街。」

他們將十六號碑設置在一位名叫蘿莉的女人的前院。

「然後，我們跟梅迪辛博的居民談了這項計畫的意義，聊得很深入，包括在歷史中曾經有這麼一條邊界線穿過他們的社區，而他們鎮上有一部分可能曾經屬於墨西哥，有一部分曾經屬於美國。這讓他們開始以不同的角度去思考**空間**。」

如今，梅迪辛博的位置恰落於美國的正中心，但它過去可能曾經是一座邊境小鎮。

「這讓歷史又活了起來。」大衛說：「雖然這在如今這個時刻當然已經不再承載任何實質含意，但我們可是**真正**指出阿肯色河上游源頭位置的人。我們完成了《亞當斯－歐尼斯條約》的邊際，我們成功地以自己的方式讓它成為正式的事實。」

他們回到賓士Sprinter廂型車再度啟程，越過洛磯山脈，順著阿肯色河往南前進數百英里的路程，並在沿途設置更多座方尖碑，包括高山地貌、二十一號高速公路旁的停車區，以及科羅拉多州斯梅爾特敦（Smeltertown）外不遠處的橋下。接著，他們轉往東邊方向，進入堪薩斯州的平坦大草原區，改沿紅河（Red River，Rio Roxo）的流向前進，接著再依序進入奧克拉荷馬州及德州。

「墨西哥似乎在這裡開始增加軍力，」馬寇斯當時在他的日誌中如此寫道：「為了四處滲透、揮汗。又或許是化膿？好比拒絕癒合的舊傷口。」[13]

我問他怎麼會將邊界形容為傷口。他將邊界視為傷口、**覺得**邊界是個傷口嗎？

「那個傷口就在這片地景之中，但卻沒有傷疤。就這麼簡單。如果你的手臂被射傷了，卻沒有疤痕，那就沒有人會相信你。所以我們在這項計畫中所做的事，就是試圖把原本不存在的傷疤定位出來，去證明它真的存在。我們標記出那道傷疤。」

那是德州的盛夏，充斥著烤箱般的熱氣、濕氣與蚊子。他們趕往最後一段路，在公有地尋找可以設置方尖碑的位置：在德克薩卡納（Texarkana）一座衛理教會旁的廢棄電影外景拍攝場地，恰落在阿肯色州的邊界上；在德州最東端、沙賓河上的鍛鐵製布爾渡輪橋（Burr's Ferry Bridge）下；在橘港（Port Orange）昔日大型海軍造船廠的工業廢墟地之中。

接著，就在他們豎起〇一號碑的整整一個月之後，他們到達邊界線的終點。當七月三十一日的最後一抹日光褪去時，他們沿著一條窄小的砂土路行駛，經過一座巨大的煉油廠和一處油井施工地，再繼續往前開至一處大型鹽沼。路在那裡止住，土地也變成了海洋；那裡有一座圓形水泥平台，上面曾經設有舊的海岸砲彈裝置——擺放四十七號碑的完美地點。

「我跟大衛說：『我想要拍最後一張照片。』」馬寇斯告訴我：「因為我發現全部的紀念碑都是我在蓋的、都是我在設置的，然後全部的照片都是大衛拍的。我只想要拍一張照片。最有趣的構圖是向後拍攝，背景裡可以看到亞瑟港（Port Arthur）、看到煉油廠。但我堅持應該要跟我們一路旅行的方向一致，朝著墨西哥灣的方向拍攝。」

我問馬寇斯和大衛知不知道方尖碑是否仍在原處，那條邊界或那道傷疤的標記是否還在。

「我覺得有些人把它們偷走了。」馬寇斯說：「但那也沒關係。我們有點算是默許這件事發生，讓別人可以去偷它們。有一些改由當地社區保管，在最偏遠地區的那些可能都還在原地。」

大衛跟我說，他曾經回去他們設置的地點，發現在紅河河畔有一座還在。「它上面已經完全布滿彈孔，而且也倒下來了。我把它想成一種隱喻，可以套用到我們日前對於這條邊界的討論上。你知道的，倒在一邊，然後又被射滿彈孔。」

不過，對他們兩人而言，這只是他們這項藝術作品的一部分，是無以避免的改變及衰敗過程。

「在它們身上發生的事很有趣，但對我來說又不是真的那麼重要。」馬寇斯說：「又或者是說，不管它們發生了什麼事，全都**同等重要**。這只是一個象徵性的行動，我們把那道傷疤標記出來，但它不見得是會——或應該——永遠存在在那裡的東西。」

正如同其他傷疤，它也終會褪去。

「所以說，我們就去做吧，把它標記出來。這是一項巨型的裝置藝術。但之後，為了社會的健全著想，我們就把它忘了吧。」

當時正值一月，在白蘭地酒河（Brandywine Creek）的支流有一棟農舍，距離費城市最南端恰好幾乎三十英里遠。兩名男子在那間小小的圓型木製建築的地上工作，範圍為直徑十三英尺，四周的牆高為五英尺半。建築上方有個圓錐狀屋頂，這種設計是為了要讓屋頂能夠旋轉。屋頂上還有一個被遮蓋住的孔徑，向外延伸出一支大型望遠鏡。當時已經入夜，天空清澈無雲，溫度已降至零度以下。

兩名男子身上裹著皮草和毛毯，其中一人躺平在地上；由於望遠鏡藉著一種名為天頂弧的裝置垂直朝天，這是他唯一能夠望入望遠鏡窄小的目鏡的方式。天頂弧的其中一側用線掛著一顆錘球，其設計目的在於確保望遠鏡精準地呈現垂直角度。另一名男子在望遠鏡旁拿著蠟燭，透過一個小洞將四條非常細小的絲線照亮。其中三條呈垂直方向，另一條呈水平方向，其配置方式在視窗中形成一個完美的中心位置，使中間那條垂直絲線能夠與水平絲線相交。

白色的點點星子在視窗中移動著。由於地球旋轉的軌跡，它們看起來像是依循著一道弧線移動。每一顆星星在垂直線的兩側分別升起及落下時，皆會行經水平絲線兩次。兩名男子徹夜都在向對方念著星星的名字，堪比聯禱文：天船五、五車二、北河二、天津四[14]。此外，他們也會念一些數字，將每顆星星第一次與第二次經過每條絲線的時間點都記錄下來。他們每天晚上不斷重複著這些動作，並持續調整望遠鏡的觀看角度，以找出星星在垂直絲線兩側的起落能夠在一致時間點畫出弧形軌跡的位置。找到這個位置的話，就代表他們找到了「中天」或子午線，以及星星落在一條與地表相對的南北線的確切時刻。

以上這一切都只是為了精準地設置天頂弧。接下來，他們開始追蹤更多星星、觀察它們畫過天空的軌跡，並以計算式和數學符號填滿他們的日誌，包括升起與落下的時間，並計算出地球與天球之間的角度，以及遙遠恆星的亮度。最後，經過了將近兩個月的觀察，他們終於在二月二十八日釐清自己在地表所處的確切緯度位置：北緯三十九度五十六分十八・九秒。

他們先前已經在東邊三十英里處執行過相同的程序。那是在一棟房子的後院，該處預定要被標記為費城的最南端。他們將觀測站拆除，然後搬到這座農場上；他們在馬車上鋪了羽毛墊，盡可能以最輕柔的方式運送精密的望遠鏡及天頂弧。觀測站在白蘭地酒河的新位址落在原本市區中的那棟房子南方，兩處僅相差緯度十秒半，相當於地面上三百六十五．八碼的距離。這個距離在他們最後的計算式中，輕輕鬆鬆就能夠抵銷掉。

不久後，他們又要搬遷了。他們從觀測站當前的位置往南，並雇用了五名工人在這片覆滿茂密森林的壯觀景致中開路。兩名男子試圖測量出十五英里整的距離，以從上一點延伸至下一點。他們花了兩個半星期的時間，才抵達他們粗估的位置。找到定點之後，他們隨即將觀測站運送過來，整個觀星的程序也再度從頭開始。

時序來到四月下旬，天空被暴雨蒙蔽了整整一個星期。到了五月就放晴了，他們花了連續十一個夜晚躺在觀測站的地板上，瞇著眼望入望遠鏡的鏡頭。接下來的一個月就是不斷計算與調整。接著，他們在六月十二日得出數據：北緯三十九度四十三分十八．二秒。

「費城市最南端的南方十五英里處，」他們在日誌中總結道：「位於紐卡斯爾郡（Newcastle）米爾溪百區（Mill Creek Hundred）內，座落在一處屬於亞歷山大．布萊恩先生（Alexander Bryan）的種植園上。」一根粗壯的橡木柱恰好也被打樁於同一位置，被漆成白色，西面刻上了「西」一字。

這條緯線之後便會成為費城與馬里蘭州之間的界線。過去人們一再嘗試找出它的確切位置，卻都一再失敗。如今，以「標西之柱」（Post mark'd West）為連結中心，將有愈來愈多條線從那裡出發、畫過這片大地。往南，將把乞沙比克灣（Chesapeake Bay）、波多馬克河（Potomac River）與大西洋所環繞的一座半島切為兩半；往東，將以紐卡斯爾鎮法院的鐘塔為中心，沿著半徑十二英里的部分弧線前進，接上德拉瓦河（Delaware River）後，沿著河道朝上游方向延伸；而往西，將進入一片幾乎從未被畫在地圖上的地景。事實上，皇家憲章於八十年前下令往西延伸「緯度五度」，即便當時人們還不知道那五度相當於多遠的距離，也不知道他們將探入至新大陸多深的位置。

往南和往東的線率先繪製完成，並由木製里程碑加以標記；人們之後將從英國橫跨大西洋運來經過雕刻處理的大型波特蘭石塊，替換那些木柱。兩名男子又花了一年的時間進行天體觀察、測量與調查，後來才回到「標西之柱」，將視線轉向西方、前往最後一段邊界。

這兩名男子分別是查爾斯．梅森（Charles Mason）與杰里邁．狄克森（Jeremiah Dixon）。當時正值一七六五年四月，他們已經準備好帶著他們的視線、他們所串連起來的界線、望遠鏡，以及天文器材，邁向這段未知的路途，將他們的線繼續拓展，一探它究竟會將他們帶往何方。[15]

在馬寇斯與大衛展開公路之旅、勾畫一八二一年邊界之前的兩個半世紀，梅森與狄克森在北美大陸首度標記出精準測量的邊際線。不只如此，那也是在歷史上，人們第一次將緯線完美地刻入地球表面。當線朝向西方射入荒野之地時，它便同時界定並分割了未來即將成形的國度。

查爾斯・梅森於一七二八年出生在格洛斯特郡（Gloucestershire），父母分別為烘焙師與磨坊主。他在二十歲出頭時，漂入了牧師詹姆斯・布萊德利（James Bradley）的運行軌道中；當時，布萊德利正頂著備受崇敬的皇家天文學家頭銜。梅森的數學能力令布萊德利印象深刻，於是布萊德利收他為徒，帶他到格林威治皇家天文台工作。[16]

杰里邁・狄克森比梅森年輕五歲，來自德罕郡（County Durham）一支握有煤礦、信奉貴格會的大家庭。他在奧克蘭教區的鎮上長大，出身於測量員的訓練背景，並受到天文學家湯瑪斯・萊特（Thomas Wright）所啟發，熱中於業餘時研究星星；萊特曾在威斯特敦（Westerton）村莊附近高處蓋了一座大型的石製觀測台。狄克森也跟另一位同樣來自奧克蘭教區的約翰・伯德（John Bird）成為朋友：伯德是為皇家天文台提供科學器材的傑出製造商。

梅森與狄克森首度於一七六〇年相遇。皇家學會委託的一項遠征任務將他們湊成搭檔，必須一同前往印尼的蘇門答臘島，並於隔年六月六日「觀測金星橫越太陽盤面的凌日現象」，而這些觀測只是一項罕見的全球性實驗的一部分。事實上，當時，來自許多國家的天文學家正在統整他們對於這次「凌日」的時間紀錄，各自從世界上各個角落進行觀測，再互相分享觀測結果，以精確地計算出地球與太陽的距離，並進一步計算出地球的大小、重量與形狀。[17]

他們於一七六一年一月九日出航。從樸茨茅斯（Portsmouth）啟程過了四十八小時之後，他們的船海馬號（*Seahorse*）遭到一艘法國巡航艦攻擊。十一名船員喪生、三十七名船員受傷，而船體、船桅及索具所承受的破壞也非常嚴重，使得他們別無選擇，只能蹣跚地返回港口。當海馬號終於修復完成時，他們已經來不及去蘇門答臘了。於是，他們改變計畫，於一七六一年四月的最後幾天踏上開普敦。他們利用木頭與帆布在桌山（Table Mountain）山腳下的平地搭建觀測站，接著檢查、校正並再度檢查他們的器材，然後開始等待。

梅森寫道，在六月六日的日出時刻，「太陽由厚重的霧氣中升起，並隨即進入烏雲之中」。二十三分鐘後，金星首度進入他們的視線：在太陽外環上的一小點，在薄雲層背後用肉眼勉強可見。「我先看到金星的時候，」梅森說：「它位處邊緣，而太陽的外環正劇烈顫抖著。」[18]

兩人盯入裝有減光濾鏡的望遠鏡；濾鏡是由狄克森的老友約翰．伯德設計的。那顆小點變成一戳流動、閃爍的墨漬，沾染在那一大片空白的圓形上。必須加以記錄的關鍵時刻包括金星首次觸碰到太陽的時間，接著是它離開內圓周、開始自由飄移的瞬間。在接下來的幾個小時內，兩人持續追蹤進度。後來雲層出現，視線被完全遮蔽了好一陣子。不過，當金星逐漸逼近遠端位置時，空中的雲已然消散。時間點再度成為重點；當金星出現時，他們必須盡可能精確地記錄它親到太陽內緣的時刻，以及它最終消失的時刻，也就是所謂的「黑滴」：金星的黑色輪廓完全離開太陽明亮的白色表面。

凌日現象在一個世紀中只會發生兩次，並僅維持短短幾個小時。而梅森與狄克森的觀測是當天在南半球唯一成功的行動。他們的紀錄成為後續計算地球與太陽距離的關鍵資料，同時，也讓他們的名聲開始在全球科學社群中大為流傳，讓他們躋身線性新世界的帶領者之列。科技創新意味著各種線條各處皆可見，且能夠加以測量：從地球延伸至天空再回到地球的線、距離線、線與線之間的角度，以及利用度、時、分、秒所定義的線。只要具備器材與天文知識，人們就可以將整顆地球切成好幾等分。在理性與現代化迅速發展的時代，世界對於這項技能的需求無比龐大，事實上，這項技能堪謂通往未來的途徑。

當梅森和狄克森在開普敦進行觀測時，當時賓夕法尼亞的領主湯瑪斯．佩恩（Thomas Penn）與倫敦其他「科學好奇者」正在打聽「一些能力極佳、擅於天體觀測的測量員」。佩恩與他的對手馬里蘭領主腓特烈．卡爾弗特（Frederick Calvert），都極其渴望能夠找到方法，終結雙方殖民地之間的糾紛與暴力。這些爭端已經長達數個世代，困擾著雙方之間那條模糊未定的邊界。[19]

事實上，這個問題可以回溯至兩位國王。當查理一世於一六三二年將馬里蘭授予卡爾弗特家族時，他下令該地的北方邊界應「座落於北緯四十度線上」；半個世紀後，當查理二世將賓夕法尼亞賜予佩恩家族時，將其南方邊界訂為「畫定於紐卡斯爾十二英里以外的圓形線」，然後沿著「十四度線」於「西方畫定一條直線」，位置距離德拉瓦河「經度五度」。這或許夠清楚了吧？馬里蘭與賓夕法尼亞之間的主要邊境線應該要沿著緯度四十度線訂定。唯一的問題是，兩位國王其實都不知道這條線究竟在哪裡，也不知道該如何進行識別。而隨著賓夕法尼亞的成立，他們現在必須精確地在紐卡斯爾鎮的四周畫出一個圓。這兩份皇家憲章將科學上的精確性及地理現實上的全然無知相加融合，又或許，兩者根本無法調和。[20]

待湯瑪斯的父親威廉・佩恩（William Penn）的殖民地一建立完畢，他幾乎立刻寫信給腓特烈的父親查爾斯・卡爾弗特（Charles Calvert），討論關於「界線之情事」及「觀測公正限制」的必要性。[21]他們開始繪製地圖，但兩家從未對繪製結果達成任何共識。與此同時，執政者又不斷從具有爭議的區域畫出土地授予殖民者。在馬里蘭與賓夕法尼亞界線的兩側，不但法律不同，宗教信仰也互異。人們對於賦稅應該要上繳給誰、上繳到哪裡滿是困惑。地主之間相互競爭、爭執，一不小心就演變成武裝衝突，甚至謀殺。

直到一七三二年才終於成立一個聯合邊界委員會，以測量邊界位置。委員會成立後，他們幾乎又立即陷入難以解決的爭論之中，對原本憲章上的條款各持己見，從未真正執行任何行動。到了一七五〇年，他們汰換掉舊委員，總算展開調查。而根據喬治三世的「貿易暨種植園委員會」（Board of Trade and Plantations）的全新指導方針，那條邊界不再需要依循緯度四十度線，改以賓夕法尼亞首都費城的最南端為基準，於其南方十五英里整的位置向西延伸。如此訂定主要是因為他們發現，緯度四十度線其實座落於費城的**北方**。[22]

在接下來的十年之間，後續的調查隊不斷嘗試想要將這些複雜的幾何湊起來，但卻一再失敗。他們畫出來的線總是以錯誤的角度偏離或錯失標的。賓夕法尼亞的測量員於一七六二年六月寫道，他挫敗不已地請他的僱員「離開這項我如今認定為不可能的嘗試」。[23]

一年後，梅森與狄克森剛從皇家學會的遠征回來，首度被介紹給佩恩與卡爾弗特。一七六三年八月，佩恩寫信告知他的殖民祕書他們已經達成協議，梅森與狄克森即將帶著「他們的精密〔天頂〕弧、兩架凌日器材，以及兩座反射望遠鏡」橫跨大西洋。[24]卡爾弗特也致信給他在馬里蘭的官員，請求上帝為這件事帶來快樂結局，同時祈禱這趟邊界調查將成為最後一次行動。他大膽地表示，這條桀驁不馴的邊界，最終注定將被啟蒙的創新方法給馴服；這條不受管束的線，「將被數學家串連起來」。[25]

一七六六年六月的某個週六早上，查爾斯·梅森走出他的測量帳篷，爬上八百公尺高的野人山（Savage Mountain）。在他身後的是長達一百六十五英里的壯觀景致，地景中還嵌入了一條八英尺寬的線，直直地貫穿森林、攀上丘陵與高山又下坡、時不時中斷以跨越波托馬克河與薩斯奎漢納河（Susquehenna）的細流與淺灘，然後再一路回到亞歷山大·布萊恩的農地與「標西之柱」。

「我的凝視由孤獨的山頂望出，」他寫道：「喜悅地環視四周，並對那無所不在的造物聖靈心懷仰慕之情。」

由德拉瓦河算起，他們還沒完全走完緯線五度線，但他們碰上了另一條邊界——某種意義上的邊界。野人山是亞利加尼山脈峰頂的一部分。根據梅森的觀察，他當時恰好站在「原住民族人與陌生人之間的邊界」之上。[26]

同樣地，這條邊界也是由一位國王訂定的。三年前，喬治三世發布一項公告，禁止人們在亞利加尼山脈以西建立任何聚落。換句話說，這道山脈是人們獲允能夠抵達的最遠處，而梅森與狄克森的線已經撞上美洲殖民範圍的終點了。

這項皇家公告希望能夠在這塊土地上畫定明確的分界，安撫那些在七年戰爭（Seven Years' War）中協同英國人對抗法國人的美國原住民族部落。正如貿易暨種植園委員會的成員所說，是時候停止擴張，「讓那些野蠻人平靜地享受他們的沙漠」。[27]

唯一的問題是，這塊土地上並沒有沙漠。梅森親眼見證了；英國人似乎允諾了一個幾乎超級豐饒的土地。在日誌中，梅森中斷了他的計算列表，轉而記錄讓他驚訝的發現：一片長十七英寸、寬十二英寸的巨大山核桃葉，還有直徑大於一英寸半的冰雹，以及一場具有嚇人威力、「似乎在威脅著要即刻消滅天下萬物」的夏季暴風雨。這裡沒有任何東西是小的。梅森形容到「尺寸非常巨大的山楂、啤酒花、野生櫻桃樹」、「非常大片土地與非常富饒的山丘」與「幽暗的松樹林谷，我相信陽光未曾穿透」。[28]

他絕非世界上第一個站在這裡、思考著前方究竟有何物的人。事實上，在他之前已經有許多人從這裡眺望這塊大陸，有些人甚至已經如同依循神的旨意一般，跨越這片土地或在其中刻鑿出一個處身立地的所在。而正如人們所說的，與神的話語相比，國王的話語算得了什麼？

這條分割線打從一開始便充滿漏洞。落於線外的領土早就已經許諾給私人投資客，售出的土地總計高達十幾萬公頃。身為七年戰爭退伍軍人、同時也是未來首任美國總統的喬治·華盛頓（George Washington）曾在一封私人信件中坦承，自己「認為這項公告不過就只是暫時用來安定印第安人人心的權宜之計（但這只能在我們之間說），我想不出還有其他看待它的方式」。據他所說，這條分割線早已開始斷裂，它遲早「必定崩壞」，這是無法避免的事實。[29]

美洲原住民族人與殖民者之間的關係極為緊張，甚至持續惡化至暴力衝突的境地。亞利加尼山脈以東的殖民者社群對於試圖融入的原住民族族人，懷著根深柢固且毫不遮掩的敵意，堅信原住民族群在**他們的**新世界裡絕無容身之地。

梅森心知肚明，知道可能會發生什麼事，也知道某些殖民者會做得多過分。一七六三年十二月，也就是梅森抵達美國的隔月，一支自稱「帕克斯頓男孩」（Paxton Boys）、信奉長老教會的蘇格蘭—愛爾蘭裔武裝幫派，對一個科內斯托加部落（Conestoga Tribe）村莊發動攻擊，位置約略落在費城西方八十英里處。他們殺了六個人，並將他們剝皮、使他們屍首不全。當時，其餘村民正好外出工作，而當這起謀殺事件的消息向外傳開時，他們被帶到附近的蘭卡斯特（Lancaster）鎮上新建的監獄內接受庇護。

然而，兩週後，帕克斯頓男孩帶了更多人來到鎮上，共計多達五十人以上。他們闖入監獄，將原本倖存的科內斯托加族人，不論男女老少全數殺盡。隔天，消息指出這支幫派正浩浩蕩蕩地前往費城，準備在那裡將他們遇到的所有美洲原住民族人或貴格會信徒一一殺害。[30]同時，費城的民兵也已經準備好迎敵，但街上卻充斥著喧鬧而顯著的分歧。有群支持帕克斯頓男孩的暴民聚集在鎮長官邸，慶祝這一連串的屠殺。雖然帕克斯頓男孩後來在抵達費城之前就解散了，但這起事件讓梅森立刻看清美國內部沸騰的緊張氛圍：極端的仇恨與偏執在這片土地上攪動竄流，催化了部分人民殺意重重的激進狂熱。[31]

梅森知道自己正在一塊早已四分五裂的土地上畫定邊界。殖民者與殖民者之間的線、「原住民與陌生人」之間的線、種族純正的線、文明與所謂的野蠻之間的線、畏懼上帝的人與無神論者之間的線、人類墮落前的無知與精熟科學之間的線。

他轉身背對西邊，改而回望東邊。他和狄克森將在接下來的三個月內，順著這片壯觀景致沿途返回，檢查他們所畫的線的狀況與精準度。他們已經計畫好要跟著五顆星星：織女一、天津四、天津一、天津二與五車二[32]。而為了確保他們始終待在完全相同的緯度上，他們每走十英里便會停下來利用行動觀測站進行測量。回程中，他們在許多位置都能夠從山頂眺望左右兩方，親眼看見那條線「有如一個小圓弧拱那般美麗，並且符合球體定律」。[33]這正是它應有的模樣：當我們隔著一段距離觀測真正的緯線時，它必須永遠看起來都像是順著一個小到幾乎無法察覺的弧度彎曲。

他們沿著弧線回到「標西之柱」，然後再繼續往東方移動，抵達德拉瓦河。當時，邊界委員會已經公開表示希望那條線可以持續延伸，超越喬治三世所公告的界線，徹底地拓展至疆土盡頭。但首先，他們必須與印第安六族聯邦（Six Nations Indian Confederation）正式交涉，因為在執行這項調查時，他們必定得進入後者的領土。在梅森和狄克森等待協商結果的同時，他們決定前往德拉瓦河西岸將緯度建立起來，並因此得知他們的邊界線究竟仍需要往西延伸多遠。而他們得到的答案是八十六・七英里。[34]

他們一直到隔年六月才展開最後一趟遠征。整支調查隊膨脹至六十五人以上，其中有一半為樵夫，負責砍伐大片樹林，隨隊還帶有五十五隻羊。而他們得以繼續畫線的其中一項條件是，六族聯邦將提供一支由十四名莫霍克族（Mohawk）與奧農達加族（Onondaga）嚮導所組成的隨扈，另外加上一名隨隊口譯修・克勞福德（Hugh Crawford）。克勞福德是退休軍人，年輕時便成為史上第一位橫越亞利加尼山脈的探險家，並在美國原住民族部落內住了數十年。

那整個夏天，他們一直不斷往西邊推進，抵達他們先前的終點野人山之後，再繼續往前。梅森寫道，在山的另一側是「一座荒涼的花園……一塊未經開墾的荒地」。他們在一百九十九英里六十三鏈六十八令西處，將望遠鏡和天頂弧架設於較遠端河岸上的一片空地之中，並花了六個晚上的時間觀測星星、確認他們的位置。十三名德拉瓦族勇士從樹林裡冒出來；梅森說，其中一人是「我有生以來看過最高的人」。就這樣，那些原住民族族人待在那裡好幾天，安靜地看著兩位調查員觀測天空。計算結果顯示，他們位在真正的緯線北方，隔了三百英尺之遠。於是，他們開始進行調整，將線往南方推進，回到應有的軌道上。

他們的日誌變成某種帶有韻律的進度報告詩集：「進入一片空地……越過一座牧場……離開空地……繼續畫線、繼續畫線、繼續畫線。」到了九月初，他們於兩百一十一英里處碰上勞雷爾山脈（Laurel Mountains），堪為「荒野中的荒野」，是一片遍布森林與石灰岩的地景。接著，他們又前進了三英里，抵達山脊的最頂端；在那裡，映入眼簾的「是眼眸所能見得最為賞心悅目的西部平原景致」，而在遠方的某處「或許還能看到我們的線的終端」。[35]

他們的線於兩百一十九英里處碰上切特河（Cheat River）的東岸。隊上的莫霍克族嚮導反對越河行動；他們說，這裡已經是極限了——**就是這裡，不能再往前了**。於是，克勞福德與嚮導開會討論，經過漫長的辯論之後，嚮導終於讓步，同意他們繼續執行調查。兩週後，他們遇到另一條河的寬闊河谷：壯觀的莫農加希拉河（Monongahela）蛇形河道。他們再次卸下望遠鏡與天頂弧，接著，又花了十個夜晚觀星。梅森和狄克森發現他們的位置落在正確緯線的南方五鏈處，所以他們必須再次校正。但當他們準備好跨河向西時，隊上卻有二十六位成員拒絕同行。他們害怕在前方的土地會遇上生命危險，因為這段時間以來，時常有原住民族族人在營帳周圍的樹林裡來回游移，讓他們心生恐懼。

最終只有十五人跟隨梅森和狄克森繼續前進。過了莫農加希拉河以後，梅森記錄自己抓到「一隻幾近腿長的蜥蜴」，並進入一塊富有露天煤礦的區域——看起來好像「產量非常大」。時序已經進入十月了；梅森於兩百三十一英里二十鏈處記載了他們「跨越一條征途」。當天，他們繼續往前走了一英里半，直到嚮導隊長告知他們，他們現在已經超越極限了。這是六族聯邦所允許的最後一段「範圍」，他「不會再往西方前進任何一步」。[36]

梅森和狄克森的線已經與「大印第安征途」（Great Indian Warrior Path）相互交會。那是一條橫跨美洲大陸的南北向公路；人們在過去幾百年、甚至幾千年以來於此通行的活動，早已在這片土地的地面上畫出一條線。有人告訴梅森和狄克森，如果他們想將這項計畫帶到線的另一端的話，就必須先蓋一座跨河水壩。如此一來，兩條線應該就能相遇，但不會相交。兩位調查員可以預見他們的平行線繼續向前，其無形的存在儼然已經朝著西邊的遠方延伸而去。他們離德拉瓦河的經度五度線還差了三十幾英里，但這次，他們找不到任何妥協方案，再也不能前進了。

他們回到大印第安征途的東緣，最後一次將他們的天文器材架設起來。紮營期間，德拉瓦部落酋長的兄弟前來拜訪。那位男人名叫「普里斯奇頓王子」（Prince Prisqueetom），而根據梅森的紀錄，他的臉「被歲月刻上了深邃的痕跡」，年紀已達八十六歲，但說著一口「非常好的英文」。他告訴他們，在他年輕的時候，他和他的兄弟以為他們可以「橫跨海洋去見偉大的國王，然後跟他達成永久的和平協議」。但基於某種原因，他又很害怕自己再也無法回家。

他們在征途的邊界處休息，這位德拉瓦族的老人告訴他們前方的大地有多麼地美：「石根與豌豆藤蔓濃密到你幾乎無法穿越」、「蒼翠的平原」及「數平方英里的原生草地」。他隔天早上就又回到西邊了。[37]

經過了八天的夜間觀測，梅森和狄克森瞭解到他們必須將線的終點往北調整兩百二十三英尺。十月十八日，他們在距離「標西之柱」兩百三十三英里十七鏈四十八令的一處山脊上，豎起一根新柱子。柱子的西側刻了一個「W」字母，而柱子四周堆滿了土石，形成一個五英尺高的圓錐狀小丘。這就是絕對的極限了。但他們還有一些工作還沒完成，包括砍樹的浩大工程——必須把抵達這一點以前沿途上的樹皆砍除——並將暫時的木製里程標柱換成堅固的石材邊境標記，再於邊界線上每座山的峰頂處疊起石堆。但這條線終究還是完結了。

又過了一年，梅森和狄克森對測量結果再三確認，將整條賓夕法尼亞與馬里蘭邊界繪製成地圖，並完整地向邊界委員會進行彙報。直到一七六八年九月十一日的早上，梅森才終於來到紐約市的港邊，並於早上十一點三十分登上海利法克斯郵船（Halifax Packet），準備前往康沃爾（Cornwall）的費爾茅斯（Falmouth）。就在郵船離岸的時刻，梅森在他的日誌上寫下了最後一句話。

「於是，我在美國不得安寧的行動就這麼結束了。」[38]

不得安寧。

或許沒有其他比這個詞能更貼切地形容美國的邊境了。喬治·華盛頓的預言是對的，當年公告的邊界線確實還是潰堤了，殖民者最後還是湧入了亞利加尼山脈以西的土地。

當美國於一七七五年向英國發動獨立戰爭時，那可說是一場針對邊界掀起的爭鬥，拒絕繼續接受法定邊境的束縛。接著於一七七六年發表的《獨立宣言》（Declaration of Independence）與其他許多事件，皆是**抵抗限制**的宣言。梅森與狄克森於八年前才剛完成的壯舉，已經有如箭頭一般射入大陸中心，同時明確指出前進的方向——往西、往西，再一路往西。事實上，這條線的最末段早已超出馬里蘭的限制，不再形成任何約束，就只是不斷地延展、再延展，有如一條釣魚線被深不可測的可能性不斷往前拉扯。

一七八三年，《巴黎條約》（Treaty of Paris）終結了英美之間的戰爭，同時也使美國西部的邊界由亞利加尼山脈頓時拓展至密西西比河，基本上就像有人在地上畫了一筆，讓美國的新領土範圍直接變成兩倍。[39]但密西西比河本身卻是惡名昭彰、毫不可靠的邊界。這條長達兩千英里的河，幾乎將整個北美地區以南北向一分為二，但它的河道卻會持續改變。事實上，那狀似螺旋彈簧而永無止盡的蜿蜒水道，每個季節都不斷重新塑造它所流經的土地，而它的河岸也經常潰堤，使河水在沖積平原區漫流數英里。

「認識密西西比河的人」——馬克．吐溫（Mark Twain）如此寫道——就會知道你「無法馴服那條毫無章法的水流、無法約束它或限制它、無法跟它說**去這裡**或**去那裡**，然後讓它乖乖服從；無法拯救已經被它判決的河岸；無法以任何屏障將它攔住，它終會使那些屏障潰堤、以舞姿翻越過去並嘲笑之。」[40]

馬克．吐溫的這番話如果拿來形容美國，也可以輕鬆套用。

後來，這條河流邊界只維持了二十年。一八〇三年，美國從法國人手中將當時的路易斯安那買了下來。這塊領土始於紐奧良，一路延伸至洛磯山脈的北部稜線，範圍共計八十萬平方英里，使美國的遼闊國土又再度雙倍成長，並將國境最西點遙送至地平線的另一端，遠到似乎根本沒必要去考慮終點究竟落在何方。

不過，在新的合眾國裡存有一些異議。有些人認為這樣購買土地違反憲章，這般不受限的擴張將對這座正在興起的國家造成穩定性上的威脅，但這種想法仍算少數。而針對這些聲音，代表維吉尼亞州的眾議員約翰．藍道夫（John Randolph）表示：「沒有任何特定的邊際可以限制美利堅合眾國（United States）的擴張。」[41]「美國」（America）——沿用藍道夫使用的暱稱——向全世界呈現了一個新概念，也就是一座不斷變動的國家，透過不斷成長來表達它所享有的自由。那是一座沒有極限的國家。

這意味著，美國在任何時間點的邊境，永遠都只是暫時的偶然事件。事實上，美國一成形後，便立即架設各種圍柵。一八一九年的《亞當斯－歐尼斯條約》列出詳細的內容以描述美國與新西班牙（New Spain）之間的邊界線，後來又在一八二一年訂定美國與墨西哥合眾國之間的邊境。此時，殖民者早已跨越原定的界線了。他們帶著邊境一直不斷向外推進，同時與美洲原住民族陷入持續衝突；他們以上帝、文明及進步之名，驅逐或消滅美洲原住民族部落，進而占取他們的土地。於是，美國與墨西哥之間的戰爭似乎再也無可避免了；只要這些身分由殖民者轉換為擁護共和政權者的人宣布自己為帝國，那戰爭必然一蹴即發。到了十九世紀中期，政府政策開始呈現出一個關鍵趨勢：上帝賦予美國權利，得以占據北美洲東岸至西岸之間的所有土地。對此，他們甚至還起了一個專有名詞：「昭昭天命」（Manifest Destiny）。

這個專有名詞是由記者約翰・歐蘇利文（John L. O'Sullivan）於一八四五年夏天確立的。他鼓吹併吞德州，因此怒斥反擴張主義人士，指控他們「不但阻撓我們的政策，也妨礙我們的權力，不但限制我們的偉大，也抑止天意為了讓我們逐年以百萬為單位自由發展而賜予我們於這片大陸上蔓延的昭昭天命之完整發揮」。對歐蘇利文而言，「廣闊無垠」的不只是美國的土地，甚至連整個國家的未來亦是如此。[42]

這般「廣闊無垠」的概念在美國精神之中究竟有多麼根深柢固，大概不需要多加贅述。十九世紀末，當時正值三十二歲、來自威斯康辛州（Wisconsin）的歷史學家腓特烈・傑克遜・特納（Frederick Jackson Turner）在一篇論文中概述了這個概念；那篇論文後來被形容為「美國史的歷史中首屈一指、最具影響力的文章」。[43]文中，特納提出了所謂的「邊疆命題」（frontier thesis）。根據他的說法，「一塊自由之地的存在、其持續衰退的情況，以及美國聚落往西推進的發展，解釋了美國的發展動向」。[44]同時，他也寫道，美國認同本身正是透過這種連續不斷的變動過程而形成。

特納說，邊界儼然始於大西洋沿岸，「以非常現實的角度來看，那便是歐洲的邊疆」。不過，「愈往西走，邊疆將變得愈來愈美國。正如連續冰河作用會形成連續端磧，每一道邊疆皆會在其身後留下痕跡，而當它成為安定地區之後，仍會保留邊疆性格。因此，邊疆的推進意味著我們穩定地脫離歐洲的影響、穩定地以美國之姿獨立成長」。於是，當你移動得愈多、拓展得愈遠，你就會變得愈來愈**美國**。特納也論道，民主本身「源自於美國森林，而每當它觸碰到新的邊疆，便會獲得新的力量」。[45]這也意味著，不斷移動的邊界是一種根本的善。不只如此，那也是使美國**偉大**的因素。

對特納而言，邊疆是在政治歷史的進程中某種幾近神祕的存在，同時也絕對地獨特，是一種人們過去從未發現、卻可用以驅動國家成就的引擎。他寫道，邊疆是「一座神奇的青春泉水，美國持續浸淫其中而不斷重返青春」，是一塊「機會之地」，是「最快速且有效美國化的線」，是「浪潮的最外緣」，是展示「其對無生命之自然的統治權」的空間，是一種「社會的形式，而不僅只是一塊地區」及一扇「逃離過去束縛的大門」，與此同時，邊疆也是「野蠻與文明的交會點」。而據他所說，在這般緊張氛圍之下，邊疆塑造出「美國智慧」的「鮮明性格」：「粗野與力量結合機敏與好奇；實際而具備創造力的思維方式……那股躁動、緊張的能量；那般顯著的個人主義……那種隨著自由而來的歡騰與繁盛」。[46]

就許多方面來看，特納的命題成功地讚頌了他所構思的情境：美國人奮力地建立起一個新社會。其所擁有的邊界線是人們步步為營、努力爭取而來的成果，但它同時也持續往西推進、在過程中改變一切事物，並且能屈能伸、往前躍進，形成一個「更好」的世界。它提供了一個強大卻容易接近——且明確非菁英主義式——的國家神話，當然，它也忽略了在過程中被踐踏、排除或甚至殲滅的群體。但在特納的結論中，即使出於無意，他也向世人提出警告，擔憂美國的未來可能亦將受到邊疆的過往所影響。

他寫道，「變動」向來是美國的「主要事實，而且除非這般訓練對人民毫無影響，美國的能量將持續需要更遼闊的土地以容納其存在」。[47]不過，土地並無法永遠無限擴張，總有一天必得面臨殆盡的情境。而當這個情況發生時，那些能量將何去何從？又該去哪裡找「更遼闊的土地」？假如一個國家過去是由移動的邊境鑄造而成，現在總算把疆界畫定完成，那會發生什麼事？

諷刺的是，特納發表這份命題的時候，距離美國人口普查局一八九〇年的報告只過了三年。那份報告指出：「目前……很難說有任何明確的邊境線。有鑑於此，關於其範圍及西向行動等討論，恐無法再納入普查報告之中。」[48]簡言之，根據官方說法，那條**原為**美國的邊疆、持續變動的線，已然消失無蹤。

如果這條行動邊界再也無處可去，將會有何後果？早在五十年以前，赫爾曼・梅爾維爾（Herman Melville）就已經針對此事提出警告了——這片土地「終將超載……接著，反撲必將降臨」。[49]

繼特納發表命題將近一個世紀後，另一位美國作家也針對美國的起源與發展，提出了自己的理論。同樣地，他也試圖從邊疆及邊境等線條當中尋找答案。他特別回訪最初的線，也就是梅森與狄克森刻入大地的弧形緯線，甚至更親自前往原址去探索那道邊際。據說，他就這樣在賓夕維尼亞與馬里蘭之間的邊界遊走，漫步過森林、橫跨高速公路，一路向西前進。[50]

當然，這可能僅僅只是謠傳，畢竟他是一位知名隱士、美國文壇上的神祕客，有著「深層政府（deep state）[51]的桂冠詩人」及「後現代味吉爾」等各式名號。[52]這位作者名叫湯瑪斯．品瓊（Thomas Pynchon），於一九九七年發表厚達七百七十四頁的著作《梅森與狄克森》（*Mason & Dixon*），全書以亨利．菲爾丁（Henry Fielding）式的手法描述這兩位英國天文學家測量員將邊界線刻畫於這片大地上的過程。但特別的是，在品瓊的筆下，他們兩人的故事是一種載體，承載了更多關於這整項美國計畫的延伸探索與批判。於是，整本書呈現出一種「反特納」的論述，堪為「邊疆命題」的另類版本，並未將畫定界線及邊界持續擴張的行動視為根本的善，反而有如黑鏡，映照出全然相反的一面。

品瓊在他的小說中嘲弄了兩位英國國王所祭出的「於地理學上不可能存在的疆土」，認為他們「如同以開玩笑的方式拒絕承認美國有任何成為真正實體的可能」，也因此，梅森與狄克森其實只是在測量一條虛幻的線。引用書中主要敘述者威克斯．查利庫克牧師（Wicks Cherrycoke）的說法：「為了包圍並限縮大灣那難以想像的繁茂、長度趨於無限而難以繪製成圖的海岸線，他們畫出準確的線條，而在那抽象的框架以外，並不存在『馬里蘭』；而平心而論，事實上也不存在『賓夕維尼亞』，唯有一系列的詐騙編年史，受害者是棲身在那裡的印第安人，只受到其他殖民地向北與東擴張之野心所阻。」[53]

隨著兩人朝著大陸內部不斷、不斷地切去，狄克森擔心那條線已然擁有自己的生命。他說，它是一隻「屠殺樹木的動物，並無任何目標，唯有永久而持續地在大地上開創一條完美的廊道。牠的牙乃為鋼鐵、牠的顎乃為樵夫、牠的生命血脈乃為計畫專款。至於除了殺盡位於牠以西的萬物之外，牠的意圖為何？你知道嗎？我也不知道」。[54]

他好奇美洲原住民族族人在看著這個「隱形的東西毫不隱晦地爬過他們的土地、吞噬沿途上的一切」時，究竟是怎麼想的。他告訴梅森，他們在大地上持續切砍的所有行動，事實上已然傳達了明確的訊息：「你們也看見我們對樹木能做出什麼事、我們有多麼不在乎了，試想像我們對印第安人究竟有多麼不在乎，又已經準備好要對你們做出什麼事了。你們在我們的線上所感受到的影響、那如同河川般強勁的水流，全都在我們的掌握之中。」[55]

接近小說尾聲時，梅森和狄克森悲痛地得出結論，認為他們所畫的邊界僅只是「承載邪惡的渠道」，正如測量隊上的中國風水專家張上尉早就警告過他們的那樣，「在大地上畫出準確的線條」將招來「凶厄能量」，而正如夜晚總是跟隨在白日之後，「凶厄歷史」也將隨著「凶厄能量」而來。

「沒有任何東西，」他說：「比畫出一條穿越一支族群的線還能更直接、更殘酷地製造出凶厄歷史，尤其是畫出準確的線，那正是輕蔑的形狀；於是乎，他們之間將產生區別；這僅為第一筆，其餘的將如同命中注定一般接踵而至，最終導向戰爭及毀滅。」[56]

對品瓊而言，這片大陸上不斷增生的線條堪謂美國的悲劇。特納曾說，我們可以在不斷變動的邊界中尋得獨特的美國性格，這一點品瓊確實認同，但他認為，這其中的問題在於，這種性格——姑且不論其優點——實則根植於惡性的二元主義當中，簡直對分歧對立成癮。人們對於邊界線、邊疆及邊境的這般狂熱，允諾了脫離舊世界束縛的自由，但前提是，你必須是白皮膚的盎格魯—撒克遜裔基督徒。而且，一旦人們終於在這片大陸上徹底「蔓延」，同樣的這些線將無可避免地使美國人彼此之間也形成分裂。[57]

品瓊藉由張上尉的「凶厄歷史」預示了終將到來的分裂衝突。由於梅森與狄克森的線不單只是兩州之間的邊界，同時也是兩支不同美國族群之間的區隔線：奴隸制度支持者與反對者。「命中注定」將隨著這條線而來的，正是美國內戰[58]的「毀滅」。

賓夕維尼亞將成為主張廢奴、以工業為主的北方的南部前線，馬里蘭則為主張蓄奴、以農業為主的南方的北部前線。梅森和狄克森的線當初是以理智及秩序為名而畫定，卻同時藉由強制驅逐美洲原住民族、在殖民種植園中強制奴役非洲人而鞏固、壯大。這就是沿著他們所刻畫的線漫流的「如同河川般強勁的水流」；美國的基礎敘事正是暴力征服與二元分裂。

緊張氛圍於十九世紀上半葉持續堆疊攀升。一八五八年夏天，他們針對奴隸制度的未來舉辦了一系列的全國辯論。此時，有個人虎視眈眈地想要取代蓄奴的伊利諾州參議員史蒂芬·阿諾·道格拉斯（Stephen A. Douglas）在參議院內的席位，那就是支持廢奴的亞伯拉罕·林肯（Abraham Lincoln）。林肯把美國變成了一種持久永恆、幾乎攸關生存的對立的最新戰場。他說：「這是這兩種原則——對與錯——存在於世界各地的永恆掙扎。」而梅森與狄克森的邊界恰為兩者之間的鉸鏈；在線的兩端，「這兩種原則早自時間的開端便面對面而立」。另一方面，道格拉斯論道，釋放奴隸並讓他們隨心所欲地跨越任何邊界，終將導致北美大平原變得「如夜晚般漆黑」。[59] 換言之，金星於亮白的太陽表面上所呈現的墨點，將毫不停歇地蔓延擴張，最終成為日全食。

這些強烈的意見分歧無法透過任何政治論述解決。一旦理智失敗，隨之而來的就只有暴力了。內戰於三年後爆發，而又過了四年，林肯於華盛頓哥倫比亞特區的福特劇院（Ford's Theatre）遭人暗殺。美國有一半的人認為這是史無前例的慘劇，但對另一半的人而言，槍手約翰．威爾克斯—布斯（John Wilkes-Booth）乃為「偉大的美國布魯特斯（Brutus）[60]」、將「其國家的敵人」殺除的「自由愛好者」。[61]

如此根深柢固的分裂，並不會因為某一方占了優勢而消失。一八四九年，當逃亡奴隸哈莉特．塔布曼（Harriet Tubman）由馬里蘭州逃脫，跨越梅森與狄克森的線躲至賓州時，她提到自己低頭看著自己的手，「以確認自己是否仍為同一個人。萬物皆罩著無比的輝煌；陽光有如黃金般地射穿樹木、照過田野，而我感覺自己像在天堂」。可理解地，如同她所描述的那樣，這條邊界在這一刻儼然成為「自由或死亡」之間的差別。[62] 跨過那條壯闊的線進入北方之後，你就身處在「應許之地」內了——這就是這條線的力量。

也正如品瓊所寫的，當我們想像著那兩位測量員的弧形緯線貫穿某座村莊的主要街道時，「在線的一側持續存在的法律——奴隸、菸草、納稅義務——可能在另一側將不復存在」。從這一點來看，這條線具備著改變我們存在本質的能力：「昨日的奴隸、今日的自由男女！你們使用自己的鎖鏈，去測量那些剛從他們身上脫落的鎖鏈！」[63]

然而，塔布曼的喜悅並未、同時也無法預期到隨著這份「解放」而來的艱苦掙扎。一八五〇年通過的《逃亡奴隸法》（Fugitive Slave Law）讓奴隸主有權跨越邊界，把他們的「財產」抓回來。在這場混亂的內戰之後，有些州已經將原先受到奴役的人全數釋放，但剩下的州仍繼續蓄奴。在接下來的一個半世紀，甚至直至今日，許多線條一一浮現，包括法律、政治、社會等，皆為過去曾受奴役、如今終成為美國人的非洲後裔豎起屏障，使他們在融入社會、爭取人人平等的過程中飽受阻撓。

品瓊想強調的重點是，這些分裂到頭來不管是以何種形式，全都將持續存在。當他於一九九七年發表這部小說時，它們便已存在；如今過了二十年之後，它們也依舊存在，而且甚至可能是繼美國內戰以來，最為顯著的時刻。如果你想尋找今日這般兩極對立的美國的起源，那你會發現，它就跟當初這塊大陸被首度占據、捆紮，以及如品瓊的敘述者查利庫克牧師所說的「噴濺」成「滿地碎片」時，呈現完全一模一樣的模式。美利堅合眾國建築於邊界的概念之上，並且根植於各種關於包容與排外的線條內，乃是「我們不該找到它們」的地方。[64]

他總結道，這是最初始的美國夢的失敗。人們曾一度以為，這座新世界或許能夠脫離舊世界的偏見、不公及階級。但相反地，新世界卻承繼它們、允許它們演化，並傳輸它們至這片大地的血肉之中——首先是透過梅森與狄克森的線，接著再以後來那些數也數不清的線條持續進行。

美國過去曾有這麼一段短暫的時刻，位居「那座以假設語句表達的願望、**某日終能成真之事**——舉凡人間天堂、青春之泉、祭司王約翰（Prester John）的地域[65]、基督的王國——的垃圾堆之巔」。這個美國「從未身處落日之後，直至西方的下一塊領土被眼見並記載、被測量並綁定至那由點和點串連而成的已知網絡裡之前，皆安全無虞；現在，它緩慢地以三角測量法切入大陸中心，將一切由『假設語句』轉變為『直述句』，將『可能』縮減為適合政府目的的『簡明』，由神聖領域的手中，將其邊境地一塊一塊地贏走，並將它們納入這座貧脊的人間世界，亦即我們的家園、我們的絕望」。[66]

特納口中那道不停向前推進的邊境，將美國的**可能性**抹除殆盡。根據品瓊的論述，那段偉大的擴張時期同樣也是縮減的過程：視野變得狹隘、觀點變得僵化、不平等受到鞏固。正如同一場競賽，由於他們想要盡情地在其所擁有的所有土地上設立分隔線，這般無法獲得滿足的需求終將可能性消耗殆盡。

他說，現今的美國「飽受邊際困擾」，也就是這條消失的邊界。此外，他苦苦思念著過去梅森與狄克森的邊界仍處於畫定階段的短暫片刻。「只要從標西之柱以來的距離尚未測量完成，亦未記錄為事實，它便可在其有如虛構小說般的生命最後幾頁，仍維持閃爍的模樣。」[67]

在測量之旅的最後幾天，品瓊依然將美國視為一片遼闊的希望之地，正如那條壯闊的邊界線觸碰它、人們不願面對的真相闖入以前那樣。所謂真相是指美國本身**就是那條線**，而那條線**就是美國**。浪潮最外圍的邊際、凶厄歷史的運輸渠道、承載機會的土地、蔑視的確切模樣、對與錯之間的永恆掙扎，全都被掃入那道不穩定的水流之中，如同河川一般強勁。

如果想要瞭解現今的美利堅合眾國，這裡依舊是務必拜訪的地方——必定得去那條線、那道邊界一趟。

「我們必須重新述說這條邊界的故事。」大衛這麼跟我說過。「如果我們不把它重新塑造成不一樣的東西，它就會永遠被描繪成一個危險的場域。它現在已經是我們國族神話的一部分了，所以你必須試著去改變它，為這條邊界講一個更好的故事。」

我正開在九十一號高速公路上，沿著阿肯色河的東汊，駛過科羅拉多州的洛磯山脈一路向南。當時正值春末時分，山脈上籠罩著一片和煦的光，使其坡上森林的翠綠及裸露岩石的鏽紅顯得格外鮮明，同時也讓山脈上零星的殘雪閃閃發光。

（其實我沒有在開車，或者更確切來說，我確實是在開車，但是以**虛擬**的方式進行。我本來應該要在那裡的——科羅拉多州的中心——然後開著一輛從丹佛機場租來的車穿越那座山脈。但在出發前的一個月，美國關閉邊境，禁止所有來自歐洲的旅客入境。包括我的國家在內，全世界的國家都開始採取封城行動。於是，我接下來所能做的就是在Google Earth上，沿著九十一號高速公路一路點擊地圖，模擬我本來打算要去的公路旅行……我一邊點擊，一邊聽著我之前和大衛跟馬寇斯的對話錄音。）

當九十一號高速公路越過弗里蒙特公路時，山谷變得開闊。那裡原本有一座山，但人們為了挖鑿當地蘊藏的鉬礦而把整座山給挖空了；那種礦產能用來製造噴射機引擎渦輪內的金屬合金。接著，道路又再度變得彎曲。我看到了——它就在一座低矮小丘頂端，左邊是阿肯色河支流的細小河道，右邊則是高速公路，四周圍繞著亮綠色的灌木叢——那就是二十號碑。

「我們對於地方的理解，基本上都建立在『邊界是永恆的』的概念上。」大衛這麼說道：「我們把一種真實的停滯概念投射到它們身上，但就歷史來看，我們並沒有太多證據能好好支持這件事。好比說，在未來一百年、兩百年或五百年內，美國的邊界還是會跟現在一模一樣？這種想法比較像是我們的渴望，而不是什麼最終會受到歷史證實的事。」

我又繼續往前走了十五英里，穿過萊德維爾鎮（Leadville），山脈離高速公路愈來愈遠、逐漸變得模糊，地景轉變為一片廣袤、平坦的大草原，由阿肯色河的主要支流貫穿其中。在道路即將跨越河流之前有一處小型停車場，停車場的某個端點四周圍繞著河岸、草原及遙遠的山脈，那便是二十一號碑的位置了。我放大檢視它的鍍鋅鋼板，依然閃閃發光、尚未失去光澤。有一對情侶恰好被捕捉下來，站在碑的旁邊拍照。

「這是與生俱來的，」馬寇斯跟我說：「我指的是美國人對於美國的這種想法——這種『昭昭天命』的想法，還有上帝對總統說的：『這個國家的天命便是擴張及征服。』我覺得這單純就是種族歧視。他們愈是移動、愈會將剩下的族群抹除，就只為了安置跟他們相似的人罷了。而這也是今日的邊界與生俱來的特性。」

馬寇斯和大衛都曾向我提到英文單字的邊境「frontier」與西班牙文裡的「frontera」兩者之間的差異。

「英文的『frontier』對美國人而言，是這片擁有無邊承諾的廣闊平原。」大衛說：「我們在這裡實現關於自由、獨立及自給自足的神話，對吧？而在西班牙文裡，『frontera』是一種限制、一條分界。所以說，我們在認知上有這樣的歧異，並進一步體現在這兩個不同的想法裡。」

馬寇斯繼續補充：「邊境在美國的概念，是某種『在邊際**並超越邊際**』的東西，等待著被人征服。我們在墨西哥沒有那種概念，因為我們是被征服的國家。對我們而言，沒有喔，『frontera』就只是一條線、一個標記。你不該跨越它，對吧？」

然後，他深刻又生動地笑了一下，說：「我們從來沒有想過，這種限制是可以繼續擴張的！」

我繼續朝南前進二十英里，在布尤那維斯塔（Buena Vista）鎮上一處棒球場及足球場後方找到二十二號碑，它站在那裡眺望眼下流速湍急的阿肯色河。此時，錄音檔中的大衛正在講目前的美墨邊界所發生的事。

「此時此刻，我們已經將『錯置』商品化了。」他說：「我們已經到了一個階段，在看似充滿**取之不盡**的資源的這個場域裡，已經出現**枯竭**的狀況了。於是，你會進入另一個境界——移民群體變成一種資源，是剩下的最後一個能夠剝削的東西。掠奪性產業可以為了獲利而去消費這項資源。由於我們為那些抵達我們邊界的『外人』製造出一種仇外形象，掠奪性產業正藉此得利。」

正如大衛所解釋的，人們現在可以憑藉著這條線，在處理那些無法抗拒、不得不被吸入這個軌道的群體的過程中，賺取新的錢。那些一無所有及不具備合法身分的人，都是短期內還不會太快消耗殆盡的資源。大衛之前也跟我提到他在二〇一八年十一月拜訪蒂華納的故事。當時，將近八千名中美洲移民的「商隊」正好也開始浩浩蕩蕩地抵達蒂華納，聚集於聖易西卓入關處準備進入美國。人們在距離邊界一個街區以外，於市立運動中心的戶外場地上臨時搭起一座帳篷城市。當月月底，十一月二十五日，數以千計的移民列隊步行至聖易西卓，將自己呈遞給美國當局，要求提供庇護。

接下來所發生的事或許終究難以避免。他們先是在通往聖易西卓的查帕拉爾（El Chaparral）橋上與墨西哥警方陷入僵局，而由於有些移民試圖衝破防線，有些人則在最後的那幾百公尺路程嘗試翻越蒂華納河的水泥堤岸，以進入入關處，最終導致局勢惡化。轉瞬之間，原先和平的行進隊伍被暴力淹沒，警方還在龐大的人群中釋放催淚瓦斯。很快地，墨西哥警方開始上街包圍任何眼見的移民，並將他們拖入廂型車或卡車上。大衛當時就在那裡、在蒂華納混亂的街道上。就在此時，一名年輕的宏都拉斯男子跑到他面前，急促地問他：

「我該怎麼跨越國界呢？」

大衛只能告訴他那是不可能的。「這裡沒有辦法，」他告訴那名年輕人：「這條邊界太穩固了。」然後對方就再度消失在人群中。68

「就是在那一刻。」大衛告訴我，那就是他明白「這一切永遠不會停止」的時刻。

「我們的邊界防禦被視為解決這個問題的終極行動。」他說：「但它並不是。在我們的新常態正開始萌芽的時刻，這是一個無效的舉動。」

我該怎麼跨越國界？如今，在這個世界上的某個地方，必定會有某個人提出一模一樣的疑問。這就是我們的新常態。

我在科羅拉多州的斯梅爾特敦尋找二十三號碑。它應該豎立在一九一高速公路橫跨阿肯色河的那道以鋼鐵及混凝土蓋成的小型陸橋底下，但我卻完全找不到它的蹤影。

由大衛與馬寇斯標記的一八二一年舊線，在這個地方轉向朝東，並未進入堪薩斯州，而是順著河流延伸至那片空蕩蕩的平原。但我不打算走那個方向，相反地，我想繼續往南再走個幾百英里，越過阿布奎基，再直直穿越新墨西哥的中心，然後向西接上十號高速公路，一路往這片乾枯的沙漠、岩石地貌深處，不斷點擊著我的地圖。在前方等著我的是亞利桑那州、土桑市及墨西哥的邊界。

注釋

1 來自「劃・界」（DeLIMITations）計畫部落格：https://delimitationsblog.tumblr.com (author's translation from Spanish)。

2 Ramírez, 'DeLIMITtations'.

3 Ramírez, 'DeLIMITations'.

4 D. Taylor, *Working the Line* (Radius Books, 2010).

5 Treaty of Guadalupe Hidalgo in US National Archives Catalog: https://catalog.archives.gov/id/299809.

6 M. Dear, 'Monuments, manifest destiny, and Mexico, Part 2', *Prologue*, vol. 37, no. 2 (2005): https://www.archives.gov/publications/prologue/2005/summer/mexico-2.

7 Dear, 'Monuments, manifest destiny, and Mexico, Part 2'.

8 'Photographic views of old monuments and characteristic scenes along the boundary line of United States and Mexico west of the Rio Grande', Library of Congress: https://loc.gov/item/2005689733; Report of the Boundary commission upon the survey and re-marking of the boundary between the United States and Mexico west of the Rio Grande, 1891–1896. . . Part I. Report of the International commission. Part II. Report of the United States section, Library of Congress: https://www.loc.gov/item/02002130/.

9 Treaty of Adams–Onis, 1819: https://avalon.law.yale.edu/19th_century/sp1819.asp.

10 Treaty of Adams–Onis, 1819.

11 Ramírez, 'DeLIMITations'.

12 T. E. Breckenridge, *Thomas E. Breckenridge Memoirs*, 1894, University of Missouri at Columbia: Western Historical Manuscripts Collection.

13 Ramírez, 'DeLIMITations'.

14 譯注：亦即英仙座δ、御夫座α、雙子座α及天鵝座α。

15 M. Dixon, *The Manuscript Journal of Charles Mason and Jeremiah Dixon with Historical Prelude to their Survey*, 1763，見美國國務院及檔案網站：https://archive.org/details/JournalOfMasonAndDixon/page/n3/mode/2up。

16 H. W. Robinson, 'A note on Charles Mason's ancestry and his family', *Preceedings of the American Philosophical Society*, vol. 93, no. 2 (American Philosophical Society, 1949).

17 H. Woolf, 'British preparations for observing the transit of Venus of 1761', *The William and Mary Quarterly*, vol. 13, no. 4 (Omohundro Institute of Early American History and Culture, 1956).

18 T. MacKenzie, 'Mason and Dixon at the Cape', *Monthly Notes of the Astronomical Society of South Africa*, vol. 10 (1951).

19 E. Danson, *Drawing the Line: How Mason and Dixon Surveyed the Most Famous Border in America* (Wiley, 2017).

20 Dixon, *The Manuscript Journal of Charles Mason and Jeremiah Dixon with Historical Prelude to their Survey*; Danson, *Drawing the Line*.

21 Calvert Papers, *Historical Society of Maryland*，引自S. M. Walker, *Boundaries* (Candlewick Press, 2014)。

22 Dixon, *The Manuscript Journal of Charles Mason and Jeremiah Dixon with Historical Prelude to their Survey*; Danson, *Drawing the Line*.

23 Letter from John Lukens to Charles Peters, 16 June 1762, Chew Family Papers, collection 2050, box 25，引自Walker, *Boundaries*。

24 Thomas Penn，引自T. D. Cope, 'Charles Mason and Jeremiah Dixon', *The Scientific Monthly*, vol. 62, no. 6 (American Association for the Advancement of Science, 1946)。

25 C. Calvert，引自Danson, *Drawing the Line*。

26 Dixon, *The Manuscript Journal of Charles Mason and Jeremiah Dixon with Historical Prelude to their Survey*.

27 Report of the Lords Commissioners for Trade and Plantations on the Petition of the Honourable Thomas Walpole, Benjamin Franklin, John Sargent, and Samuel Wharton, Esquires, and their Associates, 1772: https://www.gutenberg.org/cache/epub/26900/pg26900-images.html.

28 Dixon, *The Manuscript Journal of Charles Mason and Jeremiah Dixon with Historical Prelude to their Survey*.

29 Letter from George Washington to William Crawford, 17 September 1767: https://founders.archives.gov/documents/Washington/02-08-02-0020.

30 Danson, *Drawing the Line*; G. Grandin, *The End of the Myth* (Metropolitan, 2019).

31 Dixon, *The Manuscript Journal of Charles Mason and Jeremiah Dixon with Historical Prelude to their Survey*.

32 譯注：亦即天琴座α、天鵝座α、天鵝座γ、天鵝座δ及御夫座α。

33 Dixon, *The Manuscript Journal of Charles Mason and Jeremiah Dixon with Historical Prelude to their Survey.*
34 Dixon, *The Manuscript Journal of Charles Mason and Jeremiah Dixon with Historical Prelude to their Survey.*
35 Dixon, *The Manuscript Journal of Charles Mason and Jeremiah Dixon with Historical Prelude to their Survey.*
36 Dixon, *The Manuscript Journal of Charles Mason and Jeremiah Dixon with Historical Prelude to their Survey.*
37 Dixon, *The Manuscript Journal of Charles Mason and Jeremiah Dixon with Historical Prelude to their Survey.*
38 Dixon, *The Manuscript Journal of Charles Mason and Jeremiah Dixon with Historical Prelude to their Survey.*
39 Grandin, *The End of the Myth.*
40 M. Twain, *Life on the Mississippi* (Dawson, 1883).
41 John Randolph，引自E. S. Brown, *The Constitutional History of the Louisiana Purchase, 1803–1812* (Wentworth Press, 2019)；及引自Grandin, *The End of the Myth*。
42 J. L. O'Sullivan, 'Annexation', *United States Magazine and Democratic Review* 17 (July–August 1845)；引自J. Shapiro, *Shakespeare in a Divided America* (Faber, 2020)。
43 J. M. Faragher (ed.), *Rereading Frederick Jackson Turner* (Henry Holt & Company, 1994).
44 F. J. Turner, 'The significance of the frontier in American history' (Annual Report of the American Historical Association, 1893): https://www.historians.org/about-aha-and-membership/aha-history-and-archives/historical-archives/the-significance-of-the-frontier-in-american-history-(1893).
45 Turner, 'The significance of the frontier in American history'.
46 Turner, 'The significance of the frontier in American history'.
47 Turner, 'The significance of the frontier in American history'.
48 特納在論文一開首就承認這點，引用'Distribution of population according to density: 1890', US Census Office, 11th Census, 1890, *Extra Census Bulletin* 2 (20 April 1891)。
49 H. Melville, *Mardi, and a Voyage Hither* (Harper & Brothers, 1849).
50 N. J. Sales, 'Meet your neighbour, Thomas Pynchon', *New York Magazine*, November 1996.
51 譯注：指由軍工複合體等既得利益團體組成，在幕後真正並實際控制國家的集團。
52 A. Nazaryn, 'A personal foray into the long-lost Pynchon tapes', *The New York Times*, 19 May 2017.

53 T. Pynchon, *Mason & Dixon* (Vintage, 1997).
54 Pynchon, *Mason & Dixon*.
55 Pynchon, *Mason & Dixon*.
56 Pynchon, *Mason & Dixon*.
57 Pynchon, *Mason & Dixon*：亦見S. Olster, 'A "patch of england, at a threethousand-mile off-set"? Representing America in "Mason & Dixon"', *Modern Fiction Studies*, vol. 50, no. 2 (Johns Hopkins University Press, 2004)：A. N. Éigeartaigh, ' "Toto, I have a feeling we're not in Kansas anymore": borders and borderlands in Thomas Pynchon's "Gravity's Rainbow" and "Mason and Dixon"', *Irish Journal of American Studies*, vol. 11/12 (Irish Association for American Studies, 2002)：D. Cowart, 'The Luddite vision: Mason and Dixon', *American Literature*, vol. 71, no. 2 (Duke University Press, 1999)：S. Cohen, ' "Mason & Dixon" & the Ampersand', *Twentieth-Century Literature*, vol. 48, no. 3 (Duke University Press, Hofstra University, 2002)。
58 譯注：內戰（civil war）中的「civil」若單獨抽離，意為「文明」。
59 Abraham Lincoln and Stephen A. Douglas debates: https://www.bartleby.com/251/：亦見E. Osnos, 'Pulling our politics back from the brink', *The New Yorker*, 16 November 2020。
60 譯注：刺殺凱撒者，名言為「我愛凱撒，但我更愛羅馬」。
61 引自Shapiro, *Shakespeare in a Divided America*。
62 S. H. Bradford, *Scenes in the Life of Harriet Tubman*: https://docsouth.unc.edu/neh/bradford/bradford.html所引。
63 Pynchon, *Mason & Dixon*.
64 Pynchon, *Mason & Dixon*.
65 譯注：流傳於中世紀的神祕國度，境內有亞歷山大之門與青春之泉等勝地。
66 Pynchon, *Mason & Dixon*.
67 Pynchon, *Mason & Dixon*.
68 更多細節見David Taylor, 'Refuge and fortification', Places Journal: https //placesjournal.org/article/refuge-and-fortification-in-the-us-mexicoborderlands/。

第三部　跨越

第六章 險惡地形

Yesica Uvina, Courtesy of U.S. Customs and Border Protection

二〇一七年十月，墨西哥蒂華納市對面的一片沙漠灌木林地上，出現了八塊碑柱。其中四根以鋼筋混凝土製成，另外四根則以其他材料，包括鋼筋條、金屬管、磚塊貼面，以及帶刺鐵絲網。有一面碑柱甚至被漆成鮮明的海軍藍——那般冰冷、肅穆的色調有如深夜的天空。所有碑柱皆高達三十英尺。

這八塊碑柱是由美國海關及邊境保衛局（US Customs and Border Protection Agency）委託豎立的，以作為邊境界牆的原型；如果未來有一天，那道牆真的得以建造完成，它將會沿著美國的南緣邊境蔓延一千九百五十四英里。根據工程簡介，它們應該要看起來「於美學上賞心悅目」，並能「與當地環境產生共鳴」（這兩項要求只適用於美國那一側）。另外還有一項更明確的條件——能夠承受「大錘、千斤頂、十字鎬、鑿子、電池驅動氣動工具、電池驅動切削工具、氧乙炔氣銲或其他類似的手持工具」至少半小時。[1]

他們並不避諱讓大眾看見這八個原型碑柱，針對其設計與效力的評量及測試也都不曾是祕密。事實上，它們就這樣直挺挺地矗立在那裡，彼此之間相隔幾公尺的距離，延展成一條直線，眺望著眼前那道十五英尺高、已然生鏽的金屬邊界——這些碑柱的目的正是要補強或甚至取代它。它們居高臨下地望過舊的圍籬，瞪入牆後的那座城市、另一個國家。這幾面零星的牆上並沒有寫任何東西，但其實也不需要寫什麼，它們想要傳達的訊息已經十分明確了。

在這八道邊界圍牆的雛形碑柱豎立完成的兩個月後，一個名叫MAGA的新興非營利組織透過網路發起一項請願行動，想將它們訂定為國家紀念碑。根據一九〇六年《古蹟保存法》（Antiquities Act）的內容，在美國聯邦領土上的任何重要自然、文化或科學特色，皆能由總統透過公告或由國會透過立法程序，執行永久保護。MAGA的名稱取自「讓藝術再次偉大」（Make Art Great Again）的縮寫，它認為，這八塊原型柱具備特殊的「文化價值」，同時也是「歷史性的大地藝術」。[2]

MAGA在推動請願的同時，也在現場舉辦導覽解說，將這片「大型大地藝術展覽」命名為「原型」（PROTOTYPES）。它安排巴士從聖迪牙哥的當代藝術館外出發，經過聖易西卓入關處進入墨西哥。由於從美國一側無法靠近碑址，從邊境以南過去是唯一能夠以最近距離觀賞「原型」展覽的方法。接駁巴士會繼續駛過蒂華納，抵達全市最東緣的埃斯孔迪多（Escondido）社區的一條砂土路。它在那裡的貨車站及廢料場之間，沿著目前的邊界圍籬架起一座梯子，讓遊客能夠爬上去觀賞那八塊原封不動的牆面。

創立MAGA及這場頗具煽動性的運動的人，是來自瑞士的概念藝術家克里斯托夫・布赫爾（Christoph Büchel）。布赫爾說，當他第一次看到這些原型柱的照片時，馬上想到英國巨石陣。他告訴《紐約時報》：「它們在視覺上非常驚人。」除了它們跟古代遺址的相似度之外，另外讓他備感震驚的，是這些石板以一種詭異的方式將美國式的文史特徵及科幻小說般的元素加以融合，呼應了被末日場景滲透的露天汽車電影院，或是史丹利・庫柏力克（Stanley Kubrick）的《二〇〇一太空漫遊》（*2001: A Space Odyssey*）開場裡的經典巨石景象。

他說，從梯子頂端望向北方的時候，「你會看到所有東西，那是一種相當強烈的概念衝擊」，因此，這些原型柱具備獨特的「雕塑價值」，即使它們存在的原意並非如此。[3]至於要保存它們的原因，據他所說，是「因為它們可以表明其意義，並隨著時間改變意涵；它們可以提醒人們，過去曾經有過這麼一個邊界圍牆的想法。」

MAGA與「原型」展覽於藝術群體中掀起兩極化的反應，尤其在美國西岸。二〇一八年二月，上百名藝術家與策展人簽署了一份公開信函譴責導覽行程，認為MAGA「只在乎奇觀與諷刺，而非以批判的方式去廢除那些迫害最脆弱之人的性命的建築」。他們也大力批判《紐約時報》對於這項計畫的報導——原文章標題為〈築牆首席設計師川普是概念藝術家嗎？〉（Is Donald Trump, Wall-Builder-in-Chief, a Conceptual Artist?）。根據他們的論述，將這八座石碑視為「大地藝術」只會「將國家暴力美學化，並嘲諷那些受國家暴力影響最深的生命經驗」。[4]

布赫爾有他自己引發爭議的方式，好比在二〇一五年的威尼斯雙年展上，他將一座已改作其他用途的教堂改造為清真寺，也曾試圖將一整架波音七四七埋入莫哈維沙漠（Mojave Desert）。而對於這次作品，他透過自己的豪瑟沃斯畫廊（Hauser & Wirth）發表聲明作為回應，表示這些原型柱應該「保持原樣，以作為美國文化中的偏狹與恐懼的證據，以及改變政治論述的催化劑」。布赫爾接受《紐約時報》訪問時，堅稱自己並非創作這項「作品」的藝術家——其創作者為當時的總統及其政府，並且延伸至美國這個國家本身。

「這是一項集體雕塑。」他說：「是人民投票選出這個藝術家的。」[5]《紐約》（*New York*）雜誌的藝術評論家傑瑞・索茲（Jerry Saltz）傾向於認同。他在布赫爾的提案中看到的是「在絕望之中閃爍著希望的微光」。這促使他開始想像從一個較為遙遠、更為平等的未來制高點回望它們的情境，到了那個時候，「這些原型柱將成為完美的紀念碑，提醒人們美國曾經差這麼一點就要屈服於種族主義、仇外情結、本土主義、白人民族主義、平庸，以及對於他者的巨大恐懼的鬼魅之下」。[6]

最終，布赫爾與MAGA的請願只收到九百八十四筆簽署，跟他們必須達到的目標一千六百筆相差甚遠。結果在二〇一九年一月，相關當局發現，所有牆面皆未能通過基本的「穿透性」測驗，八塊原型碑柱便於接下來的一個月內，被重型機械的金屬爪與氣鑽粉碎、擊垮，最後全數拆除。

不過，布赫爾的「國家紀念碑」概念並未完全消失。兩年後，一位名為麥迪遜・考托恩（Madison Cawthorn）的共和黨眾議員於二〇二一年四月提出一項草案，希望能夠成立「南方邊境圍牆國家紀念園區」（Southern Border Wall National Monument）。這項暱稱為《川念園區法案》（Donument，結合「唐納・川普」與「紀念園區」兩字）提議將位於加州、亞利桑那州、新墨西哥州及德州境內總長四百多英里的邊境圍牆，以及其周圍將近三十萬公頃的邊境地區，全部訂定為紀念園區，享有「不得更動之永久保護」。

「我將盡己所能地保護、捍衛南方邊境，並推動『美國優先』（America First）的議程。」考托恩在宣布這項法案時，曾於一份聲明稿中如此表示。他繼續補充道，假如拜登（Joe Biden）總統「拒絕把圍牆蓋完，我保證美國的愛國人士將會竭盡全力地去保護它」。[7]

而就在考托恩宣布這項草案的幾天之後，亞利桑那州檢察長馬克·伯諾維克（Mark Brnovich）向拜登政府提起訴訟，指控停止邊境圍牆工程一舉違反了《國家環境政策法》（National Environmental Policy Act），並「對環境具有毀滅性的影響」。伯諾維克表示，不願將圍牆蓋完的決定，已然造成「非法跨境進入美國的人數急遽攀升」。他還進一步提到，在移民北遷的過程中，遺留了衣物、背包、寶特瓶等「垃圾」。他說，「那會影響野生動物、自然棲地」，而且「還會導致森林大火發生」。[8] 田納西州的共和黨參議員瑪莎·布萊克本（Marsha Blackburn）也在訴訟案發前兩週的一場訪談中提及這些疑慮。「對所有關心環境的人而言，」她說：「我們正面臨著環境危機，因為那些移民跨越邊界跑來這裡，正是在踐踏我們的生態系統。」

依據這番論述，**不願**築牆是在破壞這片地景，因為這道屏障本身其實是在**縫合**大地、**縫合**傷口。布萊克本在想的是：如果沒有牆，下雨的時候會發生什麼事？「我們為了在那裡築牆，已經挖好了路……那些未完成的道路將受到雨水沖刷。」[9]

雖然在民主黨占多數的國會中，考托恩的法案根本沒有機會通過，但這項提案仍凸顯出蘊藏於「國家紀念園區」之中不穩定的本質——對於文化意義的詮釋，人們可以提出無限種說法。如果你以孤立主義政策、「美國優先」及誇大的保護措施去審視他們的邏輯結論，那還有什麼能比邊境圍牆更適合作為國家的象徵？美國認同及其人民皆已刻鑿於這片土地之中，然後再倒入混凝土作為地基，接著橫越丘陵與山脈的峰頂持續延展、蜿蜒地鑽過沙漠平原，一路通向遠方。就這樣，這一切將被深橘色的永恆鏽鋼永遠地保存下來。

「我們找到一個背包，裡面有一個相框寫著『第一名老爸』。」傑森．德里昂（Jason De León）告訴我：「有人把相框的玻璃打破、把照片拿走，然後拋下剩下的所有東西。我常常會去想這個帶著『第一名老爸』相框的人。我一直很好奇——這個『第一名老爸』是誰？是一個必須要拋下自己的孩子、拋下自己的國家來到這片沙漠的老爸嗎？還是留下來看著孩子受餓、但至少大家都還待在一起的老爸？」

過去十幾年以來，傑森一直在蒐集人們試圖從亞利桑那州的索諾拉沙漠（Sonoran Desert）跨越美墨邊境時，所留下、拋棄或遺失的東西，總共已經蒐集到超過八千個品項了。他將所有物品記錄下來、貼上標籤、以全球定位系統定位，並把它們典藏在加州大學洛杉磯分校一間研究實驗室的箱子裡；他大學時在那裡攻讀考古學，現在則是該校的人類學教授。

傑森首度於二〇〇九年一月造訪索諾拉沙漠。他說，那時候「大家一直用**垃圾這個詞來**說這些移民，那就是我一開始產生興趣的原因之一，因為大家一直在網路上發布照片，說：『看看這些墨西哥人在沙漠裡留下的垃圾。』但那基本上就是考古學在做的事——研究**垃圾**。」

他聯絡了一位名叫巴伯・奇（Bob Kee）的亞利桑那州當地居民，他是退休牙科技術員，後來在「土桑市撒馬利亞人」（Tucson Samaritans）組織擔任志工。數年來，巴伯持續進到沙漠，為移民提供食物、水及醫療救援，經常一週好幾次。他帶傑森到阿里瓦卡（Arivaca）小鎮再過去一點點的一條步道，只離邊境北緣不到十幾英里。他們健行了幾小時後，爬上一處稜線，從那裡往下望去便是一大片沙漠。

「然後那裡滿是這些東西。」傑森告訴我：「數以千計的背包那類的東西，而且到處都是水瓶。所以，從我出去的第一天起，我就想，好，這裡有這些東西。但這有點像是在餐巾紙上隨意寫下的想法，真的行得通嗎？誰知道？」

他跟我說，如果你想尋找**古代**遷移活動的蹤跡，那是幾乎不可能辨識得出來的。

「指紋太淺了。要研究過去，那可說是困難到無以復加，真的就是這樣。」

當現在的移民所留下來的材料老到足以達到「考古學」的標準時，它們大概已經消失無蹤了。要不是被清空、被丟掉，就是被索諾拉沙漠的太陽、熱氣和極端環境分解、融化、變成碎片及塵土。他的想法是為現在、為**此時此刻**建立考古學紀錄。對某些人來說只是垃圾的東西，則是傑森所描述的「正在形成中的美國移民史」。[10]

傑森很乾脆地跟我坦承，自己並不是一個傳統的考古學家。他最初會對田野產生興趣，源自於八歲時造訪墨西哥特奧蒂瓦坎（Teotihuacan）金字塔的旅行，還有他對印第安納瓊斯電影的喜愛。

「我就這樣一直跟別人說，我以後要當考古學家，雖然我根本不知道那到底意味著什麼。所以，當我去讀大學的時候，人家說：『這個嘛，考古學算是人類學的一支。』我就說：『好，聽起來不錯。』但那全都是我的童年幻想，我不知道還能拿自己怎麼辦。」

傑森短短兩個月後就休學了。他用學生貸款的支票買了一輛廂型車，跟他的龐克雷鬼車庫樂團「亞洲青年」（Youth in Asia，若說快一點，團名聽來就像「安樂死」〔euthanasia〕）在美國展開一趟三個月的巡迴。

傑森跟我說：「我以為我的一生就是這樣了。」直到他突然認清，這也意味著「永遠貧窮、永遠沒有健保」為止。

他回到學術界，完成大學學業後，繼續攻讀博士學位，專長為奧爾梅克（Olmec）時期中美洲的黑曜石刀具貿易。現在，時間已經幾乎過了十年了，但他依然還沒完全擺脫當時理想破滅的感覺。

「我覺得：『我們在做考古學，而這個世界正陷於煉獄之中。我們在讀的東西大概只有六個人在乎吧。』。當我看到不平等的狀況正在眼前即時上演，但到墨西哥做研究時卻只想著久遠過去的不平等問題、想著三千年以前的階層和社會組織，這讓我很難接受。」

為了完成論文，傑森花了數個月的時間去墨西哥進行挖掘。而在這整段時間裡，他一直聽到當地人在說他們已經準備好要跨境，或是已經試過跨境進入美國的事。

「我遇到一個跟我年紀相仿的人，他才剛從亞利桑那回來。然後他跟我說了這些關於邊境的故事，還有他幾乎在索諾拉沙漠喪命的故事。我就自己在想：『嗯，我想我已經知道很多關於美墨邊境的事了，因為我常常在兩地之間來來去去嘛。』我在德州南部讀了三年的小學，所以我常在這條邊境附近活動。但我後來發現自己根本什麼都不知道，所以那些故事徹底改變我自己對於人生規畫的想法。」

傑森的父母都曾服務於美國軍隊，而實際上，兩人也都是美國移民。他的母親來自菲律賓，而他父親來自墨西哥。

「我爸的出生證明上寫著，他出生於德州。」他告訴我：「雖然他其實很可能是在墨西哥出生，然後在還是嬰兒的時候就被帶過來的。然後我有一堆親戚都沒有身分證明，所以我是在移民社區裡長大的。」

傑森說，他小時候常常跨境到墨西哥。

「我們常常會去那裡，來來去去的，買菜、買東西等等。大概就像：『喔，我們今天要去雷諾薩（Reynosa）。』但現在雷諾薩就像《陰屍路》（*The Walking Dead*），很危險，沒辦法再這麼做了。但在我長大的過程中，我好像都覺得那沒什麼大不了的。」

不管是邊界線，或是人們跨越它的方式，其本質都已經徹底翻轉了。

「所以，我在那一刻之前一直在想的事，包括墨西哥、邊界、我的家庭，全都圍繞著我遇到的那些人——那些剛越境或已經準備好要越境的人。」

他跟我說，在他完成博士學位的時候，他已經不再對考古學有興趣了。相反地，他想跟**活著**的人講話。

「但我那時其實沒想過要把考古學和移民加以連結。那是一直到我去亞利桑那的那趟旅行才開始的。」

剛開始，當地的非政府組織與人道團體都沒有人願意帶他去沙漠。「他們全都覺得我想做的事很荒謬。」傑森說。最後，他終於找到巴伯同意當他的嚮導。

「然後我一去到那裡，對整幅景象做了全面評估之後，我發現有太多工作要做了。」

傑森第一次拜訪完後，便馬上成立了「無證移民計畫」（Undocumented Migration Project）。[11]他召集了一群學生與研究生，目標是結合考古學、人類學及鑑識學展開一項長期計畫，研究未經許可的跨境活動，尤其希望能瞭解與之相關的「演化中的物質文化」。這意味著，在實作上，他們必須一而再、再而三地前往索諾拉沙漠，沿著移民的移動路徑，蒐集所有被遺留在後的東西。

起初，最吸引傑森的是個人物品：寫有私人注記的口袋本《聖經》、情書、家庭照。他向我提到一隻他蒐集到的鞋子，那是一名三歲小童的鞋，上面寫滿了『我愛你』和『請不要走』的訊息。還有一個錢包，裡面放了一張戲謔的駕照；錢包的主人一定去過新墨西哥州羅斯威爾（Roswell）的幽浮博物館（UFO Museum），然後在那裡買了一張「非法外星人」[12]的駕照。

「大家都很好笑。」傑森說：「他們會帶一些很好笑的東西。我常常會去想這件事。」

再來就是這個背包，裡面還裝著一件上衣。衣服背後繡了一座自由女神像。

「在我看來，那道出了一個真相。索諾拉沙漠在過去這二十年來，真的就是——或一直以來都是——移民者的艾利斯島。」他說：「我們還不曾以這種浪漫的方式去看它，我也希望我們**永遠**不會用這種方式去思考它。但在這類具有大量入境人數的港口之間，確實存在著這種相似之處。」

隨著時間過去，傑森的注意力開始從非常私密、獨特的物品，轉向更為日常的素材，尤其是水瓶。

「人們因為缺水而面臨死亡——每次我撿到一個瓶子，都會想到這件事。從很多角度來看，水瓶是最令人動容、同時也最難以處理的品項，因為你知道它們就介於生與死之間。」

在傑森開始這項計畫後不久，他就注意到瓶子本身具有一項重大轉變。二〇〇九年以前的瓶子幾乎全都是白色的，但在那一年之後，他突然發現到處都是黑色瓶子。

「碰！它們一夕之間突然冒了出來。」他告訴我：「我可以說，現在有超過百分之七十的瓶子都是黑色的。」

這項轉變似乎跟隱匿有關。白色的瓶子會捕捉光線，反射日光、泛光照明燈及手電筒燈光。

「就是在這種地方，考古學會變得很有幫助。」他說：「因為大部分的人都不是怪胎，不會對水瓶多想什麼。」傑森會向移民問到水瓶的事，但他們「會用一種我好像發瘋了的眼神看我」。**為什麼你想知道我帶的水瓶是什麼顏色的**？因為他們並不清楚事情的轉變，但考古學真的可以讓你去瞭解，人們對於自己即將經歷的事情的觀點，究竟是如何出現演化的——還有從中獲利的人」。

在墨西哥那一側，邊境沿線城鎮的整體經濟，全都因為黑色水瓶的製造與銷售而獲得成長。此外還有迷彩服飾，以及鞋底黏有一塊長方形毯的鞋子——據傳可以讓你在沙漠中遮掩足跡。

在計畫開始的階段，傑森找到裝滿各種行頭的背包，舉凡晚禮服到吹風機，包羅萬象。「他們認為這趟旅程會很短，所以就帶著這些他們以為自己會用到的東西。經過兩小時的步行他們就會抵達美國了，所以他們想打扮成最好看的模樣。」

如今，他說，過了十年之後，已經沒有人會帶除了必需品之外的東西了。沒有書、沒有《聖經》、沒有家庭照，全都是食物、急救器材、水和背包，還有迷彩衣、迷彩褲。「但只有當你仔細去注意這些大部分的人都會忽略的物品時，你才能夠真的發現這些改變。」

不過，傑森和他的團隊也會發現其他東西。通常是很小的東西，好比銀色的牙齒填充物、曝曬於太陽之下的骷髏碎片，而有時候則是完整的肋骨或手臂。那些無法成功離開沙漠的人的碎片。

根據記載，在過去這二十年以來，於跨越美墨邊境途中喪生的數量超過七千人。將近一半的人喪身於土桑市，也就是傑森於二〇〇九年初造訪的地方，位於新墨西哥州及亞利桑那州尤馬郡（Yuma County）的邊界之間。索諾拉沙漠在這個位置的特色，是巨型仙人掌與單管仙人掌、多刺灌木叢、攀附性草種，以及乾涸、多石的溝壑與山脈。一般來說，夏季氣溫常超過攝氏四十度，而近年來甚至高達五十度。這個地區最高溫的紀錄落在二〇二〇年，那也是最致命的一年；該年，那個區域共尋獲兩百二十七名移民的殘骸。[13]

一個稱為「人道邊境」（Humane Borders）的救援組織，至今已經與亞利桑那州皮馬郡（Pima County）的法醫辦公室合作二十年，共同監控、記錄並指認這些死者。在過程中，他們也建立了一份「移民死亡地圖」。其中有一張亞利桑那州南部的分布圖，如同起紅疹般，紅點遍布。據圖表顯示，美墨邊境沿線的紅點密度之高，匯集成大片、大片的叢集，但紅點漸漸向外擴散，整片區域皆有紅點，最北端甚至還有零星紅點觸及鳳凰城（Phoenix）。[14]

每個紅點都代表一個人，一個試圖前往美國卻不幸喪生的人，是男是女、是老是少。如果你在這份地圖的線上版點入任何一個紅點，就會看到一小段簡單的說明。包括名字，如果他們的身分有成功被指認出來的話（超過一千個點的名字尚仍未知）；他們被尋獲的日期及遺體狀態（在許多案例中，這一項只寫了「骷髏遺骸」）；死因（前提是在發現遺體時，仍有辦法判定），而不意外地，最常見的死因為曝曬、中暑及高熱；他們的年齡（範圍自僅有幾個月大的嬰兒，至高齡九十九歲的男性）。

這份死亡地圖冷酷地將「希望化為人類悲劇」的過程繪製成圖，算是將邊界無法抵擋的拉力與其本質上所附帶的威脅，即時地體現在空間維度。人們勢必會焦慮地想知道自己的至親究竟發生了什麼事，而對某些家庭而言，發現親人的殘骸，以及確切事發地點與死因，反而會為他們提供一些微薄的安慰。不過，對多數人而言，這個問題卻始終找不到答案。他們的兒子或女兒、父親或母親、阿姨或叔伯、堂兄弟或表姊妹，就這樣憑空消失了。他們進入了通往「el norte」（北方）的大門，再也未曾出現於門的另一邊。而所有人都知道這些官方紀錄，只是在沙漠中喪生的真實人數的一小部分。早在二〇〇六年時，一份美國政府報告曾經承認：「尚未尋獲屍體的總數終究仍為未知。」其中暗示的含義就是，我們**永遠**都不會、也不可能知道。

隨著傑森的計畫不斷演變，這種不確定性逐漸占據他的思緒。某具遺體在沙漠中究竟發生了什麼事？它真的有可能就這樣消失了嗎？它真的會從肉體轉變成骷髏，再變成殘骸，再變成……虛無嗎？他發現這番想法十分嚇人，同時卻又至關重要。

他告訴我：「當我去翻歷史文獻，然後發現完全沒有相關資訊時，我著實感到萬分震驚。」沒有任何研究談過沙漠環境對人體分解的影響，沒有任何方法可以得知這種地貌究竟是否能夠保存人體，或是將他們完全消抹殆盡。

「甚至連去問鑑識學家，他們都沒辦法給我一個好的答案。他們只會跟我說：『這個嘛，我們覺得有些屍體會木乃伊化，但有些不會。我們也不太清楚為什麼會這樣，不確定是不是因為他們身上穿的衣服，或是季節。跟你一樣，我們也只能猜測而已。』」

但與其猜測，傑森決定開始自己進行研究。他從亞利桑那大學的「肉品實驗室」取得幼豬與成豬，並把牠們帶至索諾拉沙漠。基於許多原因，包括身體大小、油脂分布及解剖構造，豬隻在鑑識研究中，經常被當作人類的替代物。為了盡可能模擬出人類於這片地貌中死亡的情境，傑森必須就地殺豬。接著，他為牠們穿戴上各種移民常穿的衣物，好比牛仔褲、內衣褲、T恤和鞋子，然後將牠們擺設於不同場景中，包括太陽直射、太陽部分照射，以及完整的陰影處等。

我在一場訪談中，聽到傑森描述當時負責把豬隻運送至沙漠現場的人對此事的驚嚇反應。「我做這一行的，看過很多奇怪的事，」那個人對他說：「但你們到底要搞什麼變態的事，我還真的完全想不透。」傑森向他解釋，沒有任何人知道那些在沙漠中的屍體究竟發生了什麼事，所以他們要利用野外監視器監視那些豬隻，看牠們究竟多快會分解，還有哪些野生食腐動物會來。那個人想了一會，接著說：「你知道嗎？我有一個表親之前也曾試過跨境，然後消失。我們完全不知道他發生了什麼事。」[15]

「我們錄下來的東西很恐怖，」傑森跟我說：「而且愈來愈恐怖。」

最開始的那幾天沒有出現太多變化，唯有蒼蠅大量聚集、螞蟻爬滿豬隻於烈日下發黑、膨脹的身軀。接著，當屍體達到適當的腐敗狀態時，禿鷹就來了。更準確來說是紅頭美洲鷲，那是一種擁有黑羽毛的大型鳥類，紅色的頭頂光禿、充滿褶皺。原本只有一、兩隻，後來變成五、六隻，再變成十幾隻。傑森在一支影片中，數到了二十二隻禿鷹，全部同時啃食著一具屍體，另外還有八隻在旁邊虎視眈眈地等候著。鳥群將衣服撕爛、把鞋子扯掉，以便取得腐肉。這個過程日復一日地持續著，長達數週之久。在他們所進行的每一次實驗當中，每一具完整著裝的豬隻屍體，最後都會被啃食乾淨，只剩下骷髏殘骸散落四方。在人多數的情況下，他們都只能夠復原一部分的骨骼，有時候甚至超過三分之一的骨骼都無處可尋。

荒誕又諷刺的是，當他們試著「保護」豬隻軀體，將牠們遮蔽起來以防太陽照射、避免食腐動物啃食時，軀體卻會以最快的速度敗壞。不少移民者曾經跟傑森提及一項儀式——如果隊上有人在途中喪生的話，他們會以沙漠中的石塊製作臨時石塚，為他進行下葬儀式。結果發現，這些石塊會吸收太陽的極致高溫，形成一個小型烤爐，將屍體稍微「煮熟」，幾乎馬上就能成功引來食腐動物。他們利用豬隻進行這項儀式時，其身軀於短短一天之內，便從肉身完好的狀態徹底變成骷髏。

「我們在這些攝影機裡看到的東西，」傑森說：「非常可怕。現在，你去試想一個人陷入這種情境。想到人體在那裡會發生的事……要去想像這種事，那實在是太可怕了。」

以豬隻完成初期實驗的兩週之後，傑森帶著一群學生回到當初他跟巴伯・奇於二〇〇九年走過的那條步道。此時為二〇一二年夏天；傑森在過去這三年以來，不斷回到這條路徑，目睹了它慢慢遭棄的過程。現在這裡已經很少有新的素材被遺留下來了，而過去布滿這片地貌的物品，有很多都已經在這三年內分解消失了。傑森的想法是利用這趟健行向學生說明，移民的足跡被抹除殆盡的速度究竟有多麼地快。

一行人走出乾涸的山溝，爬上一段長滿淡黃色長草的陡坡，走向一片稀疏的腺牧豆樹叢。傑森經常坐在這片樹叢的蔭下休息或吃午餐，而就在那裡，距離其中一棵樹只有幾碼而已，他們撞見一具屍體。一名女性面朝下地癱倒在那裡，手臂下繫著一瓶電解質能量飲。傑森後來集結了無證移民計畫的內容，出版了一本精彩書著《露天墓場》（*The Land of Open Graves*），並在書中以赤裸、生動、無畏的用詞，鉅細靡遺地描述了這幅場景。

「她那頭鮮明的烏黑長髮，以及戴在右手腕上的髮圈，暗示著她生前是個怎麼樣的人。」他寫道：「我的注意力集中在她的頭髮上，很是滑順，顏色有如煙燻過的黑曜石。那大概是我所看過最黝黑的頭髮，其質地讓人感覺她還活著。」[16]

傑森打電話報警，然後他和學生一起待在屍體旁等待警察前來。他們坐在一棵腺牧豆樹的蔭下，沉浸在充滿熱氣的微風裡，大多時候皆保持靜默，直到其中一人開始哭泣，其他人忙著安撫他。傑森看著那具屍體，對這位女性的一生感到好奇。

「她是一個友善的人嗎？她笑的時候是什麼聲音？是什麼原因把她帶到這座沙漠裡的？」[17]

過了一段時間之後，有人想到他們稍早在爬山時撿到一條遺棄的毯子，於是他們用毯子將屍體蓋上。有四隻紅頭美洲鷲在空中盤旋；郡警花了五個小時才總算抵達。他到的時候，身上帶了一個屍袋、一個擔架，隨行的還有三名邊境巡邏員。將屍體放入屍袋之前，他們必須將它翻正。傑森無法將他的視線移開。

「我看到她殘存的臉龐。」他寫道：「她的嘴扭曲成一個紫黑色的洞，吞噬了她的其餘面容。我看不到她的眼睛，因為我實在無法將視線從她的嘴移開……不論她的臉龐曾經多麼美麗、多麼慈愛，現在都已經被一個狀似尖叫中的石色食屍鬼給取代。那副容貌你永遠也忘不了。」[18]

女子的遺體被帶到皮馬郡法醫辦公室的冷凍庫中。她身上沒有任何身分證明，除了一瓶裝著液體的寶特瓶，也沒有攜帶任何東西。但傑森已經下定決心要找出她的身分，他聯絡了一位在法醫辦公室工作的人類學家朋友羅賓・瑞內克（Robin Reineke），她的工作是負責聯繫在嘗試橫跨沙漠的過程中死亡或失蹤的人的親屬。幾週後，羅賓找到一條線索。在屍體被發現的前一天，有一名年輕的移民者遇到當地一群撒馬利亞人成員。他告訴他們同行的還有兩個人，他們正走在傑森及其團隊健行的步道上。其中一位是較年長的男性，另一位是三十幾歲的女性，但在步行途中，他的兩位同伴都生了重病，他別無選擇只好將他們拋下。他說，那位女性來自瓜地馬拉或厄瓜多，名字是瑪莉塞拉。

羅賓聯絡了這兩個國家的領事館、檢查失蹤人口報告，很快就找到女子的完整身分——那是卡爾蜜塔・瑪莉塞拉・札古伊・普雅思（Carmita Maricela Zhagui Puyas）的遺體。瑪莉塞拉當時三十一歲，已婚，育有三個孩子。她在二〇一二年五月將丈夫和孩子留在厄瓜多，獨自前往美國。[19]

傑森告訴我，他無法抑制自己聯絡瑪莉塞拉家人的衝動。「我覺得自己必須知道她是誰，而且我希望自己在某種程度上可以幫助到他們。我的意思是，我知道假如某個我在乎的人不幸在沙漠中喪生，我自己也會想盡可能地知道他究竟發生了什麼事。所以如果有人打給我、跟我說：『我是發現這具遺體的人，你想知道發生了什麼事嗎？』我想，我也會希望接到這麼一通電話。」

在瑪莉塞拉去世的八個月後，傑森與她的妹夫安排見面。他住在紐約市皇后區，十年前於二〇〇一年時從厄瓜多遷移至美國，當時年僅十七歲。瑪莉塞拉在電話上跟他提到自己打算移民至紐約，他拜託她不要這麼做，因為他從親身經驗得知這趟旅程有多麼令人擔憂、多麼危險。但她勸不聽，她告訴他，自己別無選擇，這是唯一能讓她的孩子擁有未來的方式。二〇一二年六月初，在她抵達墨西哥北部、準備步行橫渡索諾拉沙漠之際，她在臉書上傳了一則訊息給她的嫂嫂：「我不知道要怎樣才能到那裡，但我是為了家人去的。如果上帝許可，我將會順利抵達。」[20]

在瑪莉塞拉的遺體被送回南美之前，她的妹夫安排把她先運至紐約。他想要幫她完成這趟旅程，即便她已經不在人世了。他們在皇后區的一間地方教會替她舉辦守靈儀式，隔天，她的遺體再度往南飛回，從空中越過美國、墨西哥、瓜地馬拉、宏都拉斯、尼加拉瓜、哥斯大黎加、巴拿馬及哥倫比亞的邊界，最後回到厄瓜多。

傑森告訴我，他和他的團隊在他們發現瑪莉塞拉的步道旁、一棵腺牧豆樹的蔭下，為她立了一塊樸素的小型紀念碑。他們挖了一個溝、把一個金屬圓桶放到洞裡，再用混凝土把圓桶的下半部固定住。

「很多混凝土，因為我們希望它能永遠待在那裡。意思是，我們必須拖著好幾袋混凝土越過沙漠，總共一百五十磅。」

他們在圓桶裡用玻璃和磁磚做了一個精緻的馬賽克，拼成藍色、白色和黃色的圖樣，並在馬賽克磚後面設置了幾座玻璃燭台，上面印有褪色的聖人圖像。圓桶中間有一個巨大的銀色十字架，傑森在上面掛了一條瑪莉塞拉的項鍊，是她在厄瓜多的家人給他的。

「我們一直回去檢查。」傑森跟我說：「它有一部分已經被人破壞掉了，所以我們又回去進行部分重建。它現在還在那裡。」

這座紀念碑只為了紀念一個人、一位妻子、一位母親，她就跟在她之前的數千人一樣，被邊界奪走生命。但這座紀念碑也述說了一些更巨大的內涵，舉例來說，追根究底——為什麼她會在那裡？她想要來美國，想要突破重圍前往紐約。但為什麼要從這座沙漠去呢？為什麼要跨越這條邊界線上數一數二嚴峻、荒涼的地貌呢？

一九九三年，德州艾爾帕索的當地邊境巡邏隊開使執行一項新策略，沿著邊界圍籬的範圍，於市區大幅增加其隊員的能見度及存在感。這項行動後來演變為官方所稱的「封鎖線行動」（Operation Blockade）。過程中，一度有四百名邊界巡邏員及其白綠相間的巡邏車在格蘭河沿岸列隊，完整地將艾爾帕索與墨西哥華雷斯城之間長達二十英里的邊界線排滿，堪為某種視覺上的實質人牆。許多移民原本才剛翻牆越過兩座城市之間的圍籬，但現在，這些移民開始迴避都會渡口，轉往邊陲地帶，或甚至移至更遠的荒郊野外。

邊界巡邏隊對於他們在艾爾帕索達到的結果十分滿意，因此，一九九四年時，這項地方性的倡議變成全新國家計畫的核心主張。他們說，他們將「執行**以威嚇達到保護**的策略，以改善邊界控管」，提供「每一處主要入口廊道足量的執法資源」，包括雇用一千名以上的新血，負責管理西南方的邊界線。根據邊界巡邏隊的預測，「隨著傳統入境及走私路線受阻，非法運輸將能得到遏制，抑或被迫移往更為險惡、較不適合通過且更加適合執法的地形」。[21]

其中的概念很簡單，就是將遷移活動引離人口中心，再運用地貌本身——**險惡地形**——作為入境屏障。換句話說，擴大他們在艾爾帕索所執行的行動規模，並套用至整條長達數百英里的西南邊界沿線上。這項國家計畫不但坦言移民「湧入潮」將因邊界巡邏隊的策略改變而隨之調整，而「隨著人們感受到〔這項〕策略的成效，暴力將會一併成長」，不過，這一點也是用來衡量計畫的「成功指標」的因素之一。另一份文件更露骨；那是美國政府責任署（US Government Accountability Office）於一九九七年所發表的，內容表示「外國人嘗試入境之死亡案例」可以用來「衡量這項策略的成效」。[22] 基本上就是說，如果有愈多人死亡，就表示這項計畫確實有效。

二〇〇一年，政府責任署的另一份報告總結道，這項計畫「將非法運輸由都會地區移轉至他處」的目標已經順利達成，卻也讓移民付出了「代價」。「許多外國人並未放棄嘗試非法入境，」報告繼續說明：「反而冒著受傷及死亡的風險，嘗試跨越山脈、沙漠及河川。」[23]也就是說，這些作法不太有威嚇效果，反而讓人們大舉更改路徑。自二〇〇〇年以來，光是索諾拉沙漠，就有超過六百萬人嘗試從那裡遷移入境。如今，繼這項策略首次訂定已經過了二十五個年頭，它依然原封不動。

傑森第一次翻到這些文件、看到這項政策及其結果被人用白紙黑字斗大地寫出來時，備感震驚。

「以威嚇達到保護，」他跟我說：「這項政策的組織方式，建立在這件事本身可以被武器化，而且可以殺人。但你也可以忽視它，因為你並不會每天都看到它。屍體消失，然後你就可以簡單地說：『那是自然環境做的，那是走私者做的。』人們要不是怪給沙漠，就是怪到走私者頭上，不想承認這一切全都息息相關，也不想承認我們所有人的手都是髒的。」

二〇一九年，傑森與無證移民計畫開始思考，該如何將這些故事帶到更多人眼前。他們的想法以一道空白的牆作為起點，接著在這道牆上畫過一條粗黑線——它可以是位在任何地方的任何一道牆，只要寬約二十英尺即可。而這條黑線必須由左斜至右，以「Z」字的形狀開始下筆，但帶著非常長的尾巴，持續沿著對角線方向往下延伸，長達牆面的三分之二長度，最後再轉平，直直地畫過最後的三分之一牆面。它按比例地代表了亞利桑那州與墨西哥之間，那條將索諾拉沙漠一分為二的四百英里長邊界。他們利用標滿參考編號的方形紙張拼成一大張網格，上面共計有三千五百筆數字，再把它放置於牆上。這些之後會變成實用的指引，讓他們能把紅色圖釘插入牆面上的正確位置。與此同時，每插入一支圖釘，他們就會抽走一張紙。他們在圖釘上掛了小小的長方形色卡，更確切來說，那就像腳趾標籤[24]；他們會在每一張小卡上以手寫的方式，詳細記載那些於二〇〇〇年以降、從索諾拉沙漠尋回的移民者遺體。其中，米色標籤代表身分已獲辨識的屍體，而橘色標籤則是給那一千名身分仍為未知的屍體。

他們的目標是將移民死亡地圖製作成一份牆面大小的版本，而且只要有空間與志工能夠自主設置，就可以在任何地方重製。志工的角色尤其重要；傑森和他的團隊認為，參與是最具力量的環節。將姓名、年齡、性別、每個人的死因與遺體狀況填入那三千五百張腳趾標籤內，再把標籤擺放到牆上死者去世的確切位置，將需要非常大量的時間成本，而這些過程將匯聚成一場浩大的公共目擊行動。

這些地圖首次於二〇二〇年秋天在美國各地出現，以搭上總統競選期間，並特別強調「以威嚇達到保護」對於邊境的影響，甚至可追溯至二十六年前柯林頓在位時期。這項計畫便因此得名——《險惡地形九四》（*Hostile Terrain 94*）——尖銳地直指一九九四年的《邊境巡邏隊國家策略》（Border Patrol National Strategy）。[25]

傑森告訴我，截至二〇二一年底為止，《險惡地形》地圖預計將於全球六大洲達成一百四十多處裝置地點，包括洛杉磯、墨西哥市、汕埠（San Pedro Sula）與馬尼拉等城市，再一路擴散至倫敦、都柏林、馬德里、雅典、丹吉爾（Tangier）與墨爾本，以及其他與移民活動尤其密切相關的地方，包括墨西哥的諾加萊斯（Nogales）及義大利的蘭佩杜薩島（Lampedusa）。除此之外，傑森還跟我說，他的計畫是進一步將這些地圖轉變成永久的紀念碑，矗立在墨西哥與亞利桑那州之間的邊界線正上方。

「那將會是一道巨大的金屬牆，」他說：「長約二十英尺、高約十英尺。那三十五百張手寫的腳趾標籤全都會一張張重製，並以金屬鑄造，然後再用鏈條把它們串起來，這樣一來，整面牆就會發出咚咚聲響。然後你可以去摸摸它們，閱讀每一塊標籤上的故事。

「美墨邊境上**確實**已經有紀念碑了，」他繼續說道，意指過去那些舊的邊界標記，當然還有那些大塊的新界牆。「但我們還沒有一座紀念這場人類悲劇的東西。我想，我們必須記得**我們以前就是如此愚昧**，這很重要。我們必須記得自己以前曾經對人們做過的事，還有我們持續在做的事。」

「這是你在任何保育學或生態學課堂上，都會學到的最基礎的東西。」萊肯，喬達爾（Laiken Jordahl）告訴我：「你必須大規模地將地貌保留下來。如果你只試著把它們當成小島一樣來保護的話，根本無法保護到野生動植物。如果你想要維持遺傳多樣性、如果你想要讓野生動植物的數量保持健全，你就必須以大規模的視角去處理它。而邊境圍牆簡直就像在完整的地貌中冷冷地劃過一刀。」

萊肯跟我通話時，人在亞利桑那州土桑市的家中。他任職於當地的生物多樣性中心，該組織專門針對那些對環境造成威脅的政策，尤其是違反《野生動植物及瀕危物種法》（Wildlife and Endangered Species Acts）的內容，利用美國法律體系對聯邦政府機關及政府當局究責。萊肯這麼對我描述：「為了確保政府真的有在遵循它們自己訂的法律，我們就去告它們。」

生物多樣性中心的成立緣起可以追溯至一九八九年。當年，基蘭・薩克林（Kieran Suckling）、彼得・加爾文（Peter Galvin）與陶德・舒爾克（Todd Schulke）三人初次認識，同時受聘於美國國家森林局（US Forest Service）進行一項計畫。他們的任務是到新墨西哥南部的森林裡尋找稀有的墨西哥西點林鴞。經過數週的搜索，以及白晝睡覺、夜晚健行的作息，他們總算找到一個林鴞的巢，但那塊區域卻已被一間工業伐木公司預定下來，準備剷地淨空。針對這件事，三人原本認為，既然國家森林局具有依法保護脆弱物種的職責，應該會取消伐木公司的這筆生意。然而，儘管他們舉報此事，但砍伐、集木的行動仍照計畫進行，於是，他們決定向媒體爆料，指控國家森林局違反自己的規定，為了利益而破壞瀕危物種棲息地（國家森林局至今仍不服這項控告）。[26]不論如何，伐木工程最後確實終止，而林鴞的巢也毫髮無傷。毫不意外地，國家森林局並未跟他們續簽約聘，他們也心甘情願地離開。同年稍後，他們跟第四個人約翰・席爾維（John Silver）一起草擬出成立生物多樣性中心的想法：一個憑藉官司來營運的運動團體。

萊肯的個人職涯也有驚人的相似之處。他在亞利桑那州旗桿市（Flagstaff）長大，距離大峽谷可說是名符其實地咫尺之外。

「我從小就覺得，自己一個人待在野外讓我感到非常自由。」他告訴我：「再米是旗桿市本身，我們覺得它也算是邊境城鎮，另一邊就是納瓦霍族的領土。這裡真的很像一個三國並立的地方。我的高中有三分之一是原住民族、三分之一是拉丁裔，所以感覺真的是一個非常多元融合的社區。」

萊肯在土桑市的亞利桑那大學讀完國際發展與棲地管理之後，開始做跟環境政策相關的工作。起初，他搬到華盛頓特區，於亞利桑那州的民主黨議員拉烏·格里哈爾瓦（Raúl Grijalva）身邊實習，並負責撰寫與自然資源政策相關的簡報。接著，他以「荒野研究員」的身分任職於美國國家公園管理局（US National Park Service）。

「那沒有什麼特別的意思。」萊肯跟我說：「基本上，工作內容就是針對不同國家公園所面臨的最大威脅，撰寫這些長篇累牘的報告。其中一部分的任務是去捕捉這些地方的美，還有它們各自的資源有多麼壯觀，算是闡述性的寫作，但透過的是官僚的鏡頭。政府想要顯得**詩情畫意**。」

他的第一次派駐任務是在二〇一五年的夏天，於懷俄明州山區的大提頓（Grand Teton）國家公園。他在那裡生活、工作了數個月的時間，研究當地地貌、撰寫評估報告，然後離開。繼大提頓之後，他換到位於猶他州中南部的「紅石」沙漠區，即圓頂礁（Capitol Reef）國家公園。接著還陸續調查了亞利桑那州北部的巫柏奇（Wupatki）草原與黃松，以及位於德州最西南端、奇瓦瓦沙漠的大彎曲（Big Bend）國家公園內的石灰岩峽谷。萊肯說，那簡直是「名符其實的理想工作」。他還跟我說，在他剛開始任職於國家公園管理局時，正值歐巴馬總統的第二個任期。

「而且你可以感覺到，我們好像真的在氣候方面、在正義議題方面做得很好。感覺在這個龐大的官僚體制中，確實有些空間可以讓我深入去做自己滿懷熱情的事。」

每完成一次派駐任務，在下一次任務開始之前，他都會有幾個月的休息時間。他會利用這段時間去墨西哥、瓜地馬拉或厄瓜多等地方旅行。他告訴我，他很熱中於衝浪和溜滑板。

「那是我旅行時一定會做的事，是交朋友最好的方式。用這種方法交流很純粹、很自然，就跟衝浪或滑板本身那種無拘無束的喜悅一樣。」

萊肯看起來就跟你想像中會衝浪的環境保育人士長得一模一樣：棒球帽、寬鬆T恤、有個性的小鬍子、常曬太陽的膚色。我跟他聯絡上時，他還不到三十歲，說起話來很真誠、有說服力，語調生動，同時卻又似乎因為經驗豐富而顯得穩重，感覺比實際年齡成熟許多。

他跟我說，他在這些旅行當中，曾經「用滑板走遍巴勒斯坦」，一部分原因是為了跟自己的身分背景和解。萊肯的「成長過程十分猶太，還有猶太成年禮之類的」。他說，他的祖父母是以色列國的大力支持者，但他爸爸卻「毫不忌諱地為巴勒斯坦人仗義執言，因此導致很多衝突」。

造訪約旦河西岸的經驗對他的思維帶來許多重大影響。「它讓我很明確地意識到，任何有這些邊界、這些不同的規定和資源的地方，就是不公不義的情況最嚴重的地方。」

二〇一六年十二月，國家公園管理局將他派到亞利桑那州南部的管風琴仙人掌國家紀念區（Organ Pipe Cactus National Monument）。萊肯在他的報告中如此描述管風琴仙人掌（以「政府式詩意」風格寫的）：「飽受侵蝕的火山切過這片大地的中心，讓路給大搖大擺的沖積裙、旱谷及沙洲……這是一個充滿極端的環境，所有元素皆氣宇不凡，而大自然本身主宰了萬物的生存與否。」[27]這座國家公園位於索諾拉沙漠的中心位置，占地寬達五百多平方英里。重要的是，它那長達三十英里長的南緣界線，恰跟美墨邊境並肩而行。

他抵達那裡的時候，正值政治嚴重動盪的時期。川普剛獲選為總統——部分原因在於他所提出的「又大又美」邊界圍牆建造計畫——但還沒舉行就職典禮。

「能夠跟這群科學家和行政人員一起工作，感覺非常超現實。他們投注自己的生命來保護這座紀念區，很多人已經在這裡待超過三十年了，他們比任何人都瞭解這片沙漠。但後來卻好像蒙上了烏雲似的，沒人知道會發生什麼事。」

國家公園管理局與邊境巡邏隊合作了好一段時間，為巡邏員提供荒野管理課程，鼓勵他們在看到野生動植物時進行通報。

「你知道自己有點像是被卡在這個巨大的執法機關裡，他們可以在園區裡為所欲為，所以你必須跟他們合作，希望自己可以成功鼓勵他們不要把所有東西破壞殆盡。」

我把心中的疑惑大聲說出來：這些巡邏隊隊員對課程的接受度究竟如何？

萊肯大笑出聲。「糟透了！」他搖著頭說：「但其實也不能一竿子打翻一船人。因為邊境巡邏隊的組成背景本來就很廣，對吧？他們有一半是有色人種、來自移民家庭，大部分都是川普的選民。很多人一從軍隊退伍就改來這裡，這些急性、好戰的孩子將整個世界視為一種威脅。然後，有些人就是很悠閒自在的老傢伙，他們是真的很愛沙漠，比其他人待在沙漠裡的時間都還要久。」

事實上，國家公園管理局與邊境巡邏隊的任務處於一種彼此競爭、有時甚至完全互相牴觸的局面。就本質而言，一個是去保護那片沙漠的，而另一個則是在保護**進入**沙漠這件事。

「川普一上台，」萊肯說：「我就覺得：『好吧，我猜，邊境巡邏隊的荒野保育課程要結束了。』」

他在二〇一七年三月底完成報告。他在這超過一百頁的報告中，詳細記錄了在他的每一個評估階段，都會不斷冒出的相同問題。依據他的結論，對管風琴仙人掌的完整性、特色與未來具有最立即、最重大威脅的事物，**來自邊境本身**。[28]

「美國的荒地，是在所有土地類別當中，受到最多限制的。在那裡，你不能開車，你不能使用電鋸或點火，或做任何被認定為干擾自然過程或生態系的事。在管風琴仙人掌紀念區裡，你只要去沙漠上走一走，就會發現數以千計車輛越野的痕跡。這塊地被人扯得四分五裂，而且，我跟你說，這裡的土壤基礎甚至連自我重建都必須花上好幾世紀的時間。這叫做隱生土壤，意思是土壤本身是活的。」

他從邊境巡邏隊車上的里程紀錄發現，單單在一年以內，他們越野穿越園區的距離就已經超過一萬七千英里。管風琴紀念區也是索諾拉叉角羚的家園；這種動物正面臨非常急迫的處境，在千禧年初期，其數量甚至少到只剩下二十隻。「然後科學家發現，在這些動物努力恢復數量的同時，牠們平均每四小時，就會受到邊境巡邏隊在牠們的重要棲地內活動所干擾。」

他在報告中寫了一個段落來描述這片原應為荒野的地區，現已被「怪異的氛圍」占據。此外，他也提到「步道與沙洲上常散落著破爛的衣服、遭棄的食物收納盒，以及加侖大小的黑色水瓶」。儘管萊肯和傑森．德里昂的身分完全不同，但萊肯也看到當初把傑森帶到索諾拉沙漠裡的物質。

萊肯繼續說道，就算你人待在這座紀念區的最遠處，還是會有一種「疑神疑鬼的直覺，感到自己正在被人監視，而這種感覺通常確實其來有自」。[29]走私集團在管風琴仙人掌紀念區的山區十分活躍，他們會雇人監視、通報邊境巡邏隊的活動。移動感應器、無人機及遠距塔台攝影機也在這片紀念區布下天羅地網。假如有健行客不小心觸發感應器，他大概就會開始被開著越野車的巡邏員追著跑，或甚至可能會被直升機尾隨，然後要求他出示身分證明。

「這件事沒有任何簡單的解法。」萊肯告訴我：「但我後來看清了，我們現有的邊境政策正在把這些人送到這條邊境上最美麗、最敏感、最罕見、最脆弱的地景之中。造成這一切混亂、讓邊境巡邏隊將這片荒野搞得七零八落的，就是那些政策。」

在過去這二十年以來，光是在管風琴仙人掌紀念區，就有成千上萬名移民試圖跨境，而至少有兩百三十人在過程中於紀念區內送命。[30]

「這個國家紀念區已經變成移民的墓園了，」萊肯說：「而且是刻意的。你到野外健行，然後撞見嬰兒鞋、玩具和毯子，不知道這些人到底是否已經碎屍萬段、受到逮捕，或是消失了。這真的是一個充滿極端暴力的場所，而且那些暴力被藏在這些荒涼的地方，以避開大眾耳目。這一切會發生在這些非常難以到達的地方，都是有原因的。」

他說，在他交出報告之後，他很快就發現，國家公園管理局內沒有人願意討論這件事。即使證據看起來十分確鑿，管風琴仙人掌紀念區的保護狀態在根本上所受到的威脅確實是正是這項邊境政策，但還沒有人準備好要去質疑它。

「除非我們可以處理**為什麼**人們被迫翻越這片荒涼、致命、美麗、脆弱地景的根本原因，不然我們永遠沒辦法找到任何解法。我那時候很清楚地知道，我準備好離開這個龐大的官僚體制了。我想要做的事，是能夠真正在毫無限制的情況下處理這些巨大的問題。」

二〇一七年九月，他離開管風琴仙人掌國家紀念區、離開國家公園管理局，接著來到生物多樣性中心。

萊肯跟我說，這一切都是在二〇一九年夏天的一個「特別的、改變命運的星期五晚上」發生的。

「如果最高法院要做出爭議性的裁定時，通常都會這麼做。」他說：「最高法院會狡猾地在週五晚上釋出，就可以避開媒體熱潮。」

川普政權花了一年半的時間，試圖讓國會同意並通過預算，以建設邊境圍牆，但這些要求一而再、再而三地遭拒。而川普的回應是在二〇一九年二月於南方邊境宣布「國家緊急狀態」。國會否決這項宣告，但川普卻再度否決該否決。

接著，川普政權的下一步是試圖將美國國防預算的錢挪用至築牆工程。五角大廈通知國會，將有二十五億美元（後來更提升至六十億）被分配給圍牆，並且表示，這道屏障儼然是「對國家有利的必要建設」。[31]

無可避免地，許多聲音出現，在法律上挑戰這項軍事預算的「重新編排」。生物多樣性中心便是其中一個站出來控告這項政府計畫的團體。二〇一九年五月，第一件關於圍牆的案子出現於加州北區聯邦地方法院。當時，法官黑伍德．吉列姆（Haywood Gilliam）在判決書中寫道，這其中的重點「並不在於被告之邊境屏障工程計畫是否明智」，他繼續解釋，而是「本案呈現出與法律緊密相關之問題，即該邊境屏障工程之預算挪用，是否超出憲法及其他由國會適切制定之法規賦予行政部門之合法權限」。[32]根據吉列姆法官的判決，這番作為確實違法，築牆工程因此無法開展。

但川普政權依然執意進行。二〇一九年七月，它成功將這件案子上訴至最高法院。當月二十六日，也就是萊肯所說的「改變命運」的星期五晚上，法院將判決書遞出。內容只有單一個段落，以短短四至五行字將地方法院的判決推翻，認為挑戰政府的提告方，並沒有提出告訴的法律權利。於是，這筆軍事預算得以重新分配，築牆工程能夠開始動工，並可以持續進行，直到法院收到「具有正當性」的法律訴訟案為止。[33]

「這讓我們大家全都嚇壞了。」萊肯告訴我：「我那時候跟朋友出去喝酒，我一接到通知，就知道一切都玩完了。我知道他們會在亞利桑那蓋滿圍牆，我知道管風琴仙人掌紀念區完蛋了。再也沒有任何東西可以阻撓他們，這實在太讓人瞠目結舌了。我後來自己去了另一間酒吧，瘋狂灌酒。就是這種當頭棒喝：『天哪，這就代表圍牆要入侵亞利桑那了，這就代表我接下來這幾年的人生都要去對抗這件事了。』」

短短幾星期後，第一段牆面工程正式動土。到了八月底，通路便已闢好，在荒原上鏟出一條條平坦的線條，並將溝渠及地基都挖掘完畢，準備設置那些不凡的、達三十英尺高的圍牆鋼架。一切的起點就在管風琴仙人掌國家紀念區。

「最受環保人士和政客關注的地方，」萊肯說：「也就是政府當局最想去的地方。他們想要把你的抵抗完全消除，他們要直搗黃龍。」

有鑑於未來可能仍會有人再度提出法律訴訟，當局顯然十分焦慮地盡快執行工程。萊肯說，他們建設的速度「簡直讓人頭暈目眩」。

「因為他們通常必須先通過『環境計畫』文件，還有公眾許可等等程序。我的意思是，假如真的有**任何**環境相關法律存在的話，這一切根本不可能發生。」

相反地，除了最高法院的判決之外，川普政權只引用了一份十五年前所制定的法律的一項條款。該法律的原旨在於為駕照訂定更加嚴格的規範，現在卻授權國土安全部（Department of Homeland Security）得以「免除特定法律、法規及其他法律規定……以保障國際邊境鄰近地區之屏障及道路緊急工程」。[34]「特定法律」指的是，當局可以忽視大約二十八項用以規範聯邦作為、保護環境的法律。

很快地，幾公尺的牆面變成幾百公尺長，幾百公尺又變成好幾英里。當時，萊肯不斷沿著亞利桑那的邊境線來回移動，監控那些工地，並盡可能地將它們都記錄下來。他說：「我知道這會讓我心力交瘁。」

他覺得，這些工程似乎只是不分青紅皂白地隨便開始作業，在各處零散地蓋起愈多牆面愈好，根本不管它們跟那些大量移民潮通過的地點究竟是否有所連結。

「有好幾個地方讓我真的大受打擊，好像肚子被人揍了一拳。」他說。其中一處是在佩隆西洛山脈（Peloncillo Mountains）裡的瓜達洛普峽谷（Guadalupe Canyon），位於亞利桑那州西南邊最遠的角落。

「他們在那裡進行爆破的次數……他們就是在把這片美麗的原始山區炸得稀巴爛啊。**而且那裡根本沒有人**。沒有人通過、沒有邊境巡邏隊。那裡從來沒有任何人類足跡。就算築牆的目標是要阻止人們越境，但很顯然地，你在那裡蓋牆根本不會達成這項目的。那就只是為了破壞而破壞而已。」

這一切發生的背景，為亞利桑那州數百年以來最嚴重的乾旱。在築牆的過程中，如果要將金屬圍籬豎立於混凝土基礎上，必須使用水——而且是大量的水——加以混合、傾倒。根據美國海關及邊境保衛局的估計，每天將需要八萬加侖的水，抑或每英里約須一百八十五萬加侖的水量。而當局計畫在亞利桑那州邊界蓋起超過四十英里長的牆，那麼，總計所需的水量將近會有八千萬加侖之多。[35]最穩的水源就是地底下了，也就是地下洞穴裡的含水層。索諾拉沙漠裡有許多含水層已有數千年歷史，貯藏了最後冰河時期結束之後所融化的冰雪水，而自冰河時期結束後起，其資源便一路消耗至今。

「這是不可再生的資源。」萊肯說：「就算我們來個史上最潮濕的十年，那些含水層也不太可能獲得補充。你完全沒辦法幫它加值。」

一般而言，有為數不少的州及聯邦法律，在嚴格規範這些地下水體的挖掘活動，但築牆工程的豁免權卻允許當局忽視這一切。大型錐形水箱成為工地的固定裝置。當初萊肯在撰寫管風琴仙人掌紀念區的報告時，除了邊境安全的首要議題之外，他也指出該紀念區正面臨的兩大附加威脅，亦即地下水衰竭及氣候變遷。

「所以說，看著好幾千萬加侖的地下水為了要蓋牆而被抽出來，真的很心痛。」

他不禁開始懷疑，這其中是不是有些蓄意的變態作為。「以邊境安全角度來看，如果你把環境變得更險惡、致命、無法生存，那就可以讓你更接近『把它變得難以跨越』的目標，然後，就可能會有更多人死掉。所以，有時候會覺得，他們好像是有意要把這個地方變得更熱、更乾燥。他們沒有任何動機要保護任何東西。」

僅管如此，就過去幾十年的證據看來，不管沙漠中的狀況如何，移民都不會受到威嚇。而這不只適用於那些已然下定決心要跨境的人。

「我們已經看到一些物種為了尋找比較涼爽的棲地而北遷的現象。」萊肯說：「墨西哥有很多野生動物在不久的將來，會為了尋求生存而將棲地北遷。然後牠們就會遇上這道屏障，看著牠們的棲地在北遷的過程中逐漸消失，然後被滯留在圍牆比較熱、比較乾的那一側，最後完全滅絕。這件事已經開始在我們眼前上演了，每一年都在加速中。」

他說，沒有其他任何東西能夠「像這道圍牆一般，以整片地景為規模，將棲地弄得四分五裂。從來沒有其他類似的計畫，以這種規模把一片地景分化成這樣。而當然，整個生態系統只會持續受到破壞。在這塊拼布織品終於完全散開之前，我們還能從中拉出多少條線」？

實際上，當局那時候正在把管風琴仙人掌紀念區變成一處四周環牆的國家紀念區，製造出一種印象，好像一塊受保護的脆弱地貌、一整個生態系統，可以就這樣戛然而止，好似它在碰上美墨邊界線的那一刻，就掉入了隱喻中的懸崖。但如同萊肯的說法，真相是「另一邊的美景更是不得了」。他向我描述道，大地逐漸敞開，銜接上一座已經爆發過的巨大火山及其廣袤、漆黑的石質腹地。此外還有北美洲範圍最廣的沙丘地，一路從科羅拉多河三角洲向東北方蔓延而去。

「從保育的角度來看，邊境確實是很自然的東西。有太多生態系統出於自然發生的相互碰撞，群體與群體之間也會有互相重疊、相交的線。」

但萊肯說，諷刺的是，在生態學裡，通常你會發現，這些邊界線反而是最美麗、最富有生態多樣性的地方。

「而且我覺得，這個道理也非常能夠套用在人類身上。我覺得，就很多方面來說，邊界正是美國最美麗的模樣。散落在邊陲地帶上的這些不可思議的群體，還有這些豐富非凡的歷史。這些地方充滿了文化交流與機會。我覺得，這就是我們必須要鼓勵、保存的文化，並且認同它、將它視為國家驕傲的一個來源。」

萊肯很喜歡為邊境想像不同的未來，而在那個版本的未來裡，圍牆會被拆除，管風琴仙人掌紀念區就只會是這條一路向南行經墨西哥、再延伸至科爾特茲海（Sea of Cortez）的生態廊道的一部分。事實上，他說，過去並不是沒有類似先例。一九三二年，加拿大的沃特頓（Waterton）國家公園便曾與蒙大拿州的冰河國家公園攜手合作過，形成世界上第一座「國際和平公園」，為一塊寬達一千七百平方英里的跨國保護區，基本上可說是忽視了兩國之間邊界線的存在。

「人們可以徒步越過那裡的邊界，翻越落磯山脈裡的崎嶇群山。土地管理員攜手保護這塊相連的地景，它就只是剛好座落在一條人類強加的線上。」

萊肯的夢想是有一天能夠健行穿越蔓延幾百英里、直至海岸線為止的「管風琴仙人掌國際公園」，「隨著索諾拉沙漠逐漸轉變為海洋，慢慢地走過這片地貌」。

二〇二一年一月，南方邊境的工程恰如當初動工時的速度，又迅速地終止了。這是新總統喬・拜登在上任第一天下達的命令。三個月後，當局於四月三十日確認取消所有的後續工作。[36]自二〇一九年八月起，亞利桑那州已築起總長四十七英里的新牆，[37]但它並不是連續的圍牆，而是一系列的段落及牆面。即使這些牆面確實長達數英里，但根本上仍尚未完成。某種程度上來說，它們現在瞬間變成廢墟了。這些孤單的鋼材線條不為任何明確的理由，莫名地出現在沙漠平原當中，抑或是被半炸爛的山頂上。工地遭到棄置，當初挖鑿好的泥土路哪也去不了，而一疊又一疊的屏障結構就這樣被堆在道路斷掉的地方。

在當局蓋的最後一批牆面之中，有一段是建於另一塊保護地上，座落在科羅納多國家紀念公園（Coronado National Memorial Park）內、亞利桑那步道最南端的華楚卡山脈（Huachuca Mountains）坡上，建築工程一直進行到拜登總統就職典禮當天才宣告結束。為了在岩塊中打造出平坦的通道，當局已經在山脈中炸毀好幾個地方；截至停工命令下達的那一刻，已經築起快要四百公尺的牆了。其中一端恰好停在一處歷史邊界標記的位置，那裡還有一張長椅，是幾年前為了讓登山客觀賞美景所設置的。

萊肯跟我說，在牆面出現之前，你可以坐在這張長椅上，往南望向墨西哥和索諾拉，「而且你完全不會看到任何人為建設，眼前就只有寧靜、美麗的野生大自然，一路延伸到榭拉馬德雷（Sierra Madre）。現在，這裡有椅子，還有牆。椅子的一邊是牆的起點，往前蔓延了四分之一英里後停止，然後另一邊，則什麼也沒有。」

確實，在地貌中的這項人為干擾物實在過於超現實，以致於萊肯認為，光是把它留在那裡本身，就有其價值存在。「我心裡有一部分覺得，這段牆面應該被留下來，當作一種提醒、一座紀念碑，它還不夠大，不會太嚴重地影響到野生動植物。它實在過於粗俗，完全沒有任何作用，就好像在做某種自證，但沒有留下任何評論。」

然而，某人眼中用以紀念「無用」的東西，卻是他人眼中的未竟事業。當你坐在華楚卡山脈的那張長椅上時，那道牆或許會看似一種「在場」——又或者是「**缺席**」。

「對大地來說，這段時間太瘋狂了。」萊肯說：「但這項議題還沒結束。我很確定，下一個共和黨提名的總統候選人，將會跟川普一樣奮力爭取，努力把牆蓋完。那我們就來想像一下，如果他們真的把牆蓋完了，他們又會說什麼呢？」

那就結束了嗎？全劇終？把邊境「問題」都解決完畢了？

「你去看尤馬和聖地牙哥那些地方，」他說：「他們現在有兩、三層的牆，所以或許這又只是另一個沒有終點的永恆多年生計畫？」

假如你可以畫個兩次，然後再畫第三次，那為什麼要甘於只畫一次？乾脆把全程一千九百五十四英里的邊境，用一式三份的形式加以紀念。

這片地景中有一些更久、更久以前留下來的紀念碑。

在管風琴仙人掌國家紀念區的東北角，有一處陡峭、有角的山脊，由黑色火山玄武岩組成的系列山峰。這片岩層結構為奧哈姆人（O'odham）的聖地；這支美洲原住民族部落從數千年以前，就一直居住在索諾拉沙漠了。根據他們的傳統，整個地球最初始的狀態為沙漠，而且「一直擴散，直至觸及天穹邊際為止。接著，沙漠開始旋轉，直至邊際融為一體為止。而一個生靈便由這般融合之中迸出」。[38]這個生靈是名為伊托伊（I'itoi）的神祇，祂首度出現的地方正是現今這段多石山脊的位置，為了來教導奧哈姆人「希姆達格」（him'dag），也就是他們的生活方式。這種生活方式的核心思想在於，土地並不是被拿來擁有的，而應該被照顧，而且所有的動物、植物、樹枝與岩石，各自皆為神聖的存在。

有些人稱如今矗立在那裡的山脊為「伊托伊．莫」（I'itoi Mo'o）或「蒙提祖馬的頭」（Montezuma's Head），其他人則簡單地稱之為「祖母」。根據傳說，有位老婦人帶著籃子橫越平原，正準備回家，但走得太累了，必須坐下來休息。「不久之後，其他人跟她說，時間不夠讓她休息了，因為天就快黑了，如果她天黑後還留在那裡的話，會被變成石頭。」[39]然而，老婦人堅持自己再也走不動了。隨著太陽慢慢下山，那番警告也跟著應驗——當陽光沉入地平線的那一刻，她被變成堅硬的石塊。她的身軀變成山脊上的其中一峰，另一峰則是她的籃子。（這是則古老的故事，但對於現今準備翻越這片地景的人而言，它會意外地勾起酸楚的共鳴。）

綜觀奧哈姆人的歷史，他們幾乎都在索諾拉沙漠中過著無人干擾的生活。他們因此成為旱地農業專家，仰賴玉米和豆子維生，此外還有季節水果，以及管風琴和巨人柱仙人掌的種子。長期無雨及驟然降雨為他們文化的核心。你必須學會如何在這種永恆的危險平衡中，與這片地貌共存。

「正如她們的前人，這些女人衡量著夏季太陽的運行，以及必須完成的工作量。」奧哈姆詩人奧菲利亞．哲波達（Ofelia Zepeda）憶起小時候看著母親和祖母的畫面，寫道：「這些女人依據夏日的熱氣與涼意來規畫她們的日子。她們熟悉這般氣候，對此十分有自信；她們熟悉這般天氣及其運行方式。」[40]

她們大多數的時間都在觀看天空、嘲笑「發出威脅但弱到無法達成任何效果的雷雨」，並奚落聚集了又散去的雲層——那些「剛才騙了我們」的雲層。然後，當雨總算降臨時，她們「安靜地坐著觀看土牆上形成的細流、從涼亭邊緣傾瀉而下的瀑布」。哲波達也寫道，這場雨「為沙漠打破了緊張氛圍，緩解，然後繼續循環」。[41]

來自外界的影響首次於十六世紀闖入。當時，西班牙探險隊正在進行一項行動，計畫跨越、占領一塊開放領域，接著納為己有，再加以瓜分。他們來到了奧哈姆人的土地。事實上，奧哈姆人的領域範圍由亞利桑那州北部一路延伸至科爾特茲海沿岸。這支部落會在這片廣袤的土地上來回移動，循著「鹽道」前往索諾拉的鹽床去採集鹽、貝殼及黑曜石。到了十七世紀，他們的沙漠已經變成新西班牙的一部分；十九世紀，則成為墨西哥的領土。接著，墨西哥人和美國人之間爆發戰爭，結果導致奧哈姆人首度遭到切割——一條國際邊界將他們一分為二。[42]

在接下來的一個半世紀內，這支族群不斷遭到邊緣化、隔絕於世。他們的土地被墨西哥的牧場主和農夫霸占，或被美國空軍拿來作為轟炸訓練場使用。接著，奧哈姆人的領域被指定為管風琴仙人掌國家紀念區——儘管這支原住民族部落的文化打從一開始便全然根植於對這片土地的保護，但政府為了要「保護」這塊地，便從他們的手中將之取走。不過，大多時候，那條邊境幾乎不算存在，只有一條細小的跨欄。有些家族會在美國與墨西哥的村莊之間來回移動；朝聖者會跨境前往邊界以南的儀式場地，進行一項稱為「維奇塔」（vikita，用以指稱老鷹羽毛底部的白顏色的詞）的「重生」儀式。根據奧哈姆耆老奧菲利亞．瑞娃斯（Ophelia Rivas）的描述，這項儀式「自從世界的開端就一直運行至今」。[43]

然而，在過去的二十年裡，那條分隔線變得堅固、強硬。陽春的圍欄被停車屏障欄取代：又長又低的鋼鐵交叉柵欄。奧哈姆保留區隨處設置邊境巡邏隊的檢查哨；從這片土地上的其中一邊進入另一邊——也就是從一個國家進入另一個國家——的通道大多皆已封閉，而那些還沒封閉的門也受到嚴密監管。監視瞭望塔一一豎起，接著是邊界圍牆，切穿了古老的墓地，並從神聖的奎托巴奎托泉（Quitobaquito Springs）短短幾碼外的位置經過。在過去或許長達一萬五千年的歷史裡，這些泉水一向是旅遊、貿易與交通交會的場所，是鹽道上至關重要的水坑與停靠站。[44]如今，它們與屏障相撞，而那道鋼欄既霸道又格格不入。在奧哈姆人的歷史中，他們從未見過如此這般對大地的侵擾。隨便舉一例來說，他們的語言裡，就沒有用以描述「牆」的詞彙。[45]

在索諾拉沙漠中，一座又一座的紀念碑層層疊起，互相重疊、交會：「祖母」的火山輪廓、擁有數千年歷史的古老路徑、賦予生命的神聖泉水與仙人掌、國家公園、南方邊境圍牆國家紀念園區、散落著背包與水瓶的走私者步道、標記著不幸喪生的移民與他們消失的軀體的崩塌石堆，以及腺牧豆樹蔭下瑪莉塞拉的聖壇。

奧菲利亞·哲波達在她的一首詩裡，描寫了自己在沙漠中行走時，撞見一處紀念碑的經驗。從她描述的字句中，可以輕易地察覺那很可能就是紀念瑪莉塞拉的碑。那裡有一根「早已融化」的神聖蠟燭和一張「屬於一位年輕女子／戴著垂墜耳環」的相片。她注意到紀念碑旁長有一叢福桂樹，那是索諾拉沙漠的多肉植物。她想，這叢植物在春天想必會「爆裂出／紅色、橙色的花簇」。接著，

樹枝將向前彎曲。
鳥隻、昆蟲將前來拜訪
圍繞於她周遭的是土桑山脈
棕色、斑駁的火山岩為她站崗。[46]

哲波達認得出來，這些古老的山脈現在也被納為土桑國際機場的航線。她說，每天都有班機

低空飛過這座紀念碑，就好像「在承認戴著垂墜耳環女子的存在」。紀念碑上疊著紀念碑，而一條條的線又跨過了一條條的線。

注釋

1 'Eight ways to build a border wall', *The New York Times*, 8 November 2017.
2 「原型」展覽網站：https://www.borderwallprototypes.org。
3 M. Walker, 'Is Donald Trump, Wall-Builder in Chief, a conceptual artist?', *The New York Times*, 3 January 2018.
4 'Artists, curators respond to Christoph Büchel's Border Wall Project', ARTnews (with link to full text of open letter): https://www.artnews.com/art-news/news/artists-curators-respond-christoph-buchels-border-wall-project-9775/.
5 Walker, 'Is Donald Trump, Wall-Builder in Chief, a conceptual artist?'.
6 J. Saltz, 'Trump's border wall prototypes: a kind of national monument to American nativism', *Vulture*, 17 January 2018.
7 'Cawthorn drops the Donument Act': https://cawthorn.house.gov/media/press-releases/press-release-rep-cawthorn-drops-donument-act.
8 'AG lawsuit seeks environmental impact study on federal immigration policy', *Arizona Capitol Times*, 12 April 2021.
9 C. D'Angelo, 'There's plans to protect Trump's half-finished border wall as a monument', *HuffPost*, 14 April 2021.
10 J. De León, *The Land of Open Graves: Living and Dying on the Migrant Trail* (University of California, 2015).
11 Undocumented Migration Project: https://www.undocumentedmigrationproject.org/home.
12 譯注：「外星人」的英文「alien」同時有「外國人」的意思。
13 Humane Borders: https://humaneborders.org/2020-was-deadliest-year-formigrants-crossing-unlawfully-into-us-via-arizona/.
14 'About Humane Borders': https://humaneborders.info.
15 'Why no one understands immigration, and why we need to with Jason De León', Factually! podcast: https://podcasts.apple.com/

us/podcast/why-no-oneunderstands-immigration-why-we-need-to-jason/id1463460577?i=1000469506298.

16 De León, *The Land of Open Graves*.

17 De León, *The Land of Open Graves*.

18 De León, *The Land of Open Graves*.

19 De León, *The Land of Open Graves*.

20 De León, *The Land of Open Graves*.

21 Border Patrol Strategic Plan 1994 and Beyond: https://www.hsdl.org/?view&did=721845.

22 Government Accountability Office, 'Report to the Committee on the Judiciary, US Senate and the Committee on the Judiciary, House of Representatives; Illegal Immigration: Southwest Border Strategy Results Inconclusive; More Evaluation Needed', 1997: https://www.gao.gov/assets/ggd-98-21.pdf.

23 Government Accountability Office, 'INS's Southwest Border Strategy; Resource and Impact Issues remain after Seven Years', Report to Congressional Requesters, 2001: https://www.gao.gov/assets/gao-01-842.pdf.

24 譯注：掛於死者腳趾上的標籤，用於辨識死者身分等用途。

25 Undocumented Migration Project, Hostile Terrain 94 art project: https://www.undocumentedmigrationproject.org/hostileterrain94.

26 'Brazen environmental upstart brings legal muscle, nerve to climate debate', *The New York Times*, 30 March 2010.

27 L. Jordahl, 'Organ pipe cactus wilderness: wilderness character narrative and baseline monitoring assessment' (National Park Service, US Department of the Interior, March 2017).

28 Jordahl, 'Organ pipe cactus wilderness'.

29 Jordahl, 'Organ pipe cactus wilderness'.

30 R. Carranza, 'Trump is rebuilding Arizona's border fence – and taking groundwater from an iconic desert preserve to do so': https://eu.azcentral.com/story/news/politics/border-issues/2019/09/05/where-water-arizona-border-wallcoming-from/2157543001/.

31 H.R. 6157 (115th) Department of Defense and Labor, Health and Human Services, and Education Appropriations Act, 2019 and Continuing Appropriations Act, 2019: https://www.congress.gov/bill/115th-congress/house-bill/6157/text?r=8.

32 Judge Haywood S. Gilliam Jr, United States District Court Northern District of California, Sierra Club et al., plaintiffs v Donald J. Trump et al., defendants: https://assets.documentcloud.org/documents/6026005/California-Border-Wall-20190524.pdf.

33 'Supreme Court lets Trump proceed on border wall', *The New York Times*, 26 July 2019.

34 'Determination Pursuant to Section 102 of the Illegal Immigration Reform and Immigrant Responsibility Act of 1996, as Amended', Department of Homeland Security: https://www.federalregister.gov/documents/2018/10/10/2018-21930/determination-pursuant-to-section-102-of-the-illegal-immigration-reform-andimmigrant-responsibility.

35 Carranza, 'Trump is rebuilding Arizona's border fence – and taking groundwater from an iconic desert preserve to do so'.

36 'Biden cancels border wall projects Trump paid for with diverted military funds', *The Washington Post*, 30 April 2021.

37 'Trump's incomplete border wall is in pieces that could linger for decades', *The New York Times*, 16 March 2021.

38 National Park Service National Register of Historic Places: https://npgallery.nps.gov/GetAsset/1073cb1a-5bb0-4114-a4ec-e396310a5654.

39 National Park Service National Register of Historic Places: https://npgallery.nps.gov/GetAsset/1073cb1a-5bb0-4114-a4ec-e396310a5654.

40 O. Zepeda, *Ocean Power: Poems from the Desert* (University of Arizona, 1995).

41 Zepeda, *Ocean Power*.

42 'Border wall would cleave tribe, and its connection to ancestral land', *The New York Times*, 20 February 2017; Examining the Effect of the Border Wall on Private and Tribal Landowners, House Homeland Security Subcommittee: https://www.congress.gov/event/116th-congress/house-event/110571; E. M. Luna-Firebaugh, 'The border crossed us: border crossing issues of the indigenous peoples of the Americas', *Wicazo Sa Review*, vol. 17, no. 1 (University of Minnesota Press, 2002); G. L. Cadava, 'Borderlands of modernity and abandonment: the lines within Ambos Nogales and the Tohono O'odham Nation', *The Journal of American History*, vol. 98, no. 2 (Organization of American Historians, 2011); R. Hays, 'Cross-border indigenous nations: a history', *Race, Poverty and the Environment*, vol. 6/7 (Reimagine!, 1996).

43 M. Dicintio, 'Ofelia Rivas, the Tohono O'Odham, and the Wall', 19 January 2019: https://marcellodicintio.com/2019/01/19/ofelia-rivas-the-tohonooodham-and-the-wall/.

44 F. Bell, K. M. Anderson and Y. Stewart, 'The Quitobaquito Cemetery and its History', US Department of the Interior, National

Park Service, December 1980: http://npshistory.com/series/anthropology/wacc/quitobaquito/report.pdf.
45 'There is no word for wall in our language', *El País*, 15 March 2017.
46 O. Zepeda, 'Ocotillo Memorial', *Where Clouds Are Formed* (University of Arizona, 2008).

第七章 燃燒邊界

Photo by Carlos Spottorno

暮色籠罩著山腰上的森林，下方約一英里處閃爍著光源，那些光亮呈現半圓形狀，是座小小的沿海城市。城市之後，有一大片的海褪入地平線。樹林中，人們正在準備某些東西。男人與青少年將鞋子和涼鞋脫掉——現場幾乎沒有女人、沒有嬰孩——接著用布膠帶將腳掌和手掌都纏繞起來。

他們將毯子鋪在地上作為床墊，而正上方掛著篷布，是他們將T恤撕成碎布條，再一一綁在樹枝與樹枝之間做成的。他們必須隨時準備好移動。警方會在森林裡追捕他們、襲擊他們的營帳，並放火燒毀他們找到的所有庇護處及財物。

在這整座環繞著這座沿岸城市的山頭上，散落著許多營區，而每個營區都有一位主席作為領袖。他（一定是「他」）主導行動，並負責分派任務，好比覓食、挑水、尋找塑料以搭建新的庇護處，以及炊煮。另外還有製作梯子的任務——他們會使用任何可以回收再利用的材料，將木條綁在一起，製作成梯子，接著再以折彎的釘子做成臨時鉤子，放在梯子上方。

一切都是由一點一滴慢慢建構成此刻的模樣。有些人在森林裡已經待了數週或數月，有些人則待了好幾年。今晚，這群人將離開營區，數百人——或許甚至已經超過一千人——將一起行動。每個人都祈禱著不要再回來、這次一定會成功。這就是為什麼他們會在這裡、為什麼他們會來到這裡的原因；其中有些人甚至向北遷移了數千英里，才成功抵達這裡。

現在，他們在森林裡盡可能保持安靜地往下朝著光源移動。他們的梯子已經完成待命，藏在山腳下距離城市邊緣只有幾公尺的灌木叢裡等著他們。

主席下達指令，第一波人員衝出掩護，而在他們面前的是四道巨大的藩籬。第一道是雙柵欄結構，高達三公尺，上方設有一圈又一圈的刀片刺網。在它正下方的另一側，還有兩公尺深的溝渠。接下來還有第二道藩籬，是第一道的兩倍高度，裝有一條懸吊式的彈性帶。在它後方還有兩道六公尺高的圍籬，兩牆之間填滿了帶刺鐵絲「網」。

他們將梯子拋上第一道藩籬，並將鉤子拋入濃密的刺網當中，以勾住梯子。他們一爬上牆頂之後，第二波人員就會跑出來，開始爬牆。隨後接著行動的是第三波，也是最後一波。現在，藩籬上掛著數以百計的身軀。唯有當三波人員全都成功攀上第一道藩籬的頂端，他們才會把梯子抽走，然後再把同樣的動作在下一道藩籬全部從頭重做一遍，還有後面和再後面的那幾道。

以赤腳攀爬鏈環相對簡單。用布膠帶把手腳纏繞起來，可以降低刀片刺網和帶刺鐵絲的傷害，但作用其實不大。當他們抵達最後一道藩籬時——許多人根本無法達成——各種級等的軍事警察，皆手持警棍及防暴盾牌在等候他們。那些藩籬向來配備不間斷的影像監視系統，包括熱成像攝影機。打從第一波人員從樹林中現身的那一刻起——或甚至更早——藩籬另一側的相關當局就已經知道他們要來了。

這個最後階段是一場博弈、一場殘忍的肉體抽獎遊戲。這就是為什麼需要這麼多人同時攀牆，當他們從牆上跳到地面時，他們希望可以因為人數過多，導致警方無法全數掌握。他們希望能有機會——非常渺茫的機會——可以逃脫成功。主席的指令非常清楚：真的逃脫成功的人，只管**跑**就對了。跑去廢棄空屋、跑去建築低矮的社區、直接沿著兩線道高速公路跑，或是跑過高爾夫球場的蓊鬱球道。在這個地方，他們才可以請求庇護，而且只有在這裡才可以。當他們抵達這些設有移民拘留所的建物門口時，就代表他們成功了。最起碼是暫時成功了，他們已經完成他們口中所說的「跨越行動」，爬上位於非洲的藩籬，再從另一端下來，踏上另一塊大陸：歐洲。[1]

「梅利利亞（Melilla）這個地方就像一個小宇宙。它有自己的規矩、自己的萬有引力定律。在那裡的一切都以不一樣的方式運作。」

卡洛斯．斯伯托爾諾在描述的，就是那座海邊的城市：**梅利利亞**。這裡是西班牙的飛地，範圍只有十二平方公里，座落於摩洛哥東北部的一座半島內，距離阿爾及利亞的邊界不到七十公里遠。城市的一側以地中海為界，另一側則是十三公里長的半月形平行鐵絲網。其實除了它以外，還有另一個飛地，名為休達（Ceuta），距離梅利利亞西邊兩百公里以上，座落於直布羅陀海峽的南方登陸點上。

西班牙在非洲印下的這些指紋歷史悠久，可以回溯至十五世紀，以及基督教的收復失土運動（Reconquista）：它將穆斯林帝國驅離伊比利半島，並沿著北非海岸四處成立立足點。當時為一四九七年，經過這場長達數世紀的衝突之後，西班牙立刻占領梅利利亞港口，可說是西班牙王國最早奪取成功的土地，之後它還會更大幅地擴展。依據四年前所簽署的《托德西利亞斯條約》（Treaty of Tordesillas），西班牙與葡萄牙王國同意將整個非基督教世界平均分享。因此，原本應該會有一個西班牙半球，包含太平洋及亞速爾群島（Azores）的經度線以西的美洲地區，還有葡萄牙半球，包含大西洋、非洲，以及加那利群島（Canary Islands）的緯度線以南的亞洲地區。

這片大地基本上仍未繪製成地圖，而雖然其他歐洲強國完全不在乎西班牙和葡萄牙在這裡的偉大分割，它們依然為定居殖民主義建立了基礎規則。一個大洲蠻橫地出價征服、占有世界其餘的地方，最終並為它們**畫定邊界**。

在五個世紀之後的今天，梅利利亞與休達仍屬於西班牙的領土，同時也是非洲與歐洲之間的唯一陸地邊界。在這兩塊廣大、同時也廣為不平等的大洲碰觸之際，梅利利亞與休達加起來也只提供了二十一公里的界線。

「所以說，梅利利亞……」卡洛斯停頓片刻，在尋找正確用詞的同時，雙手舉在半空中轉圈，之後接著說：「它向來是個**奇怪**的地方。」

卡洛斯是來自西班牙的紀實攝影師，曾獲得歐洲及國際新聞攝影獎。他從馬德里的家中跟我通話，一身襯衫、西裝外套與眼鏡的打扮顯得衣冠楚楚，另外還有一頭濃密的波浪捲黑髮，一把大鬍子在臉頰的附近綴有幾戳淡淡的灰白色毛髮。在他身後的牆上，有一塊黑板上同時以正反兩向寫著「儘管問我」這句話——我猜這應該是個視覺玩笑，模仿影片連結經常呈現鏡像的現象。當時正值二〇二〇年十二月下旬，由於新型冠狀病毒疫情再次升溫，歐洲許多地區要不是正準備再度封城，就是已經進入二度封城狀態。

「這種情況又再次掀起邊界議題，把它們全都變成日常。」卡洛斯說：「大家現在正在經歷的情況，就是所謂的動彈不得——他們不允許你移動。我們現在在西方世界所經歷的——或許是史上第一遭——是其他人在他們生命中常遇到的事。到處充滿了斷層和裂縫。」

六年前，卡洛斯與同為記者的吉耶爾莫．亞伯利爾（Guillermo Abril）受西班牙報紙《國家報》（*El País*）委託進行一項計畫，由摩洛哥海岸至北極圈，將歐盟外部邊境全部走遍。[2]

「那時候，梅利利亞發生了很多事，西班牙每天都在報導相關新聞。」卡洛斯說：「後來阿拉伯之春（Arab Spring）爆發以後，就明顯多了很多從利比亞和突尼西亞出發前往西西里的橡皮艇。而且那時候敘利亞戰爭也開打了，敘利亞人開始紛紛從土耳其進入歐洲。所以有三個點的邊境承受了很大的壓力：西班牙在非洲的邊境梅利利亞、西西里，還有土耳其、保加利亞和希臘。

「總編叫我們去寫一篇關於這三個地方的報導，基礎想法是要——依照他們的說法——**把雙腳放到線上**，不要只是遠遠地觀望。所以，原則就是要親自去踩線，然後去看究竟發生了什麼事、人們想要表達什麼，包括試圖入境的人，還有試圖阻止他們入境的人。去親身感受到底發生了什麼事。」

二〇一四年一月，卡洛斯和吉耶爾莫前往梅利利亞。吉耶爾莫當時在他的筆記中，將梅利利亞描述為「被牆包圍的城市」，整個地方「又小又窒息」，感覺就像被關在牢裡似的。[3]在他們出發前三個月，才剛有三百六十六名移民從利比亞朝北航行，並在義大利的蘭佩杜薩島離岸翻覆、溺斃。這只是一切的開端，接下來將有自第二次世界大戰以來最大規模的人潮在歐洲內大舉移動。

梅利利亞長久以來都吸引著移民，絕大部分來自「撒哈拉以南」非洲，包括塞內加爾人、馬利人、蘇丹人、幾內亞人、奈及利亞人、剛果人、象牙海岸人。不過，在一九九〇年代初期，這裡完全沒有任何藩籬，一直到西班牙於一九九五年加入申根區（Schengen Area）時，梅利利亞和情況類似的休達才瞬間成為歐盟的外部邊境，並因此築起了屏障。梅利利亞的築牆工程自一九九六年開始動工，那是一段小型的鐵絲網柵欄，上面只裝了一捆帶刺鐵絲。[4]

繼五名移民在試圖進入梅利利亞的過程中遭到西班牙國民警衛隊（Guardia Civil）槍殺，城外圍牆於十年後多了一層，然後又一層，並升至目前的六公尺高度。他們將牆重新設計為帶刺的立體陷阱，包含編織電纜與刀片刺網、聚光燈與瞭望哨，以及運動感測器，[5]堪謂地球上最不平等的邊境的有形體現——這條線標示出落差八倍之多的人均國內生產毛額。粗略地說，這意味著，居住在牆的歐洲側的每個人，皆比在非洲側的人富有八倍。[6]正是這般極端的失衡，助長了卡洛斯所說的梅利利亞「自己的萬有引力定律」：一個小小的天體，卻擁有一座在某些外人眼裡幾近深不可測的引力井。

然而，失敗才是常態。大多移民會在試圖翻牆的過程中決定撤退，或是遭到驅離。即使他們成功跨越藩籬、進入梅利利亞，他們可能還是得面臨所謂的「推回待遇」或「火熱遣返」（devoluciones calientes）。警方會將他們圍捕、開啟藩籬上的大門，並引導他們回到摩洛哥側。換句話說，直接將他們趕回邊境的另一側。[7]

此時，如果你夠幸運的話，依然有機會逃脫、回到山上營區的庇護處。但不幸的話，就會被交到摩洛哥軍方手上，接著再被軍方運送至數百英里以外的城市，例如菲斯（Fez）、馬拉喀什（Marrakesh）與拉巴特（Rabat）。更糟的是，許多人會被帶到摩洛哥及阿爾及利亞的邊境地帶，並在沒有水、沒有糧食的情況下，放逐在偏遠的沙漠之中。到了這個節骨眼，他們通常都已經受傷、生病了，又或者飽受挨餓或遭人毆打，但他們沒有太多選擇，只能再次展開旅途，努力想辦法回到梅利利亞與那道邊界。[8]

真相是，許多人根本沒有其他地方可去。他們自稱為「harraga」（燃燒者），這是一個摩洛哥的用語，原為對移民的貶抑稱呼，字面上的意思是「燃燒的人」，取自警方在進行襲擊時，在他們的營帳放火並燒毀他們財物的場景。但隨著時間過去，移民自己開始挪用這個詞。他們說，他們以身為「燃燒者」為榮，反正他們已經把所有文件都銷毀了，包括護照、身分證，或任何可能會讓當局調查出他們原生國的紀錄。換句話說，他們捨棄國籍、讓自己變得無國籍，把自己的身分祭獻在名為希望的聖壇上。人類學家史蒂法尼亞·潘多爾弗（Stefania Pandolfo）在研究北非移民時發現，這個夢想、「移民」這股無可抵擋的拉力，強烈到可以用痴迷、嗑藥，甚至是愛等詞彙來表達。

她解釋道：「他們用成癮的語言來形容這種『燃燒』的心理狀態。『這般燃燒正如血液般在我的血管中流竄，我已經上癮了』。」[9]

他們說，他們已經失去了所有「欲望、渴求，就只為了尋求這份燃燒」。他們已經脫離軀殼，將自己的存在投射在邊境的另一邊。「我的身體在這裡，我的存有在那裡。」[10] 而唯一能夠讓他們收復本質與靈魂的作法，就是跨越邊境去把它們重新取回。但在那之前，他們如同鬼魂或影子人一般，活在虛無之中。他們已經將自己的過去燒毀，所以唯一留存的只剩下未來——就在下面那座海邊的城市裡、在藩籬的另一邊。

然而，住在牆內的人十分決絕，認定梅利利亞不是一個機會之地或過境之處。僅管無數移民的「存有」或許有如鬼魅般地在這座城市的街道上擺盪，但相關當局投注最大程度的心力，確保他們的身體不會越境。在歐洲南方的這個終極極限，人們將線條刻鑿在最穩固、最絕對的詞彙裡。可是，在過程中，也有其他東西變得愈來愈模糊、愈來愈不明確，尤其是法律。

二〇二〇年二月十三日，歐洲人權法院的大法庭針對史上第一起挑戰「推回待遇」合法性的案件執行裁決。兩位原告分別是來自馬利的「N.D.」及來自象牙海岸的「N.T.」，他們於二〇一四年八月攀上梅利利亞的牆，一直到踏上西班牙的土壤時才被逮補。比照他們之前與之後的移民，西班牙國民警衛隊立即替他們上銬，並將他們帶到邊境出口、送回摩洛哥側。他們先是被轉送至納多爾市（Nador）的警察局，距離梅利利亞南方只有短短數公里遠。隨後，他們又被帶往西南方向，行經三百公里後抵達菲斯，然後被遺棄在那裡。

他們在控告內容裡提到自己「遭到集體驅逐，從未有人針對他們的情況進行個體評估，且毫無任何法律程序或協助」，此乃《歐洲人權公約》（European Convention on Human Rights）所禁止的行徑。[11]事實上，在他們踏上梅利利亞土地的那一刻起，他們就有權利申請庇護，並在個別案例接受評定的同時，暫留在該領土之內。二〇一七年十月，歐洲人權法院判定其中確實存有違法情事，但西班牙政府繼續提出上訴，將案件交至大法庭。

人權法院的最終判決於二〇二〇年定案，繼兩人翻越邊境已經過了將近六年，而其內容推翻了先前的裁定。大法庭，並無違法情事存在，因為兩位移民跨越藩籬的行為本身就已是「有罪舉止」了。在他們試圖藉由「未經授權之地點」入境時，他們就已經將自己置於「不法情境」，因此，對於他們所受到的即時驅逐，西班牙當局無法提供任何法律救濟。

大法庭做出裁定的理由是，西班牙早已為尋求庇護者提供「數種尋求進入本國領土許可之可能途徑」，[12]即透過貝尼安薩爾（Beni Enzar）邊境處的主要口岸進入梅利利亞，抑或是經由位於鄰近的納多爾市領事館進入。然而，真實情況是，來自撒哈拉沙漠以南的非洲人並無法取得這兩種途徑。摩洛哥警方特別成立一些單位來追捕他們；這些單位通常就是前去襲擊、摧毀移民的森林營區的人，任務就是逮捕、審問所有在納多爾街上行走的黑人。

為了抵達貝尼安薩爾，你必須通過三處摩洛哥警方檢查哨，它們各自散落在一條超過三百公尺的高速公路上，一路延伸至邊界線。如果你是「撒哈拉沙漠以南的人」，那這條「可能途徑」將是一趟不可能的旅程——已經有許多重重障礙在阻撓你入境了，而你的膚色只會讓一切難上加難。[13]

就這項判決看來，人權在歐洲的邊界線處已然受到磨損，受制於特定的例外及子條款。即便跨越了有形屏障，他們仍會面臨法律力場，不但無法通過，甚至不可以肉眼見得。

對歐盟而言，尤其是歐盟的邊境與海岸警衛隊「邊境管理局」（Frontex），其目標是要將摩洛哥變成終點，而非起點。移民或許已經走了很長的路，終於來到這裡，但就到此為止了。二〇一九年七月，西班牙政府提供三千萬歐元的經費，資助摩洛哥防止非法移民進入歐洲。此外還有一筆兩千六百萬歐元的公開招標用以購買設備，包括上百輛汽車、無人機、掃描儀、雷達，以及其他掌控邊境的科技監視設備。同年稍早，歐盟其實已經向摩洛哥許諾一筆一億四千萬歐元的經費，以幫助摩洛哥控制並斬斷移民路徑。摩洛哥內政部的移民與邊界監控局局長卡里德．傑洛阿里（Khalid Zerouali）將這組配套形容為「好的開始」。[14]

對摩洛哥來說，阻擋及釋放移民儼然成為一項有用的工具，讓他們得以施加政治壓力。二〇一七年二月，該國農業局局長阿齊茲．阿克哈努什（Aziz Akhannouch）發表一項聲明，表示如果他們輸出至歐洲的農產及漁產受到任何限制，那就會看到他的國家試圖投注「持續努力」加以「管理並維持」的「移民潮」有所增加。

「如果歐洲不想跟我們合作，」他說：「那你怎麼能夠期待我們有辦法封鎖從非洲、甚至摩洛哥移出的人口？」[15]

當摩洛哥警方與邊境警衛放鬆追捕移民行動時，跨境案例幾乎會瞬間暴增。在阿克哈努什發表聲明的同一天，就有十八名非洲移民成功跨越藩籬、進入梅利利亞。而不到一個星期之前，在短短的七十二小時內，就有八百五十三人成功突破休達的屏障，幾乎是二〇一六年一整年成功跨境人數的一半。[16]

這股持續緊張的氛圍、這種持續不斷的不確定性，滲入了梅利利亞這種地方的根本質地當中。

「這並不令人意外，」卡洛斯跟我說：「但這就是極右黨派成長最快的地方。而這就是在那些邊境、地球上那些黑點會發生的事——在那種地方，事情總是非常不自然，所有極端之事都會快速成長。」

在二〇一九年的西班牙大選，一個稱為「民聲黨」（VOX）的新興極右政治團體躍升為國會中第三大政黨。他們在論述中提及當代「收復失土運動」的想法，那將是一場從各種敵人手中解放西班牙的聖戰，尤其是移民、女性主義者、分離主義者及全球主義者。他們的口號非常耳熟：讓西班牙再次偉大（Hacer España Grande Otra Vez）。另外，他們的承諾也很眼熟：黨副主席哈維爾·奧特加·史密斯（Javier Ortega Smith）首度於二〇一八年提出這個想法，預計在梅利利亞與休達周遭築起「無堅不摧的混凝土牆」。民聲黨主席塞巴斯提安・阿巴斯卡爾（Sebastian Abascal）隨後指出，摩洛哥「或許應該支付」這項建築新屏障的工程——又跟大西洋的另一端相互呼應了！[17]

想當然耳，對於一個滿嘴說著分裂語言的政黨而言，圍牆——尤其是「堅不可摧的」牆——勢必是代表力量與安全的強大象徵。民聲黨不斷拿出西班牙那情勢緊張的非洲邊境，作為政治建制虛弱的證據。在二〇一九年的大選上，它於休達贏得了超過三分之一的選票，取得這個飛地於國會中的唯一一席。此外，休達與梅利利亞兩地皆在自治政府議會上，將票投給民聲黨的代表。[18]

這些社群居住在具有大量人口流動的邊陲地帶，既原始又赤裸。許多人在邊境相關產業裡工作，可能是警察、軍隊，或是國民警衛隊。阿巴斯卡爾三不五時就會稱讚他們為愛國者、「真正的」西班牙家庭的捍衛者，以及「守護我們家門的人」。[19]

二〇一四年，卡洛斯和吉耶爾莫在他們的旅途中，花了一些時間隨時跟在國民警衛隊身邊。我問卡洛斯，他是否瞭解邊境警衛對於工作的想法。是像阿巴斯卡爾投射在他們身上的情緒那樣嗎——對捍衛國家感到驕傲？或是因為必須面對這些不斷發生的人類苦難，而有宿命或麻木的感覺？

「我記得很清楚的是，」他告訴我：「他們感覺自己身處無人之地。在那裡，政客和大眾輿論會跟他們說，**在邊境要堅強、不要讓任何人闖入**。但與此同時，他們又被指控動用暴力、執法過當，或是盡做這些不被允許的『火熱遣返』。

「所以他們有被拋棄的感覺，他們對此感覺很差。他們告訴我們：『他們每天都會從馬德里打電話來，叫我們不要讓任何人進門。』或甚至不只有馬德里的，還有從布魯塞爾打來的。歐盟對他們下達指示，要求他們必須守住邊界。但每當他們做一些稍微過火的事，那他們的事業可能就要結束了。

「他們就是活在這些壓力之下。每天早上五點起床，聽到警報：『有五百人正在翻越圍牆，準備好你的用具，準備站上戰場！』所以，對他們來說，早上五點起床準備上戰場，是一週要發生個好幾次的事。那就是他們的生活。」

此外，每天也有三萬五千多人，經由貝尼安薩爾及唐人街（El Barrio Chino）的邊境檢查哨合法入境。由於免簽證，居住於鄰近地區的摩洛哥人，得以自由地進入梅利利亞，雖然他們不准在那裡過夜。在那裡，所有來回運輸的貨品皆免稅或免關稅，但前提是，那些東西必須有人**攜帶**，因此會被歸類為「個人行李」。每天早上六點左右就會開始形成一大條蛇行前進、排有數千人的隊伍。其組成幾乎全是女性，最常見的就是寡婦、離婚婦女及單親媽媽，且不論老少皆有——她們是家裡的經濟支柱。她們日復一日地走路或等待，用塑膠或篷布將一大堆東西捆綁起來，經常重達八十公斤或更多，並因為負重而顯得駝背。她們就是所謂的「騾女」（porteadores），從破曉至黃昏，將貨物運進梅利利亞再運出，每天來回好幾趟，就只為了十歐元的日薪。[20]

她們的包裹一向被歸類為食物、衣物等基本必需用品，但實際上，它們可以是任何東西，尤其是高價值的電子產品，好比行動電話。海關官員未經審查就讓她們通過了。如今有四萬五千多人（超過梅利利亞人口的一半）以身為騾女維生；這個總數是由超過四十萬筆的貿易數量間接得出。基本上，這是某種形式的合法走私，在西班牙文裡稱之為「非典型貿易」（comercio atypico），每年總共搬運價值高達六億歐元的貨物。[21] 因此，邊界本身成為一種怪異的閾限工廠、一個生產與獲利的機械，而驅動它運作的，就只是隔離線的存在本身，以及一群絕望卻準備好要永無止盡不斷跨境的低薪勞動力。

卡洛斯還記得自己有一天早上前往檢查哨，看著大門敞開、人們大聲嚷嚷著要進來。吉耶爾莫在他的筆記中寫道，群眾「有如牛隻般地列隊」，許多人「大聲哭喊」，有些人甚至當場崩潰。越境者和騾女的人潮甚至多到不正常。他們看著一名婦女被警察拉出隊伍，而卡洛斯也用相機捕捉到事發的前一刻：一些官員在檢查她的文件，而她的視線並不在他們身上，而是失焦地望入遠方。吉耶爾莫寫道：「她的臉龐披上了整個世界的苦難。」一名警察走向他們，說：「我們認為她是敘利亞人。」[22]

此時，已經約有兩百名敘利亞人已經成功進入梅利利亞了。那是第一波來自敘利亞內戰的人潮，他們大多數都住在一座穆斯林公墓內的帳篷村中，恰位於梅利利亞高爾夫球場那一大片翠綠草皮的下方。

隨後，卡洛斯和吉耶爾莫跨境進入摩洛哥；他們跟邊境官員說他們是老師。他們在貝尼安薩爾的露天市場周遭晃了幾個小時，假裝自己在購物，謹慎地避免被當地特工尾隨觀察。接著，他們悄悄溜出城市，花了一個半小時的時間步行至丘陵地區。不久後，他們便抵達其中一處移民營的外圍。

有些人影從他們上方的尤加利樹林中冒出——是哨兵——他們隨時都在提防警方的襲擊。營區住民對卡洛斯和吉耶爾莫表示歡迎，邀請他們進入營區中央。營區共由一、兩千人組成，大多來自馬利、塞內加爾及迦納。卡洛斯對他們的活動進行攝影：男人排成長長的隊伍，手中提著裝滿水的塑膠瓶，那是由附近山泉汲取而來的；一群人在踢足球；其他人聚集在烹調鍋具旁，於室外燒火煨煮食物。許多人向他們展現了自己的各式傷口，引用吉耶爾莫的說法，那是他們先前跨境失敗時留下來的「紀念品」。[23]他們全都提到了逃離戰爭、貧窮與飢荒的故事。

「我感到驚訝的，是那裡的情況竟然這麼糟。」卡洛斯說：「我指的並不是**眼前所見的事情**，那些東西我之前就都在新聞上看過了。但當你親身踏上這條線的時候，你就能瞭解那些在螢幕上感覺不到的東西了。克難地在樹林中、在雨中睡了好幾個月是什麼意思？現在你在那裡，你會去想：『假如我必須在這裡度過一夜，那肯定會是一場惡夢。』但這些人已經在這裡待了六個月了，或甚至是一年或更多。」

卡洛斯有一張照片特別吸引了我的注意。那是一個人的剪影，杵在十幾頂破舊磨損的臨時帳篷前，兩側用尤加利樹框了起來。他正從山腰處向外眺望，視線越過眼下的摩洛哥貝尼安薩爾鎮，以及再更遠的弧狀梅利利亞港。大海是一大片的灰藍色，地平線消失在厚重的氤氳之中。這是一幅完美的邊境「燃燒」肖像——你放棄了自己所熟悉的一切，就只為了**跨境**這麼一個原因而已。這抹人影所望去的，是他的未來人生。「沒有什麼事能夠阻止我們。」營區內的移民如此告訴卡洛斯和吉耶爾莫。

兩人於當天下午稍晚回到梅利利亞，並在傍晚抵達旅館。他們坐在酒吧裡聊天，而在吉耶爾莫書寫筆記的同一時刻，那一群移民或許正準備開始下山、跑向藩籬。[24]兩人聊到了在歐洲——尤其是北歐——實在有太多人不知道在梅利利亞到底發生了什麼。

「我們有一個目標就是……」卡洛斯告訴我：「好比說在德國，有人甚至根本不知道這個地方的**存在**。我們想要努力改變這件事，因為不管在這裡發生了什麼事，**它們總有一天都會到他們的門前**、**到你的門前**，可能是幾個星期後，或幾個月、幾年後。而這正是早就已經發生的事實。」

卡洛斯本身也是跨境的產物，但那是非常不一樣的故事。他在一九七一年出生於布達佩斯，父親為外交官，母親畢業於美術學系。

「當時，布達佩斯還沒有西班牙大使館，因為那時候還處在鐵幕時期，所以我爸爸就跟另外兩個外交官一起去。他們那時候還很年輕，才二十八歲。那是他們很早期出的任務，目標就是要成立大使館。於是他們就去了，在旅館住了兩、三年，努力尋找可以變成大使館的建築物。」

卡洛斯出生之後，他父母在布達佩斯找了一位牧師幫他進行洗禮。當時，牧師不願意使用「卡洛斯」這個西班牙名字，建議了一個匈牙利文的版本。他的父母不接受，於是最後雙方總算妥協，以拉丁文的「卡洛路斯」（Carolus）替他受洗。由於西班牙與匈牙利尚未建立官方關係，他的出生證明必須寄放在最靠近的可適用國家，也就是奧地利。於是，在維也納某座典藏庫的某處，正存放著第一份承認**卡洛路斯**．斯伯托爾諾存在的官方文件。

「但這就是如果兩個國家互不承認的話，」卡洛斯說：「所會發生的事。」

當他們還住在布達佩斯的時候，他父母時時刻刻受到匈牙利特工的監視，進而受到蘇聯國家安全委員會（KGB）的監視。「他們在自家客廳發現麥克風，到處都有。他們之前去過古巴，情況也是一樣。這類事情就是會這樣逐漸塑造你的想法——我媽媽到現在還是不喜歡在電話上講太多事，她覺得大家都會把所有事情錄下來。」

卡洛斯三歲時，他們家從布達佩斯搬到羅馬，三年後再搬到馬德里。在那段時間，他父母的婚姻開始產生裂痕，他們離婚時，卡洛斯只有六歲。後來，他八歲的時候，他父親被派駐到摩洛哥的首都拉巴特，而因為他父母想試著復合，卡洛斯和母親也一併同行。

「那大概是世界上最不適合嘗試復合的地方。」卡洛斯笑道：「那裡沒有任何迷人的東西。假如說是巴黎，或許可以……但摩洛哥？別傻了。」他笑著搖搖頭：「但那也不是摩洛哥的錯，他們之間有自己的問題。」

一年後，他母親離開拉巴特、回到西班牙，住在安達魯西亞區馬拉加市（Malaga）旁的山上。

「我媽媽那時候已經變成嬉皮了。」卡洛斯說：「我爸爸是外交官，我媽媽是個嬉皮……她決定住在鄉下，過了三年沒水沒電的生活。我也跟著她一起去。」

與此同時，他父親堅持必須讓兒子就讀馬拉加市內的頂尖學校。卡洛斯提到，他那時候可能一週只洗一次澡，從來沒有刷牙，整個山上社區的人都只用汽車電瓶取得家庭用電。然後，他必須每天搭一個半小時的公車下山，去市區上學。

卡洛斯後來去了羅馬學院（Rome Academy），跟母親一樣就讀美術學系。當時，他父親已經被派駐回義大利，他便跟父親住在一起。他剛出社會時，是以藝術總監的身分在廣告公司工作，但最後卻發現那份工作十分空虛。這時候，他已經自己累積了一些攝影技巧，想要運用攝影作為媒介，講述與政治、經濟、社會不公等議題相關的故事。由於他的成長過程與常人不同，或許這種紀實記者的職涯轉換有某種必然性。

「從我小時候、年紀還非常小的時候，我就接觸了很多有關國際事務、有關政治的話題。」卡洛斯說：「然後我爸爸也會訓練我，跟我說：『不管你今天在新聞裡看到什麼，過了一個星期之後，就一定會有一些反應。仔細去看！世間萬物都是環環相扣的。』」

在卡洛斯和吉耶爾莫結束梅利利亞之旅的一個半月以後，他們於二〇一四年三月初來到地中海。他們成功協調，順利搭上長度一百二十公尺的「格列卡利號」（*Grecale*），那是義大利海軍巡防艦專為潛艇戰所打造的戰艦，現在被指派執行「我們的海」行動（Operation Mare Nostrum），那是義大利國防部為了因應前一年發生的蘭佩杜薩島慘案所成立的開放性搜救任務。義大利總共有三十艘這種船艦，負責巡邏非洲與歐洲之間的海域，並協助、援助任何試圖跨境的移民船隻。

在啟航的前一個月內，卡洛斯和吉耶爾莫沿著歐洲的外部邊境，慢慢地從東邊走至西邊。他們在二月初飛到伊斯坦堡，並坐上巴士經由希臘的一處檢查哨回到歐盟。之後，他們繼續在希臘與土耳其之間「把雙腳放到線上」。

若以色雷斯海（Thracian Sea）為起點，希土邊境循著艾佛羅斯河（Evros River）河道向北延伸長達八十英里，但到了奧瑞斯提亞達（Orestiada）地區時卻抄了個捷徑，直切過一片農地，再繼續前行六英里。二〇一二年，人們在這裡築起了一道三公尺高的鐵欄，並在土耳其側將整面圍欄堆滿了一層又一層的刺網。「就我們所知，」一位希臘邊境警察告訴他們：「從來沒有人翻過去過。」[25]

在這整條圍欄的邊上，皆設有二十公尺高的瞭望塔，外加一處五百公尺寬的軍事禁區：未經許可進入的話，很可能會被逮捕、關入牢獄。這件事是卡洛斯自己發現的；當時，他冒險進入禁區拍攝邊境，便遭到希臘軍方攔截。他們審問他、威脅要把他抓去關，但最後，卡洛斯將相機裡的照片全數刪除，他們就放過他了——但只有掛在他脖子上的那台相機。他們並沒有搜查他的包包，所以沒發現另一台相機；其實卡洛斯當時是用包包裡的那台相機進行跨境拍攝的。相機記憶卡裡存有一系列的影像：若隱若現的瞭望塔、舊的地雷警告標誌，還有一張的前景是那道受到嚴格管制的圍籬，而鏡頭視角由歐盟一端投向土耳其的埃迪爾內（Edirne）鎮上。

在圍欄的其中一端盡頭附近，建有一處移民拘留所，專收那些從土耳其涉水渡過艾佛羅斯河、成功抵達圍欄周遭的人。那是一處以雙層藩籬包圍的建築群，圍籬上又再裝設了更多的帶刺鐵網。「這不是監獄。」一名官員在卡洛斯和吉耶爾莫來訪時，如此告訴他們。拘留中心裡有阿富汗人、厄利垂亞人、阿爾及利亞人，以及一群幾天前剛從敘利亞跨境而來的人。但那裡禁止你做任何事，不能拍攝、不能跟移民交談，所以他們很快就離開了，繼續循著邊界線網東北方前進，直到碰上邊界與保加利亞的交界點。

進入保加利亞之後，他們安排拜訪當地一處邊境巡邏站，位於埃爾霍沃市（Elhovo）附近一間蘇維埃時期的舊軍方辦公室內。基地指揮官告訴卡洛斯與吉耶爾莫，已經有好幾年完全沒有任何移民進入保加利亞了，但在過去的六個月以來，卻有一萬一千多人從土耳其入境，其中絕大多數為敘利亞人。如今，歐盟給了保加利亞數百萬歐元，以支持他們持續監視長達一百七十英里長的保土邊境。卡洛斯將正在觀看監視器影像的職員拍攝下來，其中也包含了熱像儀畫面。吉耶莫爾寫道：「這讓我們立刻想起梅利利亞。」[26]

保加利亞恰好剛在一個月前，開始於國土西南角的勒索沃（Lesovo）檢查哨附近的平原與丘陵區上，建造一段共計二十一英里長的刀片刺網圍籬。距離先前他們將這片地景上殘存的實體「鐵幕」拆除時，只過了二十五年——繼那些長達數百英里的藩籬與地雷區之後，如今又出現一道新的屏障了。（在接下來的幾年裡，還會持續築起更多段落，直到二〇一七年夏天，才幾乎完成保土邊境全部的圍籬，重現冷戰時期的景況。）[27]卡洛斯拍下了第一段邊境圍籬的破土過程，而提供鐵網、刀片刺網及監視技術的公司，正是當初在梅利利亞裝置屏障系統的供應商。[28]

兩人不久之後便離開保加利亞，繼續向西，並於三月初抵達蘭佩杜薩島。他們向當地的海岸警衛隊提出協同出巡的請求，卻因為外海的暴風雨而無法成行。於是，他們改而前往島上一處驚世駭俗的景點「移民船之墓」。卡洛斯告訴我，那個地方占地相當於好幾座足球場，堆滿了大量腐朽、鏽蝕的船隻，都是在搜救任務結束後被拖上岸的。吉耶爾莫寫道，那些破舊的船「有如暴虐之神的玩具似地被堆在那裡」。[29]當地一位社會運動人士賈寇莫・斯斐拉佐（Giacomo Sferlazzo）整理在沉船殘骸中尋得的物品，舉辦了一場展覽。卡洛斯將這些破碎生命的殘留碎屑拍攝下來，包括一本被水泡壞的奈及利亞護照、一條高露潔牙膏及三支牙刷、一本內頁全數散失的《聖經》書封，以及一只嬰兒的奶瓶。

他們從蘭佩杜薩島飛往西西里，接著前往當時全歐洲最大的移民收容中心卡拉米內奧（Cara di Mineo）。它的占地是過去一處美國軍事基地的街道與屋舍，共計將近四千名移民居住於此，高達實際可容納人數的兩倍，也因此，每間屋舍各住約十人。吉耶爾莫寫道，這間收容中心是「一片超現實的地景」、一處「末日場景」。[30]而他們兩人正是在拜訪收容中心的期間，接獲了等待已久的消息——他們總算獲准搭乘格列卡利號，而且還有直升機將他們載往地中海。但至於他們究竟什麼時候才能再回到岸上，海軍無法保證。

「我們知道你們是記者，我們也知道你們想要什麼。」他對他們說：「但可不可以告訴我，**你們到底想要什麼？**」

「我們說得滿清楚的。」卡洛斯說：「我們說：『我們想要看救援行動。我們想要看，而且愈近愈好。』」

船長告訴他們，他們來對地方了。但當時海況很差，要等到浪平之後才會有人開始渡海。

卡洛斯和吉耶爾莫是史上第一批獲准登上搜救船隻的記者。卡洛斯告訴我，這全是時機問題。

「義大利的整個政治和軍方體系突然決定，是時候把他們在做的事展示給大家看了。」他說：「他們已經受夠獨自承擔『我們的海』行動的開銷。『歐洲在哪？』他們說：『為什麼沒有人來幫我們？德國的船隻在哪？法國的船隻在哪？這裡除了你們和我們——西班牙人和義大利人——之外，沒有其他人來處理這項重擔。所以說，是的，我們要讓新聞界知道現在到底發生了什麼事。』」

據估計，在過去的十五年間，已經約有兩萬名移民在地中海溺斃。而或許，不管那些位於南歐沿海邊境的國家採取了哪些行動，數目都只會愈來愈高。

「只要你還有邊境，」卡洛斯說：「就一定會不斷接收到很難聽的輿論。因為邊境是件骯髒事，所以不管是誰在處理，都會收到很難聽的輿論。然後，你會需要政治支持。」

兩人上船三天後，天氣開始放晴、風開始消散，而海浪開始變得平穩。第四天晚上，吉耶爾莫寫下了海平線轉成「血紅」的畫面，還有船隻四周的海面，也變得玻璃般地平順。此時，他們距離利比亞的海岸大約八十英里。對於那些正在等待越洋的船隻而言，各方面的情況都再好不過了。

隔天一早，他們在臥鋪上被直升機旋翼的聲響吵醒。兩人急忙趕到指揮中心。

「有人聯絡我們了。」船長告訴他們：「很有可能是移民。」他們從衛星電話接收到一筆求救通話；船上派出的直升機以無線電回傳消息：那是一艘藍色的木船。上頭有十名孩童、十名婦女，整艘木船上或許共有一百五十人至一百七十人。經過確認，這的確是一起「ＳＡＲ」：搜救事件。

船長下令釋出格列卡利號的救難小船，上面全都放滿了救生衣。卡洛斯和吉耶爾莫詢問是否能夠搭上其中一艘救難艇，船長思考了幾分鐘後，終於用義大利語說：「去吧。」[31]

「我以前從來沒有看過這種景象。」卡洛斯跟我說：「我曾經去過難民營，但這次完全不一樣。落在這些人身上的，是非常即時的壓力和創傷。他們沒有受傷、沒有人喪命，而且天氣很好，一切都很順利。但就是……」

當他們靠近移民船隻時——依據吉耶爾莫後來所寫的敘述——那些臉龐一一望向他們，他們的眼神中混雜著恐懼與解脫。救難隊將他們接到救難艇上，一次二十人。「冷靜。」輪機長跟他們說：「你們在義大利了。」[32]

不久後，救難人員發現船上還有一個船艙，裡面擠滿了更多乘客。雖然那艘船基本上就是一個小木殼，只有十五公尺長，卻載了兩百一十九人。其中大多數是巴基斯坦人和敘利亞人，但也有一些摩洛哥人、奈及利亞人，甚至還有四名尼泊爾人。

「我全神貫注地拍攝，」卡洛斯說：「認真拍照、認真取得素材和影片紀錄。那是我一生中數一數二緊張的時刻，我一直在想：『這是關鍵時刻，這會讓人們瞭解一切，你絕對不能失敗。』電池一定要有電、相機一定要正常。歐洲歷史正在你眼前發生啊，你沒有第二次機會了。」

然而，當他回到格列卡利號之後，一種感受向他襲來。

「我在某個時刻停下了所有動作，」他說：「休息了幾分鐘。我不知道自己當時看起來怎樣，但我記得船長走到我旁邊，說：『嘿，老兄，你還好嗎？你看起來嚇壞了。』然後我說：『不、不，我沒事。我只是在工作。』但事實上，我**確實**太過震驚，我在試著消化剛才所經歷的一切。

「我想我算滿幸運的，我遇到的情況還不算太糟，那讓我還有辦法在情緒這麼重的情況下，還能專注在影像的品質上。假如情況真的很糟的話，我也不確定自己會有什麼反應。如果我看到孩子的屍體，我會怎麼反應？或許我的反應會很糟糕。我覺得自己應該還是有辦法工作吧，但我也不知道……」

卡洛斯停頓了好一陣子。

「我有個兒子。」他說：「那時候他才六歲，跟那個在海灘上被發現屍體的男孩差不了多少。」

他口中的男孩，指的是三歲的敘利亞小男孩艾蘭・庫迪（Alan Kurdi）。他的家人試圖從土耳其博德魯姆半島（Bodrum Peninsula）渡海前往希臘科斯島（Kos），但船隻半途翻覆，他也因此溺斃。二〇一五年九月二日，他的屍體被土耳其影像記者尼露菲兒・德米爾（Nilüfer Demir）拍攝下來，影像於短短幾小時內便傳遍全球。這張照片既難以直視又無法忽視，也因為它，世界各國的領袖拾起電話，開始撥打給對方。它激起了非常戲劇性的公眾及人道回應，但同時也是一項關於絕望的解析。[33]

「它讓你感到震驚。」卡洛斯說：「這也是當然的。你不禁會去想，這有可能就是自己的孩子。你很容易就會有這樣的聯想，那是你最大的恐懼。」

距離艾蘭之死，卡洛斯和吉耶爾莫搭上格列卡利號已經是一年半以前的事。兩人當時所目睹的事件，在二〇一四年時仍屬相對極端的情況，但不久之後卻變得老生常談。在卡洛斯的相片當中，有一張特別觸動人心，與艾蘭那張怵目驚心的相片完全相反。

Photo by Carlos Sporttorno

畫面捕捉了一位敘利亞小女孩被人從救難艇向上舉到甲板的時刻。她當時五、六歲，穿著一身綠色的防風外套，連身帽半掩著頭，粉紅色的圍巾隨意地圍在脖子上，而四四方方的橘色救生衣使得她的整個身軀顯得嬌小。一位身穿迷彩軍裝的船員，正將她遞給另一位船員。畫面四周分別繞著格利卡利號鐵灰色的懸臂樑、陰沉灰濛的天空，以及略起微皺卻深不見底的海。連身帽的其中一側漏出了小女孩的波浪狀黑髮，還有一大戳頭髮呈現S型，由她的額上垂落至鼻尖。她的嘴巴被圍巾遮掩住了，但她的眼睛直盯著相機鏡頭——又或者，直直地**望穿**鏡頭，盯著正在看相片的你。

她的凝視倒也不是高深莫測，但卻提供了無限的詮釋可能。那對眼眸究竟懷著感激或是控訴？哀怨或憤怒？驚怕或解脫？或許，更重要的是，在那對眼眸中，你不得不正視自己對於眼前所見的畫面的反應。在面對艾蘭臥屍在海岸線上的畫面時，我們只敢輕輕一瞥，隨即就會被恐懼吞噬。但在這裡卻相反——你變得無法移開視線。小女孩的眼眸直直地朝著我們瞪來，深邃而銳利，而且千真萬確、充滿生命力的**活著**。如果要說這是一個代表希望的畫面，那或許言之過甚，但它絕對能夠代表**可能性**。它提醒了我們，我們可以決定去做某件事，同時也能決定不去做某件事。好比救援，就曾經是一個選項。

「我們的海」行動只維持了大概一年：從二〇一三年十月初至二〇一四年十月底。那段期間，他們從海上救援成功的人數共超過十三萬。[34]但成本不斷增加、政治意志動搖，又加上像格列卡利號這類的船隻一一被改作其他用途。有些人甚至認為，「我們的海」行動創造出一種「拉力」，鼓勵更多移民利用更不適當的船隻進行如此危險的渡海行動。二〇一五年十月，行動終止一年後，有一艘承載至少九百五十名移民的船隻，在利比亞及蘭佩杜薩島之間翻覆。其中二十八人獲救，只尋獲二十四人的遺體，其餘全數溺斃，散失於海浪之中。[35]

二〇一五年三月初，就在歐元區的財務部長準備要就提供希臘紓困貸款以免經濟崩潰的吵雜協商做出結論的幾小時前，希臘國防部長帕諾斯．卡門諾斯（Panos Kammenos）發表了一場演講。

「假如歐洲在這場危機中對我們棄而不顧，」卡門諾斯說：「我們的移民潮將淹沒歐洲。而對柏林來說，最糟糕的情況大概就是，來自伊斯蘭國的聖戰份子也混到那上百萬名經濟難民的人潮之中。」

卡門諾斯是新右派民粹主義的獨立希臘人黨（Independent Greeks）的黨主席，當時正與極左派的激進左翼聯盟（Syriza）共同組成聯合政府。卡門諾斯繼續接著說道，假如歐洲打算「打擊」希臘，那麼「我們也會打擊他們。我們會把進入申根區所需的文件，都發放給來自世界各地的移民，如此一來，移民人潮就可以直奔柏林了。」[36]

對卡洛斯和他們想要敘述的故事而言，這是其中一個決定性的時刻。

「二〇〇二年有一項協議說，不論難民是在何時進入歐洲國家的，他們都必須一直待在那個國家裡。當然，這項協議是在這一波難民、移民大量聚集的事件發生前所簽署的。當數以萬計的人潮開始湧入希臘、義大利和西班牙時——也就是南歐最貧窮的國家時——南歐和北歐之間就會開始出現分裂。」

歐洲邊際國家及內陸國家之間的這場對話，開始愈演愈烈。「南歐說：『我們在保護邊境。』」卡洛斯說：「『但你們根本不知道它到底在哪裡，這些地方你們甚至連聽都沒聽過。』而就算你們聽到我們說：『邊境現在遇到麻煩了。』你們會說：『誰在乎啊？那又不是我們的麻煩。』」

「然後，卡門諾斯決定要停止這一切、要終結這一切。你即將知道問題是什麼。世界上只有極端主義者可以想得出這種作法——把人**武器化**。」

卡洛斯和吉耶爾莫將他們前一年的旅程撰寫成文，標題為〈於歐洲之門〉（At the Gates of Europe），刊載於《國家報》，[37] 獲得了世界新聞攝影獎。那年夏天，兩人說服報社讓他們繼續追蹤這則故事。於是他們又在二〇一五年九月，前往匈牙利與塞爾維亞邊境上的勒斯凱（Röszke）小鎮。

卡洛斯率先抵達，他打電話給吉耶爾莫，向他描述了一個極致混亂的景象。「到處都可以看到煙幕、鎮暴警察，簡直是一團亂。」[38]

當時，匈牙利才剛下令封鎖匈塞邊境，並迅速沿著全長一百一十英里的邊界線築起四公尺高的刀片刺網圍籬。據估計，已約有十六萬名移民跨境成功。在匈牙利的右翼總理維克多·奧班（Viktor Orbán）看來，是時候把國家封鎖起來了。

「我們必須說得很明白——我們不能讓每個人都進來。」他說：「因為如果我們同意讓每個人都入境的話，那歐洲就完蛋了。」[39]

奧班政府通過一條法律，將非法入境列為罪行。大量移民被集中在勒斯凱邊境檢查哨附近的一塊空地內。當時，有一群人試圖突破圍籬，因此引發了一場激戰。匈牙利警力使用催淚瓦斯、高壓水炮及裝甲車驅散移民，二十九人遭到逮捕，同時，許多人也在過程中受傷。[40]已經有數千人抵達這個地方了，而且，隨後還有數萬人正在前來的途中。他們從希臘往北長途跋涉，途中行經馬其頓、科索沃與西伯利亞。但前方的路已經被封鎖了，人潮便於匈牙利附近折西，再一路前往克羅埃西亞。

卡洛斯與吉耶爾莫沿著這條新路徑，一路走到克羅埃西亞托瓦爾尼克鎮（Tovarnik），找到一處於火車站周邊形成的大型臨時移民營。於是，火車站成為臨時湊合著用的邊境，尤其是那裡的各種屏障，以及負責規範人們繼續前進的警方，共同構成了移民跨境的瓶頸。克羅埃西亞總理佐蘭．米蘭諾維奇（Zoran Milanovic）當時才剛宣布，準備要讓難民能夠自由通行、進入他國家的領土。

「我們已經準備好接受那些人了，」他說：「並會將他們引導至他們希望去的地方⋯⋯顯然就是德國和斯堪地那維亞。」[41]

每隔一段時間，就會有火車到站，然後大家會推擠著上車，很多家庭常在過程中走散。移民不知道火車將駛向哪裡，只知道他們必須搭上火車、繼續前進。

「我不認同布達佩斯的政策。」米蘭諾維奇繼續說明：「我覺得它有害又危險。人們並不會因為那些高起的牆就停止動作，但那些牆反而釋放出嚇人的訊息。在二十一世紀的歐洲築牆並不是解答，而是威脅。」[42]

不久之後，用以支援火車的公車也到站了。托瓦爾尼克的副鎮長告訴卡洛斯和吉耶爾莫，他們已經成功在短短四天內將兩萬五千多人運載出城。[43]於是，難民繼續移動，前往下一個邊境、下一道阻礙，在匈牙利封閉的邊境處轉個彎，抵達斯洛維尼亞的南緣。當地的人道救援已趨於完善，許多學生從中歐或北歐前來，在那裡擔任志工，發放衣物與食物，並提供醫療救援。那一刻對吉耶爾莫來說，就像是「團結心大噴發」。[44]那是在艾蘭・庫迪剛離世後不久的日子，大眾與政治態度出現了如此戲劇化的轉變——至少維持了一段時間。

兩個月後，卡洛斯人在巴黎與一位友人共進晚餐。突然之間，有位服務生大吼，響徹整間餐廳，要求大家注意——附近剛發生一起槍擊案。「別慌張，」他說：「但你們必須離開這裡。」

「我必須決定到底該不該回去我的旅館。」卡洛斯告訴我：「它是在槍擊案事發地點的方向。還是我應該遠離槍擊案？但又會變得無處可去。最後我決定回去旅館。我在街上走了大概十分鐘，一直在想到底該躲去哪裡。如果我聽到槍擊聲，我該做什麼？」

那是二〇一五年十一月十三日的晚上，一系列組織完善的恐怖攻擊在法國首都接連爆發，總計奪走一百三十條人命，包括當時正在巴塔克蘭劇院（Bataclan Theatre）觀賞搖滾音樂會、卻遭到槍手殺害的九十名觀眾。伊斯蘭國隨後宣稱是自己的作為，並表示這些屠殺行動是為了報復法國對敘利亞與伊拉克進行空襲。攻擊者大多出生於法國或比利時，不過其中有些人先前曾於敘利亞參與伊斯蘭國的戰鬥行動，而且可能是藏身在大批難民潮當中悄悄偷溜回歐洲。

我很好奇卡洛斯當時在想什麼。他才剛記錄完移民危機、回到日常，而現在卻陷於巴黎恐怖攻擊的現場附近。他會不會覺得一切已經陷入混亂，就好像某種全歐崩解正在上演？

「完全正確。」他回答道：「而且不是只有我這麼覺得，我知道大家一定會把這兩件事聯想在一起。對極右黨派來說，把這兩件事聯想在一起再簡單不過了。你知道，九月的時候，有成千上萬的人越過巴爾幹半島，那些婦女戴著頭巾，所以大家當然會覺得這些人是穆斯林。然後現在，兩個月後，發生了這場大規模屠殺。對政治宣傳、對那些將難民視為罪犯的敘事而言，這種聯想再合理不過了。你可以輕輕鬆鬆就把它們連結在一起，而且我必須說，連結得非常成功。我不覺得這兩件事跟英國脫歐公投無關——它們全都息息相關。」

儘管如此，難民依然不斷湧入。截至二〇一五年年底，已經有超過一百萬人進入歐洲。不久之後，有些國家便開始拒絕接納當年稍早所同意的移民配額。人們的態度再度變得強硬。

「國族主義、鄰國之間的不信任、仇外情緒……」接近年底時，吉耶爾莫在他的筆記如此寫道。[45] 他和卡洛斯隱約感覺到，在歐洲本身的織理中，有些東西「開始出現裂痕」。一切由外部邊境的大型斷層線為開端，漸漸引發愈來愈多裂縫——先是南北之間的裂痕，接著開始沿著歐盟各國之間的邊界線延展開來。卡洛斯說，這些裂縫全都彼此相連。而假如人們無法將它們修復好的話，那麼，「整個結構終將崩解」。

二〇一六年一月，卡洛斯和吉耶爾莫的歐洲邊境旅程終於來到尾聲。繼他們當初前往非洲地中海沿岸的那座海邊城市梅利利亞之後，已經幾乎過了兩年了。如今，他們越過北極圈線，抵達歐盟最北端——芬蘭的邊境小鎮薩拉（Salla）——離歐盟最南端約有兩千五百多英里之遠。

他們的故事尾聲主要是在向外眺望，望向那股不斷擠壓歐洲東北邊際線的巨大壓力：俄羅斯。而在那之前的幾個星期裡，兩人已經踏足立陶宛、波蘭及拉脫維亞，親眼目睹北大西洋公約組織十一國的上千名軍人，針對假想敵人「瑞德蘭」（Redland）入侵邊境的模擬情境進行實作訓練。此外，他們也到訪了烏克蘭，見證一場真正的戰爭如何為更巨大的衝突蒙上陰影。當時，烏克蘭東、西部之間爆發內戰，俄羅斯和北大西洋公約組織分別為各自的盟軍提供訓練、物流與設備。身為世界兩大勢力集團之間的地理堡壘，烏克蘭儼然成為代理的歐洲邊境戰場。二〇二二年二月，這場代理戰爭演變為真正的戰爭。俄羅斯入侵烏克蘭，亦即普丁所說的「特殊軍事行動」。普丁表示，俄羅斯旨在修正歷史錯誤，將那些畫於這座四千萬人國度外圍的線條抹除，換句話說，俄羅斯渴望將烏克蘭的邊界從地圖上消除殆盡。普丁宣稱，這個國家打從一開始就不是真的。疫情讓他有機會把克里姆林宮典藏庫裡的舊地圖都倒出來，似乎點燃了他個人對於暴力收復俄羅斯歷史邊陲地區的任性狂熱。

「看到對於波羅的國家的人民而言，俄羅斯人的存在如何變成一種生存威脅，實在是很驚人。」卡洛斯告訴我：「這讓他們在生活中的每一天，都感到很不自在，因為他們覺得，俄羅斯人隨時都可以說他們要來收復自己固有的歷史領土，隨時都可能入侵，就跟他們對克里米亞所做的事一樣。」

在卡洛斯看來，這闡明了他們的故事裡的一項核心主題。「也就是**我們歐洲人彼此之間根本互不相識**。好比說，我們在西班牙根本對立陶宛人的恐懼一無所知，我們幾乎不知道立陶宛在哪裡。但無知的不是只有西班牙。我相信立陶宛人也對我們的恐懼或我們所擔心的事一無所知，又或者是希臘人擔心的事亦然。」

卡洛斯和吉耶爾莫的最後一站是芬蘭。這裡跟俄羅斯之間的邊界長達八百英里，是歐洲境內最長的外部邊境。芬蘭當局用邊防警衛隊的雙螺旋槳飛機載他們，從赫爾辛基飛越波羅的海的結冰海面，體驗例行巡邏行程。

當時，卡洛斯對吉耶爾莫說：「你看那些冰。」他開始朝窗外拍攝，捕捉那一大片布著裂縫的冰層。吉耶爾莫寫道：「我們在波羅的海找到了歐洲的裂縫。」[46] 在那個時刻，兩人認為這是一個強而有力、具有預示性的視覺隱喻，雖然其實一點也不隱晦。

卡洛斯說：「我們來的時候，期待可以看到芬蘭和俄羅斯邊境的一些大故事。」他們原本以為在那一大片領土的邊境沿線，可以找到一些緊張氛圍逐漸提升的跡象，更確切來說，或許他們在烏克蘭看到的大震動，會順著這條線一路傳遞？

「但其實，俄羅斯對他們來說並不是問題。真正的大問題是，剛有三萬名難民進入他們國家，而他們也才只有五百萬人口，這對他們來說是個衝擊。」

大多數的難民兩、三個月前才剛在二〇一五年年底抵達，這讓芬蘭境內尋求庇護的人數，成為整個歐盟當中第四高的國家，同時也是增加百分比最高的國家。卡洛斯和吉耶爾莫往北移動了兩百英里，前往小城庫奧皮奧（Kuopio），造訪一處移民收容中心。他們在那裡意外地發現，有些人也曾行經他們在巴爾幹半島時拜訪過的村莊——而且有不少人跟他們甚至是在同一週內經過那些地方的。

「他們從巴爾幹半島移動到奧地利、德國、丹麥、瑞典，然後瑞典把其中一些人送到芬蘭。」卡洛斯說：「我們甚至還遇到一些人也到過克羅埃西亞的那個火車站。」

拜訪期間，他們看到一些移民孩童去當地小學上課，聽到他們在上溜冰課、放學後走回收容中心的途中在雪地裡玩耍。但與此同時，當地仍有一些緊張的跡象。卡洛斯就在街上拍到反難民的塗鴉，另外還有一些極右團體騷擾移民以及有心人士破壞收容中心的案例。

之後，兩人繼續往北前進，並於芬蘭境內最北端、北緯六十八度的依瓦洛（Ivalo）軍事基地與軍方的邊境守衛隊碰面。那些軍人帶他們一同出巡，進入氣溫降至零下攝氏三十度的白雪森林。卡洛斯的眼鏡因為寒冷而斷成兩半，吉耶爾莫的原子筆也寫不了字。他們抵達一道悠長的邊界圍籬，但圍籬的目的並不是要將人屏除在外，而是蓋來把芬蘭的馴鹿群圍圈在內的。

然後是他們的最後一站：薩拉。這個地方是芬蘭與俄羅斯之間，位處北方的其中一處跨境點，它總是十分樂意地將自己宣傳為「鳥不生蛋的地方」。

「我們去了邊境的警察局。」卡洛斯告訴我：「我們沒有特別期待什麼，想說頂多只會有幾個邊防警衛，無聊地看著森林裡的攝影機畫面或動態。我們覺得應該不會有任何收穫。接著，一輛車突然在我們抵達的那一刻出現，一分也不差。」

七個人擠在一輛老舊的拉達（Lada）汽車裡，於邊境的芬蘭側爬下車。

「我們跟他們之間只有幾公尺的距離，但因為歐洲法律的緣故，我們不能跟他們說話。」

於是，卡洛斯開口詢問是否可以照相。邊防警衛猶疑了一下，接著聳了聳肩，表示沒有任何法律禁止**拍照**。卡洛斯談起這段回憶時，大笑了一番：「這就是歐洲迷陣！有些事情可以，有些事情卻不可以。」

兩人走向那群人，使用手機上的Google 翻譯詢問是否可以拍他們。與此同時，兩人在邊防警衛的聽力範圍之外，也問了他們是從哪裡來的。他們有兩伙人，是在旅程的最後這一段路才一起行動的。一對是來自卡麥隆的伴侶，還有來自阿富汗的一家五口。卡洛斯替他們拍照，七人在雪中一字排開，手裡拿著行李箱，後方就是V字型的邊界屏障。畫面由於檢查哨周遭的大量泛光燈而顯得背光。

「最熟悉邊境法律的人是移民。」卡洛斯說：「他們對所有規定都瞭若指掌，知道該做什麼、該說什麼。他們在這裡找到可以在摩爾曼斯克（Murmansk）買這些破車的方法，然後開了六小時的車，來到這個可以申請庇護的邊境。」

過去數個月裡，也有類似的車輛前來這個地方，有時候一天會有三、四輛。薩拉的邊防警衛帶卡洛斯和吉耶爾莫去看車輛棄置場。整座停車場充滿了拉達和伏爾加（Volgas）的車，都是人們一成功跨境之後就棄置在那裡的。這讓卡洛斯和吉耶爾莫立刻想起了蘭佩杜薩島的「移民船之墓」。事實上，在薩拉以北兩百五十英里處、距離北極海海岸不遠的地方，確實有另一個非常雷同的場景，而且堪稱有史以來最詭異的景象。

位於歐盟邊境以外的史托斯戈（Storskog）邊境檢查哨，為俄羅斯與挪威交會之處。在那裡，兩國之間的邊境規定有一個漏洞：俄羅斯不准人們徒步跨境進入挪威，而挪威不讓車輛駕駛運載無身分證件者入境，但兩側卻都允許腳踏車出入，並不會多做檢查。二〇一五年夏天出現第一位騎腳踏車抵達挪威的難民，到了同年年底，已經有五千多名尋求庇護者以相同的方式跨境，多為敘利亞人。邊境的挪威一側開始堆起大量的棄置腳踏車，其中許多是兒童專用腳踏車，因為它們的價格最便宜。挪威政府很快就著手解決這個漏洞，並接著在二〇一九年投注五十萬英鎊的成本，沿著史托斯戈短短兩百公尺的邊界線，築起鐵絲網柵欄。如今，在這塊大陸的極端邊際又豎起另一道屏障了，一個尖銳卻徒勞的象徵。[47]

「這真的是非常根深柢固的反應。」卡洛斯跟我說：「真的就深植在我們的骨子裡。為了讓自己安全，你把邊境封起來、把門關起來、把眼睛閉起來——都是**關閉**。要怎麼避免傷害？**關閉**，然後躲在箱子裡。我覺得這真的已經深植在我們的腦袋裡了。想要消除邊境的概念或許是不可能辦到的事，因為，就像人家說的，**皮膚是我們的第一道防線**，這是真的。我們擁有邊境，我們與邊境共存，然後我們變得依賴它們。」

但儘管如此——卡洛斯回想起自己在旅程中遇到的大量藩籬、圍牆與屏障，繼續說道：「當你築起了實體屏障，也就是在叫人來破壞它。這是遲早會發生的事。這些實體屏障並無法永存，而且它們很挑釁。在歷史中，當人們試圖從其中一側跨到另一側時，往往會發生衝突，這已經發生過好幾千次了吧。」

注釋

1 I. Alexander-Nathani, *Burning at Europe's Borders* (OUP, 2021); I. Alexander-Nathani, 'Meet a boy who survived "The Crossing"', 5 July 2017: https://gpinvestigations.pri.org/meet-a-boy-who-survived-the-crossing-667e7234c397; E. Tyszler, 'From controlling mobilities to control over women's bodies: gendered effects of EU border externalization in Morocco', *CMS* 7, 25 (2019); M. Bausells, 'In limbo in Melilla', *The Guardian*, 10 May 2017; C. Spotorno and G. Abril, La Grieta (The Crack) (Astiberri, 2015).

2 C. Spotorno and G. Abril, 'A las puertos de Europa' (At the gates of Europe), *El País Semanal*: https://elpais.com/especiales/2014/europa-frontera-surel-relato.html.

3 Spotorno and Abril, *La Grieta*.

4 A. Ruiz Benedicto, M. Akkerman and P. Brunet, 'A walled world: towards a global apartheid', Transnational Institute, 18 November 2020: https://www.tni.org/files/publication-downloads/informe46_walledwolrd_centredelas_tni_stopwapenhandel_stopthewall_eng_def.pdf.

5 Ruiz Benedicto, Akkerman and Brunet, 'A walled world: towards a global apartheid'.

6 M. Graziano, *What Is a Border?* (Stanford University Press, 2018).

7 Spottorno and Abril, *La Grieta*; *The Black Book of Pushbacks*, 2 vols, Border Violence Monitoring Network, 18 December 2020: https://left.eu/issues/publications/black-book-of-pushbacks-volumes-i-ii/; 'Pushbacks in Melilla', Forensic Architecture, 15 June 2020: https://forensic-architecture.org/investigation/pushbacks-in-melilla-nd-and-nt-vs-spain.

8 'Violence, vulnerability and migration: trapped at the Gates of Europe', *Médecins Sans Frontières*, 13 March 2013: https://www.msf.org/violencevulnerability-and-migration-trapped-gates-europe.

9 S. Pandolfo, 'The burning: finitude and the politico-theological imagination of illegal migration', *Anthropological Theory* 7 (SAGE, 2007).

10 Pandolfo, 'The burning'.

11 Case of N.D. and N.T. v Spain, European Court of Human Rights Judgement, 13 February 2020: https://hudoc.echr.coe.int/spa#{%22itemid%22:[%22001-201353%22]}.

12 Case of N.D. and N.T. v Spain: https://hudoc.echr.coe.int/spa#{%22itemid%22:[%22001-201353%22]}.

13 'Pushbacks in Melilla', *Forensic Architecture*; E. Tyszler, 'Humanitarianism and black female bodies: violence and intimacy at the Moroccan–Spanish border', *The Journal of North African Studies*, 26:5 (2021).

14 'Spain will give Morocco €30 million to curb irregular immigration', *El País*, 19 July 2019; 'Spain and Morocco reach deal to curb irregular migration flows', *El País*, 21 February 2019.

15 'Incursions at Spain's North African exclaves triple after Moroccan threats', *El País*, 27 February 2017.

16 'Incursions at Spain's North African exclaves triple after Moroccan threats', *El País*.

17 引自A. Santamarina, 'The spatial politics of far-right populism: VOX, anti-fascism and neighbourhood solidarity in Madrid City', *Critical Sociology* 47(6) (2021)，及P. Pardo, 'Make Spain Great Again', *Foreign Policy*, 27 April 2019: https://foreignpolicy.com/2019/04/27/vox-spain-elections-trump-bannon/。

18 Santamarina, 'The spatial politics of far-right populism'; Pardo, 'Make Spain Great Again'.
19 引自J. Boone, 'How is VOX making the Spanish flag wave again?', Tilburg University, June 2020: http://arno.uvt.nl/show.cgi?fid=151784。
20 S. Creta, 'Lives on hold: how coronavirus has affected the women porters of Melilla', *The Irish Times*, 6 July 2020; C. Malterre-Barthes and G. A. Bajalia, 'Crossing into Cueta', Migrant Journal 4, *Dark Matters* (2018); 'Morocco's "mule" women scratch a living on Spanish enclave border', Reuters, 25 August 2017.
21 Creta, 'Lives on hold'.
22 Spottorno and Abril, *La Grieta*.
23 Spottorno and Abril, *La Grieta*.
24 Spottorno and Abril, *La Grieta*.
25 Spottorno and Abril, *La Grieta*.
26 Spottorno and Abril, *La Grieta*.
27 R. Lyman, 'Bulgaria puts up a new wall but this one keeps people out', *The New York Times*, 5 April 2015; S. Nerov, 'Bulgaria's fence to stop migrants on Turkey border nears completion', Reuters, 17 July 2014.
28 Ruiz Benedicto, Akkerman and Brunet, 'A walled world: towards a global apartheid'.
29 Spottorno and Abril, *La Grieta*.
30 Spottorno and Abril, *La Grieta*.
31 Spottorno and Abril, *La Grieta*.
32 Spottorno and Abril, *La Grieta*.
33 P. Slovic, D. Vastfall, A. Erlandsson and R. Gregory, 'Iconic photographs and the ebb and flow of empathic response to humanitarian disasters', *PNAS* 114 (4), 24 January 2017.
34 A. Taylor, 'Italy ran an operation that saved thousands of migrants from drowning in the Mediterranean. Why did it stop?', *The Washington Post*, 20 April 2015.
35 R. Bauböck, 'Mare nostrum: the political ethics of migration in the Mediterranean', *CMS* 7, 4 (2019); 'Calls for action in Europe after migrant disaster in the Mediterranean', *The Washington Post*, 19 April 2015.

36 A. Tarquini, 'La minaccia di Kammenos alla Germania: 'Se Ue ci abbandona, vi sommergeremo di migranti mescolati a jihadisti" ', *La Repubblica*, 9 March 2015; 'Greece's defence minister is threatening to "flood Europe with migrants"', *Business Insider*, 9 March 2015.

37 Spottorno and Abril, 'A las puertos de Europa'.

38 Spottorno and Abril, *La Grieta*.

39 'Hungary closes Serbian border crossing as refugees make for Austria on foot', *The Guardian*, 4 September 2015.

40 'Refugee crisis: Hungary uses teargas and water cannon at Serbia border', *The Guardian*, 16 September 2015.

41 'Croatia to allow free passage of migrants, says prime minister', *AFP*, 17 September 2015.

42 'Croatia to allow free passage of migrants, says prime minister', *AFP*.

43 Spottorno and Abril, *La Grieta*.

44 Spottorno and Abril, *La Grieta*.

45 Spottorno and Abril, *La Grieta*.

46 Spottorno and Abril, *La Grieta*。卡洛斯與吉耶爾莫將先前的〈於歐洲之門〉及後續造訪歐洲東緣及北緣的旅程，集結成一本田野日誌，稱為《裂縫》（*La Grieta*）。兩人形容這本書「介於攝影集與圖像小說之間」，以西班牙文於二〇一六年由亞斯提貝里（Astiberri）首度出版。我所引用的吉耶爾莫的田野筆記，是取自法文版的《裂縫》（*La Fissure*）。目前尚無英文版，以上皆為我自己的翻譯。

47 'Avoiding risky seas, migrants reach Europe with an arctic bike ride', *The New York Times*, 9 October 2015; 'Syrians fleeing war find new route to Europe – via the Arctic Circle', *The Guardian*, 29 August 2015.

第四部　打破

第八章

消融中的邊界

作者攝

「不可思議的是，即便這座冰川跟周遭其他的比起來相對較小，即便我們已經在地圖上研究它好幾個月了，我們很確信自己知道它長怎樣、如何移動，還有距離那些的，但實際真正到了那裡的時候，一切都徹底化為烏有。」

馬可．法拉利（Marco Ferrari）當時年近四十，剪了一頭俐落短髮，鬍子修得很整齊，戴著圓形金屬框眼鏡，講起話來活靈活現。雖然他以前是讀建築出身的，但卻不想以此執業，倒是與設計師艾莉莎．巴斯夸爾（Elisa Pasqual）於米蘭共同成立了一間設計研究事務所，稱為「文件夾工作室」（Studio Folder）。

他向我提到他們事務所正在追蹤冰川活動的計畫。但那可不是隨便的冰川，而是在奧茨塔爾阿爾卑斯山脈上海拔三千公尺處發現的格拉夫冰河（Grafferner）冰層。格拉夫冰河嵌於兩座高聳山峰之間的深谷內，而在那一系列高峰當中，最高的錫米勞恩山（Similaun）的高度直逼三千六百公尺。而這座冰川也是一處邊界，將義大利與奧地利分為兩國的邊境線正由它的中央貫穿而過。

在地圖上，這一小段邊界以錫米勞恩山為起始，向外延展為一條平緩曲線畫過冰層，最後抵達西馬爾策爾山（West Marzell）的峰頂，約距離原點東北方一公里半。這條邊界的設計跟整個阿爾卑斯山地區的規畫一樣，依循著分水嶺的走向延伸。以最簡單的方式來說，假如山上的雨水或融雪向北流入多瑙河，接著排入黑海，那麼，那塊土地便屬於奧地利；假如向南匯入阿迪杰河（Adige River）並向東輸入亞得里亞海（Adriatic Sea），那麼，那塊領土便是義大利的。

不過，冰川本身上頭並沒有任何邊界線的標記，它就只是一片瞬息萬變的冰與雪。不論是天氣、大氣條件或季節遞嬗，全都不斷恣意地塑造著格拉夫冰河分水嶺的樣貌。在這裡，南北之間的稜線從未重複過，每年、每週、每天、甚至每分鐘都不一樣。馬可的計畫是想要找出方法來畫定這條高海拔邊境，換句話說，他想要設計出一種方法來即時測量它不斷循序變化的活動。如果從遠方抽象地看待它，格拉夫冰河似乎確實提供了一個完美的測試環境。

「可是，」馬可搖著頭說：「它比我們原本以為的還要大得太多、太多了。它很大、真的很大，而且整片都是白色的，沒有任何參考點。它算是相當平坦，但也沒有我們原本以為的那麼平，而且完全找不到地平線，四周就只有群山環繞，徹底阻擋住視線。」

馬可和他的團隊於二〇一四年四月搭乘直升機，首度踏上格拉夫冰河。「那時候冰河上還積著很多雪，」他說：「所以在上面行動非常艱鉅，尤其我們又必須交叉來回走動好幾次，實在很累人。我們在冰河上大概花了七、八個小時吧。然後又很冷，你也可以感受到海拔的高度，所以真的超級吃力。心情上很興奮，但又精疲力盡。」

馬可停頓了一會，想了片刻之後繼續說道。

「所以那就是我們對它的第一印象，雖然我們非常精確地把每個行動都規畫地好好的，但不知怎麼地，總還是覺得自己好像根本沒有準備好似的。那裡的條件比我們原本以為的還要張狂得太多了，把我們徹頭徹尾地殺得措手不及。」

差不多在整整一個世紀以前，另一支團隊也曾經來過格拉夫冰河。他們是義大利軍方地理研究所（Istituto Geografico Militare）的測量員，隸屬於義大利軍隊，為義大利的國家製圖機構。當時，他們的目標是要勘查、測量，最後畫定出一條新的邊界。

在第一次世界大戰後的諸多瓜分協議裡，其中一項為一九一九年的《聖日爾曼條約》（Treaty of Saint-Germain-en-Laye），將前奧地利帝國境內的兩個地區完整轉移給義大利。使用德語的南提洛（Südtirol）因此成為「上阿迪杰」（Alto Adige），而以義大利語為大宗的特倫蒂諾（Trentino）區也併入了國土擴大的全新義大利之中。此前，原有的邊界於一八六六年畫定，當時義大利才剛統一為單一王國五年。如今這條戰後邊境向北躍進，在某些地段甚至向前推進了一百多公里遠，直搗中阿爾卑斯山脈。[1]

這次瓜分的指導原則正是現在這個分水嶺的概念。一七一三年，法國與薩伏依（Savoy）簽署《烏得勒支條約》（Treaty of Utrecht），協議以阿爾卑斯山脈的「排水」為準畫分兩國的領土。那是史上第一次以這種方式將歐洲的主要山區加以分割——最高稜線被視為「天然」臨界點，而在那裡，兩個國家之間的區別將取決於萬有引力本身。就這樣，《烏得勒支條約》便為日後阿爾卑斯山脈的瓜分活動創下先例。[2]

原則是一回事，但實際執行又是另一回事了。一九一九年至一九二三年之間，義大利軍方地理研究所的測量員花了四年的時間，試圖在地表上將這條理論中的分水嶺實際地釐清出來。那是一項龐大、複雜的任務，每次出動都是好幾支小隊，同時花上數星期或數個月的時間，在這片高海拔地景中跋涉數百公里的距離，再將發現結果彙集於田野紀錄與日誌之中。照片、地圖、素描、註解、數學計算式，以及整齊的手寫地形描述，將筆記本一頁又一頁地填滿。測量員於一九二一年的某個時間點抵達格拉夫冰河；他們由東邊切入，沿著另一條冰川施拉芙（Schlaf）正上方的岩質稜線行進。

「從這裡開始，」測量員寫道：「山稜變得愈來愈窄、愈來愈難走，原因在於它的脆性岩塊與巨石結構，似乎在違抗著地心引力。甚至連奧地利一側也因為山稜裂出一道幽深的冰縫而變得可怕；那些冰最終在三千四百九十二與三千五百七十三公尺處之間，覆滿於岩質山稜之上，恰好是邊界線座落的位置。在這裡以步行方式追蹤邊界，乃是極度困難之事。」

儘管如此，測量員硬著頭皮持續前進，登上西馬爾策爾山的峰頂。在那裡，他們發現奧地利側岩石遍布，而義大利側卻覆滿了冰。「邊界線以西馬爾策爾山為起點，順著那條將錫米勞恩鞍口一分為二的分水嶺延伸，接著沿著一道幾乎無從辨識的山稜，抬升至同樣由冰所構成的錫米勞恩山峰頂。」

在格拉夫冰河上，測量員不得不承認分水嶺幾乎沒有實質形體的事實。「總的來說，只有那些未曾仔細觀察這個水域的複雜排水系統的人，才會覺得這條路徑看起來像是一條傳統的邊境。」[3]

而「那些」人當中，也包括後來於一九二二年在義大利掌權的新興法西斯政府。對墨索里尼（Mussolini）及其麾下的部長而言，那條分水嶺只是一個工具，或是一種利用數學與製圖學來將阿爾卑斯山脈量化的手段，使它正當地成為**永恆**邊界：這片龐大的岩質邊際自始至終都在那裡撫育、保護著義大利半島上的人們——也將他們與他人分隔開來，使他們與眾不同。畫定它、標記它的目的並不在於創造出任何新的東西，反而是復興一些舊的東西；換句話說，這條山區邊界是義大利國力蓬勃的象徵，可以一路追溯回羅馬帝國的昔日榮光。以這個角度來看，它就不太算是分水嶺線了，更像是由國家所發起的國族主義狂潮的高潮線。[4]

正當那些測量員在小心翼翼、煞費苦心地橫越山脈前往邊界以南時，一項政府計畫如火如荼地執行中，「征服」他們所併吞的土地的「土壤」——又或者以法西斯主義的詞語來說——那些是他們所「贖回」的土地。推動這項政策的是一位熱情的國族主義份子埃托雷．妥羅梅（Ettore Tolomei）。數十年來，妥羅梅死忠地信奉著這個宗教、這個想法，認為阿爾卑斯山脈就是義大利真正的天然極限。他甚至在一九〇四年攀上了三千公尺高的鐘頂山（Glockenkarkopf）；他相信，那裡正是阿爾卑斯分水嶺的最北端。他宣稱，自己創下這座山的史上首次攀登紀錄（儘管奧地利的弗里茲．科戈爾〔Fritz Koegl〕幾乎早在十年前便已攻頂成功），因此有權將它重新命名為「義大利之巔」（Vetta d'Italia）。[5]他毫不避諱地暗指著，假如這是義大利的山巔，那麼，在它以南的一切也全數屬於義大利。

妥羅梅成立了一份刊物《上阿迪杰檔案》（*Archivio per l'Alto Adige*），旨在成為報導刊物及科學客觀性的制高點，但其實卻以各種方式來證明南提洛歷史悠久、與生俱來的「義大利性」。在他的著作中，很大一部分是在研究南提洛地區內的義大利化地名，並將它們統整成一長串名單，包括城鎮、村莊、河流、丘陵及高山。其中有些源自歷史根源或緣由，有些是從德文翻譯而來，或是替德文詞彙加上義大利文的詞綴，但更有許多名稱根本是妥羅梅自己發明的。《上阿迪杰檔案》於第一次世界大戰的前幾年，在義大利各地獲得眾多讀者擁戴，於是，其所出版的別稱名單開始滲入地圖、教科書、報紙，甚至還有大眾運輸的時刻表之中。

也因為如此，法西斯政府後來找上妥羅梅來監督南提洛戰後轉型為上阿迪杰的歷程，或許就是一種必然了。一九二三年三月二十三日，國王維多．伊曼紐三世（Victor Emmanuel III）下令，現隸屬於義大利的這個邦將正式採用《上阿迪杰檔案》所編目的地名，總計共一萬六千七百三十五筆，將德文地名全數汰換掉。四個月後，妥羅梅來到阿爾卑斯山脈山腳下的波岑（Bozen）——現已重新命名為波札諾（Bolzano）——並登上當地市立劇院的舞台，發表收復該地區的三十二條「措施」。其中包括將義大利語訂定為官方語言、將所有奧地利公務人員替換為義大利籍人員、禁用「南提洛」一詞、解散所有與德語社群相關的政黨及媒體，並關閉所有使用德語的學校。此時，名稱義大利化的運動甚至進一步延伸，要求個人將姓氏改為義大利語版本。在如此極端的統治之下，在整個地區中，就連墓碑上的德語名字都被消除殆盡。[6]

如今，這些故事依然活在這道邊界當中：「排水」、贖回、法西斯主義、措施、禁止、重新命名、消除。一九二〇年代那群測量員小心翼翼地跨越山脈及冰川，將各個點一一串連成一條邊境，但卻同時也在這片地景中扭曲了阿爾卑斯山脈的本質，將它的軸線硬生生地扭轉了九十度。這一系列由山谷與隘口串起的山峰，在過去數千年以來，不斷地南北移動、來回變化，但現在卻再也不同了。現在，它是用以代表**差異**、**他者**的硬線，而那條被國族主義拿去利用的分水嶺，狠狠地將大門甩上。

這一切其實才剛發生，甚至不到一百年前。以歷史的角度來說，這是一條年輕的邊界，還是青少年。而就跟許多青少年一樣，它不停地成長、發育，雖然每次的幅度或許不大，但整條邊界確確實實地在持續移轉。它正在移動中。

當馬可還是小男孩時，他每個夏天都會跟父母一起將車子裝滿行李，往北駛離義大利，跨越歐洲，前往捷克斯洛伐克、法國或荷蘭。

「在這些旅程當中，」他說：「讓我印象很深刻的其中一件事是在邊境排隊。你會知道自己要離開一個地方，然後透過這個非常明確的標記進入另一個地方。不知怎麼地，這個經驗總是讓我覺得很不可思議。」

在他剛開始執行這項計畫時，也沒有想到自己最後會跑到阿爾卑斯山上的冰川。文件夾工作室曾經受邀參與製作二〇一四年威尼斯建築雙年展《義大利的宏遠圖景》（*Monditalia*）的系列作品，將建築結合音樂、電影、舞蹈及劇場，以探討現代義大利的政治與文化現實。起初，馬可只知道自己想要做一些跟邊境有關的內容。

他回想起自己在一九八〇年代時的那些童年公路旅行，接著又想到一九九五年《申根公約》（Schengen Agreement）生效後所帶來的影響：歐洲內部開始廢止邊境檢查程序。在接下來的數十年間，共有四億人因此獲得免護照旅行的權利，得以在總計四百萬平方公里寬的土地上，自由地穿梭於二十六個國家之間。於是，邊境變得非常模糊，實際上，甚至可說是徹底消失了。

但馬可想知道，那些檢查哨、那些邊境建物、那些他和家人過去必須排隊通過的建設，後來究竟發生什麼事了？他開始蒐集歐洲各地邊境通道的典藏照片，並將它們與Google街景上現今的相同地點影像相互比對。

「在大部分的影像中，那些建築若不是已經被人完全拆除——所以沒有有形的邊境蹤跡——不然就有點像是遭人棄置，馬路就這樣從它們旁邊繞過去，或是直接穿過去。完全沒有任何檢查哨的標誌。」

不過，與此同時，那些建物過去在這些地貌中所標誌並實體呈現的線條，卻也未曾消失——它們仍舊存在於地圖上。

「地圖沒有改變，」馬可說：「但現實世界卻變了很多，所以我們想要去探究這個顯著的對比，瞭解《申根公約》究竟如何調整國與國之間的實際人流與物流，而且不只如此，它同時也改變了我們歐洲人對於邊境的想像。因為我覺得，在我們這個世代的成長過程中總有一種理解，好像邊境在歐洲已經不復存在了，所以我們可以真正地自由移動。但這種信念顯然已經動搖——甚至早在二〇一四年便已開始。那時就有一堆跟移民入境相關的新邊境政策，然後我們也開始能夠很清楚地發現，並不是所有人都能自由移動，只有那些持有非常特定國家的護照、享有非常優越特權的人才可以。所以我們想要探究的，就是這其中的一切。」

於是，以此為出發點，馬可和他的團隊決定透過這項任務去瞭解邊境這個「物體」究竟是什麼，包括蘊藏在邊境之形成背後的概念和想法，法律如何定義邊境並賦予它實質的重量，還有人們是如何將它實踐為**建築**、於地貌中真切存在的實體。將他們引往義大利軍方地理研究所的，正是以上這番想法。

這個國家製圖機構的典藏資料庫座落於一片建築群之中，位在佛羅倫斯郊區一處兵營的高牆與刺網之後。該機構首度於一八六一年成立，時至今日仍隸屬於軍隊，而他們的主要任務在於維持義大利的陸地邊境，包括瞭解它的本質、它的位置，並以標記與邊界石的形式維護它的存在，以及它在地表上的能見度。如今執行這項工作的職員只剩下兩位：西蒙內·巴托里尼（Simone Bartolini）與瑪莉亞·維托利亞·德維塔（Maria Vittoria De Vita）。

「那個資料庫是一個很讚的地方。」馬可的眼睛在眼鏡鏡片後亮了起來，他跟我說：「裡面有一堆關於邊境的日記和調查原稿，全都被編上索引、整整齊齊地擺在書架上。但資料庫裡面還有一大區塊完全亂成一團，館方也不知道裡面有什麼。我們有好幾天的時間可以隨心所欲地翻開所有的書、拉開裝滿各種地圖的所有抽屜。那真的很狂耶——那裡的資料豐富到一個誇張的程度，資料的品質也是。因為測量調查通常都很重技術性，一次包含了三角學測量和大地測量學的計算，但你又會看到那些住在田野好幾個月的測量員所留下來的照片和筆記。他們會對所有的事物進行描述，從地景觀察到他們為了維生而尋找起司和麵包的地方都有。」

在馬可搜尋邊境的「實體性」的過程中，這座資料庫提供了一個獨立的原點。就在單單這一個房間內，他在三只標準大小的檔案櫃裡找到了義大利陸地邊境的官方紀錄；據他所說，這些紀錄的內容大多為手寫報告及座標列表。想當然耳，構成那份官方紀錄的正是資料庫裡其他極為大量的紀錄文件與記載素材：地圖、地圖集、照片與田野筆記。但就在那一個房間裡，所有歷史，以及所有被用來創造、測量、重測邊界線路徑的資料，都被濃縮成三只檔案櫃。**三只**檔案櫃蘊藏了**四條**邊境線。

「因為，」馬可說：「各條邊境線都互不相同，你沒辦法說義大利只有單一一條邊境。」如果沿著阿爾卑斯山脈的山脊由東往西移動一千九百多公里，義大利會依序碰上斯洛維尼亞、奧地利、瑞士及法國。

「其實義大利有四條邊境，因為每條邊境都擁有截然不同的歷史、截然不同的規畫，還有截然不同的文件紀錄。那些實體文件本身看起來就已經完全不一樣了——它們使用的是不同的視覺語言。」

那些檔案櫃的內容物是歷時一世紀或甚至更久的測量與計算、談判與外交——以及終極的**看見**——的最終產物。

「我們跟那些測量員非常詳細地討論了這件事。」馬可說：「好比說，邊境是根據哪些明確條件加以確立的。首先有國家協定，但它們非常模糊，只用文字進行描述：**此邊界必須從這個點到這個點、到這個點、再到這個點**。然後接下來，這些文字就會被翻譯成非常籠統的地圖。但最終的**實際**邊境地圖是由測量員製作而成的，所以說，他們用如此精確的細節去定義那些線條，這其中所有決定都非常私人，而且也只能在每一個空間的當地脈絡中生成。」

馬可興奮地向我描述著整個過程的輪廓，沉醉在某種邊境解構的情境之中。他解釋道，那些被我們認定為邊境的線條，無論如何都得以某種方式浮現於大地之中。而使它浮現的唯一方法，是讓它被測量員看見——他們藉由眼睛與測量工具，將那些可以拉攏在一起、可以轉化為數學座標的自然特徵、邊際與山坡相互配對、加以連結，再把它們變成線的一部分。為了讓過程順利，測量員會蓋一些建物作為視覺輔助，或是計算用的三角測量點，可謂自然地貌中的人造擴充物。

「你看，邊界線是以一系列建設的樣貌浮現，而且是實體建設，所以邊境的實體性是被強制實施的東西。」馬可說：「但同時，這其中當然也有另一個部分是屬於文化的層面。如果想要追溯出一條邊境，就必須累積數百人的經驗，花上好幾年的時間循著它移動、跋涉，並且來回跨越它，才有辦法畫定出來。這條線同時也講述了這些人這麼多年以來的生活。」

但現在呢？目前的邊境監管人西蒙內和瑪莉亞，他們的生活又是什麼樣貌？有鑑於最初訂定邊界的測量調查已經是很久以前的事了，邊境這個「物體」是否變得更像是一種具有歷史價值的「人工造物」、一塊歷史碎片？義大利軍方地理研究所在一個世紀以前就已經**看見**這片地貌，並將這條橫越地貌的線條加以詮釋、描繪出來，那麼，到了現代，他們在**看見**的這件事中又扮演了什麼樣的角色？

在馬可獲允任意穿梭於資料庫之間以前，他先在義大利軍方地理研究所的總部與西蒙內和瑪莉亞碰面，其中，總部辦公室並不位於兵營內，而是在佛羅倫斯正中心聖母領報廣場（Piazza della Santissima Annunziata）旁的一棟宏偉文藝復興建築中。馬可說，在他們的對話即將結束之際，兩位測量員拿出了一系列的邊界線空拍照片，接著，他們開始將那些冰川一一指出來——從空中望去，它們看起來就像大地中的一塊塊空格，也像是順著稜線那　條條墨黑接縫、筆直地向下或交錯著畫出來的白色粗筆刷。

「現在回想起來，」馬可說：「感覺就好像他們也知道，大家一定會覺得他們的工作已經過時了、已經失去必要性了，所以在訪談的尾聲，他們拿出這些影像給我們看，為自己辯護。他們說：『你們看，過去這幾年來，我們都在處理這個新問題，真的一直忙著在重畫那些橫跨阿爾卑斯山脈的邊界線。』」

由那些空拍照片可以看出，邊境的地貌持續地在根本上發生大幅變動，有時候甚至發生得非常迅速，原因在於冰川正在融化、縮小，甚至徹底消失。於是，這般全新地貌需要新的測量員來重新**看見它**。隨著冰層逐漸消失，作為畫分根據的分水嶺也在經歷變動，而想當然耳，邊境也隨之轉變。邊界線拒絕就地靜止不動。

西蒙內和瑪莉亞解釋道，邊境確實三不五時就會有所修改，影響因素包含基礎建設的發展，好比開闢道路或鋪設電力線，以及私人財產糾紛，或甚至是土石坍方。

「這其中的黃金律在於，」馬可說：「那些國家的占地面積必須維持不變。所以，假如說義大利基於某些原因獲得了一些領土，那它就必須割讓另外一些領土、還給奧地利。這樣才能一直維持相同的平衡。這每次都必須經歷非常冗長的過程——交換、調整、開會，還有外交協商等等。」

但冰川的變化卻永不止歇。兩位測量員已經確認了，在阿爾卑斯山脈的整條山脊上，有超過一百個地點，都因為不斷縮小的冰原而使邊界產生異動。

馬可說：「會有這麼大規模的變動，是因為冰川的移動是目前我們用來管理、定義邊境的法律框架完全無法解決的。」

義大利軍方地理研究所向義大利外交部部長提出一個點子。他們希望延續原本的分水嶺原則，然後單純地任由邊界移動，不要進行任何領土交換或外交協議。如果邊界線上有哪些段落因為大自然活動而改變，那就讓那些自然過程重新畫定界線吧。而測量員在將邊境繪製成圖或重繪地圖時，也將遵循大自然的帶領。

他們首度於一九九四年提出這項解方（雖然義大利軍方地理研究所的測量員早在一九七〇年代時，就已經注意到邊境沿線的冰川正在縮小、改變形狀了）。十年後，這項解方於二〇〇五年通過立法，義大利與奧地利雙方達成協議，以此規範兩國之間的邊境。二〇〇九年時，義大利與瑞士之間也開始實施同樣的作法。[7]

根據這項立法規定，即使分水嶺線產生位移，三國之間的邊境將永遠依循分水嶺線。這個作法創造出一種新的邊境型態，若引用義大利國會的說法，就是邊境變得「不再永久固定，反而取決於冰川持續侵蝕、縮小的變化過程，甚至直到它們最終全然消失為止」。[8] 這是一種「移動邊界」，也是人們在歷史上、世界上，首次於法律中承認邊境並非永恆不變，而是能夠於本質上跟隨其自由意志產生變動。

剛開始，馬可和他的團隊認為這般法律發展十分有趣，但同時也覺得這就只是一個偶然的突發奇想、罕見的奇特狀況。

「但我們在接下來的幾個星期內不斷想著這件事、不斷繞回到這裡。」他說：「然後它就變成我們這項計畫的焦點、支柱了。我們發現，我們可以在這件事情上探索許多事情，包括生態、正在加速中的氣候變遷，以及歐洲各地地緣政治平衡三者之間的關係，還有『自然』與政治線條之間的差距。這些就是我們在尋找的那種連結。它們變成了一切的核心。」

兩位測量員展示給馬可看的第一張空拍照，是位於奧茨塔爾阿爾卑斯山脈中的一處小型冰川。它的縮小與移動速度，比多數冰川來得更遠、更快。

「這座冰川和這條邊界在幾何上呈現出巨大的變動。」馬可說：「它當時處於移動中的狀態，但冰層還沒消退太多，所以，舉例來說，山脊的岩層還沒露出來。」

根據義大利軍方地理研究所最新的調查，相較於一九二〇年代的原始數據，此處的邊界已經滑動超過一百公尺了，而分水嶺也不斷地移入義大利的範圍，使奧地利獲得愈來愈多土地。那張空拍照所拍攝的、表面躺有兩國邊界線的冰川，正是格拉夫冰河。

那是位於威尼斯一處老舊製繩工廠內的房間，為「舊軍械庫」（Arsenale）的一部分，位於威尼斯共和國（Serenissima）棄置已久的造船廠與軍械庫中。房間很暗，但有幾束聚光燈落在一張白色長桌上。桌子的其中一端擺有一座山區地貌的立體模型，是由兩只白色石膏塊磨製而成，上方投影著一幅衛星影像。桌子的另一端則有一大疊紙，每張紙上都印有一幅一比三千比例尺的地圖，顯示出一九二〇年代的義奧邊境路線，尤其聚焦於與格拉夫冰河重疊的範圍之上。桌上特別標記出一塊長方形區域，並附上說明文字，邀請你取出任意一張地圖、將之放置於這個區域之內，接著按下按鈕。一旦按下按鈕，便會啟動裝設於桌子中央的機械手臂。那是一支以黑金屬製成的優雅縮放儀，在它的手中——狀似留聲機唱頭蓋的粗小立方體——握著一支紅色的氈尖筆。

在西北方一百八十公里處外、海拔三千三百公尺的位置，五架感測器沿著一千公尺長的分水嶺一一排開，那道分水嶺是由格拉夫冰河的雪與冰塑造而成的。這些感測器藉由太陽能發電，於設計上能夠抵禦阿爾卑斯山脈的極端條件，並持續將精確的全球定位系統座標傳送回舊軍械庫內的藝術裝置。每當有人按下按鈕，機械手臂便會移動至感測器的位置，並同時運用感測器將格拉夫冰河上的實際邊界線描繪出來。縮放儀輕輕鬆鬆並且目的明確地在地圖上畫出一條紅線，由一九二〇年的邊界虛線以北開始，迅速南切，之後畫出一個悠長的環狀「D」字形。接著，紅筆升起，朝下移動至地圖底端的一只盒內，該處寫著「邊境」一詞，另加上日期與時間。凡有人按下按鈕，這條移動邊界就會一而再、再而三地依照實時狀態被描繪出來。

馬可於二〇一四年四月首度前往格拉夫冰河時，便是去裝設那五架感測器。他的團隊與當地的山區嚮導羅伯特・恰提（Robert Ciatti）合作，採用義大利軍方地理研究所給他們的最新測量數據橫跨冰川，試圖尋找真正的稜線，並將它畫定出來。

「我必須說，剛開始我們對那些感測器的設定，比較偏向展演性質，而不是真的科學用途。」馬可向我解釋：「我們會這樣去追蹤邊界線，只是想要看看會發生什麼事。當時，那只是一個測試。」

一旦感測器架設完畢，它們便開始在二〇一四年的春天及夏天期間，不斷播送它們的位置。

「這讓我們瞭解到，我們真的有辦法看到邊界的移動耶！雖然在短短五個月內的移動幅度非常小，但你還是可以從數據本身看出來。」

但到了九月底時，感測器的訊號一個接著一個掛掉。當時山區下了大雪，五架感測器全都被埋入雪中。後來在秋天和冬天的時候，雪層結冰，將它們完全吞噬、吸收，甚至拉入冰川的冰體當中。舊軍械庫的藝術裝置則持續進行，繼續使用九月時播送回來的數據勾勒邊界線，直到雙年展於十一月閉幕為止。

不過，對文件夾工作室而言，計畫還沒結束。馬可想要將系統做得更完善，提升準確性與精密度。與此同時，他也想要徹底改造感測器的設計，把它們變得更耐用、更能夠承受山上的極端條件。新的版本因此誕生，它們所能夠偵測到的資料比以往更多，除了全球定位系統座標之外，也能記錄空氣溫度、空氣品質與日光指數。它們依然藉由太陽能發電，但電池外的絕緣設計做了新的調整，避免它們降溫至操作溫度以下，於是，電池外殼內就形成了馬可所形容的「小型溫室效應」。他們在米蘭大學的「寒冷實驗室」（Cold Lab）攝氏零下三十度的環境中進行測試；那裡正是學者保存、研究具有八十萬年歷史的南極冰核的空間。

文件夾工作室與冰川學家及地球物理學家合作，花了兩年的時間構思全新方法，以升級後的感測器測量冰川。二〇一六年四月，馬可回到格拉夫冰河，從直升機的吊貨網卸下了半噸的設備。這次，不再只有五架感測器，而是二十六架。此外，不同於上次的直線編排，他們計畫將感測器排列成五乘五的網格配置，最後一架感測器則設置於附近的石塊上，為海拔與大氣壓力提供測量基準。如此一來，分水嶺的測量就不再只是單一線條，而是立體模型：藉由捕捉、轉譯持續波動的數據所形成的「活著的」雕塑。

他們派出好幾支小隊，攜帶著手持全球定位系統接收器橫越冰川，在一塊面積一平方公里的範圍內將網格標記出來。他們將登山用的螺絲鎖入鋁製三角基座、穿過積雪層，再打入冰川的冰體本身，以固定感測器。他們花了八小時執行這項作業，但最後感測器全都順利裝設完畢。每架儀器上都有LED燈；燈亮的時候，就代表感測器已經跟當地的行動網路完成連線，並且開始傳送數據。

這次，他們的製圖機位於三百公里之外，在德國卡爾斯魯厄市（Karlsruhe）的一處昔日軍需品工廠中；那裡正是藝術與媒體中心（Centre for Art and Media；ZKM）所座落的城市。但就在這項裝置作品展出開幕的幾天後，在感測器被設置在冰川上的短短兩星期之內，它們就停止播送數據了——訊號被切斷了。山區嚮導羅伯特聯絡馬可，告訴他山上下了一場大雪。

「羅伯特真的超棒的，他每個星期都會去檢查那些感測器。他會帶著雙筒望遠鏡，登上錫米勞恩山山頂，然後向我們回報。那時候他跟我們說，雪真的下得很大，差不多有三公尺的降雪量。他說，那些感測器肯定是被埋起來了。」

但在幾個星期後，數據鏈突然復活了。原來，新的感測器設計是只要太陽能板再次開始供電，那麼感測器便會重新啟動。而隨著溫度上升、積雪融化，所有儀器又重見天日，網格也就重新上線了。

我想知道那台製圖機最後究竟畫出幾張不同的邊境地圖。又或者——由於那些感測器和裝置本身於某種程度上來說，算是一種封閉迴路、一個自發系統——那麼，那條邊境總共畫了自己幾次呢？

「我可以說是一千次，也可以說是零次。」馬可笑著回應：「兩個答案都正確。」他們在威尼斯首度展出時，先是印製了九千份地圖，但地圖在全長六個月展期的前兩個月，就被全數取光了——他們允許觀展訪客將地圖帶走——所以他們必須再多印製好幾千份。馬可聽說，那些地圖後來紛紛在世界各地出現，像是南非、肯亞、紐西蘭等。

「每一張地圖都不一樣，因為繪圖的時間一定不一樣嘛，所以絕對不會有兩張相似的地圖。」馬可說：「在每個繪圖的當下，你手上的地圖就是最新、最精確的邊境地圖。但在下一位訪客勾勒下一張地圖時，前一張地圖就被取代了。」

與此同時，馬可也清楚知道，那條由縮放儀和紅筆畫出的邊界線本身，正是一種蓄意的矛盾。即使感測器能夠偵測到地理位置與大氣壓力中細微的變化，但由於地圖的比例尺太大，這些變動完全無法真正顯示出來——因為邊界線上的任何活動都不會超出氈頭筆尖的寬度。

「在第二個系統中，設計上就盡可能做到最精確的程度了。」馬可說：「但與此同時，以這種方式對測量提出某種批評，其實也是計畫背後的其中一個想法。有鑑於筆尖的寬度，地圖上其實是看不太出來任何變化的。但即便如此，每一條邊界線依舊互不相同，因為畫線的縮放儀還是會有些許晃動！」

這是馬可刻意設計的環節，他想要說的是，即便這個系統在構思上看起來非常完善、精確，卻不可能真的精確無誤，「因為冰川無時無刻不在移動啊，所以我們也沒必要畫出真的非常精確的地圖。這種不精確的概念，以及不可能達成完美測量的事實，正是我們想要透過這項裝置作品所傳達的想法。即便整個裝置在美學上看起來無比精確、技術性十足，結果也是一樣」。

二〇一六年九月的最後幾天，馬可最後一次回到格拉夫冰河。他和團隊一起來移除感測器、拆卸網格系統。那又是漫長的一天。積雪已經全部消散了，冰川的真實表面裸露而出，為藍色、透著玻璃光澤的冰層。馬可一邊走路，偶然發現地面下閃著微弱的紅光。靠近一看，他發現那是感測器的外殼，也就是兩年前消失的那五架原始感測器的其中一個。

「它完全被包裹在冰層當中。」馬可說：「只露出一小小部分，所以我們必須挖開冰層才能把它拿出來。機體並沒有被完全摧毀，但卻被壓扁了，還被刮得亂七八糟的。」

冰川接納了它、帶它去兜了一圈，然後再放手讓它走。被冰層逐出的邊境標記啊！另外四架感測器依然下落不明，但隨著格拉夫冰河不斷流動、縮小，那一天總會到來的。說不定很快地，它們也會在山頂的某個地方全部重見天日。

那是九月初某天的早上七點，位置是義奧邊界以南幾百公尺以外的高脊冰河（Hochjochferner）。前一天晚上下了雪，冰層和岩石上因此覆蓋了一層細緻的白雪。我們的四周雲霧繚繞，其中還蘊藏著閃爍的細小冰晶。當時很冷，或許只有零下四、五度，但太陽已經升起了，我可以看到西邊的天空摻著一抹藍。

我跟山區嚮導羅伯特・恰提綁在一起。羅伯特現年六十幾，肌肉發達卻輕巧敏捷，簡直有如精靈一般。他有著一頭濃密的波浪狀灰髮，膚色為深栗色，唯有鼻尖露出一塊被曬傷的斑駁粉紅肌膚。他領先、我跟在後面，我們的冰爪就這樣在雪地中嘎吱作響，有時候會因為金屬撞上岩塊或硬冰，而發出高亢刺耳的聲響。

相較於格拉夫冰河，高脊冰河的規模大上許多。它座落於阿爾卑斯山脈稜線以西數公里處，由三條朝北向下流入山谷的冰川所構成。只不過，現在這些支流再也不會匯流成同一片冰層了。岩質的山脊從中冒出，將整片冰川切割成三個完全獨立的片段。當地的邊界線與最西端的支流交叉。我踩著那些被冰川拋諸在後、散落一地的碎石，跨越邊境、進入奧地利，卻渾然未覺。在我一旁的，則是一座三千三百公尺高的壓迫存在：施瓦策萬德山（Schwarze Wand），意思是「黑牆」。

羅伯特告訴我，高脊冰河在過去一個半世紀之間，已經縮小了超過三分之二。他指向下方的山谷，接著依循深棕色的裸露岩質渠道，朝著東北方向揮去。

「以前，」他說：「這裡曾經一度填滿了冰。」

就在那一刻，一縷悠長的白色雲霧安然地落在山谷底部，好似某種讖諷，又或者是神祇顯靈——冰川的幽魂如今已然消散。

阿爾卑斯山脈的覆冰範圍約於十九世紀中期達到最大歷史紀錄，也就是史稱「小冰期」（Little Ice Age）的階段。在那之後，冰川的活動就只有不斷地加速消失。如今，一八五〇年的冰河地貌已經消失一半了，其中三分之二的縮減狀況歷時了一又四分之一世紀，但剩下的三分之一卻發生於過去短短三十年之間。而在我們的所在位置奧茨塔爾阿爾卑斯山脈上，整片冰川範圍於一九八三年至二〇〇六年之間，減少了百分之三十幾，從一百三十多平方公里縮小至九十出頭。[9]

馬可之前跟我說過，羅伯特「談起冰河時，就好像那是他的家似的。他對這些地方非常熟悉，也目睹了它們的劇烈變化」。「對我來說，」羅伯特曾經這樣對馬可說：「冰川就是生命。」[10]

跟著羅伯特走過這些冰層是很引人入勝的體驗。我們一路上穩定地往前推進，而且井然有序。現在已經抵達高脊冰河的中段了，我們打算直接穿越它，前往一處高聳的紅棕色崖面。冰層透過上方的積雪，隱隱約約地散發出純黑色與藍色的光。羅伯特時不時會停下腳步，用他的登山杖戳一戳前方的路，以確認地面是否穩固。我們遇上一條小河，寬度只有一公尺左右，湍急而自信地往低處流去，但河道蜿蜒，於是兩側河岸的冰被切出滑順的弧度，簡直完美得不可思議。有時候，環境中最明顯的聲響並不是風、也不是我們的腳步聲，而是湍急的水。即使我看不到水到底在哪，但我聽得到它，在我腳底下的渠道、地道中猛烈地沖刷著。

在過去三十年來，南提洛各地共有十九座冰川完全消融殆盡。冰川「片段」的數量倒是增加了，從兩百出頭成長至三百出頭，[11]但這並不是冰川復甦的跡象，反而顯示了冰層碎化的必然命運。就跟高脊冰河一樣，各座冰川正一一分裂成愈來愈小的片段，好似由斷裂冰層與薄片所組成的馬賽克一般，全都在不斷地縮減、消退。

為了抵達高脊冰河的最高段落，我們必須攀登，並且得用鐵索攀岩的方式上升。鐵索攀岩的路徑包含一系列的鋼纜、梯階及梯子，紮實地固定在山崖的岩塊上。在將近三千公尺的位置，行動開始變得艱難，幾乎喘不過氣。當時，那些纜繩表面仍裹著透徹的薄冰，而腳下的岩石也十分滑溜。

當我們抵達頂端時，雲層已經消散，太陽也露臉了。而在我們眼前的正是這座冰川所剩的最大片段。前一夜的降雪仍未消融，整片地貌白雪皚皚、空無一物。

即使戴著墨鏡，地面反射的強光依然非常刺眼。現在才剛過九點，我已經可以感受到熱氣逐漸攀升。積雪已經開始逐漸軟化，並在冰川四周的岩質邊際融化成一個個小水池。當我們再度啟程跨過冰川時，我發現它並沒有像我原本以為的那麼純淨。在坡度變陡的地方，冰層斷裂成一連串的褶皺。

羅伯特注意到我的視線方向，說：「冰隙。」一條又一條的冰隙，皆為窄小的裂縫——長達數百公尺，寬度卻頂多只有一公尺左右，但同時又非常深。

不久之後，羅伯特舉手示意我止步。他用登山杖戳了戳一片雪層，雪先是稍微散開了一點，接著完全崩塌，落入下方的小黑洞中。他再繼續試探四周的表面，接著自顧自地點了點頭。

「沒問題，」他說：「只要注意腳下就好。」

他跨了過去，而我跟在他身後。那個洞的寬度大概是一個步幅的一半，但我犯了一個錯：正當我跨出腳步時，我朝下望入洞中。那是一個無底洞，直截了當地墜入令人眩目的幽深虛無之中。雖然那只是一個小小的缺口，但在我步離之後，卻能聽到自己的腳步聲回傳至地面，在我身後呼喚著。

我們大致依循著一條悠長的岩質山脊移動，一路攀升抵達較高的稜線再轉向，開始沿著稜線直接上爬。此時，我們已經把高脊冰河拋於身後，踏上另一座冰川：十字冰河（Kreuzferner）。抵達稜線之前大約有一公里的路程，而走完那段結冰的坡段之後，海拔大約又上升了三百公尺。雪層變得更深厚、更鬆軟，但在整片亮白的冰坡上，卻也開始感到非常溫暖。不過，羅伯特仍持續踏著一貫的步伐，我們的冰爪有節奏地嘎吱作響。我們幾乎不太講話，專心一意地移動，同時從稀薄的空氣中搶著換氣。

我可以看到在我們上方不遠處，有一處露出的岩層，上面矗立著一根木製長柱。不久後，我們離開了冰川範圍，踏上岩質地面，努力朝著長柱走去，而長柱本身插於一個小平台之上。此時，我們終於能夠休息了。這是我們所能抵達的最高位置了：海拔三千兩百七十八公尺。

我彎腰脫下冰爪，而羅伯特則在我面前刷抹著地面。接著，一塊平坦的石製匾牌露了出來，四周以鐵夾固定於地上。匾牌上刻著「I」和「Ö」這兩個字母，分別代表義大利

作者攝

（Italia）及奧地利（Österreich）。「I」被畫在一支箭形當中，兩條向上指的線條就像小朋友畫的屋頂一般。但那不只是一個象徵記號，而是義奧邊境的確切位置與路徑——馬可所說的「邊界線這個物體」就這樣被固定在這片地景之中。當時，我坐在分水嶺上，在我身後，山稜得再上升幾公尺才抵達浩思拉約克（Hauslabjoch）與菲內爾（Finail）的峰頂。不過，在我面前的那條線，卻急轉了一個大彎切向南方，正如匾牌上所描繪的那樣。

我拿出手機想要拍照，發現我有一封未讀簡訊，那是我的行動網路在一個小時前收到的：「歡迎來到奧地利。」我才剛離開義大利、跨入這裡短短幾百公尺，但我的手機似乎已經知道我越境了。這讓人有點不安。

我們坐在分水嶺線上吃起了三明治。羅伯特告訴我，人們必須不斷重置那些匾牌。但那並不是因為山上的極端條件，而是因為人為的蓄意破壞行徑。那起源自一個世紀以前的恆久遺產啊——那些匾牌就這樣遭人毀損、劃破或擊碎成塊。那些依然反對「**他們的山**」被如此一分為二的人，就這樣攻擊著邊界的「實體性」。

過了一段時間後，我們再度啟程，開始下山。我們仍舊依循著邊界線移動。它一路往南延伸，而我們只在它以西的幾步距離之外，屬於義大利的那側。南向山坡上已經沒有任何剩餘的冰川了，就連大片的冰層或薄冰都不見蹤影。暖化中的世界奪走了它們的存在。如今改由岩石主宰。這是一片零碎而混亂的地貌，山坡上遍地布滿了或大或小的碎片，若不是呈現斷裂的樣貌、就是崩解。

我們往下走入一處小隘谷，那是一個「U」字型的小淺坑，坡度在此趨緩，兩側則矗立著高聳的岩壁。這就是我事先請求羅伯特帶我來的地方。

隨著阿爾卑斯山脈上的冰川於過去幾十年間一一融化、消失，它們同時也將自己的祕密上繳了出來。事實上，重見天日的可不只有岩石與分水嶺，關於過往的碎片也一併由冰層中釋放而出。羅伯特抽出一張相片，將它舉往我們正前方那片平坦而空無的雪地方向。那是我們眼前同一地點於三十年前的照片，畫面顯得超現實，甚至令人感到毛骨悚然。兩名健行登山者身穿鮮豔的迪高（Day-Glo）服飾，蹲坐在隘谷內。在他們的腳邊有一具遺體，呈現暗橘色，恰與周遭的岩石顏色相同。相片中只看得到它的上半部，包括背部與肩膀、手臂與頭部。它看起來莫名地皺縮、乾枯，面朝下，但雙臂伸向身體前方，並且擺在身體的同一側，似乎正在努力地將自己拉出冰層、拖回人間世界。

一名男子離開村莊，步行上山。他過去已經來這裡健行過很多次了，他對這片地貌十分熟悉，甚至可說是瞭若指掌。他身材精瘦，擁有經常步行、登山的人特有的強壯腿部肌肉。但如今，他的膝蓋和背部讓他深受其擾，關節已經漸漸耗損不堪。他年約四十五、六。當時正值早春，他攀上稜線，便再也沒有回來。

山脈將他奪走了。他躺在那處「U」型隘谷裡，降雪落在他的軀體上，然後融化，使他浸沒於水灘之中。他的軀體在水中旋轉，然後水窪結冰、天空再度下起了一場又一場的雪。積雪堆了一層、一層又一層。現在，他被深深埋在雪堆之中，但空氣仍然能夠滲透至他的所在位置，將水氣由他的身體中取出、將他榨乾——但並沒有讓他全然脫水。一年又一年過去，氣溫降低，積雪壓縮成冰。冰層逐漸堆高，十公尺、二十公尺，最終將稜線完全覆蓋，而他就這樣被深埋於隘谷底部，以岩石為搖籃，被這填入谷間的冰川擁入懷中。

接著，到了一九九〇年夏天，一陣暖風由南方吹向這座山脈。雪與冰開始快速融化。那年冬天，雪並未轉化成冰，而到了下一個夏天，暖風再度來訪，而這一次，甚至是從撒哈拉沙漠一路吹來北方的，挾帶著非洲沙漠的精緻細沙。沙子將冰與雪玷污為黃棕色，加快了融化的過程，且更甚於前。

同年九月的某個下午，兩名健行登山者由菲內爾峰頂回程下山，決定抄一段捷徑。當他們抵達隘谷時，發現了一窪巨大的水坑。接著，他們看到了那副軀體。一顆頭、一雙肩膀被撐在一處平坦的岩塊上。

他們繼續前往錫米勞恩山腳下提森山口（Tisen Pass）頂端的一處山屋，回報他們的發現。由於隘谷的位置非常接近義大利與奧地利的邊境，兩國的警方皆收到通報。山屋的主人亞洛伊斯．普里帕默（Alois Pripamer）與兒子馬爾庫斯（Markus）一同前往現場，並發現一些衣物殘骸、登山後背包的骨架，以及冰斧的握柄。亞洛伊斯覺得自己好像知道這名男子的身分：來自維洛納（Verona）的音樂教授卡洛．卡普索尼（Carlo Capsoni），他在一九四一年來這裡登山健行時失蹤了。

奧地利警方於隔天抵達，試圖使用氣鑽取出那具遺體。天氣狀況惡化，他們不得不放棄作業，後來又花了三天的時間才終於將他弄出來。當時，亞洛伊斯再度回到現場，將散落在男子四周的物品聚集成堆，並用一只塑膠垃圾袋將它們裝起來。他們找來因斯布魯克大學（Innsbruck University）的鑑識學專家萊納．荷恩（Rainer Henn）監督最後階段的拔取行動。最後，他們使用尖嘴鎬和滑雪杖將男子挖出，過程中也冒出愈來愈多他的隨身物品殘片，包括皮革與繩索碎片及一戳牧草。另外還有一把刀，木製刀柄、石質刀刃。荷恩並不認為這副軀體是卡普索尼的。[12]

他們將男子放入屍袋，由直升機載往奧地利的溫特村（Vent），接著改以車輛運送至索爾登鎮（Sölden）的警局，再將遺體移入木製棺木中。之後，一輛靈車將他載往因斯布魯克的鑑識研究所。在男子被人發現的五天後，一位考古學家康拉德．施賓德勒（Konrad Spindler）來到太平間檢視遺體。他看了男子的身軀，但令他最感興趣的是擺放在他身邊的物品。施賓德勒幾乎立刻向房內人員斷言：「這名男子至少有四千歲。」[13]

軀體逐漸解凍，後來便開始分解。唯一的解法是重建山上的環境條件，打造出一座人工冰河。他們將男子裹在無菌的手術袍內，並以消毒過後的水製作碎冰，將他放入一層層碎冰之中，再送入攝氏零下六度的低溫室裡。此外，他們盡可能營造出百分之百濕度的環境。

他們從他身上採取組織樣本以進行碳定年法分析，結果顯示，他其實已有五千三百歲了。而數千年以來，冰川將他保存得十分良好，將他變成一具「濕木乃伊」——這種冷凍乾燥的形式，使遺體依舊保有一定程度的濕氣。他的臟器絲毫未損，但身軀已然萎縮乾枯，由原先的五十五公斤縮水至十三公斤。[14]

繼遺體出土後又過了幾週，另一個新的問題浮現。男子究竟是在哪裡被發現的？當然，大家都知道隘谷的位置，但沒有人能夠百分之百確定他到底是落在邊境的哪一側。他們找來了義大利軍方地理研究所，以及奧地利的類似組織，重新調查由高脊冰河往南延伸至隘谷的那段邊界線。當初，那條線於一九二〇年代首度畫定時，當地的山坡地貌與今日截然不同，由於冰川的存在，讓人們幾乎無法判定分水嶺位置，而隘谷本身也被封印於二十幾公尺深的冰層底下。

測量員帶著測量工具走入這片全新地貌，於岩塊與巨石之間追蹤分水嶺的路徑。他們發現，隘谷位於分水嶺線以西九十公尺處，落在屬於義大利的那一側。[15]

男子必須再次移動。如今，他被認定為南提洛的資產，至少還可以安歇個幾年。波札諾市正在為他打造一棟全新設施，裡面包含一間客製化的低溫房。一九九八年一月十六日，他的新居落成。他搭上一輛冷藏貨車離開因斯布魯克，經由布里納山口（Brenner Pass）越過邊境。義大利將一條高速公路封閉起來，一路上除了有義大利特勤隊護送之外，還有直升機及電視新聞媒體車隊尾隨於後。

我在那座隘谷中來回踱步了一陣子，試著想像當時這裡究竟發生了什麼事。一名男子的軀體躺在海拔三千公尺高處，恰好是全球溫度開始冷卻的公元前三〇三〇〇年前後。因為非常特殊且特定的種種條件加總在一起，使冰層能夠將他好好保存起來、將他留存了好幾千年，然後再放他走，讓他以一種不合時宜的姿態重返世間。在我看來，這整件事既不可思議卻又好似再簡單不過了。你也可以就地坐下，將背部倚在隘谷的某面山壁，然後去經歷同樣的事。只不過，現在這個作法已經行不通了，那裡已經沒有冰在等你，而岩石根本不把你當一回事。

是時候繼續前進了。羅伯特領先走向東邊；在那裡，邊界線變成一條具有明確標記的路徑。我們走上一道高聳、狹窄的山脊，下方正是提森山口，往南進入義大利的主要健行路徑，引領我們踏過支離破碎、崎嶇不平的地勢，而前方的路況，更是經常碎裂為成堆的石板，危險而不牢靠。最後，山脊地勢驟降，與一片平坦的鞍部接壤。那裡便是當初那棟山屋了，背後映著錫米勞恩山龐大而漆黑的模樣。

我們進到屋裡享用了一些湯品和一瓶啤酒，接著回到室外平台，坐在暖陽中。羅伯特伸手指向我們下方的岩塊：距離山屋幾公尺外，有一座三腳架上面撐著一個亮紅色的罐狀物。那是馬可的感測器，也就是他為了第二項實驗所打造的那二十六架感測器的其中一個；團隊把它留在那邊以作為某種紀念碑。

格拉夫冰河只距離我們幾公里遠，位於錫米勞恩山山峰另一端的東南山壁上。而在西北坡上正對著我們的，則是低脊冰河（Niederjochferner）。羅伯特告訴我，低脊冰河在三十年前的時候，範圍一路擴展至山屋的門前。如今，從我們坐的地方望去，甚至連它的邊緣都看不到了。它已經縮了數百公尺，退至某塊突起岩塊的另一端。

短暫休息過後，我們開始下山進入義大利。提森山口是一片紅色的裸露地貌、貧脊的巨礫原，另有一條湍急的融雪溪切穿其中。熱氣在岩石上震動，土撥鼠的高頻叫聲劃破空氣。我的下榻民宿在下方遠處，位於一片眺望著維爾納戈湖（Lake Vernago）的山坡上。從山口望下去，湖面呈現出幾乎完全不真實的驚人藍綠色澤。水流的聲響瀰漫於山谷之間，由幽微低吟逐漸演變為宏亮大吼。那是斷冰的聲音。

隔天早上，我開車從維爾納戈湖出發，行經山區，抵達波札諾。這座城市位於一處高地山谷的平坦底部，東望多洛米蒂山脈（Dolomites）、西面奧茨塔爾阿爾卑斯山脈。這裡有三條河流匯聚，包括塔爾弗河（Talfer）、埃伊薩克河（Eisack）與阿迪杰河東支，為分水嶺南端的匯流點。當我穿越市中心，走向南提洛考古博物館時，它們的流速顯得十分湍急，而那高漲而強力的藍綠色水流，將大塊、大塊的木材與樹枝沖上河岸草坪，堆疊成厚厚的小丘。

我正準備去看那名出土於隘谷的男子：冰人（Homo tirolensis），那具「冰河屍體」（這是他在政府官方表格中登錄的名稱）。如今，他有了一個新的名字：奧茨（Özi），為「奧茨塔爾」（Öztal）與「雪人」（yeti）的濃縮。第一個使用這個名稱的是來自維也納的記者卡爾．溫德（Karl Wendl），當時奧茨才剛從冰層出土一週。媒體總計試用了超過五百個外號，但唯獨這個稱號被留了下來：冰人奧茨。

博物館為一棟優雅的三層樓高新藝術風格建築，前身為奧匈帝國銀行（Austro-Hungarian Bank）分行，建造於第一次世界大戰前夕。不過，到了大戰尾聲，這裡反被義大利銀行（Banca d'Italia）占據。而這就是奧茨的家。

我在一樓找到他，他在一處幽暗的壁龕裡，前方有一大塊弧形的說明牌；一次只有一個人能夠前往觀看。他以面朝上的姿勢躺在一塊不透明的玻璃版上，小小的房間四壁鋪滿了白色磁磚，看起來跟冰屋的內部相去不遠，只不過這大概是一個長方形的冰屋。房間四周環繞著充滿水與防凍劑的管線，使內部氣溫能維持在恆溫攝氏零下六度。那副軀殼就這樣躺在黑暗之中，等待訪客站上鋼板，透過四十平方公分、帶著磨光金屬框的小窗望入，再按下按鈕。接著，他就會突然出現，浸淫在如冰川般的藍光之中。

那一刻，戲劇效果十足又頗為嚇人。他的右臂向前伸往觀景窗的方向，他的手近到我覺得自己只要伸手便能抓緊他。我可以看到他皮膚上最細微的細節、指節上的皺紋線條，以及指尖上的指紋。他的手指緊握在一起，好像在抓著什麼似的，但手裡卻空無一物。

他的左臂誇張地甩向身體另一側，他那有如棍子般的乾枯肱二頭肌正好撐在下巴底下，而他的雙腳則相互交叉。因為冰的關係，他現在縮小很多，看起來嬌小又脆弱，如同孩童的身軀。他身上覆著一層薄冰，那是因為灑水系統會定期向他噴灑已消毒過的水，以避免他的身體流失水分。那些水在他的身體末端——好比指尖、手肘——形成一小顆、一小顆的冰滴。而在這個冰殼底下，他的皮膚呈現曬傷的橙褐色，與烤焦烤雞的酥脆外皮詭異地相像。

我看著他的臉龐。他的嘴唇被往後掀起，鼻子半邊崩塌，而牙齒呈現出齜牙咧嘴的模樣。他的眼睛還在，過去曾一度是棕色的，但現在已經乾掉了，卻還留在眼窩裡，瞪入眼前一片虛無，而右眼甚至還有一根眼睫毛。他看不見任何東西，卻一直在被人觀看。人們無時無刻不監控著他的「低溫室」裡的氣壓、溫度與濕度，甚至把他擺放在精密刻度尺上。此外，只要他的重量有任何變化，還會觸發自動警鈴。

博物館的這一層樓中，剩下的空間都陳列著他的隨身物品，放置在一個個柱狀的玻璃櫃內，填充於其中的空氣更含有百分之九十九的氮，以達到殺菌或殺蟲的效果。陳列物包含他那帶有純銅刀片的斧頭、熊皮帽、長弓、箭筒及十四支箭，另外還有他的獸皮緊身褲和鹿皮鞋、後背包的「U」型榛木骨架，以及小牛皮腰帶，而腰帶上的小袋裡則裝著一把刮刀、一把鑽子、一塊燧石和一朵點火用的木蹄層孔菌。不論就比喻意義或字面意思上來看，他的生命就這樣被凍結在這一刻。

讓我感到衝擊的是，這一切湊起來，便堆疊成某種世俗、帶有科學嚴謹性的葬儀：一個人躺在精心策畫、量身打造的建築裡，身邊擺滿了他的珍貴物品、界定著他的生命的東西。這是我們每次發現保存良好的古代人類遺骸時，通常都會做的典型舉動，包括以防腐技術保存的木乃伊，以及酸沼木乃伊。這些都證明了古人會進行某種儀式，為來世準備好身軀與靈魂。然而，諷刺的是，讓奧茨顯得與眾不同的地方，在於他原本的「葬禮」是純天然的，為地點、天氣與氣候變遷的綜合偶然。他的死也是不可預見的突發意外，或最起碼是**他本人**沒有預期到會發生。因為，目前研究已經發現，他究竟為什麼會面朝下地貼在隘谷的岩壁上。

他是遭人謀殺致死的。

在奧茨出土之後的前十年，人們認為他應該是遇上暴風雪或攀登意外而身亡。但在二〇〇一年時，一項X光檢查發現，他的體內有一個燧石製成的箭頭，就卡在他的左肩正下方，距離肺部只有幾毫米之差。有人從他的背後發動射擊，而且可能是從好幾百公尺以外的地方發射，否則箭矢早就射穿他的身體了。如今，箭矢重創了他的鎖骨下動脈，而且卡得很緊。他當時可能在短短幾分鐘內，便失血過多致死。

博物館找來慕尼黑警察局的偵緝督察兼鑑識剖繪師亞歷山大．霍恩（Alexander Horn）協助拼湊出奧茨生命中的最後時光。霍恩除了執行全新委任的驗屍報告，甚至還檢視了在他的胃臟及消化道內保存良好的內容物，成功拼出一幅清晰畫面，尤其是謀殺案發周遭的情況。當時，奧茨搭好了營帳、煮了一些食物，並飽餐了一頓，包括羱羊、單粒小麥（或許是以麵包的形式攝取），還有一些加脂乾酪或培根。半小時後，當他在營火邊休息時，那支箭從背後射中了他。電腦斷層掃描發現他的腦後側有顱骨骨折和重大創傷的情形，可能是他被射中後倒地所致，也可能是謀殺者給他一記最後重擊將他解決。

在霍恩看來，殺人動機絕對不是搶劫。奧茨的隨身物品，包括頗具價值的銅斧，似乎都完全沒有被人動過。相反地，這更像是一場預先精心策畫的蓄意謀殺。「罪犯的目標就是要把他殺死，而他決定採取遠程射擊。」霍恩在一次與《紐約時報》的訪談中說：「大多數的蓄意謀殺事件都是很私人的問題，隨之而來的就是暴力，以及暴力再升級。**我想要跟蹤他、找出他，並殺掉他**。所有我們在蓄意謀殺案中可能會有的情緒——這些東西即便過了這麼多年，都尚未消失。」[16]

於是，奧茨面朝下地倒在雪地之中。到頭來，他的右手——向前伸至他的低溫室觀景窗的那一隻——確實**真的**正在抓著某個東西。事實上，在他最後徒然地試圖自我防禦時，他緊抓著他的石刀。他又繼續抓著石刀抓了五千年，一直到一九九一年，人們將他的軀體從冰層中砍拉出來時，才將石刀從他的指間撬出。如今，石刀擁有自己獨立的展示櫃，但用力的肌肉仍保存在他的手上。這可說是一種提醒：提醒著我們奧茨無法獲得安息。那突如其來的暴力記憶，就這樣封存在他的軀殼的每一寸裡。

我很好奇，不知道他死在與邊界線僅相隔幾公尺的地方，是否只是一場巧合。他到山上做什麼？他要去哪裡？他有沒有可能正好跨越了古代的某種領土邊陲地帶？他會不會是因為犯法才招來殺身之禍的？

我特別找到博物館的一位考古學家安德烈・普策（Andreas Putzer）。他為人冷靜、謹言慎行，講起話來不慌不忙、切中要點，時不時會停頓一下、調整眼鏡，並用手梳過他那一頭銀棕色的長髮。

「奧茨為我們揭開了冰層，」他說：「因為大眾一般會以為人類在這段時期並不會使用到這種環境，但奧茨向我們述說了一個全然不同的故事。」

繼奧茨出土之後，研究界開始出現一個完整的全新領域，針對生命、貿易、文化，以及人們在史前阿爾卑斯山脈地貌周遭與內部各處的活動，進行透徹的重新評估。

「這個時期確實也有分割領土的活動。」安德烈繼續說：「舉例來說，在奧茨的時代或在青銅器時代，宗教場所都會以立石和帶有雕刻的石塊作為標記。這些石頭都離聚落很近，而聚落之間通常互相間隔兩、三公里。我們認為，那些宗教場所將每一塊領土各自標記為一個宗族。」

但儘管如此，安德烈也說，我們對於實際情況的理解仍然非常模糊、零碎。他說：「史前時代的邊界究竟在哪裡，其實非常難以定義。我們需要找出更多地點。」

近年來，其他青銅器時代的宗教場所紛紛出土；那大約是奧茨的時代的兩千年後。「在提森山谷，」安德烈告訴我：「也就是我們發現冰人的地方——那座山谷的前端有一個宗教場所。下一座山谷也有一個，在下一座也是。所以我覺得這些地方是一種領土的標記。如果你從北方過來，你就會看到這些地方，它們在那裡跟你說：『**那是我的領土，或是我們聚落的領土。**』」

但安德烈不認為以前的人跟現在一樣，曾對山脈進行分割。「在高山上，我們並沒有發現這些宗教場所或石塊標記，所以我們覺得，距離最近的山區應該就算是當地村莊的領土。重點是，我們現在已經知道，在阿爾卑斯山脈北部和南部的文化團體，其實互有關聯。銅石並用時代是人類第一個全球化的例子——群體之間互相接觸。我們發現在義大利西北部製造的石斧，出現在奧地利、德國和法國。那些人之間互相接觸，還有大量貿易活動，這都是我們現在對他們的工具和物品的原料進行分析後所發現的。冰人大概是**因為**這個地區是橫跨阿爾卑斯山脈的貿易路線，才取得他的銅斧的。」

根據安德烈的說法，奧茨的一生都在移動。「我們知道他在另一個不同的地區成長，我們知道他所使用的材料源自遠方，所以他所代表的，是與其他文化之間的連結，但同時也展現出他想要移動、去看看其他地方的意圖。」

於是，當邊界線的概念對於他在現代世界的「來生」具有如此重大的影響，也成了另一種諷刺。**他的位置是在邊界線的哪一側？哪個國家「擁有」他？他屬於哪裡？**

安德烈點頭如搗蒜，說：「從歷史角度來看，阿爾卑斯山脈的這座山峰過去並不是邊界。住在山谷兩側的人，在山谷的兩側都擁有地產。我們今天所有的，是政客在第一次世界大戰之後弄出來的虛擬邊界。再從經濟角度、文化角度來看，它從來就不是奧地利和義大利之間的邊界。我們從中石器時代到鐵器時代都發現，這些山口通道是人們用來**跨越**阿爾卑斯山脈的途徑。阿爾卑斯山峰、分水嶺——這些所謂的天然邊界，在人類過去的歷史上，從來都不是邊界。」

安德烈停頓片刻，揉了揉他的太陽穴。他告訴我，他本人是在波札諾出生、長大的，而且他不認為自己是義大利人或奧地利人，而是提洛人。他說，這個地區的認同議題始終跟「連結」相關，並一直都由外在影響形塑。

「但現在我們有這條政治邊界，那其實都是我們自己想出來的，只不過，它也變得愈來愈不只是一種想像了。對這裡的人來說，在奧茨塔爾、在南提洛，**現在確實有一條邊界存在著**。因為在過去這一百年以來，山脈兩側的人都因為這條邊界，愈來愈少有互動。」

這片地貌變了。邊界線改變了這片地貌，或至少改變了人們看待它的方式。這條線具有重量，而這股重力為國族主義提供了力量。

我回到低溫室，透過觀景窗再看了奧茨最後一眼。對一個人類來說，這是一種十分獨特的命運。每年都有三十萬人來這裡目瞪口呆地看著他，而許多人大概都跟我一樣，以前可能從沒看過屍體。但現在這裡就擺著一具屍體，與你之間只隔著一道幾英寸的玻璃和牆面。這名遭人謀殺的受害者就這樣被包裹在冰裡、躺在聚光燈之下。完全可以想像，他也可以就這樣被永久保存吧。就跟現在一樣，他的分解反應被制止了，而他的肉體被凍結在永恆的彌留時空之中。

博物館對他投注了非凡的悉心照顧，每個月都會針對他皮膚上的同一塊一平方公分範圍進行拍攝紀錄。他們利用特殊軟體將影像與先前的照片相互比對，檢查它們在亮度、顏色及變形狀況上最細微的變化。

我個人覺得，這些影像正如同測量員的山區空拍照。奧茨的身體變成阿爾卑斯山脈地貌的縮影：其肉身和骨骼的凹陷與延展範圍，正如微小的冰川填滿了山脊與山谷似的。而這些地貌持續受到監控、維持在完美的平衡之下，不斷重新活化、形塑，且不許融化或消退。奧茨可以在這個人造的氣候控制箱內無限期地存活下來，但至於山上的那些冰川、那些曾經將**他**保存起來的巨大冰塊，卻沒有任何氣候控制的保障。隨著氣溫上升，它們就只有一個接著一個繼續消失的命運。

———————

在一片由松樹與冷杉構成的森林裡，牛隻步伐沉重地在樹林間閒晃，掛在牠們頸項上的鈴鐺響成一陣不和諧的合聲。其中一隻頑固地站在前方的路徑上，一動也不動。我繞過牠打算繼續往前，而牠則不屑一顧地瞪著我。不久後，樹林逐漸轉變為高地草場，布滿野草和裸石的空曠坡地。

當時我正在健行登山，從維爾納戈前往施洛夫壁（Schröfwand），意思是「崎嶇山壁」。山壁的位置高於維爾納戈湖岸超過一千公尺，路途陡峭、直接且艱辛。我希望能從山壁頂端清楚眺望格拉夫冰河的南面，也就是冰川融化、流入下方山谷的「消融區」。當然，前提是我必須先有辦法看到任何東西才行；畢竟，在我又攀升了幾百公尺後，路徑徹底消失在灰黑色的雲層之中。

綿羊和山羊在這片陡峭的高處坡地上吃草。此時，更多的鈴鐺使得叮噹聲變得沒完沒了，幾乎形成一種詭異嚇人的效果，尤其因為我周遭的景色開始變得封閉、壓迫。這些動物已經在阿爾卑斯山脈中來回移動好幾千年了，有些人說，最久或許可以回溯至奧茨的時代。在義大利那一側的農場主，每個夏天都會帶著他們的畜群越過分水嶺，前往奧地利奧茨山谷的高地草場。於是，鈴鐺的聲響就在邊界線上來回迴盪。

我現在因為攀登而感到全身發熱、肌肉緊繃，但雲霧裡的氣溫卻已然驟降。在我太陽穴上的汗水瞬間冷卻，使我的肌膚感到一陣沁涼。我看不到峰頂，便專注於眼前的腳步，一邊沉重地呼吸著。草地不見了，現在只剩滿地的岩石。路徑開始出現之字形的急彎，穿梭於巨石和陡峭的山崖之間。到底還要走多遠，我自己也毫無頭緒。忽然間，稜線從黑暗之中不懷好意地瞪著我，那是一道悠長而漆黑、有如鋸齒刀狀的突出地形。

在山脊頂端看到的是一幅極致毀滅的場景，四處都是破碎的岩塊，前方的路徑雖然有木牌標誌，但卻尷尬地擠入裂隙之中，有如走在一片由破碎陶器組成的汪洋之上。施洛夫壁上較低的突起地勢是一道突出的礦層，有如一個巨大的鐵十字勳章。在它的底部有一個臨時搭建的遮蔽處，由石堆和木樑組成。我現在深陷雲霧之中，除了自己身邊的環境，什麼也看不到。

我又疲憊又沒勁地坐在遮蔽處的邊緣，吃起了我的午餐。空氣中挾帶著細小的雪花而發出尖銳聲響，但它們同時又像老舊黑白電影上的斑點，短促到幾乎無法察覺。此時，我身處在海拔兩千八百公尺位置，坐在一個灰色的避風洞內。我先是等了十分鐘，又等了二十分鐘，但雲層完全沒有一絲改變。我開始看到寒氣滲入，雙腿變得僵硬。由於也沒有什麼其他事可以做，我再度啟程，快速地攀上最後一小段路，邁向施洛夫壁的真正峰頂。這時，一切就這樣發生了。

雲霧開始變得輕薄、逐漸散去。忽然之間，我有辦法往回望向維爾納戈湖的山谷。而在我的北方，一幢龐然大物上裂著千絲萬縷的灰色線：錫米勞恩山的黑影出現了，正杵在雲幕後方等候叫喚。此時，我開始快速移動，使得腳邊的石頭一併跟著翻滾、彈跳，因為我很擔心眼前的景緻會像它突然出現那般，再度快速消逝。但雲霧持續退散，陽光開始灑落在一片淨白的大地上。出現了——格拉夫冰河的正面。它距離我所站的位置，大約只有一公里左右，但在我們之間，地表卻幾乎垂直陷落至格拉瓦河（Grava River）谷地。

我站在峭壁的最邊緣位置，下方有如一片灰色的海。格拉夫冰河在山谷的另一端，因為距離而顯得嬌小，看起來簡單到幾乎引人發噱。它是一個上下顛倒的白色三角形，尖角指向山下，而底部長邊則是兩座山峰之間的完美直線，一端為錫米勞恩山、另一端為小錫米勞恩山（Kleine Similaun）。從這裡望去，關於分水嶺的所有複雜性皆頓時瓦解。為什麼不直接訂一條線就好了？為什麼這件事這麼重要？

「我好幾次都在想，這一切完全毫無意義。」馬可曾經這樣跟我說：「為什麼我要這麼沉迷於這件事、這座冰河、這一小段邊境？但後來我又想，不會啦，努力追求精準、達到法醫標準，真的可以讓我們從特定的過程中獲取更多認識，雖然那些過程或許看起來非常邊緣、次要。」

馬可也說過，在他的計畫核心，其實是去挑戰西方政治思維的渴望。「地球是穩定的」，這種理念形塑了我們的信仰體系，我們認為任何改變都會是緩慢、理性且可預期的，而他想要破解它。不過，當領土和國族身分的概念被織入看似「天然」的邊境之中，但邊境卻又快速而不受控地變化時，會發生什麼事？

「我們幾乎是在實驗室的情境裡審視這個問題。」馬可說：「在政治其他層次的討論裡，冰河幾乎完全缺席，但這同時也顯示出，即使大家都將這條邊界視為天然特徵，但它依然是一個政治建構。所以這項計畫算是在試圖拆解天然邊界的概念，我們想要徹底摧毀它，讓它看起來根本不可能實施。『就連這個地方，』它說：『也不可能讓你成功畫出邊界喔。』」

馬可相信，我們現在所缺少的，是能夠讓我們以不同方式去思考領土的論述與想法。「因為我們在成長過程中被灌輸的框架、我們拿來教人的框架，都暗示著邊界就是領土構成的主要形式。這簡直是瘋了。我們缺乏圖像讓我們可以把事情想成別的模樣，或用不同的方式去想像人群的移動。我們計畫的目標就在於創造一個不同的圖像，提供一個不同的視覺圖像，或是對於領土另一種不同的理解。」

我也問過馬可：我們對於邊界的既定想法，追根究底就是因為缺乏想像嗎？領土結構是一個待解決的設計問題嗎？

「我覺得去考量『如何表現』這件事本身非常有趣。」他說：「我們表現事物的方式，還有我們用來構築世界的圖像——它們都是我們接下來會在世界上採取行動的方式。為了改變政治運作的方式，首先，我們必須創造出不同的圖像，因為今天的邊界其實行不通啊！它們在本質上並不存在，而是人們在管理許多不同省分和國家時，所採取的一種沒效率、違反直覺、充滿問題的作法。我們真的必須擺脫掉它們。」

天上的雲正在消散，揭露出一個沾滿亮藍色墨漬的天空。整片格拉夫冰河及其下方的赤裸坡地都沉浸在陽光之中，白雪與鏽紅岩塊相互輝映著。

當馬可於二〇一六年最後一次造訪格拉夫冰河時，同行的還有一隊冰川學家。他們使用透地雷達，將訊號透過冰川發送至下方基岩，藉此建立出一幅未來地貌的影像，也就是當冰層完全不見以後，山景最終的樣貌。當時，訊號傳送至很深的地方，使他們相當驚訝。他們認為，格拉夫冰河應該還有十年、或甚至是二十年的時間。

從施洛夫壁的頂端望去，格拉夫冰河完美地端坐在兩座墨黑色的山峰之間。冰川上呈現「V」字型的積雪有如計時沙漏裡的細沙，緩緩地往下落至窄小的漏斗頸，而在過了漏斗頸之後，冰當然就消失、融化為水了。在下一個十年左右，全部的冰都會從計時沙漏的上層洩流而出，直到再也沒有任何殘冰為止。屆時，被改變的就不再只有這一小段邊境了，全球各地的邊境都將面臨變化。

讓我們把格拉夫冰河設想為一種自然的末日鐘，倒數著無可阻攔的氣候變遷進程。它將暖化、縮小、消失，然後更多其他的冰川也會一同跟進，不論是在阿爾卑斯山脈上的，或是安德斯山脈、喜馬拉雅山脈、格陵蘭、阿拉斯加、南極皆然。[17]而在這條邊境融化的同時，其他邊境也會遺失在上升的海平面之下——泛濫平原沉入水中、河流三角洲終被淹沒。

畢竟，那些冰總得有個去處。就從分水嶺上傾倒足量的水吧，然後我們就可以把世界重新畫過了。

注釋

1 R. Steininger, *South Tyrol: A Minority Conflict of the Twentieth Century* (Transaction Publishers, 2003).
2 M. Ferrari, E. Pasqual and A. Bagnato, *A Moving Border: Alpine Cartographies of Climate Change* (Columbia University Press, 2018).
3 引自Ferrari, Pasqual and Bagnato, *A Moving Border*。
4 R. Pergher, *Mussolini's Empire: Sovereignty and Settlement in Italy's Borderlands, 1922-43* (CUP, 2018).
5 Steininger, *South Tyrol*.
6 E. Lantschner, 'History of the South Tyrol conflict and its settlement', *Tolerance Through Law: Self Governance and Group Rights in South Tyrol* (Brill, 2018); Steininger, *South Tyrol*.
7 Ferrari, Pasqual and Bagnato, *A Moving Border*.
8 Ferrari, Pasqual and Bagnato, *A Moving Border*.
9 C. Knoll and H. Kerschner, 'A glacier inventory for South Tyrol, Italy, based on airborne laser-scanner data', *Annals of Glaciology*, 50(53) (2009), pp. 46–52.
10 引自Ferrari, Pasqual and Bagnato, *A Moving Border*。
11 Knoll and Kerschner, 'A glacier inventory for South Tyrol, Italy, based on airborne laser-scanner data'.
12 A. Fleckinger, *Ötzi the Iceman* (South Tyrol Museum of Archaeology, 2018).
13 引自Fleckinger, *Ötzi the Iceman*。
14 Fleckinger, *Ötzi the Iceman*.
15 Fleckinger, *Ötzi the Iceman*.
16 R. Nordland, 'Who killed the Iceman? Clues emerge in a very cold case', *The New York Times*, 26 March 2017.
17 M. Zemp, H. Frey, I. Gärtner-Roer, S. Nussbaumer, M. Hoelzle et al., 'Historically unprecedented global glacier decline in the early 21st century', *Journal of Glaciology*, 61 (228) (2015).

第九章

「這座血肉之牆」

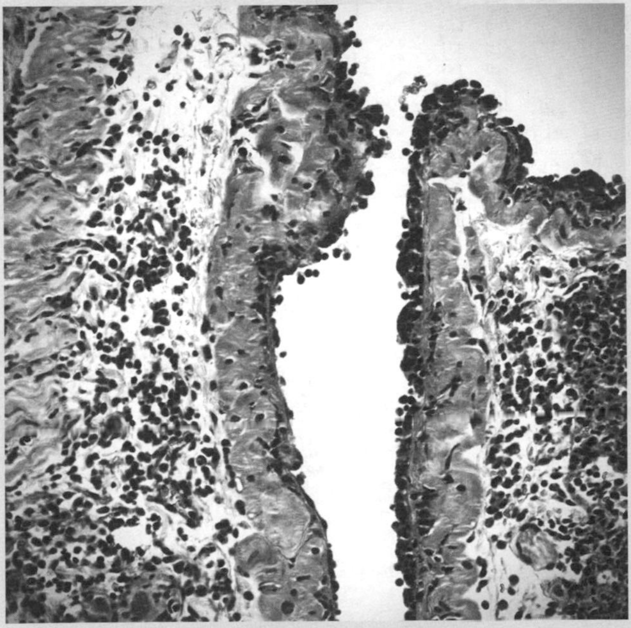

Reprinted from *Immunity*, Vol. 54, Third edition. Daisy A. Hoagland, Rasmus Møller, Skyler Uhl, Kohei Oishi, Justin Frere, Ilona Golynker, Shu Horiuchi, Maryline Panis, Daniel Blanco-Melo, David Sachs, Knarik Arkun, Jean K. Lim, Benjamin R tenOever. 'Leveraging the antiviral type I interferon system as a first line of defense against SARS-CoV-2 pathogenicity' (2021). With permission from Elsevier.

「要進入的第一個重點，」班傑明跟我說：「在於病毒取得能量來源的能力。那就是一切的開端了：圍籬瓦解的時刻。」

班傑明．田歐佛教授（Benjamin tenOever）是任職於紐約市西奈山伊坎醫學院（Icahn School of Medicine）的病毒學家。當時，他人在實驗室裡跟我說話，位於伊坎的研究大樓內，而建築本身則座落於麥迪遜大道與中央公園之間。他在那裡打造了一個病毒「圖書館」，將病毒存放於低溫保存管中，再一排又一排地儲藏在工作溫度為攝氏零下八十度的冷凍庫裡。班傑明與他的團隊利用這些病毒來研究宿主的身體——或更廣泛一點來說，「生命」本身——於細胞層次上，究竟會對病毒感染產生什麼反應。

「要進行這個程序的話，病毒必須已經先演化出可以抓附在細胞上的方式，然後再穿透第一道防護牆。」他說：「因為細胞也不會只是毫無抵禦地躺在那裡。人們一直不斷地研究它們，認為人類體內勢必有一個『老大哥』在監控一切。你的整個系統都會不斷地審查每一個細胞，無時無刻不在**攔截**、**搜身**、**攔截**、**搜身**。你也會一直檢視細胞外面有什麼，於是，每個細胞會一直隨機抓取東西，然後把它們帶到細胞表面，說：『我裡面有這個、我裡面有這個，然後還有這個。』然後免疫系統和老大哥就會看著它們說：『好，那是我做的、那是我做的，然後那也是我做的。』直到它們最後不得不說：『我從來沒有看過那個耶。』

「那就是啟動一切的時刻了。那時候，它們就得發布戰鬥號令、召集增援部隊。因為系統看到那裡有一些**不一樣**的東西，而那就是史上最小規模的越境行動。」

船隻抵達的時候正值十月初。一開始只有兩、三艘，最後共有十二艘船，全都圍繞在陸地鉤成一個小尖點的位置四周。那塊貌似蟹螯的勾角，便形成了西西里島梅西納市（Messina）港口的庇護。船隻正在回程中；它們最遠曾到黑海上的克里米亞，從那些港口裝載好了商品和貨物之後，現在西返準備回到熱那亞（Genoa），並在繁忙的港邊、擁擠的船陣當中穿梭。在它們抵達後的短短幾天內，那些熱那亞船員與任何曾經跟他們接觸到的人，都開始一一生病。

最早的跡象是在他們的大腿或手臂上冒出一顆扁豆大小的腫塊、發炎的膿瘡。不久後，船員開始咳血，遭受了連續三天不斷嘔吐的折磨之後，就死掉了。

「除了他們之外，」西西里當地居民邁可・普拉提恩希斯（Michael Platiensis）指出：「不只那些跟他們說過話的人，連從他們手中接過隨身物品的人，或是碰到或摸到他們的東西的人，也全都死了。」[1]

當港口當局發現這些案例之間的共同連結是那些熱那亞船隻時，他們隨即將剩下的船員及船隻逐出港岸，把他們送回海上。[2]不過，那個病並沒有跟著他們一起離開，反而開始在梅西納扎根，並以不可思議的速度大肆移動。

「它會藉由呼吸，在人們的對談之中散播、傳染。」普拉提恩希斯說：「他們就這樣一個傳給一個，而且受害者看起來好像全都同時中標，然後幾乎就像被它碎屍萬段似的。」[3]大家的症狀都跟船員一樣，「保證」三天內就會死亡。家家戶戶都被攻占了，就連家裡的寵物也逃不掉。「不分性別、不分年齡……大家全都難逃一死。」

有些人決定徹底拋下在梅斯納的一切，許多人搬往附近的城市卡塔尼亞（Catania）。可是，正如普拉提恩希斯所說的：「那個病早就已經存在他們體內、開始消蝕他們了。」非常多人在搬遷途中病倒，他們倒在路邊或海邊，又或者是樹林或葡萄園內。而那些成功抵達卡塔尼亞的人，也只不過是即時找到住宿「嚥下最後一口氣」罷了。卡塔尼亞居民堅持將那些人的屍體埋在距離城外一段距離的「深深的墓穴」裡。[4] 後來，更多從梅西納來到卡塔尼亞的難民，皆被拒於門外。於是，他們只能無精打采、漫無目的地遊蕩，以一小群、一小群為單位，絕望地尋求幫助或庇護。

但同樣地，對卡塔尼亞來說也已經太遲了。疾病已經擒住這座城市，疫情似乎只有愈演愈烈。此時，發病初期的腫塊變得跟「榛果」一樣大，接著愈長愈大，最後演變成雞蛋大小的腫瘤。普拉提恩希斯說，卡塔尼亞不久之後就徹底滅城了。與此同時，由於患病的梅西納居民四處移動，疾病便跟著散布至西西里的各個角落。隔年一月、距離當初那些熱那亞船隻靠港的短短四個月後，疫情已經遍布全義大利，並以看似勢不可擋的姿態全速向前衝，躍過阿爾卑斯山脈，在法國、西班牙、匈牙利和日耳曼大肆播種，再往北搗入斯堪地那維亞、跨越海峽前進英格蘭，最後抵達歐洲的終極西北端：蘇格蘭。[5]

喬凡尼．薄伽丘（Giovanni Boccaccio）親眼目睹了這種疾病踏入他的家鄉佛羅倫斯的時刻。他的描述跟普拉提恩希斯說的一樣，剛開始會先在鼠蹊部或腋窩內冒出雞蛋或蘋果大小的腫塊，但接著，症狀「開始改變，許多人在手臂上、大腿上，還有其他身體部位上，發現黑色或鐵青色的斑點」。而根據薄伽丘的後續補充，這些記號正是「死亡即將到來的確認訊號」。[6]

看起來似乎沒有任何東西可以阻止它散播。「醫生的建議及藥物的效果，皆顯得沒用而無濟於事。」薄伽丘如此寫道。於是，他就這樣看著科學受到打擊、人們找不到任何有效療法，而社會中謹慎構築的階級與邊界一個接著一個產生磨耗，然後瓦解，最終徹底消失。

他說，「各種恐懼與幻覺」占據了剩下其他尚未感染的人的思緒，「他們幾乎所有人都會採取一項極致殘酷的預防措施，那就是逃得遠遠的：迴避患者、避免接觸他們的物品」。他觀察發現，這種自我保護的本能極端到兄長拋棄弟弟、叔伯拋棄侄子、姊姊拋棄妹妹、妻子拋棄丈夫。「甚至幾乎到了令人難以置信的地步——有些父母拒絕照顧自己的孩子，」他說：「好像他們是別人家的小孩似的。」[7]

每一天、每一夜，都有上千人在家中或街上奄奄一息。不管他們躺在哪裡，完全都不會有人去動他們，任由他們的身體因為多重器官衰竭而壞疽、發黑。薄伽丘說，人們對於律法權威的崇敬，「不論為神旨或人定，皆衰退至幾近消失之臨界點」。因此，他總結道：「人們開始隨心所欲地恣意妄為。」

有些人迷失於狂放的享樂主義之中，堅信「針對這般邪惡之疾患最可靠的藥，便是享受生命中的歡愉，到處唱歌、找樂子，透過任何可能途徑滿足口腹之欲，並笑看世間萬物」。其他人則「結伴離群索居」或「拋棄自己的家園、他們的親戚、他們的財產及資產，並搬至鄉間」，似乎相信這種疾病「只會打擊那些待在城牆內的人」。[8]

薄伽丘將這一切轉化為故事基礎，寫成一部逃離現實的奇幻作品。他描寫了十位二十幾歲、魅力四射的年輕男女——七女三男——他們離開佛羅倫斯，前往附近鄉間的一處莊園。他們搬到那裡是希望可以遠離暴風圈、講故事娛樂彼此，並在外面世界被疾病與衰敗淹沒之際，「盡可能地大肆享樂」。率領一行人的帕姆皮內婭（Pampinea）大聲疾呼：「我們是被拋棄的一群。」於是，「為了保住小命，我們或其他人採用任何可能取得的療法，」她問：「這樣錯了嗎？」[9]

十位友人在十天的隔離生活中，每天各講一則故事，而薄伽丘將這一百篇故事彙集成冊，取名為《十日談》（*The Decameron*）。在這些故事當中，他們拿權勢階層及菁英階層開玩笑，並針對周遭這個正在迅速且徹底瓦解的社會之偽善大挑毛病。過程中，他們也開始嘗試想像不同情境，將佛羅倫斯在疫情爆發之前、典型的情誼與禮節儀式復原，並同時透過他們的故事探索新的思考方式、存在方式及舉措方式。他們知道，如果他們、他們的城市與整個社會能夠倖存，即便只在下意識層次，他們也都將被永遠改變。

以上這起事件發生於十四世紀中期，熱那亞的船隻於一三四七年十月停泊在梅西納，而在接下來的四年之間，全歐洲約有三分之一至半數的人口死亡，全世界共計可能有多達兩億人喪生。[10]至於在薄伽丘所生活的佛羅倫斯，將近有三分之二人口死去。整個社會以人類歷史中史無前例的規模毀滅，但最終並沒有被徹底摧毀，很快便開始演化、調適，以因應這場疾病的駭人威脅。

正如薄伽丘與其他許多人所認知的，這場「瘟疫」、這個「黑死病」於「幾年前便於東方爆發了；在它蔓延至西方之前，於東方奪走了無以計數條生命」。[11]也就是說，它有所**移動**。不過，它並不是依靠什麼橫跨大陸的強風進行傳播，而——似乎——是由人攜帶至他方的。它隨著熱內亞人來到西西里，與其他無以計數、在地中海各個港口四處停泊的船員一起旅行，也在貿易商隊之中、沿著悠長的陸路「絲路」跋涉。它會移動，而且早就注定會來到歐洲了。畢竟在東方與西方之間，有太多的貿易、旅行及商業鏈結，根本不可能阻止它。而在那一次首度大爆發之後，浮現了一個問題：人們該如何截斷那些鏈結？

一三七七年，位於亞得里亞海的港口城市拉古薩（Ragusa）——即今日的杜布羅夫尼克（Dubrovnik）——通過了一項法律，擬出所謂的「三十天令」（trentino）。根據規定，如果任何人想要從已知受到疾患或病症所影響的地方進入拉古薩的話，就必須先被隔離三十天。十五世紀初期，威尼斯共和國採用了相同的概念，但將隔離期延長至四十天，也就是當地語言中所說的「quaranta giorni」。而從「三十天令」變成「四十天令」（quarantino），那正是隔離檢疫一詞「quarantine」的由來。[12]

船隻停泊後，船員必須先待在船上，夠久之後症狀才會出現。那些已經生病的人或攜帶瘟疫病原的高度嫌疑者，都會被警戒船護送至威尼斯潟湖中的一座小島，島上有一棟特別建造的醫院，亦即「老拉薩」（lazaretto）檢疫站。而那裡還有更多層級的隔離措施，每個人都必須被分到不同的房間中，擁有各自的園地及烹調設施。在老拉薩裡，禁止任何社交接觸。假如院內有人死去，就必須使用石灰，將他們埋到至少十二英尺深的墳墓中。

不過，光是想要靠近這座城市，船隻就必須先通過重重監視、控管與圍堵措施。最外圍為武裝船隻，會在亞得里亞海上巡邏，持續監視海路路線。他們還蓋了觀測塔與哨站，幾乎布滿了義大利的整條海岸線，它們在位置上的安排，必得能夠從一處看見另一處，以利日間能使用旗語訊號、夜間能使用信標燈快速溝通。他們會針對非法登陸發出警告，號召武裝步兵團或移動快速的騎兵團前來協助，追捕任何未經檢查便試圖進入的人員。[13]

在陸地上，每當疫情升溫，他們就會沿著領土邊際搭起暫時的警衛帳篷哨站。大多時候，對那些共和國、公國與城邦而言，這些衛生管理措施經常是它們的外部邊境首次以實體形式於大地中實現，此前，它們的邊境都呈現模糊不清的狀態，或甚至根本毫不存在。換句話說，這些在地圖上原本鮮少有人觀測的線條，忽然之間活了過來。邊界開始浮現，於受污者與純淨者、骯髒者與乾淨者、患病者與無病者之間的地理分界，被人加以創造出來。公共衛生因此變成一種關於空間全面控制的議題，從巡邏船的外圍巡區，一路延伸至那些被隔離於老拉薩禁閉房內的船員。[14]

隨著時間過去，監視的方式開始變得愈來愈複雜。義大利各地的城市紛紛建立地方裁判單位，握有得以控管所有公共衛生問題的立法、司法及行政權力。另外再輔以城邦之間廣泛且頻繁的溝通，每兩週便會有信件往返，有時候當緊急危機出現，頻率甚至可高達每日，而藉此蒐集以互相分享的資訊涵蓋了歐洲、北非與中東各地的疾病情報。還有間諜負責回報城市內居民的健康狀況，以確保各城邦不會因為害怕瘟疫對貿易可能造成的經濟影響而隱匿疫情。到了十七世紀，這種作法已經制度化了：各城市達成協定，透過共同的公共衛生措施互相結盟，並允許它們在各大港口的地方裁判辦公室內，推舉各自的獨立代表。[15]

每當傳染擴散的新聞出現，他們就會發布禁令或暫停指令，禁止任何人員、船隻、貨物或通訊由受到感染的地方進入其他城邦，除非是透過特定的隔離檢疫站才行。如果有人試圖忽視或違反這些指令的話，就得接受死刑懲處。不過，由於疾病在某些區域過於盛行，致使人們開始臆斷某些地區於本質上向來不甚衛生。「根據經驗顯示，」威尼斯公共衛生理事會的所發行的小冊如此解釋：「瘟疫於鄂圖曼領地（Ottoman Dominions）境內從未徹底滅絕，因此，衛生辦公處的裁判單位訂定出一條永恆法律，認為鄂圖曼領地的整個範圍及其附屬的所有城邦，將永遠被懷疑為受感染狀態。」[16]鄂圖曼人如果想要進入威尼斯共和國或歐洲其他城邦，唯一可能的途徑是先經過隔離。簡言之，若要從東方進入西方，你必須先被「淨化」才行。

十八世紀初，奧地利甚至曾嘗試在它與鄂圖曼帝國之間、全長一千英里的邊境上，沿途建立生物控制系統。奧地利繪製了詳細地圖，以闡述感染事件爆發時必須採取的因應步驟。

於是，短黑線與圓點開始對這片地景進行切割，劃過山口與幹道，將必須設置「瘟疫警戒線」的位置一一標示出來。[17] 深色三角形代表的是建立隔離檢疫站與「老拉薩」的地點。另外，在地圖上繞著河流、道路與山區範圍描繪的還有一條黃色粗線——這是標示感染的線。[18] 線條以北的人，皆被視為健康者，需要受到保護或採取撤離行動；線條以南的人，則皆自動被預設為疾病帶原者，是一種威脅、一種污染物。[19]

儘管這些措施如此複雜，這場瘟疫的疫情仍然在歐洲及世界各地持續了五個世紀之久，因為根本沒有人知道它究竟是什麼。一直到十九世紀尾聲，人們才終於透過瑞士裔法國醫生亞歷山大·耶爾森（Alexandre Yersin）的研究發現病發的根本原因；當時，他正在處理一場肆虐香港的致命疾病。

耶爾森從剛染病的患者身上採樣，以顯微鏡審視其淋巴組織，發現其中存在一種細菌可以回溯至印度鼠蚤。這種細菌在印度鼠蚤的腹中增生，造成消化道阻塞、使印度鼠蚤挨餓，因此迫使印度鼠蚤開始瘋狂捕食、螫咬任何落腳處，可能是老鼠、其他動物或人類，並將細菌送入受害者體內。在人體內，鼠疫桿菌（*Yersinia pestis*；該細菌後來的名稱，以亞歷山大的姓氏命名）會散播至鼠蹊部或腋下的淋巴結，取決於哪裡離被咬的傷口最近，而在那裡，細菌可以擊退免疫系統，同時快速增生。[20] 這種內部衝突造成雞蛋大小的嚴重腫塊——就跟中世紀作家經常提到的一樣！此外，在過程中，細菌也可能會抵達肺部，將原本的病症轉化為肺炎，於是，人們咳嗽時噴出的小唾液滴，使得疾病可以在人與人之間進行傳播。**藉由呼吸**

散播——就跟普拉提恩希斯在西西里描述的情況一樣。

耶爾森前往香港處理的**是**瘟疫。它的威力在十八世紀中確實開始衰滅，但並沒有完全消失，一百年後又在中國和印度捲土重來。它叢生於昆蟲宿主身上，且持續存活著，而每當機會來臨時，就會散播給人類，正如香港所發生的事情一樣。一直到今天，它也依然存在。每年全球都會有超過兩千起案例回報——最近一次是在馬達加斯加與蒙古爆發，但甚至在美國西南部，包括新墨西哥和亞利桑那州，時不時就會有小型但相當規律的疫情爆發。[21]

而這就是另一個我們可以思考的「地景」了：耶爾森為了找到解答而冒險闖入的地景；藏在肉眼看不見之處、屬於顯微層級的地景；以細胞、蛋白質和分子所構成的地景；在過去幾十億年以來——可不只有幾百年——發展出一套極致複雜的專屬監視與控制系統的地景，因為這片地景始終處於不斷遭受攻擊的情境之下；從未停止審視周遭、緊盯入侵者或未授權而闖入者的地景——它沒日沒夜地警戒著試圖征服或迴避邊境防禦的病原體，例如細菌、普恩蛋白（Prions）、原生動物，以及病毒。

「我們從來沒有活在『零病毒』的世界過，」班傑明說：「從來沒有過。」

班傑明有著一頭濃密的短黑髮，戴著鏡框寬大的老花眼鏡。他年約四十出頭，咧著大大的笑容，有著一雙生動的眼睛，透露出他內心有如小男孩般的熱情。

他告訴我，他一向著迷於生命的起源。他在加拿大安大略的鄉下長大，童年充斥著「禱告、《聖經》和教堂」。他說，以前沒有人會去討論演化，因為它跟信仰有關，人們假定生命就是從「那種六天創造的東西」裡出現的。但儘管如此，班傑明的父親是專門處理大型動物的獸醫。他經常跟著父親一起登門看診，因此，他在很小的時候便有機會接觸到醫學及各門科學。

高中畢業後，他前往蒙特婁麥吉爾大學（McGill University）就讀醫學院預科，希望能夠受訓成為內科醫生。不過，一切在他修了一門微生物學的課程之後就不一樣了。當時，他的老師每天都會介紹一個不同的病毒，包括它的起源、特徵，以及生存與自我複製的策略。

「他就是有辦法把一切變得非常生動，」班傑明告訴我：「生動到我都被他的熱情給感染了。我想，我應該從來沒有想過要走回頭路。我對此深深入迷啊。」

透過病毒研究，他有機會得以回望過去——幾十億年前的過去。其中，病毒研究提出了一些誘人的理論，談及生命的本質、生命的起源，讓他得以脫離曾經主宰他的童年的那些《聖經》造物故事。

「正因如此，」他說：「我感覺自己在這個領域裡，確實懷有稍微不同的動機和興趣。我對於演化的迷戀程度，比大多數的人稍微更深入一點。」

根據他對我的解釋：「我們的最佳猜測是——在目前算是挺不錯的猜測了——生命源自RNA。」

RNA（核醣核酸）是由一種名為核苷酸的小型組成單位構成的單股分子。相較之下，

DNA（去氧核醣核酸）具有雙股，以及由上百萬個核苷酸所組成的規律結構，但RNA屬於不規則結構，幾乎有辦法形成無數種形狀，而且尺寸上小了許多，只有幾千個或甚至幾百個核苷酸。班傑明告訴我，如果我們把細胞想像成一台電腦，那麼「DNA就是硬碟、RNA是軟體，然後實際應用則是蛋白質」。

於本質上而言，DNA決定了我們的運作能力，涵蓋了我們的細胞所能執行的所有「軟體」，也就是RNA。RNA的工作是統帥並指導蛋白質執行特定任務。

「如果你在一段固定時間內，對所有在細胞內運作的軟體拍了一張快照，」他說：「那就是RNA了。DNA不會改變。你當然可以盯著電腦硬體看，但那並不會告訴你程式究竟是怎麼運行的。」

班傑明繼續說道，關於RNA有一件有趣的事，「那就是，在某種程度上，它的功能也能跟DNA**與**蛋白質達到相同效果，因為它就介於它們兩者之間啊，所以它可以兩邊各做一點。又因為它兩邊都可以各做一點，所以關於如何開創新生命的討論，這就是目前最主要的理論」。

他說，關於生命是如何開始的這個討論，有著許多基本上的問題。「但如果你選擇相信——給它個十億年的時間好了——一組隨機的核酸組合能夠得出RNA，然後最後又能得出一個擁有自我複製能力的RNA，那**就是生命的起源了**。」

今天，如果我們要在實驗室裡模擬這個過程，是有可能辦到的。

「我們可以做出一個只有一百五十個核苷酸的小型RNA，」他說：「這一個小小的RNA可以不斷地自我複製。所以，若有個十億年的時間的話，演化確實是可以辦到這件事的。這似乎不會是什麼太過牽強的說法。」

一旦RNA能夠自我複製，那它當然也會犯錯。於是，繁殖的過程中，便開始出現變異。它可能會朝著無窮無盡的方向偏離軌道，然後開始自己變得愈來愈複雜——這就是從一個RNA變成一個單一細胞、那無以計數的必要步驟中的第一步。

「就是那裡——那就是一切的開端了。」他說：「生命的定義也在這一刻開始變得模糊，因為能夠自我複製的RNA，同時也是一種病毒。因此，我們可以說——又或者是包含我在內的許多人都認為——存在於地球上的第一個『生命形式』於定義上正是病毒。它是一種能夠自我複製的RNA，**因為病毒的本質正是如此**。」

班傑明繼續向我描述那一層層複雜分子的大致樣貌，它們最終構築出史上第一個「原始生命體」。而那個能夠自我複製的RNA，就裝納在一個細胞「體內」，讓它能夠被維持在一個明確、有限的空間內，並受到保護。但就算在最初期、在存在的原始火花迸出時，周遭環境向來充滿各種威脅。

「第一個生命形式，」他指著的是第一個**原始生命體**，接著說：「或許會有病毒在影響著它們，正如我們今天的情況一樣。一旦出現生命之後，這項關於病毒的問題就會隨即應聲而出。」

實際上，就在細胞生命開始的同一時刻，它便陷於一場生存的苦戰。病毒的唯一目的就是要嚙食細胞，假如它不小心**過於**強勢而穿透、征服細胞的話，那甚至在病毒還來不及移動之前，細胞就會提早一命嗚呼。據班傑明所說，這種情況以前可能已經發生過很多次了——地球上的生命起源就是一系列的錯誤開端，來了、又走了，然後不斷重複這個循環，不過在某一刻，有一個細胞終於開始學習該如何捍衛自己。

「一旦細胞想出一個還算成功的策略，得以處理這些病毒的問題之後，」他說：「那就會開始推動雙向的演化。病毒一直嘗試打倒宿主以取得資源，而宿主一直試著擺脫病毒以繼續繁衍自己的生命。也因為有這場戰鬥，病毒永遠不可能變得**過於**致命，否則又會碰上那些死胡同。

「如果你想這樣比喻的話，演化的過程就像是一支非常細膩的舞，病毒雖然沒有在思考、沒有意識，但它們會一直試著找到不同方法、測試不同策略，以回到這些能量來源身上。而隨著那些策略的不斷演化，宿主也必須演化出自己的方法，來阻止病毒取得那些能量來源。」

這一切的結果就是長達幾十億年的爭鬥，班傑明稱之為「永恆的軍備競賽」。[22]

「如果我是宿主，我創造出一個新武器來打擊病毒，那病毒也會創造出一個新武器來處理我的武器，然後我就必須想出別的新東西。於是，每個東西都會跟它的前一個東西有所關聯。」

如果這個過程持續得夠久，就會輪到我們、輪到人類。即使多細胞生物具備極致的複雜性，卻仍總是脫離不了宿主與病毒之間這場永無止盡的衝突。如果病毒試圖跨過細胞的門檻、進入你我體內，侵犯我們自己非常私人的生物邊境，就會有不少事件同時發生。

「第一個偵測到病毒的細胞，」班傑明說：「非常無私，它說：『我要下去打它了，但在我下去的時候，我要做兩件事——我要發出軍備號召，還要發出增援號召。』軍備號召是要告訴它周遭的所有細胞：『我們遇到問題了，我偵測到一個病毒，我覺得我快要死了，但你們剩下的人——請確保你們會沒事喔。』」

這項「軍備號召」以蛋白質分子的形式呈現，亦即干擾素。它們被釋出至細胞外空間，並向周遭的其他所有蛋白質發出訊號，用班傑明的說法來講，就是要「盡其所能地增強抵禦」，派出人力設置路障、釘上扣板封閉艙口、升起過河吊橋……或任何你喜歡的譬喻都行。這個過程的重點在於爭取時間，將病毒擋在牆外、等待裝甲部隊前來救援。因為細胞派出的第二個信使——另一種稱為「細胞介素」的蛋白質——正在帶回「增援軍隊」的途中。

「接著抵達的就是免疫系統這個強打者了。那是一整支完全不同的特化細胞，特別設計來捕捉病毒或被病毒殺死的細胞、找到病毒的碎片——不一定要是核醣核酸碎片，但必須要是蛋白質碎片——然後再用它們來製造抗體。」

為了直接應對存在於我們系統內的病毒，我們的身體能夠開始製造特殊的適應性防禦。我們再次加入同樣的那一支「舞」，在細胞層級上築牆、建造邊界，以將另一個病原體抵禦在外。

「而那就是為什麼我們今天能在這裡的原因，也是為什麼脊椎動物可以活得這麼好的原因。」班傑明說：「因為我們擁有那種能力。」

我一直在回想班傑明之前說病毒是最早期的生命形態的概念。在我看來，這個理論既優雅又難以言喻地嚇人，迫使你去面對我們大家從哪裡而來、從何物而來的真相——或至少是**一種**真相。班傑明曾經提到史上第一個細胞，如何從最剛開始一個具備自我複製能力的RNA，演化成「串連」在DNA之中的一部分。根據他的說法，在完成演化的那一刻，它就轉變成一個更為複雜的系統了，因為它突然開始有能力產生自己的能量。

「許多人將生命定義為能夠產生自己的能量來源的東西——產生自己的能量來源，**然後演化**。所以相較之下，病毒可以演化，但它們**不會產生自己的能量來源**。而那就有點算是這裡頭的爭議主軸。」

病毒為「專性寄生」，當它們可以挖取某個能量來源、製造出更多自己的時候，它們就是「活著的」，但一旦它們離開了那個來源、那個細胞，它們就會呈現惰性狀態，直到它們找到另一個能量來源為止。不過，於生存意義上挑戰著「生命究竟為何」這個命題的，正是這段「惰性狀態」的時期。

舉一個故事為例，事發在阿拉斯加西北部一個靠海的小村莊，名為布瑞維格米申（Brevig Mission）。一九一八年十一月，當地居民開始紛紛染上一種致命疾患，在短短五天內，全村八十名成年人之中，便有七十二人死去。病因是一種病毒——人稱「西班牙流感」的A（H_1N_1）。這場嚴重的流感於第一次世界大戰尾聲爆發，隨後在全球估計共奪走了五千萬人的性命。其堅忍不但展現在它的致命性上，也體現在它的傳染能力，甚至連布瑞維格米申這種在地球上最遙遠的社群，都難逃它的散播魔掌。

當地村民被下葬在一處山坡上的墓園內；那裡因為插著許許多多的白色十字架，從遠處看過去，就像一道凌亂無序的柵欄。有鑑於阿拉斯加的氣候，那些屍體凍在永凍土下。一九九七年，一位七十二歲的瑞典微生物學家約翰·胡爾廷（Johan Hultin）來到布瑞維格米申挖掘墓園。[23]

他之前就已經做過一次一樣的事了，那是在四十年前的一九五四年，他從四具屍體汲取肺部組織，把它們運回他在愛荷華大學（University of Iowa）的實驗室，再將它們注射至雞蛋內，藉此試圖讓病毒成長。不過，什麼事也沒發生。後來，胡爾廷偶然讀到一位任職於美國疾病管制與預防中心（Centers for Disease Control and Prevention）的微生物學家傑弗瑞·陶本伯格（Jeffery Taubenberger）所寫的期刊文章，看到對方試圖將一九一八年的病毒基因組定序，所以他決定進行第二次嘗試。

於是，胡爾廷與陶本伯格及其實驗室開始合作，再度長途跋涉至布瑞維格米申，並挖入永凍土層。他在地底下七英尺處發現了一具因紐特女性的屍體，將她暱稱為「露西」（Lucy）；她於一九一八年辭世，當時年僅二十五、六歲。胡爾廷從凍結的軀體中取出肺部，將它們放入特殊的保存液體當中，再運送給陶本伯格。十天後，分析證實，在露西的肺部組織內，確實含有該病毒的遺傳材料。[24]

在接下來的八年期間，他們先是瞭解了該病毒的起源及演化，接著終於成功將它「重建」。二〇〇五年，一位名叫特倫斯．坦培（Terrence Tumpey）的微生物學家在疾病管制中心的亞特蘭大總部內，將病毒以一種稱為「質體」的DNA分子形式，注入人類腎臟細胞。正如胡爾廷之前的經驗，在過了好幾個星期的時間後，依然什麼事都沒發生。接著，七月底時，坦培再去看了一次他的細胞培養。忽然之間，培養皿中爆出了許多小點：病毒正在自我複製。[25]該病毒躺在一具屍體的細胞組織內超過一世紀之久，而且屍體甚至埋在阿拉斯加最邊陲地帶的地底深處，就這樣，它終於找到取得能量來源的途徑了。從各方各面來看，它都成功重獲新生了。

正如班傑明先前所說的，這正是「這裡頭的爭議主軸」。而根據一些微生物學家的說法，病毒存在於「生命的邊際」。[26]它們在那條終極的邊界線上遊蕩、悄悄靠近邊界線四周，並在數百年的歷程中——甚至是數千年——於線的兩側來回移動。而在那個過程中，它們將活著與死去的意義變得模糊不明，但那個概念本身，對我們人類自己的生存而言，卻又是那麼地二元、那麼地基礎。

蒸汽船在一處乾燥貧脊的海岸線外不遠處下錨；海岸線本身由沙與山構成，位於埃及西奈半島南端附近、紅海與蘇伊士灣的交界處。船上載有數百名穆斯林，他們剛結束一年一度前往麥加的朝覲，準備返回歐洲。此外，船上同時還有——或至少疑似如此，除非有進一步的證據駁斥——一個顯微層級的小型乘客，也就是所謂的霍亂弧菌（*Vibrio cholerae*）。這種細菌呈現逗號形狀，能引起一種非常致命的疾病，可能在幾個小時內就置人於死地：霍亂。

划艇前來，將船上的人運送至一處「棄置海灘」。[27]在那裡等待他們的，是好幾長排的軍事野外帳篷，而帳篷又被分成四區，以區分不同艘船的乘客。現場駐有數百名士兵負責守衛，雖然四周根本就是一片廣大的荒蕪。那個地方正是艾爾托爾（El Tor）隔離站，為紅海沿岸於十九世紀下半葉所設置的五座隔離站的其中一座，而那些站所的配置恰平行於通往蘇伊士運河、地中海及歐洲的航線路徑。

所有沿著這條路徑歸來的朝覲乘客，都必須證明自己健康無虞才能離開。如果他們抵達艾爾托爾時，確認船上沒有霍亂案例，且待在營區四十八小時後也沒有出現任何個案，那他們就可以繼續航行。[28]可是，如果他們在抵達隔離站時，被發現有人染疫，那麼待在營區的時間就必須延長到至少十五天；若之後有新案例出現，每一例等同於重新延後完整的十五天。有些人一關就是好幾個月，暴露於那片荒涼地貌的極端冷與熱之中——當然，前提是霍亂沒有讓他們的旅程永久終止於此。

此前，在幾乎整個人類歷史中，霍亂的活動範圍只局限於世界上的一小角落：印度北部的恆河三角洲。接著，一八一七年，它突然掙脫而出。基於英國在南亞次大陸的影響力，過去與世隔絕的地區也開始有了運輸及貿易往來的機會。於是，霍亂弧菌便從感染者身上跳至各處水源，再回到原地，將整個印度紛紛串連起來。到了一八一八年，根據《泰晤士報》（*The Times*）的報導，霍亂「依然如火如荼地」在加爾各答（Calcutta）府內各處「橫行」。其成因不明，但效力十分驚人，「其攻擊十分唐突，而且非常快速地置人於死地，」該篇報導繼續說道：「在患者首次發作後的六小時內死去，並非罕見案例。」[29]

在霍亂案例劇增的初期，疫情的擴散最遠東至中國、印尼及菲律賓，西至裏海、直逼歐洲。幾年後疫情趨緩，除了其發源地之外，霍亂似乎已經從其他角落消失無蹤，直到一八二九年再度爆發。這次，疫情擴散至世界上更遠的地方，經由陸路越過俄羅斯、進入北歐，並經由水路抵達埃及與中東。很快地，輪到日耳曼、法國和英國。接著，它又跳躍過大西洋，前往加拿大、美國，甚至還有墨西哥。[30]

霍亂尤其針對貧窮者；它饒過了富裕者與菁英群體，凌虐著社會上最弱勢的一群。從聖彼得堡及巴黎到倫敦、格拉斯哥和紐約，世界各地動亂四起，到處流傳著瘋狂的謠言——霍亂陰謀論——認為這場疫情其實是一種控制大量人口的手段。醫院、醫生、護士及衛生官員，皆紛紛受到暴力攻擊。[31]

這種疾病開始出現固定模式，一波又一波地席捲全球，每次似乎都比前一次擴散得更遠、接著平息，過了幾年的時間之後又回到原點。但人們依舊不清楚其中的成因。有人開始聯想到該細菌透過供水系統擴散的可能性，不過，許多專家仍認為，這種疾病可以藉由「瘴氣」感染，也就是吸入帶原者呼出的受污空氣。

然而，這整件事中有一個地方特別引人關注，那就是前往麥加的旅程。一八六五年，一萬五千多名朝覲者死於一起霍亂爆發事件，也有許多人將霍亂帶上、一併回程，結果共有六萬人在亞歷山卓港喪生。很快地，感染鏈也躍過地中海，前往馬賽大舉肆虐。在當年結束以前，霍亂又回到紐約市了。[32]

任教於巴黎大學的衛生學教授亞希勒．普魯斯特博士（Achille Proust）——同時也是小說家馬塞爾．普魯斯特（Marcel Proust）的父親——將因果關係直接一路推到麥加。他寫道，歐洲不能「繼續這樣，每年任由朝覲如此擺布」。[33]當時，朝覲者的數量甚至比過往來得更多，並從更遠的地方回來。蒸汽船與鐵道等於是將世界縮小了，讓所有人幾乎都能夠長途旅行，不論階級為何，甚至連那些被人形容為「赤貧朝覲者」的「危險階級」皆然。[34]想當然耳，全球化的旅行方式並不只對**人類**有利；對一個仰賴自我複製的病原體而言，還有什麼比這個更好的機會能夠觸及更多宿主身體呢？於是，霍亂便成為工業時代第一個全球大流行的傳染病。[35]

當時的相關當局認為這些運輸與交流路線是關鍵的傳染媒介。他們延續了以前中世紀時對抗瘟疫的方法，認為這場對抗霍亂的戰役主要關乎於空間配置之技術。他們的策略就是要阻斷疾病流通的管道、將感染者集中控制並加以隔離、建立監視網絡，以及——引用普魯斯特的說法——「辨識出那些務必加強抵禦流行病入侵、可被視為真正策略位置的地點」。[36]

舉紅海沿岸的艾爾托爾隔離站為例，雖然它是由鄂圖曼帝國主持、由埃及管理，但這項空間上的干預措施，其實源自於歐洲所施加的直接政治壓力。於是，東、西方之間就這樣畫出一條明確的生物性分界線，既是一條隱喻上的、也是**實質上**的線。

一八六六年，人們於君士坦丁堡舉行了國際衛生會議（International Sanitary Conference），以擬定計畫規範每年的麥加朝覲。會議共歷時七個月，期間，鄂圖曼帝國請求進入歐洲的「衛生版圖」，但該訴求遭拒，原因是鄂圖曼帝國境內的健康與衛生標準一直無法符合要求。正如過去黑死病盛行的日子，鄂圖曼的土地又再度被標示為不淨，它的邊境被標記為一大片疾病的邊際。[37]

以歐洲為中心，於南側，艾爾托爾等隔離站管理著北上進入地中海的路徑，而於北側，黑海海岸也設置了類似的防護措施，控制入境港口。綜合以上，歐洲將自己定義為「文明」的空間、乾淨的區域，有責任保護自己不要受到外在「未開化」的污染物所影響。

於是，旅客群體便成為審查與懷疑的終極物件，而邊境則是執行**審查**的地方。在整個十九世紀，健康成為國際移動管理中的關鍵考量，甚至經常是**唯一**考量。外國群體一如既往地承載著「未知」的威脅，但更迫切的是，這次的威脅是未知的**疾病**。在世界開始廣泛使用簽證與護照之前，旅客必須持有的重要文件是「未染病」證明。此時，邊境最主要的角色為「防疫線」（cordons sanitaires）：它們不再只是領土範圍的武斷標記，反而具備了明確且急迫的目的，成為生物性檢查的場所，同時也是將潔淨區及污染區畫分開來的實質線條。[38]

但這其中還有另一件事在發酵。由於作為進入歐洲的第一道屏障的艾爾托爾，與歐洲大陸本身仍有一大段距離落差，所以歐洲可說是將衛生門檻外包給這個遙遠荒涼的海岸線，這也意味著，歐洲的強權已經踏出了自己的領土範圍，實行著某種生物殖民主義，在疾病的威脅根本還沒來到歐洲邊境的跟前，就開始進行遠端管理。[39]

這項政策在希冀能夠改善全球健康標準的誠摯渴望中，混入了自我利益、種族定性，以及國族「純淨」的隱藏概念。但裡頭的核心，是人們對於一件至關重要、不可改變之事的認知——**個別邊界是不夠的**。於是，整個世界就這樣被串連了起來。往後，如此巨幅的連結只會持續成長、扎根，有如線狀靜脈曲張一般擴散至地球上的各個角落。不論你是誰、住在哪裡，你都不再擁有真正的選擇自由。你已經成為這個巨大而相互連結的全球性免疫系統的一部分了。

班傑明告訴我一個故事，發生在他還在麥吉爾大學攻讀學士學位的最後一年。那時候是一九九八年，而在當時的五年前，美國有一個叫做「四角落」（Four Corners，因位於亞利桑那州、猶他州、科羅拉多州及新墨西哥州邊界線交會處而得名）的地方爆出一種神祕的疾病。患者抵達醫院時，都處於急性呼吸困難的狀況，不久後便因為自體產生的液體而溺斃。在已知的疾患中並沒有出現過相符的症狀與表現，病毒學家花了好幾個星期追蹤其來源。

「他們最後終於釐清來源，是被受到感染的老鼠接觸過的灰塵。」班傑明說：「老鼠會在灰塵中排尿，而當灰塵被激起的時候，人們就會吸到。」過程中，有一種先前未知的漢他病毒變異株，會進入他們的身體。世界各地的齧齒動物身上都可以找到漢他病毒，但這種病毒具有許多不同的變異株。

「我那時候想說，去研究在蒙特婁流行的毒株是哪一種，應該挺有趣的。」他說：「然後再去看它們跟四角落的有什麼差別。」

他開始在大學校園四處放置捕鼠器，包括辦公室、化學實驗室，甚至是停屍房，然後每天早上五點起床去查看他抓到了什麼。

「我變成麥吉爾終結者。」班傑明笑道。

最後，他在四個月內共蒐集了兩百隻以上的老鼠。他將牠們的肺部移出，並使組織「均質化」——粗魯一點來說，就是把它壓扁、混合成液體形式——將它變成ＲＮＡ。如此一來，他就能夠尋找病毒了。只不過，他後來並沒有走到那一步。

「我不知道自己在幹嘛。」他說：「我那時候才二十二歲，我以為我已經遵照了所有規則，我也聯絡了加拿大衛生研究院（Canadian Institute of Health Research），但最後一定是我的其中一封電子郵件碰到某個覺得『噢，我的天啊，這個小孩不能這樣做』的人，然後他們很快終止我的研究了。」

他又大笑了起來，同時搖了搖頭。

「這件事很奇怪，因為如果你在家裡抓老鼠，根本不需要申請許可，但如果你的目標是在家裡抓老鼠來看看牠有沒有病毒，那你突然就必須具備生物安全三級的訓練。」

在我跟班傑明聯絡的不久前，我正在重讀阿爾貝・卡繆（Albert Camus）的小說《瘟疫》（*The Plague*），故事背景設定在法屬阿爾及利亞的一座隔離小鎮，約為第二次世界大戰前後（小說開場把日期標在「一九四一年」）。這個故事的巧妙之處，在於它把一位小鎮醫生的筆記本加以拼湊。在敘事的最開始，貝納・李爾醫生（Bernard Rieux）回想到自己某天早上離開診間時，在外面的地上發現一隻死老鼠，而他只是「隨便地把牠推到一旁，未多加留意」。當天傍晚，他回到家，正在找鑰匙的時候，又看到另一隻老鼠踉蹌地走到走廊上。

「那隻生物停了下來，看起來正在試圖找回平衡，接著牠又停了一下，帶著微弱的慘叫不斷旋轉，最後終於摔倒，鮮血從牠半開著的唇間湧出。醫生看了牠片刻，接著便上樓了。」[40]

整個小鎮的老鼠接連死亡，一開始死了幾百隻，接著變成幾千隻，都紛紛從「地下室與儲物間、地窖與下水道，排成冗長的搖晃隊伍」來到地面。雖然鎮民確實覺得這一切十分奇怪又令人不安，但當他們認知到危險的到來時，已經太遲了。當第一起死亡案例——李爾的公寓門房——發生時，疾病早已大為流行。很快地，政府決定將整座小鎮封鎖起來，將人口隔離於牆內，任由命運決定他們的生死。

卡繆創作這本小說的用意，在於託寓法西斯主義大為擴散的隱憂。其中，瘟疫正是緩緩蔓延的意識形態，雖然起步很慢，但不久後便開始迅速且失控地擴散，同時帶來致命的結果。在二〇二〇年末閱讀這本書時，反倒能感受到更加直觀、更符合字面意義的類比。當班傑明跟我提到麥吉爾大學的老鼠時，我不禁開始把他置入李爾醫生的角色。但在我的想像中，他應該不會忽視在診間外地上的第一隻老鼠，而會把牠直接帶到實驗室裡，取出牠的肺，然後嘗試釐清牠的死因。

在小說中，當鎮民終於體悟到情況究竟多麼駭人時，他們悲嘆自己「從未想過我們的小鎮會被特別選中，成為老鼠死於光天化日之下、門房死於怪異疾患的地方」。[41]

但到頭來，或許從來沒有人能夠預見這種情況吧。班傑明向我提到他幾乎每週一早上都要開會，與會者包括西奈山伊坎醫學院內四、五間實驗室的主持人，他們會討論、分享自己在流行性感冒研究中各自領域的資訊。在二〇二〇年一月的其中一場會議上，他們首度討論到「那些關於一個來自中國的奇怪呼吸道病毒的新聞」。當時，坐在會議桌邊的有四位病毒學專家，其中兩位已經憑著自己在流感上的研究成為美國國家學院成員（US National Academy of Science Members）了。而在這四人當中，只有一個人為此感到著實擔憂——組內年資最淺的一員。

「我們覺得它聽起來很像SARS。」班傑明說。

SARS，亦即嚴重急性呼吸道症候群病毒，是種「乙型冠狀病毒」，首次於二〇〇二年出現，全世界共有八千多人感染，致死率約達百分之十。十年後出現另一個新的乙型冠狀病毒變異體，稱為MERS，亦即中東呼吸症候群冠狀病毒，雖然只有兩千五百人感染，但致死率超過三分之一。

「然後這兩種病毒都具備高度自限性，」班傑明說：「所以當天氣變熱的時候，SARS很明顯地就從地球表面消失了——或至少它回到蝙蝠身上。至於MERS，事實上，它是盛行在駱駝之間的流行病，只傳到少數人身上而已，並沒有很顯著地爆發，看起來並不是什麼大問題。所以，我們三個比較資深的病毒學家的立場是：即使那是一種病毒，即使那是一種乙型冠狀病毒，它也不會真的『長腳』、不會跑得多遠，然後一切都會沒事的。」

班傑明下意識地揉了揉太陽穴。

「但當這種病出現在義大利時，我們全部都不再這麼認為了。」

根據報導，義大利的第一起案例發生在二月二十一日，位於米蘭北方附近的小鎮倫巴底（Lombardy）。

「一旦那個情況發生之後，你就很難找到世界上有哪個病毒學家會告訴你，他們相信這個病毒不會散布至全世界了。」

兩週後，一小只螺旋蓋試管被送至班傑明在紐約的實驗室。試管內裝有紅色液體，是從西雅圖一位已經去世的病患身上採樣、經過均質化處理的肺部組織；該病患前不久剛從歐洲返回美國。組織當中含有嚴重急性呼吸道症候群冠狀病毒二型，亦即SARS CoV-2，也就是後來導致「新型冠狀病毒肺炎」或「COVID-19」的病毒。

班傑明的實驗室與眾不同的地方，在於他們不只專門研究單一病毒，而會探討不同病毒在宿主體內造成的影響。他們聚焦在細胞的邊界線上，包括當它被侵犯時會發生什麼事，以及免疫系統如何處理感染，或是對感染讓步。

「從某些方面來看，它就只是另一個病毒，讓我們可以應用我們一直以來都在做的事，」他說：「所以要去調適其實不是件非常困難的事。」[42]

在接下來的那一週，美國國防部提供了數百億美元補助班傑明的團隊，讓他們全力投注冠狀病毒研究。

「那簡直是瘋了，我不得不把我的實驗室弄得天翻地覆。先是這一大筆政府合約，然後大家又只想要得到答案。全世界可能只有十幾個實驗室，具備可以養雪貂和倉鼠的生物安全三級設備——牠們剛好是能夠自然感染冠狀病毒的其中兩種動物——而我的實驗室就是其中一個。所以很大的一個原因，就只是因為我剛好有正確的資源和能力去做這件事。」

就在班傑明的工作量大增之際，他也眼看著紐約市在他周遭大規模停擺。西奈山伊坎醫學院旁的醫院除了拒收所有非職員患者，同時也暫停進行所有非急需外科手術。

「它變成一片荒地，非常安靜，然後他們開始在大廳蓋房間。如果哪裡有空間，他們就會把它變成新的房間，以增加加護病房的數量。」

醫院過街是中央公園。他們在東草坪上豎起了一個大型帳篷，那個空間很快就被改造成臨時的醫療建築。

「看起來很像戰區。」他說：「然後街上真的空空如也，沒有半個人影、沒有任何人開車上街。你唯一能聽到的就只有救護車。」

班傑明和他的團隊沒日沒夜地工作，凌晨就進實驗室，一直待到深夜才離開。

「我從我家騎機車通勤，」他告訴我：「而且還可以直接騎在大街中央，因為根本就沒有半個人在那裡。」

在班傑明實驗室工作的博士生黛西．霍格蘭德（Daisy Hoagland）帶領著我在一片不熟悉的抽象地貌輪廓上穿梭。我們當時在看的影像，有如你從正上空望向一段岩質海岸線的景象：半圓形的海灣連接至一系列地質崎嶇的小港，再向上延伸至岸邊，而海岸後面還有一面貌似峭壁的大斷崖。唯一不同的是，眼前這幅景象的顏色不太對勁：所謂的「海」是白色的，而「岩石」和「大地」呈現出紅、紫、深藍色等色調。[43]

「你看到了看起來糊糊的地方嗎？」她問我：「它不應該是糊的。」

她所指的地方是海洋和海岸的接壤處。那裡的土地變得模糊不清，好似部分地段被拍打著海岸的浪給遮蔽了。

「那代表支氣管細胞凋亡。」

細胞凋亡，亦即細胞之死。

「那些深藍色的點……」黛西指著那些在海灣四周、看似成堆巨石的地方，解釋道：

「大多為細胞核。每一個點都是一個細胞，然後在支氣管上皮位置排列著數以百計的細胞。」

我們在研究的地貌，事實上是一隻染上 COVID-19 的倉鼠的肺部組織，我們以四百倍數放大觀看。支氣管上皮是細胞薄膜，其中排列了上百萬個肺泡，也就是一小顆、一小顆的氣囊，在肺部內管理血液與氧氣的交換活動。而在影像中的海或白色空間，就是一個肺泡，四周圍繞著以上皮構成的海岸線。

「我們現在正在看的，」黛西說：「就是冠狀病毒殺死細胞、造成大量碎片與更多病毒釋出的方式。那就是這裡正在發生的事——細胞正在死去，並釋放出一些東西。」

生物的漂流廢料與投棄物品，也就是細胞體，被沖上海岸或被帶入海中。

接著，她帶我前往更多不同地貌。下一個是另一隻倉鼠的肺，但以兩百倍數放大。事實上，我們又飛到更高處了，現在看到的不只是一個海灣，而是整條海岸線。其中，河流出海口匯入一片海洋，吐出有弧度、貌似沙洲的東西；海岸上則有一些活動在熱鬧地舉行著，呈現出高密度的黑點叢在互相爭奪位置。

「這些全都是嗜中性白血球，」黛西說：「有很多、很多。」

事實上，它們變得太多了。**嗜中性白血球**是免疫細胞，屬於白血球的一種，是我們身體中最常見、數量最多的邊界守衛。

「這顯示出免疫反應出現不平衡的現象。一切的重點都在於平衡。如果你讓天秤過度傾向其中一邊，那會變得極度有害。就好像由很多東西所交織而成的優美管弦交響樂，必須發生在正確的時間點上一樣。但在這裡，它的免疫反應是錯的，就只是在製造出更多疾病而已。」

軍隊不斷前來，將這片地貌踐踏於軍靴之下。

我們繼續前往另一幅景色，此時放大倍率為一百倍，那是一片濕地或一片由湖泊與水體拼湊而成的地貌，其中包含了幾條細長的土地，而在幾座湖泊周遭，繞有細小的粉紅色線條。

「看到這些粉紅色的東西了吧？你現在看到的是水腫，」黛西說：「嚴重的血管性水腫。」血液從血管溢出，進入周遭的組織，造成積水與水腫，如果沒有好好治療的話，可能會導致呼吸急促、整個呼吸衰竭，或甚至死亡。

某種程度來說，這些影像讓我感到既驚人又超現實，或甚至可說是**不真實**。這個內部的細胞地形，對我而言完全像是異域一般，只能透過隱喻和明喻加以理解。但與此同時，黛西向我展示的病毒感染最前線，那正是當冠狀病毒越過邊界線、進入宿主身體時，會發生的事件。

「很瘋狂吧？」黛西對我說：「那是一個我們看不到也無法徹底瞭解的完整世界。我永遠不可能不為之著迷。」

黛西於紐澤西長大，十幾歲時就讀了一所生物科技技職高中，之後繼續到佛蒙特大學

（University of Vermont）攻讀微生物學。畢業後，她曾有過一小段時間思考著要離開科學界，改投入國際發展領域就業。不過，到了最後，醫學研究對她的吸引力實在太強了，令她無法忽視（「敬愛的上帝，誰來給我個吸量管吧。」她只在加州柏克萊的一個非營利組織工作兩週，就發現自己開始覺得：「沒站在實驗台邊，讓我感到非常不得志。」）。她於二〇一八年加入班傑明的實驗室，起初在做的是一項關於流感的病毒工程專案。直到二〇二〇年三月的第二週，「一切在一夜之間突然全都變了」。

當時，黛西本身已經染上冠狀病毒了，她的姊妹和父母也是——她在旅行禁令實行之前，曾到紐澤西拜訪他們。她馬上就認知到這場全球大流行的現實，尤其她本人又是一個病毒學家。

「有時候非常奇怪。」黛西說：「這個病毒——我自己在研究的病毒——你可以想像得出來它在對你的細胞做什麼。這種感覺很奇怪，自己知道的太多了。」

過了檢疫規定的隔離時間之後，她立刻回到西奈山的研究團隊。他們實驗室對於冠狀病毒的研究進展十分迅速，快到已經開始讓第一批雪貂感染，接著是倉鼠，以追蹤冠狀病毒在宿主體內究竟在做些什麼。倉鼠算是最佳範本；牠們是和人類具有相同「受體」的最小型囓齒動物。受體是細胞表面的一種蛋白質，稱為ACE_2，是病毒最先附著的「刺突」蛋白，以便強行進入人體。[44]

這個步驟是他們在西奈山研究中心內建的生物安全實驗室進行的。那裡有點像是病毒研究的「細胞核」，他們可以在那裡活生生地「操作」病毒。黛西向我描述進入實驗室的程序：她必須通過一連串有如細胞壁的接待室，接著才能抵達通往疫區的最後空間。

「你必須戴上N95口罩，然後穿上防切割袍、鞋套、頭套、防護面罩，還有兩雙不同顏色的手套，這樣一來，你就能知道是不是有其中一雙破掉了。」

在實驗室內，一切處於「負壓」之中。

「負壓會吸入所有的空氣，」她解釋道：「所以當你打開門的時候，病毒粒子完全沒有機會從空氣中離開實驗室，因為空氣會一直不斷藉由過濾通風口被吸進來。」

她告訴我，她第一次進去的時候簡直嚇壞了。

「我開始眼冒金星，必須離開那裡。裡面壓力太大了，包括心理上的壓力，還有那股**負**壓——如果你不習慣的話，可能會頭暈。我們大家的工時都很瘋狂，每週七天、每天十二小時。過了幾個月、到了六月的時候，開始有股壓力把我壓垮，因為我只不過是個見習生，但同時我也知道自己是個關鍵角色，盡可能努力地工作，以拼湊出整幅拼圖。那種感覺讓我覺得像是一種生存壓力。」

在實驗室內、在那些緊密連結的房間的核心位置，黛西與同事正在測試COVID-19，試圖套取它的策略，希望能夠找到征服它們的方式。而在實驗室外、在紐約市的街上，則是一場現場播映、未經過濾、毫無控制的實驗。病毒在無數個人類宿主的體內「逍遙法外」，透過許許多多次救護車警報器的哀嚎宣布它的存在。

「你每天都在研究新冠病毒，」她說：「然後你也會一直經過中央公園的巨型帳篷醫院去買菜。」

黛西搖了搖頭，安靜了片刻。

「這簡直是瘋了。」她繼續說：「有時候我想到這件事，會覺得：『我會不會受到COVID-19的長期影響啊？現在這一切是不是我自己的幻覺？』坦白說，有時候我真的會有那種感覺。我在全球大流行的震央攻讀博士學位，而且不只是這樣，我還在這場改變世界的疫情爆發時研究RNA病毒。很多時候，這一切都讓我覺得很超現實。」

班傑明的團隊發現新型冠狀病毒做了非常不尋常的事，是病毒學家以前從未見過的。

「舉流感為例，」班傑明對我說：「當流感第一次進入細胞時，它會阻止細胞號召軍備、號召增援，因為這兩件事對它來說都不是好事。」

在流感感染的第一階段內，流感會阻止干擾素向其他細胞發出危險警告、阻止細胞介素將訊息向外傳給白血球，以擾亂免疫系統。

「它會中斷所有通訊，」班傑明說：「所以就變成，你體內受到感染的細胞試圖發出第一則訊息時，就被打斷了。然後它們再試圖發出第二則訊息——**打斷**。」

此時，身體不知道有人違規闖入了，花了一些時間後才知道通訊網絡中有一小部分黑掉了，而流感正是利用那段時間複製、增生。

「但至於新冠病毒，」他說：「一旦它闖入第一個細胞的邊界時，它只會阻止它號召軍備，並不會阻止它號召增援。」

以「號召增援」而釋放干擾素的行動，代表著病毒會遇上立即威脅。

班傑明說：「它在第一次攻破城牆時，必須至少複製出成千個自己，才有辦法感染成功、繼續傳給下一個人。」於是，新冠病毒將所有的力氣拿去抵銷眼前的立即威脅，任性地忽視了人體終究會派來的重型火炮。

引用班傑明的說法，「病毒就像在說：『我不在乎，我就是要讓你繼續去號召增援。那可以幫我爭取到五天的時間來產生幾千個自己、離開危險之地、進入下一個細胞，然後再複製出幾千個我——那就是我的策略』」。

不過，這項策略有可能會在宿主體內的組織中造成毀滅性的破壞。[45]

「因為你用來號召增援的水龍頭還持續開著，那病毒在肺裡跳來跳去的時候，你就只能不斷地號召更多、更多的增援。於是，你的肺裡就會充滿那些設計用來引起發炎反應的細胞。發炎反應原本應該是要局限在部分範圍內的，但當那些細胞來到肺部時，病毒已經到處瀰漫了。」

就像黛西給我看的倉鼠組織採樣那般，免疫系統會反應過頭。病毒在殺死細胞、自我複製，而隨之而來的是大量的嗜中性白血球軍隊，不斷疊加傷害。氣囊內充滿了這場細胞之戰所帶來的炸彈碎片和廢棄物，也就是那些被沖上海岸線的細胞體。呼吸道便因此阻塞，呼吸開始變得困難，有時候甚至根本無法呼吸。

「這真的是一個亂七八糟的病毒，」班傑明說：「它會留下很多碎片。」多到那些碎片可以離開感染原點——最常見的是呼吸道和肺部——跑到人體大循環的系統中。

「如果你去細看其他地方，」他說：「在大腦、心臟、肝臟、腎臟、脾臟、胰臟和腸胃深處，到處都呈現著這般大規模的發炎現象。於是，到處都可以看到號召增援的令書。」

我們繼續聊，讓我不禁想到微生物世界與「巨觀政治」世界之間的相似處，後者指的是我們所棲居的這個世界。班傑明覺得這個類比很有意思，就接過來談下去。

「如果你把每個器官視作一個國家，」他說：「那現在在發生的事，就是呼吸道這個國家已經向其他所有國家發出警告，說這是一個嚴重的問題喔。於是，各個器官以它們自己的方式搭起邊界，而且每個邊界都很獨特，像是大腦提出的防禦，就跟肺部提出的防禦非常不同。」

此時，身體就是這麼地敏感。它都已經準備好，沿著體內許多的邊界線建造好屏障，針對病毒打造出一個險惡的環境。然而，問題是，為了在邊際上如此加強防備，會讓新陳代謝付出代價。

「於是，在肺部大叫『噢，我的天啊，它要來了』的同時，」他解釋道：「腎臟會回應那則訊息，說：『好的，我們準備好了。』然後它們就會加強防備，但為了加強防備，它們身為腎臟原本的功能就必須得做出妥協。大腦也是這樣，其他器官也是這樣。要製造出那些防備需要很多能量，而你本來需要那些能量，才能讓身體維持正常的運作。」

在這樣的壓力底下，裂隙便開始浮現。人們被送入加護病房時，同時也出現腸胃相關症狀，或心臟出現問題。

「這些已經不再是病毒本身所造成的結果了，」他說：「而是整個身體的器官耗費過多不必要的能量而產生的結果。」

身體系統開始執著於外來物的入侵，在試著把它們趕出去的同時，將自己搞得粉身碎骨。這讓我不禁想說，再也沒有什麼病毒比它更適合我們當前的這個時代了。

二〇九九年，一名男子開始撰寫世界史。這將是世界上最後一段被寫下來的歷史、最後一本書、最後的最後，因為這名男子是地球上**最後**一個活著的人。

他的名字是萊昂內爾・弗尼（Lionel Verney），他在羅馬空無一人的街上獨自遊蕩，穿梭在棄置的皇宮、教堂與廢墟之間。他以科隆納宮（Palazzo Colona）為家，「其宏偉、其珍貴的畫作、其壯觀的廳堂，都是讓人感到安慰、甚至興奮的物品」。他經常流連於梵蒂岡的各大廳堂、擁抱古羅馬廣場上的巨大石柱，並將他「熾熱的臉頰」貼在它們「冰冷的恆久」上。他也會拜訪市區內的各大圖書館、挑出任何吸引他目光的書籍，然後在台伯河（Tiber）的岸邊找一個「有蔭的小角落」坐下來閱讀。

他唯一的同伴是一隻牧羊犬，他發現牠仍在坎佩納（Campagna）牧羊、將羊群維持在一起，「完成牠的職責」、重複著「人類教導牠的內容，即使現在已經毫無用處了，但牠依然沒有忘記」。而在另一間空房內，他發現一個作家的閱讀室，半完成的稿子散落一地。正是因為這個發現，才激發他將自己遇到的事寫下。他將自己的著作獻給「卓越的亡者」，要他們的「幽影」全都「起身來閱讀你們的殞落吧」！

七年前，二〇九二年時，一場瘟疫降臨，似乎是由「尼羅河岸邊」發跡，很快便擴散至君士坦丁堡。君士坦丁堡當時受到希臘包圍；希臘已經和土耳其打了將近兩世紀的戰爭了。瘟疫將這座飽受衝突的城市摧毀之後，隨著士兵回到雅典。在那裡，人們開始如同「無情鐮刀下的成熟玉米」一般病倒，而雅典市內的古代寺廟紛紛被改建成停屍間。當年六月，來自東方的新聞報導表示，有天早上「升起的太陽呈現黑色」。據傳，伊斯法罕（Isfahan）、北京和德里的街上，布滿了「被瘟疫擊垮的屍體」。

萊昂內爾接收到這些新聞時，正與一小群友人住在英國。「我們在這個多雲的小島上，」他說：「距離危險十分遙遠，唯一可能將這些疾病帶到我們家門口的，就是每日從東方前來、滿載著移民的船隻。」當時，在他們看來，這個距離幾步之外的災禍依然相當遙遠。他們聽到「在已經受到感染的國家周遭的鄰國，紛紛展開嚴謹的計畫，希望能更有效地將敵人屏除在外」。但對他們自家的政府而言，「沒有必要過於警惕；英國依然安全無虞，畢竟在我們及瘟疫之間，還有法國、日耳曼、義大利與西班牙居中，這些高牆仍未遭受破壞」。

然而，他們發現，原本英國與外界之間繁忙的貿易及旅遊網絡開始逐漸崩潰，再也沒有從國外港口前來的貨船，客船也都不見了。原本一度「為了歡愉與利益而聚集的大量繁忙人潮，現在能聽到的只剩下哭嚎與悲慘的聲音」。來自國外的新聞報導不斷顯得愈來愈絕望，他們聽到「美國的大城市、印度斯坦的肥沃平原、中國的擁擠住宅，皆面臨徹底摧毀的威脅」。疫情正在迫近。「我們回想起一三四八年的瘟疫，據統計，當時有三分之一的人類慘遭毀滅。目前西歐仍未受到感染，但能永遠保持這樣嗎？」

不可避免地，答案是**不**。到了二〇九二年八月底，疫情攻占了法國和義大利：邊境和圍牆也阻擋不了它的蔓延。萊昂內爾認知到，不論怎麼想，這些關於領土的說詞都顯得十分荒唐：「國家不再！」終於，疫情擴散至英國境內了，世界上的各個角落沒有一處不淪陷。「全世界……」他說：「都有瘟疫！」

這幅噩夢般的未來末日想像，是瑪麗．雪萊（Mary Shelley）在完成她的恐怖傑作《科學怪人》（*Frankenstein*）八年後所撰寫的，最初以《最後一人》（*The Last Man*）為標題於一八二六年出版問世。[46] 事實上，雪萊在撰寫這本作品的時候，第一次的霍亂疫情正在世界各地橫行。這個致命疾病的傳播讓醫學專家感到費解，但顯然提供了非常有力的靈感來源。不過，雪萊本人的遭遇似乎也是如此這般的存在。

在短短幾年的時間內，她痛失了丈夫波西．雪萊（Percy Shelley）、摯友拜倫（Lord Byron），以及自己仍在襁褓中的女兒。「最後一人！」她在一八二四年五月的日誌中寫道：

「是的，我能深刻地描述這種孤獨存在的感覺，感覺好像自己是鍾愛族人所留下的最後遺物，我的同伴都在我之前滅絕了。」[47]她的小說是第一個深思人類因為疾病而滅絕的重要文學作品。雖然它在首度出版時受到書評屏棄、甚至嘲諷，但卻在今天產生更為有力而警世的共鳴。

在我和班傑明的對談即將結束時，我又針對他所形容的病毒與我們免疫系統之間的「軍備競賽」再提問了一次。因為在我看來，在軍備競賽的脈絡中，往往會有一道可能被跨越的門檻、一條沒有回頭路的臨界線。好比核武的發明，人類打造出一個雙方皆必受摧毀的可能。所以我就在想，如果我們依循著他的比喻，那是不是在微生物層級上，也會有類似的風險發生呢？在細胞裡的這場「勝人一籌」遊戲，有沒有可能變得太超過呢？

「這樣說吧，如果你把地球視為一個巨大的生命形態——」他對我說：「基於能量本身在地球上的各個層級裡，都會在不同的有機體之間進行交換，你當然可以這麼想。而病毒在做的事——那並不是因為它們會思考，而只是基於病毒的本質——就是每當任何群體的數量變得過於龐大時，病毒就會出來將之擊倒。」

他告訴我，這就是我們隨時都會在各個不同物種、有機體身上看到的事。一個不斷成長的龐大群體為病毒提供了演化、散播及繁盛的環境。

「接著，那個群體的數量減少，病毒便無法繼續維持，或是剩餘的群體對於病毒具有抗體，所以病毒就掉出雷達範圍之外，而那個群體就又可以再度成長，直到下一個東西的出現。」

這就是生存的既定模式。

「但話又說回來，身為人類，」班傑明說：「我們在這其中真是在亂搞一通，因為抗體和疫苗的發展對傳染病來說**就是**核武。而你可以說，假如有一個病毒或細菌或真菌，是在我們使用這些武器的脈絡中出現的——我們現在確實正在使用這些武器——那它可能會具備真正的毀滅性。」

他大致描述了一個情境，好比MRSA、亦即金黃色葡萄球菌（*Staphylococcus aureus*）這類的細菌，如果演化或產生變種，變得再也不怕我們丟向它的核武，「那麼，接下來會發生的事，就是我們可能會失去一半的人口。但你會發現，有些人藉由基因突變而不再受到這個威脅的影響。然後戰爭又會重新開打，這就是事情好幾百萬年來的發生軌跡。」

而與此同時，我們的記憶力非常短暫，不喜歡對疾病有所留戀。在卡繆的小說《瘟疫》的最後，被疫情重擊的小鎮總算獲救了。染病的案例下降，接著完全消失；隔離的封鎖大門終於敞開，人們湧上街頭，快樂的呼聲於鎮上的各個角落紛紛響起。然而，相較於其他人，李爾醫生顯得無動於衷。他想：「這份喜悅始終屈居於威脅之下。」因為他知道「鼠疫桿菌永遠不會徹底死去或消失，反而能夠潛伏好幾十年……而或許哪天，在人類的指示之下或不幸使然，瘟疫又會再度煽動老鼠，把牠們送至某座自滿的城市赴死」。[48]

班傑明說：「你常常會聽到有人說：『噢，這是百年難得一見的全球大流行，所以當它結束之後，我們就會有另一個安穩的一百年了。』我覺得很好笑。真相是，那只不過是個賭徒謬誤；我不覺得事情真的是這樣運作的。所以說，像新型冠狀病毒這種病毒……你可以發現它們正變得愈來愈常見。我覺得，它們會繼續普及化，因為我們自己也在破壞規則。」他認為，病毒將無可避免且十分快速地對醫療科學所呈上的挑戰產生適應能力，而原子塵會從我們所部署的「核武」落下，也就是抗體及疫苗，因為這是一場永遠不會結束的戰爭。

於隱喻上，邊界是全球疫情這場戰爭中的前線，而它們在這其中同時變得既至關重要卻又無關緊要。它們被關閉、加強、封鎖，但有時候又仍保有漏洞。你只需要有一個人身上帶著病原體溜過去，那些邊境就會瓦解、縮水，然後一層又一層地推演下去：從你的國家到你的城市、你的小鎮、你的村莊、你的房子、你的公寓、你的房間。

最後，在我們自身最貼近的周圍以外——在我們的皮膚、血液與骨骼，在我們的細胞、蛋白質、DNA與RNA之外——領土不再具有任何意義。而到了那個時候，如同雪萊於《最後一人》中寫道的那般，「我們的心智原先穿越無數個場域、無盡的思想集結擴散至國外，如今則將自己限縮在這道血肉之牆背後，只求保住其完好的狀態即可」。[49]

注釋

1 M. de Piazza，引自R. Horrox, *The Black Death* (Manchester University Press, 1994)。

2 Horrox, *The Black Death*.

3 Horrox, *The Black Death*.

4 Horrox, *The Black Death*.

5 J. A. Legan, 'The medical response to the Black Death', James Madison University, Senior Honors Projects, 2010–current. 103; S. K. Cohn Jr, *Epidemics: Hate and Compassion from the Plague of Athens to Aids* (OUP, 2018).

6 G. Boccaccio, *The Decameron*, trans. W. A. Rebhorn (Norton, 2013).

7 Boccaccio, *The Decameron*.

8 Boccaccio, *The Decameron*.

9 Boccaccio, *The Decameron*.

10 Legan, 'The medical response to the Black Death'.

11 Boccaccio, *The Decameron*.

12 A. Cliff and M. Smallman-Raynor, 'Containing the spread of epidemics', *Oxford Textbook of Infectious Disease Control: A Geographical Analysis from Medieval Quarantine to Global Eradication* (Oxford University Press, 2013); P. A. Mackowiak and P. S. Sehdev, 'The origin of quarantine', *Clinical Infectious Diseases*, vol. 35, issue 9, 1 November 2002.

13 Cliff and Smallman-Raynor, 'Containing the spread of epidemics'.

14 Cliff and Smallman-Raynor, 'Containing the spread of epidemics'.

15 Cliff and Smallman-Raynor, 'Containing the spread of epidemics'.

16 Magistrato della sanità (1752)，引自Cliff and Smallman-Raynor, 'Containing the spread of epidemics'。

17 G. Rothenberg, 'The Austrian sanitary cordon and the control of the bubonic plague: 1710–1871', *Journal of the History of Medicine and Allied Sciences*, 28 (1973), pp. 15–23.

18 'Mappa geographica qua preacautio contra pestem post factam locorum, iuxta Pacis Instrumenta, Evacuationem ac Demolitionem in Confinibus istis Cis-Danubialibus instituenda ostenditur' ('A Geographical map in which are shown the precautions that are to be taken against the plague within these Cis-Danubial regions after the evacuation and demolition of places in accordance with the peace treaties') Cliff and Smallman-Raynor, 'Containing the spread of epidemics'.

19 Cliff and Smallman-Raynor, 'Containing the spread of epidemics'.

20 M. Drancourt and D. Raoult, 'Molecular history of plague', *Clinical Microbiology and Infection: The Official Publication of the European Society of Clinical Microbiology and Infectious Diseases*, vol. 22 (2016), p. 11: J-L. Ditchburn and R. Hodgkins, 'Yersinia pestis, a problem of the past and a re-emerging threat', *Biosafety and Health*, vol. 1, issue 2 (2019); C. E. Demeure, O. Dussurget, G. Mas Fiol et al., 'Yersinia pestis and plague: an updated view on evolution, virulence determinants, immune subversion, vaccination, and diagnostics', *Genes Immun* 20 (2019), pp. 357–70.

21 US Centers for Disease Control and Prevention, overview of plague: https://www.cdc.gov/plague/index.html.

22 B. R. tenOever, 'The evolution of antiviral defense systems', *Cell Host & Microbe* 19, 10 February 2016.

23 D. Jordan, 'The deadliest flu: the complete story of the discovery and reconstruction of the 1918 pandemic virus', Centers for Disease Control and Prevention, 2018: https://www.cdc.gov/flu/pandemic-resources/reconstruction-1918-virus.html.

24 Jordan, 'The deadliest flu'.

25 Jordan, 'The deadliest flu'.

26 E. Rybicki, 'The classification of organisms at the edge of life or problems with virus systematics', *South African Journal of Science*, vol. 86, no. 4 (1990): https://journals.co.za/doi/10.10520/AJA00382353_6229.

27 M. M. H. Farahani, *A Shi'ite Pilgrimage to Mecca, 1885–1886* (University of Texas, 1990).

28 Farahani, *A Shi'ite Pilgrimage to Mecca, 1885–1886*.

29 *The Times*, 14 October 1818.

30 P. Zylberman, 'Civilizing the state: borders, weak states and international health in modern Europe', *Medicine at the Border, A. Bashford* (ed.) (Palgrave, 2006); Cohn Jr, *Epidemics: Hate and Compassion from the Plague of Athens to Aids*.

31 Cohn Jr, *Epidemics: Hate and Compassion from the Plague of Athens to Aids*.

32 C. Low, 'Empire and the Hajj: pilgrims, plagues, and pan-Islam under British surveillance, 1865–1908', *International Journal of*

Middle East Studies, vol. 40, no. 2 (2008).

33 Dr Achille Proust，引自Low, 'Empire and the Hajj: pilgrims, plagues, and pan-Islam under British surveillance, 1865–1908'。

34 Low, 'Empire and the Hajj: pilgrims, plagues, and pan-Islam under British surveillance, 1865–1908'.

35 Zylberman, 'Civilizing the state: borders, weak states and international health in modern Europe'.

36 Dr Achille Proust，引自Zylberman, 'Civilizing the state: borders, weak states and international health in modern Europe'。

37 Zylberman, 'Civilizing the state: borders, weak states and international health in modern Europe'.

38 Zylberman, 'Civilizing the state: borders, weak states and international health in modern Europe'; A. Bashford, 'The age of universal contagion: history, disease and globalisation', *Medicine at the Border*.

39 Bashford, 'The age of universal contagion'; A. Bashford, *Imperial Hygiene: A Critical History of Colonialism, Nationalism and Public Health* (Palgrave Macmillan, 2003).

40 A. Camus, *The Plague* (Penguin, 1947).

41 Camus, *The Plague*.

42 班傑明團隊在獲得政府補助後的研究成果。B. R. tenOever et al., 'Imbalanced host response to SARS-CoV-2 drives development of COVID-19', *Cell*, vol. 181, issue 5 (2020)。

43 D. Hoagland et al., 'Leveraging the antiviral type-I interferon system as a first line defense against SARS-CoV-2 pathogenicity', *Immunity*, vol. 54, issue 3 (2021).

44 Hoagland et al., 'Leveraging the antiviral type-I interferon system as a first line defense against SARS-CoV-2 pathogenicity'.

45 tenOever et al., 'Imbalanced Host Response to SARS-CoV-2 Drives Development of COVID-19'.

46 M. Shelley, *The Last Man* (OUP, 2008).

47 M. Paley, introduction to *The Last Man*所引。

48 Camus, *The Plague*.

49 Shelley, *The Last Man*.

第十章

越過遼闊海岸的綠線

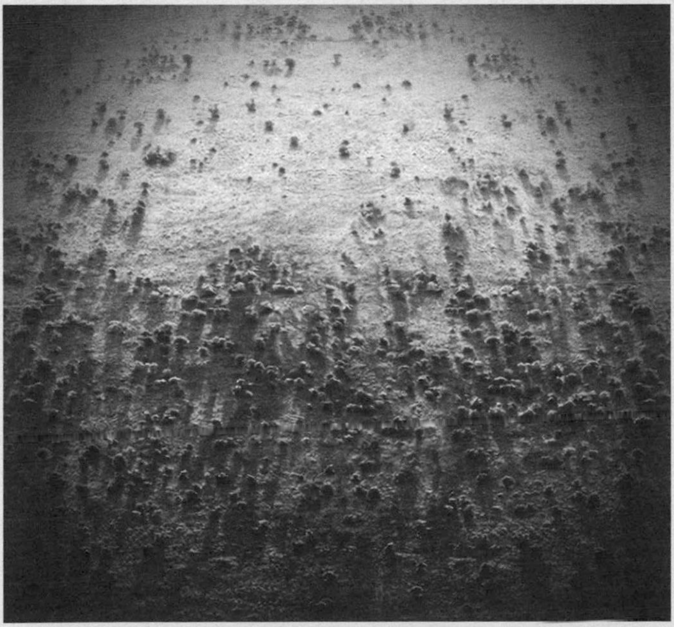

© Jason Edwards, bio-images.com

一九三〇年代中期，愛丁堡大學的森林學教授愛德華．史德冰（Edward Stebbing）曾前往西非尋找一條邊界線。這條邊界線很難以捉摸，因為它並沒有被標記在任何地圖上或記載在任何地方，只有非常模糊的文字描述。此外，它無時無刻不在變化，每一個季節都不同、每一年也都不同。它毫不理會自然邊界，行徑不規則而隨心所欲，總長長達數千英里。事實上，史德冰在尋找的是一條過渡中的線：他想要找出疏林草原變成沙漠的邊際，盡量愈精確愈好。

「目前為止，我已經花了數天時間在找尋疏林草原消失之處了。」史德冰寫道：「換言之，我已經走了數百英里。我數度以為自己已經找到真正的沙漠——無樹的沙漠——但卻只落得一場空。我本來就知道，在它們之間，不會真的有明確的界線，不會像所謂的疏林草原與高緯落葉混合林之間那樣，在彼此相互穿透的地方出現明確的分界。」相反地，據他所說，他所尋找的線要複雜許多。他繼續寫道，「沙地的逐步侵占」經常「顯得鬼祟，幾乎無法看見、無從察覺」。[1]

這條邊界存在於顆粒層級——就是字面上的意思。它是由植物的根、土壤、大地，以及地下水位的浮動所畫定而出，並且不斷重新修正。史德冰的旅程由東邊的查德湖（Lake Chad）湖岸往西走至法屬蘇丹或今日馬利的加奧（Gao），共計將近一千英里的距離。他的路徑來回跨越北奈及利亞與南奈及利亞的國界，同時也穿越了不斷轉變的不固定地貌。他寫到自己跋涉過「永無止盡的旱生落葉灌木叢，最終接壤的是覆蓋於岩塊上的低矮沙丘」；路經一大群牛隻、綿羊與山羊；看見矮丘上的灌木林與草原在夜裡燃燒，「大火循著不規則的線條爬上山丘，即使是這裡亦然——在距離大沙漠短短幾英里之處」！[2]

這些乾燥的範圍逐漸轉換為悠長的森林與猴麵包樹，抑或是在流入查德湖的支流科馬杜古約貝河（Komadugu Yobe River）四周爆炸般的綠地。「眼見這座優美翠綠的喬木林有如窄腰帶一般劃過這個國家、穿戴在這條河流的每個岸邊，堪為一奇特景致。」史德冰寫道：「再將它與貌似沙漠的疏林對比，後者在其中一側向南北延伸，而其北邊四處皆為沙漠外緣的黃色沙粒，以低矮沙丘的模樣呈現。」[3]

對他而言，不論沙漠座落於眼前一覽無遺之處，又或是地平線的另一端，似乎永遠都是一個壓迫的存在，有如鬼魅般揮之不去。「沙漠於多根杜齊（Dogonduchi）再度出現。」他寫道：「這座小鎮位於一處懸崖的邊緣，其中一側眺望著頂端平坦、末端渾圓的悠長山脊……四處皆為渾圓或異常尖銳的深色露出岩層，由砂質平原向上突起了五十英尺左右。」[4]

史德冰當時是坐著軍事卡車旅行的，他總是趕在溫度驟升的白天之前、於破曉之際出發，畢竟白天的典型特徵可是「熱氣與止不了的渴」。途中，他固定每隔一段時間便停下來，親自踏上大地找尋地貌轉變的蛛絲馬跡。好比「逐漸改由不斷增厚的沙毯覆蓋」的土壤層，以及慢慢拓展開來的灌木林——這是水源變得間歇、水平面下降的跡象。他寫道，漸漸地，「在疏林開始呈現愈來愈多叢腐朽的多刺疏林，另伴隨著叢生禾草時，便開始產生一連串的狀態改變」。這些草叢會維持一段時間，但它們已然是土壤退化的最終階段。很快地，它們也會消失，而到了那個時候，線條就得開始不斷地重新描畫，毫無停歇的機會。「這座沙漠……」他寫道：「已經征服成功了。」[5]

這裡所指的沙漠是廣大的撒哈拉沙漠，而史德冰所造訪的模糊邊陲地帶則是薩赫爾（Sahel），其命名源自阿拉伯語中的「sāhil」，意思是「海岸」或「岸邊」。薩赫爾有如腰帶一般，橫跨非洲最寬廣的位置，而這條涵蓋了疏林草原、大草原、多刺灌木林且共計七千公里長的範圍，將北方的沙海與南方的熱帶雨林畫分於線的兩側。至於史德冰所擔憂的是，這片土地看起來正在經歷改變，不但速度飛快，而且似乎毫不受控。

「沙漠正在前進！」他大聲疾呼道：「但至於以什麼方式，又或者多快？我仍在釐清當中。」不過，隨著他造訪了該區域更多地方，他變得愈來愈擔心。根據他所寫的描述，薩赫爾的人民「居住於邊緣之上。但那不是火山的邊緣，而是沙漠的，其威力無以計算，而其靜默、幾乎不可見的手法肯定更是難以預估。但結局卻顯而易見——在被攻克的地區內，植被將完全遭致湮滅，人與動物也將消失不見。」[6]

史德冰在愛丁堡大學擔任教授以前，曾以昆蟲學家與動物學家的身分為印度森林服務局（Indian Forest Service）工作超過十年。當時，他已經寫了一部三冊的著作《印度的森林》（*The Forests of India*），詳細列出十九世紀時，東印度公司醫療服務團隊早期的保育案例。該團隊原為外科醫生，後來紛紛改當起林務員，是最早期開始宣導環境將影響人類健康狀態的一群人。他們在印度時便已經警告人們，無限制的森林濫伐將帶來嚴重後果。[7]

從許多層面來看，史德冰前往西非的遠征，可說是這本著作的延續，後來也成為日後人們所說的「沙漠化」最早的其中一筆現代紀錄，其中包括人類活動對大地所造成的影響可能會致使生態系統惡化、使土壤退化且乾涸，以及生物量品質惡化或甚至徹底消失。（「沙漠化」一詞最早是由法國植物學家安德烈・奧伯瑞維爾〔André Aubréville〕於一九四九年時確立，出現在他的《熱帶非洲的氣候、森林與沙漠化》〔*Climats, forêts et désertification de l'Afrique tropicale*〕之中；他在提及薩赫爾時，如此寫道：「沙漠永遠是個威脅。」他也說，其威脅之巨大，讓你甚至能夠目睹「真正的沙漠正在今日誕生，就在我們的眼前」。）[8]

對史德冰而言，無庸置疑地，「撒哈拉沙漠穩定推進的證據確實存在」。但他也想問，有沒有任何方法能夠阻止它呢？他說：「針對這項威脅築起屏障，應該不會超出人類能力所及的範圍。」好比說，打造出一條「森林帶」以「複製先前曾存在之事物」並抑制沙漠的侵犯。他在這裡所預想的是一大條森林線，一千英里長、七英里寬，「其規模勢必足以處理與人類對立的那股力量；零星的努力絕對無法與這股靜默的入侵交鋒」。[9]

塔比・約達（Tabi Joda）在查德湖西緣生活、工作，那塊地過去曾在水面之下。他也在這個地區長大，是在喀麥隆的最西北端，橫跨在喀麥隆與奈及利亞邊界上的喬木森林。

「我們所擁有的玩具就是那些樹。」他告訴我：「它們是我們唯一可以拿來玩的東西，我們學著怎麼從一棵樹跳到另一棵樹上。那就是我們在成長過程中學會的東西——那個，還有踢足球。我們以前會用樹的乳膠自己做球，我從沒看過真正的球。」

他舉起一大坨淺棕色的高纖維材料給我看，看起來有點像是一大撮海草，又有點像是有生命的巨大橡皮筋。他朝它捏了一把，由於拉扯、延展而變得半透明。接著，他又讓它彈回原狀。

「如果你把它整個摺起來，」他說：「就可以做出一顆傳統的球了——森林出廠的足球。」

塔比年近四十，留著一小撮修得無可挑惕的山羊鬍，說著一口帶有法國腔的絕佳英語。他說話時如同在朗誦著抒情的長篇，跟那些用口語詞彙寫成的詩相距不遠，充滿了韻律、抑揚頓挫，以及強調性的長停頓。我們的對話雖然尷尬，但又處於一種獨特的舒適氣氛。

「我年輕的時候，」他說：「這裡還有很多植被、很多森林。以前，我們只需要走到離家二十公尺的地方，就可以碰到那些樹，我們會採集它們的乳膠。現在，你必須走好幾公里，你必須走非常遠的距離。」

他心不在焉地拉扯著手中的橡膠，讓它不斷地延伸又彈回去。

「以前不是這個樣子的。」他繼續說：「這裡以前也有樹，我以前可以從學校教室看到猴子，就在學校附近的樹上、在操場裡玩耍，但後來就再也沒看過牠們了。**那些猴子去了哪裡？那些狒狒去了哪裡？**我以前常聽到珠雞的聲音——那些野雞，牠們早上會把我吵醒。『哺叭——哺叭——哺叭——』牠們會在一大清早五點的時候，發出那樣的叫聲。但牠們再也不叫了，發生了什麼事？答案當然相當顯而易見——樹木都已經不在了，森林消失了。」

一九三五年夏天，史德冰的薩赫爾報告刊登於《地理學期刊》（*Geographical Journal*），還有著吸睛的標題：〈侵占中的撒哈拉：西非殖民地所面臨的威脅〉（The Encroaching Sahara: The Threat to the West African Colonies）。其內容讓英國與法國政府深感驚慌，因而聯合成立了一個邊界森林委員會（Boundary Forest Commission）以探究這項問題。一九三八年，委員會成員的研究發現總結也同樣發表於《地理學期刊》，他們大體上駁斥了史德冰「對於未來的悲觀看法」，並刻薄地表示，許多「在西非擁有豐厚經驗的觀察家」與他的結論「並不相符」。相較之下，他們認為「某些貧脊的農地被沙漠取代，屬無須驚慌之事」，因此「建立大規模的樹林庇護帶是不必要的」。在他們的觀點裡，「除了那些被人類干預的地方，天然的成林活動看起來十分穩定」。[10]

除了那些被人類干預的地方。重點就是最後的這一句。某種程度上來說，史德冰與委員會成員在爭論的正是隱喻修辭的語義學——**移動中**的沙漠的有力意象，其中，沙丘向外劇增的動向，恰如海平面不斷上升的大海的浪。這個想法既引人注意又令人恐懼，但卻缺之證據加以支持（史德冰本人後來曾經承認後悔使用「侵占」這個詞）。[11]然而，**真正**在經歷改變的，有時緩慢且多半難以察覺的，其實正是撒哈拉沙漠南側遼闊海岸線的地貌。薩赫爾並沒有在被沙漠**征服**，而是**正在變成**某種沙漠。史德冰與邊界委員會雙方皆意識到這個轉變，但關於其成因或其所代表的寓意，卻無法達到共識。是氣候？是農耕？是過度放牧和人口過剩？還是這只是該地區自然循環的一部分——畢竟那裡的降雨和水平面一向不斷地浮動？

數十年過去了。殖民統治在幾個世代的歷程中，穩定且全面地改變了土地的管理。他們引進嚴格控管的農耕技法，將農作物與樹木加以區隔。法國政府也引進了大量的花生與棉花等作物，以輸出回歐洲。為了達到產量及獲利增加的目的，致使農人必須擴大耕地，同時使用愈來愈多的邊陲地帶，在那裡犁土、以肥料增加沃度，抑或是噴灑殺蟲劑。於是，薩赫爾的遊牧人能夠使用的牧區便減少了。當地在轉型為後殖民世界的過程也有同樣的效果，尤其當那些國家宣布獨立，並在沙漠與疏林草原上大幅地刻鑿邊界時，便阻擋了牧人原本已使用了好幾世紀的放牧路線。農場主與牧場主互相爭奪土地的情況愈來愈常見，而在過程中，土壤和草皮若不是被過度使用，就是過度放牧。這片大地的古老韻律已經被摧毀、破壞了。接著，雨也不再落下。[12]

這一切始於一九五〇年代。每一年的降雨量似乎不斷變得愈來愈少，而烏雲也不再匯聚，或者就算匯聚了，也總是急著消散。沒有東西可以阻擋太陽猛烈的直射，熱氣便不斷堆疊。樹木若不是被砍來作為木材，就是被重整為大型種植園區，於是，耕地與農作物也沒有遮蔭。在許多地方，表土層開始乾枯、硬化，然後化為沙土。

到了一九六〇年代晚期，查德湖的水位逐漸下降。這座湖泊可是非洲規模最大的內陸淡水水源之一，同時也是喀麥隆、奈及利亞、尼日與查德的邊境交會點。它的盆地占據了整個非洲大陸將近十分之一的土地。雖然查德湖一直以來都有季節波動的現象，但這次不一樣了。一九七一年時，它縮小至正常尺寸的三分之一。其減水量可說是即將到來的危機最立即、最明顯的象徵。農作物開始歉收，植被與草原也開始枯萎、消失。沒有牧草可以食用之後，牲畜跟著死亡——許多國家當時失去了三分之一至半數的動物。此外，乾旱的觸手也伸到整個薩赫爾地區將近三千萬人口身上，西自塞內加爾、東至衣索比亞。饑荒與疾病將整片大地消耗殆盡。

一九七〇年代中期，雨水回歸。薩赫爾部分地區開始復原，人們重新整理田地，農作物又開始成長。不過，這只是短暫的迴光返照。身為預測乾旱風向標的查德湖再次縮減，甚至比先前更為嚴重。一九八四年時，它的大小只有二十年前的四分之一。又一次地，整個地區的農作物和植被全數乾死；又一次地，成千上萬人流離失所或淪落至更糟的情況。根據統計，自從一九六〇年代末的第一場乾旱以來，死亡人數已經超過一百萬。[13]

薩赫爾變成了一大條由乾燥沙土所組成的腰帶，它不再是當初能夠抵禦北方廣大沙漠的堡壘了，反而是它的鏡像。有時候，風起時，空氣中因為挾帶著過多由表土層退化而來的沙塵，而將太陽完全遮蔽。

塔比說，這片土地之所以會退化有很多理由。在他自己的社群裡，一個最基本的原因是木材。

「人們非常渴望賣木材。」他說：「它成為一種經濟因素。木材的銷售、對於紅木和木材的需求，致使人們開始砍伐森林。」

後來，塔比離開村莊去讀大學。「每次我在回來又回去的時候，」他說：「都會看到沿途都是成堆、成堆的木頭。我家的人也有份；用來讓我讀大學的錢，有些就**來自那裡**。所以，我也是這項問題的一部分，對吧？我不想卸責。那已經變成一個讓人們得以維生、為家人採買食物、把食物放到餐桌上、養育孩子的經濟體系了。」

不過，當然，那是一種有限的資源。

「舉非洲芒果樹為例，」他說：「它的樹幹非常粗大。如果你把它砍成木材，你可以賺取兩百元，**而那兩百元會一次結清**。但如果你要採收芒果，這棵樹每年或許會幫你賺入五元，然後另一棵樹也會讓你賺五元，另一棵樹可能八元。那我們把它乘以十棵樹或二十棵樹，就已經超過你在那一週賣木材所賺的錢了。但當你把樹砍掉之後，**它就不見了**。就這樣，你就永遠失去那棵樹了。」

塔比眼看著這些事情發生在一棵又一棵的樹身上。從他還小的時候就是這樣了。那些陪著他一起長大的「玩具」一個一個消失，被變成那些受到嚴格管制的圓木堆，堆疊在每一條道路邊。那沙漠的邊界呢？就某方面來說，他的村莊就在現場幫它打造邊界，基於經濟壓力，而將大地扒到什麼也不剩。

「這片土地已經失去很多價值了。」他告訴我：「這片土地變得光禿禿的。」

他說，不管是從最大的範圍，像是橫越各國、橫越整片非洲大陸，還是最小的規模，我們都能看到這一點。

「這是人們幾乎不會提起的事，」塔比說：「但你每砍一棵樹，就會一併毀掉其他許多正在生長的樹。」

在過程中，種子會遭到踐踏、會被連根拔起，而樹苗因為缺乏防曬機制與土壤養分，而永遠沒有機會長大。這或許是對生活在薩赫爾的樣貌一個十分適切的比喻：在邊陲地帶，實在太容易把一切搞到失衡、太容易讓事情失靈，也太容易啟動一連串不可預見的後果。受影響的從來就不只是一棵樹而已。

「這裡的許多年輕人都很脆弱，」塔比說：「因為一旦他們的收入減少，一旦他們再也無法取得這項收入——尤其是那些正在成年的青少年——那會發生什麼事呢？他們會開始想：『噢，我的表哥去了德國耶！他先越過了撒哈拉沙漠、搭上一艘船進入地中海，然後抵達蘭佩杜薩島，然後有人給他庇護，最後他終於有辦法待在歐洲。所以，我也要去做一樣的事。』

「這個世界已經變得非常、非常沒有邊界可言了——但在這個**沒有邊界的狀態**中依然存有邊界，很多、很多的邊界。所以到了最後，你會有氣候難民，你也會有非常態的移民，他們就是被這些土地退化給推出去的。」

塔比曾經差一點變成他們的一員。二〇〇四年，他和一群朋友已經準備好要踏上這趟旅程。他的目標是西班牙；他打算先從喀麥隆進入奈及利亞，然後再依序經過尼日和阿爾及利亞，再進入摩洛哥。這段距離超過一千六百英里，大部分的路程皆在跨越撒哈拉沙漠。而在他原本該啟程的前一晚，他熬夜到很晚，不斷思考、質疑。

「我去上學是因為我想要成為對社會有用的人，對吧？而就是在那時候、在最後的那一刻，我終於接受自己是誰了。就在那一刻，我頓悟到自己還有比我想做的這件事——**離開**這件事——更加重要的事要做。我可以回到我的社群，發揮一些影響力。

「接著，有件事很巧地就在那天晚上發生。我早就把這趟旅行要穿的鞋子收好了，但我隔天早上醒來的時候，卻只看到一隻鞋，找不到另一隻。於是，在我尋找另一隻鞋的期間，就更強化了我前一晚覺得自己不該走的決定。那等於讓我終於下定決心，覺得這件事沒有意義。我跟我朋友說：『抱歉，我不跟你們去了。』」

取而代之地，塔比回到他的原生地、他最熟悉的地方。

「我馬上——不超過一週的時間——就搬回這片土地。我告訴自己：『我要把這片乾涸的土地變成森林。』」

現在，讓我們想樣一條由樹組成的線，始於一塊廣闊大陸的西部海岸，從海洋延伸至內陸。這條線寬達十五公里，它並不是直的，反而先是朝東繞了一個弧度，前進了數百公里之後，再急轉向北方。接著，如果從上方俯看的話，會看到它畫出一個扁平、細長的「S」，而且傾倒向其中一側。而這第一個「S」順接至第二個，此時，這條線已經蔓延超過三千公里了。現在它要開始變直了，帶著非常些微的弧度又往前走了數千公里遠，直到眼前映入一大片海洋為止。在它彎向南方再度變為弧線之前，它親吻了一下海岸，才變換成魚鉤的形狀，最後抵達大陸東部海岸的終點。想像一下，這條長逼八千公里的森林，毫無中斷地蜿蜒過大地，由大海串連至大海。想像一下，地球上最大的有生命結構，範圍為大堡礁（The Great Barrier Reef）的三倍。然後，再幫它想像出一個名字：「大綠牆」（The Great Green Wall）。[14]

某部分來說，這幅願景可以回溯至湯瑪斯．桑卡拉（Thomas Sankara）——人稱「非洲切．格瓦拉（Che Guevara）」的馬克思列寧主義者、一九八〇年代中期率領布吉納法索的革命領袖。在桑卡拉為他的國家的社會、經濟及生態轉型所擬定的計畫中，也包括了一項種植一千萬棵樹的承諾。這與愛德華．史德冰的「森林帶」相互呼應，但在規模上更加浩大，希望成為對抗沙漠化的綠色屏障，為薩赫爾地區內的其他國家提供範例。最終，這些紮實的樹木方塊，在未來的某一天，將串連大西洋海岸與印度洋海岸。「如果你沒有一定程度的瘋狂，是不可能帶來根本改變的。」桑卡拉於一九八五年如此說道；那是他在一場軍事政變中遭致暗殺的兩年前。「我們必須敢於創造未來。」[15]

二〇〇五年，奈及利亞總統奧盧塞貢．奧巴桑喬（Olusegun Obsanjo）於薩赫爾—撒哈拉地區的一場國家領袖高峰會上，重新提出這個概念，大獲支持，尤其是塞內加爾總統阿卜杜拉耶·瓦德（Abdoulaye Wade），他是第一個將它形容為「大綠牆」的人。而非洲聯盟（African Union）跨國政府隨後於二〇〇七年正式採用這個稱呼。[16]

在初始階段，他們真的打算蓋出一道名符其實的牆，以密集、均勻的方式造林，再利用平均降雨量的數據來決定築牆路徑。於是，他們訂定出一道帶狀的地貌，寬約十五公里，其所能夠接收到的年降雨量只介於少少的一百毫米至四百毫米之間，可說是一條沿著薩赫爾地區蜿蜒而行的乾燥廊道。而這道牆實際依循的線會始於塞內加爾，向東一路穿過茅利塔尼亞、馬利、布吉納法索、尼日、奈及利亞、查德、厄立垂亞與衣索比亞，最後停在吉布地。[17]若依照這個形式，它將成為非常有力且誘人的視覺訴求——一道跨越邊境的巨大生態邊界線；一個代表著泛非地區在面對北方雄偉的撒哈拉沙漠時，那股堅韌剛毅的象徵；一條不在沙漠**裡**，而是**抵著**沙漠的線。

卡蜜拉·諾德海姆—拉爾森（Camilla Nordheim-Larsen）對我說：「如今，『牆』這個字不知怎麼地，總有個負面的含義。」她是在《聯合國防治沙漠化公約》（United Nations Convention to Combat Desertification；UNCCD）專案負責大綠牆的計畫協調人。「但我們試著解釋，這道牆並不是要把人們分隔開來，而是讓他們團結起來。所以，這就會成為第一道堪稱自然奇景的牆，人們可以跟自然相聚在一起。」

卡蜜拉跟我對談時，人在德國波昂（Bonn），也就是UNCCD總部的所在城市。她戴著一副黑框眼鏡、留著一頭及肩金髮，並說著一口斯堪地那維亞人特有的、結構完美的英文——我遇過的所有斯堪地那維亞人幾乎都這樣講話。她依序在奧斯陸大學（University of Oslo）及土魯斯大學（University of Toulouse）念完國際發展之後，加入聯合國，首先接觸的是亞洲的女性議題，接著於二〇〇二年轉攻沙漠化領域。

「我的背景是經濟學家，所以我轉向這個領域的時候，有人可能會覺得很奇怪。」她告訴我：「但說真的，我總覺得，土地與土地資源在全球各地，一直都沒有被好好重視。在這個世界上，大家都在談論氣候變遷，孩子知道氣候變遷會對他們帶來什麼影響——這很棒，也很重要，沒錯。但就我看來，我們對健康土壤的需求卻沒有得到足夠的關注。那可是我們生產糧食、蓋房子居住的地方啊，健康土壤的價值應該要獲得更多國際關注才行。我認為，這可能可以讓數百萬人擺脫貧窮。」

卡蜜拉說，在薩赫爾，約有五分之四的人口——估計約為一．三五億人——仰賴土地維生；若不是直接透過農業餬口，就是在相關職業中工作。[18]

「所以說，健康的土地其實跟我們今天在談的其他全球議題都有關聯，包括氣候變遷、糧食生產、工作、移民與安全。身為經濟學家，我可以用這種有意思的角度來看問題。」

正是這種觀點，逐漸成為大綠牆的核心價值，讓它脫離原本的字面含義。首先，他們已經為了開闢大量種植園而做好準備，開挖了大片土地，以種植嚴格控制、不同級別的樹種，編排有如某種森林大軍似的。各國皆追求著一些宏大的數字目標，包括種植的樹木數量，以及需要「重新綠化」的土地公頃數。

不過，如同全球持續綠化聯盟（Global EverGreening Alliance）主席、世界混農林業中心（World Agroforestry Centre）前總幹事丹尼斯・加瑞提（Dennis Garrity）於二〇二〇年一份關於非洲旱地復育的研究報告中所說的，「大多數的大規模土地復育工作成果令人失望，抑或是極為失敗」。[19] 由於種植者在一開始種植以後，所投注的照料或關注不足，致使許多樹苗在嚴苛的環境條件下無法順利生長。多項研究指出，植栽樹木的死亡率通常高達八成或以上。而有些地方引進了成長快速的非原生物種，例如松樹或尤加利樹，最後反而因為這些物種會從土地中汲取水分、排擠原生物種，並意外形成另一種退化形式，使得他們原本希望能夠解決的問題變得更加惡化。[20]

在加瑞提看來，計畫的執行總是「由上而下，對當地的現實情況不甚在乎或意識不足」，並推行著「幾乎不太符合人們需求」的作法。此外，它們又過於昂貴，因此無法永續或擴增。據他所說，他們已經把數十億美元浪費在這類的計畫上，而且支持者通常都是多邊開發銀行及機構。[21]

當UNCCD於二〇二〇年檢討大綠牆的進度時，他們回報道，距離原本目標在二〇三〇年以前復育一億公頃的土地，只達成了百分之四。不過，如果將在大綠牆的特定路線範圍以外所進行的重新綠化工程也考量進去，或是將未受專案資助的復育工作也納入的話，那麼，該數值就會是百分之十六。[22]

舉例來說，尼日——世界上數一數二貧窮的國家——自從一九八〇年代中期以來，已經有五百萬多公頃的土地成功康復，這都是成千上萬名小農一同努力的成果。其中最引人注目的一點，在於他們是藉由**不種植任何一棵樹木**而達成；農人只專注於管理、滋養原生砧木或在看似已無生命力的土壤內休眠的種子，讓它們自然地重新生長，喚醒所謂的土壤的「種子記憶」。

這是一項安靜的地貌革命，要不是荷蘭混農林業專家克里斯・瑞伊（Chris Reij）於二〇〇四年造訪該地區，不然外界幾乎完全沒有注意到。當時，瑞伊已經在薩赫爾地區工作數十年了，對於他在一九八〇年代乾旱最嚴重時駕車經過尼日南部的經驗仍有鮮明的記憶——空氣中所含的沙塵量之大，使得他在大白天也得開啟車頭燈。[23]但當他二十年後再回來時，卻完全認不出來原本這塊貧脊的土地，因為到處都覆滿了植被與樹木。[24]瑞伊與一位來自美國地質調查局（US Geological Survey）的研究員格雷・塔潘（Gray Tappan）合作，分析了當地的衛星影像，以及法國政府於一九七〇年代拍攝的空拍照片，甚至還自己出資進行航空測量。

他們得到的結果十分驚人。他們將現代與歷史影像相互比較，顯現出「一九八〇年代早期那一大片缺乏植被的疏林草原，如今長滿了密密麻麻的樹木、灌木及農作物」。[25]由於那塊地座落於尼日北端與奈及利亞的邊境，且兩側的土地擁有一模一樣的土壤及降雨量，恰好提供了直截了當的對比。一側的土地貧乏而裸露，但另一側則呈現出一長條紮實的綠地區塊。尼日與奈及利亞之間的這條邊境，儼然取代了地圖上的線條，甚至到了外太空都依然看得見。引用瑞伊和塔潘的說法，那些農人「名符其實地『建造』出規模相當巨大的新興混農林業公園綠地」。[26]不像西方的大量農業生產模式那樣，他們並沒有把樹木和作物區分開來，而是將它們重新融合，**肩並肩地**一併管理。最後的成果包括了讓將近兩億棵樹重新獲得成長。[27]

正是這類的成功故事，促使大綠牆的意義與目標開始轉型。如今，雖然名稱維持不變，但如同卡蜜拉所說的，「它是一種隱喻，是一種看待非洲各地拼拼湊湊的土地干預措施的方法，好比馬賽克拼貼一般。它將這裡的數千個社群，以共同目的、共同目標串連起來」。我們也可以這麼說——這道牆已經倒下，正如所有的牆的最終命運一樣。而從它在語意意義上的廢墟中興起的，是這幅**馬賽克拼貼**，是薩赫爾地區內的各國必須與發展夥伴一起拼湊的草根地圖，如此一來，這項計畫才有機會達成它的目標。

「我們現在已經知道什麼東西在當地是行得通的了。」卡蜜拉說：「當地社群知道他們需要什麼、想要什麼。但我必須說，要把那些東西跟投資計畫相互串連，並真正達成我們需要的規模，那才是挑戰所在。」

在她看來，如果以經濟學家的角度出發，你必須在真正的樹木旁邊也種下「經濟性樹木」才行。「你必須給那些住在這片土地上的人一個理由，讓他們想要投資自己的土壤。意思就是說，他們需要一些動力來照顧土地。因為它會帶給他們收入。對我們而言，土地復育的層面，最主要是跟生計相關，其餘都是其次。」

或許，透過這個新方法，這道牆的教父桑卡拉的話語，總算能夠適切地再度響起。「我們奮力爭取的世界，永遠不可能由技術師打造出來。」他說：「它必須由一般大眾來建造才行，而他們必須在改變生活條件的同時，也改變自己。」[28]

二〇〇五年，當奈及利亞的奧巴桑喬與薩赫爾地區的其他國家領袖，首度討論到大綠牆時，塔比也已經回到他在喀麥隆西北部的家鄉。

「有一件事讓我特別印象深刻。」他說：「我小時候在學校種了兩棵樹，一棵是酪梨樹，另一棵是辣木。然後我記得它們長得非常高，很快就結出酪梨了，而且樹葉也非常茂密。這一切都深埋在我的心中。」

於是，塔比開始開闢苗圃，在一小塊土地上種植、培育樹木。「我在過程中也學習到更多事情，例如，我們該如何讓這一切為社區帶來生產力？我們該如何管理它？」

他過不了多久就看見成效了。「我看到地貌的改變，而且它不斷在改變。果實也都長出來了。樹在栽種之後，要花上三到四年的時間才能成熟。這些樹到底為我們帶來些什麼，讓我們能夠做出改變？這個嘛，你可以延續這個方向，開始去看該如何種出農作物，或引進蜂箱來幫品質優良的樹木增生，如此一來，它們就能夠全年無休地生出果子。接著，你可以採收果實、拿去市場販賣，或利用它的葉子來製作各種產品。你開始讓生態系統變得穩定，然後引進混農林業，大家就能一邊放牧，一邊栽種、採收作物。這就是讓復育能夠真正達到永續的方法。」

塔比也是在這個時候，開始思考更遠大的目標。「我跟自己說，我們在非洲有十億人。那如果這變成這塊大陸上每個人的招牌呢？我們是不是應該重新調整力氣和想法，把目標變成讓整個非洲徹底復原？就種下十億棵樹，然後非洲就會開花、繁盛。」

這個概念啟發他創立自己的混農林業事業，並將之命名為「為非洲種十億棵樹」（One Billion Trees for Africa）。他開始走入其他社群，先是在喀麥隆內，接著漸漸地，他的足跡踏遍了薩赫爾地區，更進一步走到外面的地方，包括查德、尼日、奈及利亞、布吉納法索、多哥、馬利與迦納。而塔比的作法，是向他們展示一個商業模式，解釋為什麼他們必須促進新樹生長，還有為什麼他們應該避免砍伐原有的樹。

「如果你告訴別人不要砍樹，你要拿什麼給他們作為交換？」他說：「因為你不會給他們錢嘛，所以你必須幫助他們對抗那些促使他們燒樹、砍樹的壓力，對吧？因為這棵樹是你的喔，這條命是你的喔。而我們讓他們瞭解到，原來砍樹、燒樹的代價有多麼沉重，會威脅他們的生命、他們的未來。要告訴他們說，我們不要追求無法永續的大筆鈔票，而是要追求**可以**永續、長期維持的小額收入。」

他也在經濟論述中融入情感論述。塔比所提出的方式，是要從根本上改變那些經常因為土地退化而四分五裂的家庭命運。

「你可以告訴人們：『你看，這樣子就可以好好照顧你的孩子了。他或她可以待在這個社區裡，不用去歐洲，就可以為社區貢獻財富。他們不用長途跋涉、冒著生命危險跨越撒哈拉沙漠和地中海。因為已經有好幾百萬人在那片海洋喪生了啊。』我說：『嘿，我的兄弟、我的姊妹、我的孩子，你們覺得我們可以做什麼？好，我今天就是要來跟你們分享，這是我們在喀麥隆做的事。我們這樣做，然後得到這樣的成效。』」

目前為止，塔比已經將他的混農林業模式帶到八個國家、三十三個左右的社群了，共計看管著超過兩百萬棵樹的成長。在他初期場勘、視察完土地狀況後，他會透過WhatsApp與每一項專案維持聯繫，持續接收進度更新訊息，或是關於進一步引導與建議的詢問。

「我告訴他們，當雨季開始時，就要種這種樹，然後下面不要放太多土喔。或是他們會跟我說：『昨天發生了一件不幸的事。有隻牛把我們的樹踩爛了，把它們全都破壞掉了。怎麼辦？』所以說，我掌握了所有地方的所有資訊。我每天都可以非常清楚地知道布吉納法索發生了什麼事，或是尼日，或是查德。我會從這些社群聽到資訊，因為我們是在跟人群一起工作。我們是由一個個小社群組成的大社群。」

透過口耳相傳，大綠牆的協調團隊注意到塔比了。他們問他是否願意擔任大綠牆專案計畫的大使，畢竟，專案的願景和他本身的混農林業工作簡直完美相符。但儘管如此，當我向他問起大綠牆在早期發展階段犯下的失誤與錯誤時，他搖了他頭，靜默了很長一段時間。

「這件事非常可惜。」他終於開口了：「非常可惜。我希望世界各國的領袖可以聽到我說：『這件事非常可惜。』為什麼我會說很可惜呢？我感到心碎，因為我來自這個地區，這是我的父母、我的祖父母、我的兄弟姊妹、我的親戚居住的地方，所以我是從一個**如人飲**

水、冷暖自知的角度來表達。他們把好幾十億的錢投資在種樹這件事上。我再重複一遍——**種樹**——但只有種樹是不夠的。那是不夠的。若你無法讓這些樹生長到結果，那種樹就沒有意義。而這就是我們的政府、聯合國、世界銀行，以及其他許許多多捐款機構失敗的地方。讓這些字傳到他們的耳朵吧——**他們失敗了**。」

塔比又開始拉扯著他手裡的那坨高纖維橡膠，他將它不斷、不斷地延伸，於是，每次他鬆手讓它回彈時，它都會發出巨大的聲響。

「我們聽到有人在聊大綠牆，還有它是怎麼**塑造薩赫爾地區的敘事**的，但沒有人能**比你**更能為自己的生活樣貌塑造出一個敘事啊。我們看到薩赫爾地區正受到一種由上而下、強迫施加或重複疊加的敘事所折磨，但我們應該要以有機的方式生產敘事，必須出自那些站在前線的人的口和他們的感受。」

他繼續搖頭。他說，這項計畫在本質上並沒有連貫性，缺乏協調與具體的結果：他們種下的所有樹都沒有長大。我問他會不會擔心計畫失敗。

「讓我擔心的是它會讓大家的努力慢下來。」他回答道：「但在我心中，我仍然將大綠牆視為非洲最有前景的希望，我仍然將它視為可以真正改變人們生活的東西。它可以讓人們徹底脫離支離破碎、脫節四散的社群；你在那樣的社群裡，常會看到糧食缺乏、人群受苦，還有許多由氣候引起的資源暴力。大綠牆可以把它們轉變為繁榮的系統，也可以改變生命。而當然啦，它可以更進一步地削減那些人造邊界。」

正如塔比所說的，大綠牆是一幅「無邊界」的馬賽克拼貼。「所以那就是在告訴人們，野生動植物可以確實地在裡面流動、各種生計可以在裡面流動、人們可以在裡面流動，對吧？這正在讓非洲人團結起來，朝著可以確實改造非洲的共同目標前進，邁向一個更符合邏輯、更不受邊界束縛的非洲，彼此之間藉由發展的文化變得更加緊密，而不再是由政治上與管理上的限制及屏障所形塑的文化了。」

他把橡膠拋向空中，再接住它。一次、兩次，然後第三次。

「身為非洲人，」他說：「我們居住在許多人造的邊界、強加的邊界以內。而我覺得並不只是非洲；我想，整個世界都需要重新定義所謂的邊界，整個世界都應該將我們視作一個整體的生態系統。」

一九二一年，英格蘭經歷了史上數一數二嚴重的旱災，整片大地由綠色轉為褐色，再轉為淺黃色。樹葉在七月中便已經呈現秋天的顏色；農作物曬焦、枯萎、死去；土壤硬化並迸裂開來。位於東南沿岸的肯特郡（Kent）是最嚴重的受災地區。根據馬蓋特（Margate）海邊度假村的紀錄，一整年下來共計只有兩百三十六毫米的降雨量；這個數值直到今日仍是英國有紀錄以來最低的年降雨量。[29]這使得該地區正式成為沙漠，因為依照定義，某地區如果一年的降雨量少於兩百五十毫米，就算是沙漠了。

當時序由乾枯的夏天逐漸進入同樣燠熱乾燥的秋天時，詩人艾略特（T. S. Eliot）正好住在那座小鎮上。他是來這裡調養身體的；在他所任職的銀行的工作紀錄上，他的狀態被形容為「神經衰弱」。他也正是在這段期間，坐在海濱步道的陰影下，望向馬蓋特沙灘，寫下了他最著名的作品《荒原》（*The Waste Land*）的許多部分。在這首詩的最後段落，艾略特形容他的敘事者正在穿越一片「乾旱的平原」，那是個「沒有水、唯有岩石」的地方，而「貧脊乾燥的無雨雷鳴」已將溪流變成沙土，徒留「滿口齲齒而無法吐口水的死山」。

研究艾略特的學者表示，英國那場毫不留情且無動於衷的旱災，或許讓他感到難受，同時也在他的書頁上留下印記。他寫道：「若有水，我們便應停下來喝。」不過，「身處在岩石之間，也無法停止或思考」。事實上，當時根本就很難做任何事：「在此地，人們無法站，亦無法躺或坐。」[30]他認為，人類不應該過著這樣的生活，不應該處於如此極端的熱氣之中。這是不自然的事，導致身、心、靈全然崩潰。**你無法站，亦無法躺或坐或思考**。

我是在跟馬丁·雪佛（Marten Scheffer）聊天時，回想起艾略特在馬蓋特的那段燠熱難耐的調養時期。雪佛是一名生態學家兼數理生物學家，任職於荷蘭的瓦格寧根大學（Wageningen University）。他當時跟我說，幾年前有一次，他為了參加一場研討會而前往梅里達（Mérida），那是一座很靠近墨西哥尤卡坦（Yucatán）半島頂端的城市。

「那裡真是難以忍受的潮濕、悶熱，」他說：「然後我就開始想：『這樣不行，我在這裡無法好好思考。』」

他開始尋找，看過去有沒有人研究過人類在什麼時候可以運作得最好，包括在什麼情況下，以及什麼條件。

「但我沒有找到太多，」他說：「我的內心深處一直對這件事感到著迷。我在想，或許我們可以用在生態學裡很常用的角度去思考，就像我們在試圖重建某種動物或植物的『生態棲位』（niche）那樣。你就只是在看生物在哪些地方能活、哪些地方活不了，對吧？」

如同馬丁所說的，我們可以在北極找到北極熊，但在沙漠裡找不到馴鹿。他以前曾經在一項關於熱帶雨林的研究中運用過這個技術。他說，我們常常能夠在不同的環境之間，找到生態學所說的「清晰邊界」。例如，在山區，就有很清晰的森林線，在那條肉眼可見的明確門檻以上，樹木就不再茂盛了。

他說：「但你也可以在疏林草原和熱帶雨林之間找到這條清晰邊界。」他曾經花了好幾年的時間，試圖找出能夠將環境從一個狀態轉換至另一個狀態所需的關鍵降雨量。「你可以辨別出它的氣候包絡（climate envelope），然後你就可以知道哪裡能找到森林，也可以預測在氣候變遷的情況下會發生什麼事。」

馬丁的想法是在跟來自南京大學的訪問科學家徐馳討論這項研究時，才終於成形的。

「我們就坐在我的辦公室裡，有一天，我們就想——這個嘛，或許我們就不要做森林或樹木的研究了，把主題換成人類。我們覺得那應該是一個很蠢、很瘋的點子，但為何不試試呢？看看會得出什麼？」

馬丁當時年約六十初，有著北歐人獨有的、長滿雀斑的慘白肌膚，還留著一把修剪整齊的鬍子與一頭灰白髮。他告訴我，他向來對大自然充滿熱情。他小時候跟曾祖父住在一起，他是一位醫學博士，有超過三十年的時間，他都持續把他在自然世界中觀察到的東西，密密麻麻地記錄在他的日誌裡。馬丁後來繼續攻讀生物學，曾經短暫接觸過古生物學（「我必須要去一個小島取得那些布滿灰塵的老鼠骨頭，我覺得非常無聊」），最後決定專注於生態學。

「我去做了比較數理、理論的東西。」他告訴我：「我想要瞭解大自然中那些複雜的系統和臨界點，想知道它們是怎麼運作的。從那之後，我就對社會中的臨界點愈來愈有興趣。基本上，我就是閒不下來，好奇心使然。」

馬丁和徐馳開始尋找的，就是他們所說的「人類氣候棲位」（human climate niche）。對人類來說，真的有一個理想的包絡嗎？真的有可能透過挖掘既有的人口、土地利用及氣候等廣大資料庫，就找得出人類這個種族興盛的最佳條件嗎？

這項研究耗時了三年多，但並不是因為難以辨認或區隔出結果，相反地，結果**非常**清楚、**非常**驚人，使得他們覺得似乎有必要一再檢視他們的研究方法與計算。

「我們做了一大堆地圖、一大堆計算工作，得出人類明顯在特定氣溫的區域裡最為集中的結果。然後，我們一直不斷、不斷地回頭看，想說，嗯……說不定那就只是巧合。或許這些地方會有最多人口，只是因為某些歷史因素。」

於是，他們開始往回看中世紀時代、古典世界，更一路回溯至全新世中期。

「讓我們很驚訝的是，我們看到了相同的模式。」馬丁告訴我：「那**真的**是一個驚喜耶，因為我們想說，如果人類只局限在那些氣溫區間以內的話，那他們也會限縮在這個最佳範圍內，不能太熱、不能太冷。」

數據顯示，至少在過去六千年以來，人類人口始終住在同一個氣溫區間內，在整個地球上可及的氣候空間中，其所占據的範圍小得驚人，那就是年均溫介於攝氏十一度至十五度之間的地區。重要的是，這個溫度「帶」是目前最主要、最統一的因素，比降雨量來得重要，也勢必比土壤沃度來得重要；土壤沃度對人類分布的影響似乎非常有限。[31]

「如果這是石器時代的話，那我還可以想像。」馬丁說：「但現在我們已經搬到所有可及的地方，我們蓋了房子，我們有衣物、供暖設備、空調設備，還有各種農業技術。從那個角度來想的話，這真的非常驚人。我的意思是，現在並不是**沒有**人住在非常熱和非常冷的地方喔，到處都有人居住。但最主要的人口所住的地方，依然跟一直以來的情況一樣。所以那就代表說，這其中有些根本上的原因。」

引用馬丁的說法，**所有物種**最終都會有自己的理想環境棲位。而雖然我們科技進步，但人類也只不過是另一種有機體，不太可能會成為例外。

馬丁和徐馳開始探究這個問題：為什麼是這個特定的溫度帶？第一，他們發現，全球約有一半的人口仰賴著小規模農業運作，也就是那些會受到極端氣溫嚴重影響的艱辛、手作、戶外的勞力活。他們從資料中看見燠熱及受損的身體、認知與心理表現之間，具有顯著相關性。接著，他們注意到有另一份檢視氣候對於經濟生產力的影響的研究論文，跟他們自己的研究結果擁有驚人的相似之處。[32]

「這些經濟學家看遍了一百六十六個國家，問他們，如果有哪一年稍微比較熱或稍微比較冷，那會對經濟造成什麼影響？他們把這些資訊全部拼湊在一起之後，得出跟我們一樣的最佳生產力溫度。這其中似乎隱藏著些什麼。**如果氣溫變得太熱，我們的表現真的不會那麼好。」**

不過，這只是他們研究的一部分。既然他們似乎已經找出年均溫與人類分布之間緊密且具備歷史穩定性的關係了，那未來呢？有鑑於氣候變遷帶來的影響，這個人類棲位未來勢必得有所轉變。而他們想要探索的，正是棲位將轉移到哪裡、轉移得多遠。他們使用了政府間氣候變遷專門委員會（Intergovernmental Panel on Climate Change）最新的預測，模擬出已經在半個世紀後蠢蠢欲動的世界。

「只能說，棲位在空間上移動的幅度十分驚人。」馬丁告訴我：「它在接下來的五十年內所移動的幅度，會比過去六千年還來得更大。」

他們製作出一系列的地圖來顯示這項地理變化的確切本質。地圖以藍色漸層來表示「適合居住度」，由淺至深為最不適合至最適合。其中可以看到，介於現在與二〇七〇年之間，「氣候棲位」呈現出無可攔阻的漂移，如同一大塊墨漬在北半球的許多地方，以及南半球的陸地末端，皆有所位移。與此同時，在赤道與熱帶地區的顏色，也都被漂白了似的。包括撒哈拉沙漠、薩赫爾地區、阿拉伯半島、印度、澳洲北部、南美洲上半部，以及北美洲下半部，它們的顏色淺到幾乎變成白色。[33]

「為了再次確認，我們又採取了另一個方式。」馬丁說：「我們檢視了人們在地球上所居住的最熱的地方，像是幾個在撒哈拉沙漠裡的點之類的，然後再看看那些溫度條件未來會變得如何。然後，你就會看到，這個情境以後就會擴散到現在**許多**人居住的地方。」

目前，地球上，只有百分之一以下的地表處於年均溫攝氏二十九度左右或以上的情況。採用政府間氣候變遷專門委員會針對「一切照常」——意思是，若目前的氣候變遷危機沒有減緩的話——所得出的數據，他們做出預測，表示這種情況將提升至全球的五分之一。[34]

「那如果你繼續推斷，」他繼續說：「然後假設人類在未來會避免去住**他們從來沒住過的地方**，並試著延續原本的棲位、避免極熱的地點，那有多少人會必須搬遷？你就會得到這個驚人的數字——三十五億人。」

如同馬丁所說：「我們在推斷遷移的時候必須很小心，因為人們並不想搬遷，他們只有在不得不搬遷的時候才會搬。」

那麼，如果我們把遷移從方程式中移除，到了二〇七〇年，可能有三分之一的人類將會住在目前地球上只有少數地方才會出現的環境條件中——大部分都集中在撒哈拉沙漠裡。但當然，有些人回應，表示這種情況不可能會發生，氣候緩和跟科技進步將使暖化過程減速，並讓人類得以調整適應。

「我覺得那基本上是屁話啦。」馬丁對我說：「因為我們看不到任何緩和的跡象，它就沒有在發生啊。但就算它真的會發生，我們還是會看到氣溫提升不少，因為氣候緩和的速度很慢。而就連現在，都有愈來愈多人覺得，我們幾乎就已經在最糟的情境裡了。」

至於適應，他並不樂觀。

「如果你有錢，你當然可以適應任何情況。你可以裝設良好的空調、使用良好的便宜能源。如果你不在田地裡工作，那就不是問題，因為你可以派機器人去外面，然後自己待在室內。但那全都需要資源。而不幸的是，那些即將變得最熱的地方，都是地球上最貧窮的地方。」

當我們去看更廣泛的生態地景，許多物種都已經開始遷移了。牠們往兩極移動、從山谷退至山上更高處，總是在尋找氣溫更溫和的地方。一年又一年、一公里又一公里，研究員正在向我們指出這些轉變。各式各樣的有機體都在追尋屬於自己的氣候棲位。

「舉例來說，你在植物中也會看到這些事。」馬丁說：「它們的繁殖成效在原本比較冷的地方比較好，而在現在這些比較熱的地方就變得比較差，而且也更常死亡。那就是使它們移動的原因，那就是地球上長久以來的模式。當然，這也是很自然的現象。如果氣候改變，你就搬到不同地方嘛。」

根據馬丁的解釋，有些國家具有很大的「氣候梯度」。像在中國或智利，人們就有機會在國家內部移動，仍能在國土的另一個角落找到人類棲位。但如果你不能移動呢？如果有東西阻擋了你的去路呢？

「當然啦，在國際上就會變得困難許多，尤其像是要跨越邊境的時候。」他說：「其他物種不懂邊境，然後遷徙——牠們就只是遷徙。但因為邊境的這整件事，我們就遇到了這種困住的情況，而這將為我們造成很大的麻煩。我們建造了邊境，然後把自己卡住了。」

馬丁的研究將「棲位」強調成另一種不同的邊界線，完全超出任何個別國家或政府可以控制的範圍，但同時，又決定了今日幾乎所有人類在地球上居住的確切位置。數千年來，人類棲位幾乎都維持在完全相同的地方，推動了人類文明最初始時，由狩獵採集到耕作、再到開創的轉變，也看顧著社會的成長，從地球上各大城市的落定與建造、到擁有邊界的民族國家的成立，以及工業時代的降臨與加速。

人類在這個棲位的穩定當中成長、繁盛，並在地球各處爆炸式地擴張。這個棲位**創造了我們**，而現在，我們卻反過來在移動它、透過我們先天的不受控制的本質在控制它。透過我們自己的行動，我們正在使這個棲位在整個地球上加速消失。隨著它離我們而去，我們這整個物種，便在後追著我們自己的影子。[35]

馬丁說：「而我們必須問的是，人們的反應會是什麼？」

假如數十億人——或甚至只有數億人——未來因為極端氣溫讓他們目前的家園變得再也無法住人，而被迫遷移，那世界將會如何處理？

「很明顯地——其實你現在就已經看到這些情況了——有些人會說：『這個嘛，我們無法處理大量湧入的人潮，我們必須關閉邊境、我們必須築牆之類的。』那我就很好奇，長期來看，那到底有沒有辦法永續。你不可能真的完全封閉。而假如你**可以**封閉，那你將會看到的情況是，邊界的某一側有很多悲劇發生，這將造成一種緊張氣氛，到最後大家都會感受到。在全球各地，沒有人可以躲過那種緊張。」

如同馬丁所說的，我們**現在**就必須開始思考根本上的問題：如果我們想要繼續在這個星球上繁盛，對人類來說，什麼是安全的？[36]生態學家已經替珊瑚礁和熱帶雨林做好這件事了。馬丁問道，為何不也為社會做一下呢？

「某種程度上來說，這個問題算是一種翻轉，不去問『什麼是危險的？』，而是去問『什麼是安全的？』這個問題可以用在氣溫上。它也可以用在不平等上。不平等也同樣有著『安全』和『不安全』的極限。而這兩者並非各自獨立，因為如果同時出現『不安全的氣溫』與『不安全的不平等』，那問題就會變得更加危險。」

當然，這就取決於全球如何回應氣候棲位的轉移了。

「我們以後必須面對的情況是，我們必須要思考該如何將人們在這顆星球上重新配置。」馬丁說：「你可以試著鎖上邊境，你也可以試著提前採取行動。而如果你想要從容不迫地過渡到新的狀態中，你就必須至少先開始去想，你該問些什麼問題。關於國際合作、整合與法律；關於勞工責任、糧食供應、農業；關於各個地方的生態承載力、文化融合；關於如何將這顆星球的各個社會交織在一起，才不會讓它們從懸崖邊跌下去。」

不過，馬丁繼續說道，現在並沒有人在問那些問題。

「人們傾向不去思考或談論它們，這並不是一個好主意。你看到那些孤立主義、中途退出，那當然就是最錯誤的方向啊。我們的邊界——這就是我們真的必須去重新思考的事。當你在看人類的未來時，這是一個很重要的東西。我們不能只是把自己鎖在自己的家家裡。」

「當一個國家消失了，會發生什麼事？」

卡洛琳・齊克格拉夫（Caroline Zickgraf）告訴我，這是跟氣候變遷有關的一大地緣政治問題。這裡指的「消失」不是說一塊領土破裂成好幾塊領土，也不是同一個地理區域突然得到一個不同的名字。不是，是如果**土地本身**消失呢？

「是什麼將國家界定出來的？」她問道：「是邊界還是土地？如果是土地界定國家，那所以其他國家就直接把那一整群無家可歸的人民吸收掉嗎？如果政府還在，但國家不在了呢？這樣你就會有流亡政府了嗎？」

卡洛琳在跟我對談時，人在布魯塞爾。她在那裡擔任環境、移民、政策研究中心（Hugo Observatory）的副主任，那是第一個專門探討環境、氣候變遷、移民與政治之間的連結的科學研究中心。（她的推特自介寫道：「我會研究所有會動的東西。呃，主要是人啦。」）

當時，她正在告訴我海岸侵蝕與海平面上升對全球社群所帶來的影響。卡洛琳過去曾在格恩達（Guet N'Dar）當研究員，那是塞內加爾第二大城聖路易（Saint-Louis）的漁業區，當地百分之九十七的人口都直接依賴漁業維生，不論男女，都在捕魚、賣魚、烤魚、醃魚。[37]

卡洛琳說：「在魚身上發生的任何事，都會巨幅地影響這些人讓自己溫飽的能力。」

格恩達是全非洲人口密度最高的其中一個社區，眾人棲居在一條非常狹長、名為蘭格德巴巴里（Langue de Barbarie）的土地上，它的一側為塞納加爾河，另一側為大西洋。「由於侵蝕作用，這塊土地正在一點一滴地被刻蝕掉。現在已經可以看到房子被摧毀的情況了，然後洋流改變、海浪和暴潮變得愈來愈大，愈來愈多漁民葬身於更加危險的水域中。」

與此同時，漁場也正在轉移。一位漁民曾經對卡洛琳這麼說過：「魚群在遷移，所以我們也必須遷移。」[38]當地社區中有大量居民不得不往北遷至邊界的另一邊，進入茅利塔尼亞幾英里深的位置；有時候，一年內，他們還得在自己的國家外待上十個月的時間，否則他們無法維持生計。接著，那些漁民會利用這筆收入替家人蓋新房子，可能是在半島上人口較少、土地未受侵蝕威脅的地方，或是在聖路易市區內。

「他們利用國際遷移來資助其實非常在地化的搬遷，以遠離海平面上升的問題。」

引用卡洛琳的描述，「若從歐洲視角來看，我們一直有種想法，覺得大家都一直在來歐洲，所以氣候和移民的議題就變得很重要。但我卻覺得這整件事讓人很氣餒，因為現在真正在發生的事並不是那樣。那其中帶有太多的傲慢，覺得大家都拚死拚活地想來歐洲，好像那是他們想要的選擇一樣。但我在塞內加爾看到的是，人們並不想去歐洲啊。他們想要待在自己的家園附近，甚至在這種漁民必須進行國際遷徙的動態平衡中也是如此。這樣他們才可以回來，這樣他們才可以留下來」。

不過，假如**沒有地方可以回來了**，情況就不一樣了。過一段時間之後，格恩達或許會被洪水淹沒、被侵蝕摧毀。當地社區正在試圖順應，而且，即使它最終真的流失了，或許會造成一些苦難和移動吧，但它終究只是塞內加爾的一小塊地。那些正在面臨更即時、更全面的威脅的地方又是如何呢？

「那對南太平洋上的國家來說，尤其是一大擔憂。」卡洛琳說：「由小島發展而成的國家、印度洋上低窪的環礁、馬爾地夫……如果這些地方於形體上再也不復存在，但在其他方面卻**依然存在**，那會發生什麼事？」

舉吐瓦魯為例，它是在太平洋上由一系列珊瑚島及環礁所組成的國家，人口約有一萬兩千人。好幾年來，外界一直都把吐瓦魯視為某種氣候變遷實驗室——因為它很可能將會是史上第一批被上升的海平面吞噬的國家，而它的人民正是最原版的「氣候難民」。許多吐瓦魯人對這種描述感到十分憤怒，這或許不太令人意外，畢竟那似乎很容易將他們的困境描摹成居住在沉沒中的世界的居民，或是一支注定要眼看著自身文化消失在海浪之下的民族。

「我們不希望到最後真的得被迫離開家園，然後被歸類為環境難民。」一位吐瓦魯人說：「那帶有負面的含義，就好像把未來的自己視為二等公民，會讓你身而為人卻感到失去價值，讓你覺得很渺小、對自己有負面感受，讓你變得不再是個完整的人。」

又或者，引用另一位島民所說的：「我們在歷史中不斷地遷徙。吐瓦魯人總是在從一個地方搬遷到另一個地方。我們從這個島搬到那個島。」[39]

正在消失中的國家究竟會發生什麼事呢？其他跟吐瓦魯人一樣發現自己處於這所謂的氣候變遷前線的人，**正**開始針對這個問題擬出一種回應。對他們而言，重點並不在於救援與逃離，而是在於遷移這件事一向是他們的文化裡固有的一部分。事實上，遷移可說是**所有**人類文化中固有的一部分。而針對一塊消失中的土地，我們能做的其中一個反應是去維護全球公民的身分。文化是無邊界的，那國家為什麼不能也沒有邊界呢？

「氣候變遷讓我們的邊界變成一個笑柄，」卡洛琳對我說：「就好像它們是**真的**邊界似的。邊界在永續性上有一個很大的問號，事實上，並不只是它們作為邊界本身，更是在於作為我們的地緣政治體系和國家的象徵這一整件事。從許多方面來看，這些體系正是為什麼我們會面臨這種生存危機的原因。」

在我們所畫定的那些線條當中，這股壓力正在無情地堆疊著。

「如果你談到小島國家，」她說：「這會之所以會形成一種掙扎，部分的原因在於**他們沒有其他地方可以去**。就算有其他地方可以去，**但那些地方不是你的**，這也會形成一種掙扎。」

如今，將近百分之五十的世界人口居住在沿海地區內，而大約百分之十、超過六億人所定居的地方，只高於海平面不到十公尺。[40]

「而海平面上升將把我們往內、往上或往任何方向推，隨便，然後，到了最後，大規模搬遷就不再只是各國政府的問題了，而變成國際問題。也就是說，就像在面對消失中的島嶼那樣，我們必須改變對於『國家是什麼』、『邊境的意義是什麼』的想法。」

消失中的島嶼和海岸線、人類棲位的隱約漂移，都使得大型群島變得不再能夠居住。想當然耳，邊界似乎勢必得走到必須改變的地步。但，該怎麼改變呢？

「邊界一向有起有落。」卡洛琳說：「它們從來不是靜止的，它們永遠不會固定。有時候，我們會覺得自己好像在把它們變得更加穩固，做一場邊界大秀。」

這件事似乎因為人們對於氣候變遷的恐懼，而只是一再惡化。弄得好像你可以蓋一道屏障來將熱氣、大海及不確定性阻擋於外似的，但你當然不行。不過，你可以做的事，是阻擋附帶損害——人。

「因為我們知道實際發生的事，是那些恐怖故事並不會刺激人們對氣候變遷採取行動。他們只是蓋起了一道道的牆。」卡洛琳說：「你說：『我們必須針對氣候變遷做些什麼。』但人們聽到的是：『我們必須針對移民做些什麼。』」

於是，「氣候國族主義」的概念便從此油然而生。在歐洲一些極右的民粹主義政黨當中，他們的論述已經從原本否認氣候變遷的影響有所轉移，開始強調起地球暖化對國家利益所帶來的危險。[41]

「在這個關於氣候變遷厄運已定的敘事中，人被當作棋子利用。」卡洛琳說：「這讓他們變得更加脆弱，因為我們促使更多的牆被豎起，不論是實體的牆或其他形式都一樣。一座歐洲堡壘。更多的限制性政策。更加緊繃。」

末日敘事談到「人口浪潮」、「人口海嘯」或人口「洪水」。當然，我們面對巨浪的自然反應就是擊退它、將它阻擋在外，在貌似災難性威脅的當前，趕緊築起或加強邊界。奧地利自由黨（Freedom Party of Austria，FPÖ）曾經說過：「氣候變遷絕對不能被認定為庇護的正當理由。」如果人們認可了這件事，那麼，他們警告道：「水壩終將潰堤，而歐洲及奧地利也將被上百萬名氣候難民淹沒。」[42]水壩、淹水、浪潮、海浪……總是這類淹沒、氾濫的詞彙。義大利的馬泰奧・薩爾維尼（Matteo Salvini）等其他極右派領袖在試圖激起這份恐懼的同時，也不斷嘲笑著它。「氣候移民是什麼？」薩爾維尼說：「如果他冬天很冷、夏天很熱，他會移民嗎？正經一點吧。我們已經有太多這類人了。那些不喜歡霧霾的米蘭人也算是氣候移民嗎？」[43]

人們愈來愈相信邊界不會崩壞，而是會不斷立起，並且愈升愈高、愈來愈堅固——好像你有辦法把自己分到的那一整塊土地，從地殼到平流層，完全與世隔絕似的。他們在追求的，正是像義大利的北方聯盟（Lega）所稱的「國家氣候順應」，或是奧地利自由黨在他們的「家園忠誠」（Heimattreue）的概念中所強調的，「忠於你的祖國」。[44]

如同卡洛琳所說的，邊界一向有起有落。所以這或許也是無可避免地，對某些人而言，這些線條已然變得如此根深柢固，使得他們的邏輯終點變成某種不透氣的密封口，好似他們有辦法將整個國家變成一個巨大的網格球頂一般。就繼續把你們的邊界編織成不可滲透的硬膜吧，等著看海浪擊垮它們，或是在它們透明的四周升的愈來愈高。我想不太出其他比這種情況還要更反烏托邦的未來了。

當我向塔比提起氣候國族主義時，他諷刺地大笑了好一陣子，身體在椅子上劇烈地前後晃動。

「對，好的，**就讓我們來摧毀我們的空氣吧**，」他依然竊笑不止，說：「**這不是你們的空氣嘛。就讓我們開採頁岩油啊，因為這裡的地是我們的，這裡的水是我們的，根本不關你們的事。或是讓我們砍伐剛果的熱帶雨林、把整片薩赫爾地區弄得乾乾的，因為這不關你們的事、因為這是我們的氣候。**

「然後隔天，有人可能就會說：『非洲是你們的地，那你們為什麼不好好照顧自己的地呢？那是你們他媽的地，我們不在乎；那是你們的氣候，是你們自己的問題。』」

大綠牆是否能夠成為這件事的解方？一道跨國、大陸尺寸、設計成生態邊界的牆，尤其又能夠吸引社群、吸引合作。換句話說，一道吸引人們前來、而非驅趕他們的牆，如何？

「如果我們能夠成功，」卡蜜拉告訴我：「我們就會有很棒的範本可以帶去其他地方執行。我很樂意看到到處都有大綠牆；在拉丁美洲、中美洲或整個中亞，都希望能有這類共同協調、執行的廊道式土地復育。因為這樣一來，你才能夠得到真正可以做出一些成效的規模。」

我向她建議，或許，大綠牆可以從格蘭河河口，穿過墨西哥與美國之間的乾燥邊境，一路連接至蒂華納？讓這片充滿對立的地貌可以成為合作、具備生產力的地方？

「身為一名聯合國官員，」卡蜜拉說：「我不能對這種事預設任何立場。」

二〇一九年，聯合國的另一個子機構糧食及農業組織（Food and Agriculture Organisation）宣布了一項新的「城市大綠牆」（Great Green Wall for Cities）計畫，目標是打造五十萬公頃的全新「都會森林」，並復育在薩赫爾與中亞地區現存的三十萬公頃天然森林。在隨著糧食及農業組織所的新聞稿一起發表的藝術家預想圖中，可以看到一道規模更大的綠牆，沿著目前的路線由西非延伸至東非，但接著又繼續推進，跨入阿拉伯半島、伊朗及阿富汗，於巴基斯坦與印度區域內依循著喜馬拉雅山脈的線條，蜿蜒橫越中國，最後停在俄羅斯的日本海海岸。這張圖是假想、虛構的模樣，但卡蜜拉跟我說，這在某種程度上正是重點所在。[45]

「大綠牆最有信服力的一點，在於它的尺寸、規模和品牌。」她說：「我在這個組織裡工作很久了，以前我會試著向別人傳達我在做的事，然後他們常常看起來有點眼神呆滯、什麼也聽不懂的樣子，但**他們可以懂**大綠牆。沒錯，這是一個夢想，但我想，我們就是需要有那樣的願景和夢想，才能達成遠大的事。」

是夢想也好，不是也罷，此時此刻能確定的是，大綠牆的位置恰好跟馬丁的人類氣候棲位的脆弱邊界相符。薩赫爾地區的氣溫比全球平均上升得更快，此外，根據估計，此地區的人口在接下來的三十年內，將三倍成長至三．四億。[46]大綠牆的原始構思在於作為**推開**撒哈拉沙漠的屏障，但或許現在，我們可以換一個角度，把它視為一種**守住**棲位的方法、一個阻止可棲息地的影子從各大陸消逝的機制。

「我想把非洲變得不一樣。」塔比告訴我：「讓這座森林變成我的辦公室。這將會是我度過餘生的所在。」

畫一條越過遼闊海岸的綠線

這條線的故事將傳誦於土壤之中。「我將以滿手的塵埃向你展現恐懼。」艾略特在《荒原》中寫下了這句話。在即將到來的熱氣與乾旱的當前，這片土地是否能夠撐住、能夠抵抗？而在接下來的幾年內，人類棲位的影子是否仍會在每天早上於大綠牆後「大步大步地走」，然後「在傍晚升起」與之交會？[47]又或者，它會變得不受束縛地漂走？於是，人類的最終邊界便在風中脫韁解放。

注釋

1 E. P. Stebbing, 'The threat of the Sahara', *Journal of the Royal African Society*, vol. 36, no. 145 (1937).
2 E. P. Stebbing, 'The encroaching Sahara: the threat to the West African colonies', *The Geographical Journal*, vol. 85, nc. 6 (1935).
3 Stebbing, 'The encroaching Sahara.'
4 Stebbing, 'The encroaching Sahara.'
5 Stebbing, 'The encroaching Sahara.'

6 Stebbing, 'The encroaching Sahara'.

7 J. M. Hodge, 'Colonial foresters versus agriculturalists: the debate over climate change and cocoa production in the Gold Coast', *Agricultural History*, vol. 83, no. 2 (2009); R. Grove, 'Conserving Eden: the (European) East India Companies and their environmental policies on St Helena, Mauritius and in Western India, 1660 to 1854', *Comparative Studies in Society and History*, vol. 35, no. 2 (1993).

8 A. Aubréville, *Climats, forêts et désertification de l'Afrique tropicale (Société d'éditions géographiques, maritimes et coloniales*, (1949)；引用H. E. Dregne, 'Desertification of arid lands', *Physics of Desertification*, F. El-Baz and M. H. A. Hassan (eds) (1986).

9 Stebbing, 'The encroaching Sahara'.

10 B. Jones, 'Desiccation and the West African colonies', *The Geographical Journal*, vol. 91, no. 5 (1938).

11 Dregne, 'Desertification of arid lands'.

12 Dregne, 'Desertification of arid lands'; C. M. Somerville, *Drought and Aid in the Sahel* (Routledge, 2019); M. Rosenblum and D. Williamson, *Squandering Eden* (Bodley Head, 1987); P. G. Munro and G. van der Horst, 'Contesting African landscapes: a critical reappraisal of Sierra Leone's competing forest cover histories', *Environment and Planning D: Society and Space*, 34(4) (2016); S. Salgado, *Sahel: The End of the Road* (University of California, 2004).

13 Somerville, *Drought and Aid in the Sahel*.

14 M. Sacande and N. Berrahmouni, 'Africa's Great Green Wall: a transformative model for communities' sustainable development', *Nature & Faune*, vol. 32, no. 1 (2018); Great Green Wall initiative: https://www.greatgreenwall.org/aboutgreat-green-wall; D. Goffner, H. Sinare and L. J. Gordon, 'The Great Green Wall for the Sahara and the Sahel Initiative as an opportunity to enhance resilience in Sahelian landscapes and livelihoods', *Reg Environ Change* 19, (2019), pp. 1417–28.

15 引用A. Murrey, 'Thomas Sankara and a political economy of happiness', S. Oloruntoba and T. Falola (eds), *The Palgrave Handbook of African Political Economy* (Palgrave Macmillan, 2020)；J. Carey, 'The best strategy for using trees to improve climate and ecosystems? Go natural', *Proceedings of the National Academy of Sciences*, 117 (9) (2020)。

16 Goffner, Sinare and Gordon, 'The Great Green Wall for the Sahara and the Sahel Initiative as an opportunity to enhance resilience in Sahelian landscapes and livelihoods'.

17 Goffner, Sinare and Gordon, 'The Great Green Wall for the Sahara and the Sahel Initiative as an opportunity to enhance resilience

in Sahelian landscapes and livelihoods'.

18 *The Great Green Wall Implementation Status and Way Ahead to 2030 (Advanced Version)*, United Nations Convention to Combat Desertification (UNCCD), 4 September 2020: https://catalogue.unccd.int/1551_GGW_Report_ENG_Final_040920.pdf.

19 N. Pasiecznik and C. Reij, *Restoring African Drylands* (European Tropical Forest Research Network, 2020): http://www.etfrn.org/publications/restoring+african+drylands.

20 R. Cernasky, 'New funds could help grow Africa's Great Green Wall. But can the massive forestry effort learn from past mistakes?', *Science*, 11 February 2021.

21 引自Pasiecznik and Reij, *Restoring African Drylands*。

22 *The Great Green Wall Implementation Status and Way Ahead to 2030* (Advanced Version).

23 引自B. Bilger, 'The great oasis', *The New Yorker*, 11 December 2011。

24 C. Reij, G. Tappan and M. Smale, 'Agroenvironmental transformation in the Sahel: another kind of "green revolution"', IFPRI Discussion Paper 00914, November 2009: https://www.ifpri.org/publication/agroenvironmental-transformation-sahel; Goffner, Sinare and Gordon, 'The Great Green Wall for the Sahara and the Sahel Initiative as an opportunity to enhance resilience in Sahelian landscapes and livelihoods'.

25 Reij, Tappan and Smale, 'Agroenvironmental transformation in the Sahel'.

26 Reij, Tappan and Smale, 'Agroenvironmental transformation in the Sahel'.

27 Reij, Tappan and Smale, 'Agroenvironmental transformation in the Sahel'; Goffner, Sinare and Gordon, 'The Great Green Wall for the Sahara and the Sahel Initiative as an opportunity to enhance resilience in Sahelian landscapes and livelihoods'.

28 引自Murrey, 'Thomas Sankara and a political economy of happiness'。

29 'Southeast is suffering its worst drought for 90 years', *The Times*, 31 March 2012; P. Plester, 'Weatherwatch: the great year-long drought of 1921', *The Guardian*, 13 October 2011; S. T. Reno, *Early Anthropocene Literature in Britain, 1750–1884* (Springer, 2020).

30 T. S. Eliot, *The Waste Land* (Faber and Faber, 1925).

31 M. Scheffer, C. Xu, T. A. Kohler, T. M. Lenton and J.-C. Svenning, 'Future of the human climate niche', *Proceedings of the National Academy of Sciences*, 117 (21) (2020).

32 Scheffer et al., 'Future of the human climate niche'; M. Burke, S. M. Hsiang and E. Miguel, 'Global non-linear effect of

temperature on economic production', *Nature* 527 (2015), pp. 235–9.

33 Scheffer et al., 'Future of the human climate niche'.

34 Scheffer et al., 'Future of the human climate niche'.

35 Scheffer et al., 'Future of the human climate niche'; J. Rockström, W. Steffen, K. Noone et al., 'A safe operating space for humanity', *Nature* 461 (2009), pp. 472–5。斯德哥爾摩社會生態系統應變及發展研究中心（Stockholm Resilience Centre）網站解釋了「地球界限」的概念：https://www.stockholmresilience.org/research/planetaryboundaries.html。

36 Scheffer et al., 'Future of the human climate niche'; J. Rockström, W. Steffen, K. Noone et al., 'A safe operating space for humanity'.

37 C. Zickgraf, S. Vigil, F. De Longueville, P. Ozer and F. Gemenne, 'The impact of vulnerability and resilience to environmental changes on mobility patterns in West Africa' (KNOMAD, 2016).

38 引自Select Committee on the European Union Home Affairs Sub-Committee, 11 March 2020: https://committees.parliament.uk/oralevidence/234/html/。

39 引自C. Farbotko and H. Lazrus, 'The first climate refugees? Contesting global narratives of climate change in Tuvalu' (University of Wollongong, 2012): https://ro.uow.edu.au/scipapers/4776.

40 聯合國二〇一七年六月五日至九日於紐約之海洋會議資料：https://www.un.org/sustainabledevelopment/wp-content/uploads/2017/05/Ocean-fact-sheet-package.pdf。

41 C. Zickgraf, 'Climate change and migration: myths and realities', *Green European Journal*, 20 January 2020.

42 'How helpful is the term "climate refugee"?', *The Guardian*, 31 August 2020; G. Bettini, 'Climate barbarians at the gate? A critique of apocalyptic narratives on "climate refugees"', *Geoforum*, vol. 45 (2013).

43 引自https://www.ilgiornale.it/news/politica/leuropa-spalanca-porte-libera-ai-migranticlimatici-1486186.html；A. Ruser and A. Machin, 'Nationalising the climate: is the European far right turning green?', Green European Journal, 27 September 2019。

44 Ruser and Machin, 'Nationalising the climate: is the European far right turning green?'.

45 'A Great Green Wall for Cities', Food and Agriculture Organisation of the United Nations, 21 September 2019: https://www.fao.org/news/story/en/item/1234286/icode/.

46 'Challenges', Great Green Wall: https://www.greatgreenwall.org/challenges.

47 Eliot, *The Waste Land*.

致謝

這本書如果沒有許許多多人的幫助、支持與貢獻，是不可能完成或甚至出版的。許多非常忙碌的人挪出時間受訪，不論是面對面或線上訪問，對於他們的慷慨與見解，我都十分感激。特別感謝漢斯・拉格納・馬提森、依瓦爾・比約克倫德、巴哈・希羅、大衛・泰勒、馬寇斯・拉密瑞茲、傑森・德里昂、萊肯・喬達爾、卡洛斯・斯伯托爾諾、馬可・法拉利、羅伯特・恰提、安德烈・普策、班傑明・田歐佛、黛西・霍格蘭德、塔比・約達、卡蜜拉・諾德海姆─拉爾森、馬丁・雪佛，以及卡洛琳・齊克格拉夫。我們的對話很豐富、精彩、令人非常愉快，而且經常長達好幾個小時。其中許多對談是在全球封城的背景下進行的，在不可能實體旅行的情況下，能夠觸及到這麼多地方的人——從米蘭到蒂華納、從紐約到喀麥隆——真的非常特別。他們對於這本書裡所提及的故事的貢獻無比珍貴。

非常感謝修士門（Canongate）出色的出版團隊，包括我的編輯賽門・托羅古德（Simon Thorogood），以及法蘭斯西・比克摩爾（Francis Bickmore）、薇奇・羅特佛德（Vicki Rutherford）、梅莉莎・湯姆貝勒（Melissa Tombere）、潔西卡・尼爾（Jessica Neale）、安娜・弗雷姆（Anna Frame）、柯崔歐娜・霍恩（Caitriona Horne）、珍妮・弗萊（Jenny Fry）、艾莉

森・瑞（Alison Rae）與所有協助完成《邊界的故事》的人。

一如往常地，我永遠感激我的好友兼經紀人瑪姬・哈特斯利（Maggie Hattersley），她在退休前的最後一項工作就是將這本書的版權賣出去（她的任務達成了！）。過去這二十年來，如果沒有她的指導、建議與支持，我不確定自己有沒有辦法成為一名作者。我也想感謝RCW的瓊・伍德（Jon Wood），他是這本書能夠順利出版的一大推手。

最後，當然啦，感謝海佐（Hazel）、布洛迪（Brodie）與奈特（Nate）。

國家圖書館出版品預行編目資料

邊界的故事：邊界如何決定我們的地景、記憶、身分與命運 / 詹姆斯・克洛福（James Crawford）著 ; 江鈺婷 譯. -- 初版. -- 臺北市：商周出版, 城邦文化事業股份有限公司出版：英屬蓋曼群島商家庭傳媒股份有限公司城邦分公司發行, 民112.04
面；　公分.
譯自：The edge of the plain : how borders make and break our world
ISBN 978-626-318-627-9（平裝）
1. CST: 邊界問題　2. CST: 地緣政治　3. CST: 報導文學
571.15　　112003077

邊界的故事：
邊界如何決定我們的地景、記憶、身分與命運

原 著 書 名 / The Edge of the Plain
作　　　者 / 詹姆斯・克洛福（James Crawford）
譯　　　者 / 江鈺婷
責 任 編 輯 / 李尙遠

版　　　權 / 林易萱
行 銷 業 務 / 周丹蘋、賴正祐
總　編　輯 / 楊如玉
總　經　理 / 彭之琬
事業群總經理 / 黃淑貞
發　行　人 / 何飛鵬
法 律 顧 問 / 元禾法律事務所　王子文律師
出　　　版 / 商周出版
城邦文化事業股份有限公司
臺北市中山區民生東路二段141號9樓
電話：(02) 2500-7008 傳眞：(02) 2500-7759
E-mail：bwp.service@cite.com.tw
發　　　行 / 英屬蓋曼群島商家庭傳媒股份有限公司城邦分公司
臺北市中山區民生東路二段141號2樓
書虫客服服務專線：(02) 2500-7718・(02) 2500-7719
服務時間：週一至週五09:30-12:00・13:30-17:00
24小時傳眞服務：(02) 2500-1990・(02) 2500-1991
郵撥帳號：19863813　戶名：書虫股份有限公司
E-mail：service@readingclub.com.tw
歡迎光臨城邦讀書花園 網址：www.cite.com.tw
香 港 發 行 所 / 城邦（香港）出版集團有限公司
香港灣仔駱克道193號東超商業中心1樓
電話：(852) 2508-6231　傳眞：(852) 2578-9337
E-mail：hkcite@biznetvigator.com
馬 新 發 行 所 / 城邦（馬新）出版集團 Cité (M) Sdn. Bhd.
41, Jalan Radin Anum, Bandar Baru Sri Petaling,
57000 Kuala Lumpur, Malaysia
電話：(603) 9056-3833　傳眞：(603) 9057-6622
E-mail：services@cite.my

封 面 設 計 / 周家瑤
排　　　版 / 新鑫電腦排版工作室
印　　　刷 / 韋懋印刷事業有限公司
經　銷　商 / 聯合發行股份有限公司
電話：(02) 2917-8022　傳眞：(02) 2911-0053
地址：新北市231新店區寶橋路235巷6弄6號2樓

■2023年（民112）4月初版
定價 680元

Printed in Taiwan
城邦讀書花園
www.cite.com.tw

ISBN　978-626-318-627-9

商周出版

廣 告 回
北區郵政管理登記
台北廣字第000791
郵資已付，免貼郵

104台北市民生東路二段141號2樓

英屬蓋曼群島商家庭傳媒股份有限公司　城邦分公司

請沿虛線對摺，謝謝！

商周出版

書號：BK7119	**書名：**邊界的故事	**編碼：**

請於此處用膠水黏貼

商周出版

讀者回函卡

線上版讀者回函卡

感謝您購買我們出版的書籍！請費心填寫此回函卡，我們將不定期寄上城邦集團最新的出版訊息。

姓名：＿＿＿＿＿＿＿＿＿＿＿＿＿＿＿＿ 性別：□男 □女

生日：西元＿＿＿＿＿＿年＿＿＿＿＿＿月＿＿＿＿＿＿日

地址：＿＿＿＿＿＿＿＿＿＿＿＿＿＿＿＿＿＿＿＿

聯絡電話：＿＿＿＿＿＿＿＿＿＿ 傳真：＿＿＿＿＿＿＿＿＿

E-mail ：

學歷：□ 1. 小學 □ 2. 國中 □ 3. 高中 □ 4. 大學 □ 5. 研究所以上

職業：□ 1. 學生 □ 2. 軍公教 □ 3. 服務 □ 4. 金融 □ 5. 製造 □ 6. 資訊

□ 7. 傳播 □ 8. 自由業 □ 9. 農漁牧 □ 10. 家管 □ 11. 退休

□ 12. 其他＿＿＿＿＿＿＿＿＿＿＿＿＿＿＿＿＿＿

您從何種方式得知本書消息？

□ 1. 書店 □ 2. 網路 □ 3. 報紙 □ 4. 雜誌 □ 5. 廣播 □ 6. 電視

□ 7. 親友推薦 □ 8. 其他＿＿＿＿＿＿＿＿＿＿＿＿

您通常以何種方式購書？

□ 1. 書店 □ 2. 網路 □ 3. 傳真訂購 □ 4. 郵局劃撥 □ 5. 其他＿＿＿＿

您喜歡閱讀那些類別的書籍？

□ 1. 財經商業 □ 2. 自然科學 □ 3. 歷史 □ 4. 法律 □ 5. 文學

□ 6. 休閒旅遊 □ 7. 小說 □ 8. 人物傳記 □ 9. 生活、勵志 □ 10. 其他

對我們的建議：＿＿＿＿＿＿＿＿＿＿＿＿＿＿＿＿＿＿＿＿

＿＿＿＿＿＿＿＿＿＿＿＿＿＿＿＿＿＿＿＿＿＿＿＿＿＿

＿＿＿＿＿＿＿＿＿＿＿＿＿＿＿＿＿＿＿＿＿＿＿＿＿＿

【為提供訂購、行銷、客戶管理或其他合於營業登記項目或章程所定業務之目的，城邦出版人集團（即英屬蓋曼群島商家庭傳媒（股）公司城邦分公司、城邦文化事業（股）公司），於本集團之營運期間及地區內，將以電郵、傳真、電話、簡訊、郵寄或其他公告方式利用您提供之資料（資料類別：C001、C002、C003、C011 等）。利用對象除本集團外，亦可能包括相關服務的協力機構。如您有依個資法第三條或其他需服務之處，得致電本公司客服中心電話 02-25007718 請求協助。相關資料如為非必要項目，不提供亦不影響您的權益。】

1.C001 辨識個人者：如消費者之姓名、地址、電話、電子郵件等資訊。

2.C002 辨識財務者：如信用卡或轉帳帳戶資訊。

3.C003 政府資料中之辨識者：如身分證字號或護照號碼（外國人）。

4.C011 個人描述：如性別、國籍、出生年月日。

請於此處用膠水黏貼